华南师范大学教育名家系列文集

丛书主编 扈中平 李盛兵
丛书副主编 曾文婕 刘磊明

林砺儒教育文集

李盛兵 主编

广东高等教育出版社
Guangdong Higher Education Press
·广州·

图书在版编目（CIP）数据

林砺儒教育文集/李盛兵主编. —广州：广东高等教育出版社，2023. 11（2024. 12 重印）

（华南师范大学教育名家系列文集）

ISBN 978 -7 -5361 -7300 -2

Ⅰ. ①林… Ⅱ. ①李… Ⅲ. ①教育 - 文集 Ⅳ. ①G4 -53

中国国家版本馆 CIP 数据核字（2023）第 196185 号

书　　名	林砺儒教育文集 LINLIRU JIAOYU WENJI
出版发行	广东高等教育出版社 地址：广州市天河区林和西横路 邮政编码：510500　电话：（020）87553335 http://www.gdgjs.com.cn
印　　刷	佛山市浩文彩色印刷有限公司
开　　本	787 毫米 ×1 092 毫米　1/16
印　　张	23
字　　数	438 千
版　　次	2023 年 11 月第 1 版　2024 年 12 月第 4 次印刷
定　　价	66.00 元

序

历史是最好的清醒剂。铭记历史，才能开创未来。编写这套教育名家系列文集，不仅是为了庆祝华南师范大学90周年华诞，也是为了纪念对学校教育学科和国家教育科学的发展做出贡献的先贤们。

90年来，华南师范大学从无到有，至今成为我国“双一流”建设大学，成为我国教育强国建设的重要组成部分。1933年勷勤大学建立，设立商学院、工学院和师范学院，后者是华南师范大学的前身，在日本东京高师学习师范教育专业的林砺儒教授任院长。4年后勷勤大学改组，其师范学院独立设置为广东省立教育学院，后更名为广东省立文理学院，主要办理师范教育，培养中等教育师资，林砺儒先生任校长。由于高举师范教育的大旗，坚持办学的革命性和进步性，文理学院被称为“小延安”。1952年院系调整，在广东省立文理学院的基础上，并入中山大学师范学院、华南联大教育系、南方大学俄语系、岭南大学教育系、海南师范学院、南昌大学师范部地理专修科、广西大学教育系、湖南大学史地系地理专修科，九脉归一成立华南师范学院，师资力量不断壮大，为南方师范教育重镇。1982年华南师范学院更名为华南师范大学，1996年添列为国家“211工程”建设大学，2013年又转为“双一流”建设大学，进入国家一流大学建设行列，实现了华南师范大学几代办学人的理想。

与大学的快速、高水平发展相比，教育系、教育科学学院的发展更加出色，教育学科不仅是广东省的龙头学科，在全国也属优势学科。1935年教育系建立，1952年合并后的教育系名家荟萃，教授就有20多人，实力超群。1999年实体性合并教育系、心理学系、教育科学研究所、课程教材所和高等教育研究室，成立教育科学学院，实现了教育学科自1952年来的第一次整合，开启了跨越式发展的新征程。2000年教育学原理专业博士学位授予权获批，2003年教育学一级学科博士学位授予权及博士后流动站获批。教育科学学院于2009年成为教育部首批教育博士专业学位研究生培养试点单位，2010年成为教育部专业学位研究生教育综合改革试点单位。教育学一级学科于2013年获评广东省重点攀峰学科，2015年入选广东省高水平大学重点建设学科群“面向教育现代化重大需求的教育学科群”，2018年入选广东省“世界一流学科建设”学科，2022年成为广东省“冲补强”高峰学科。教育学科在教育部学科评估中列A类层次，在2021、2022年度软科学科排名中均居前5%。教育科学学院已经建成高水平的研究型学院，在重大平台、重大课题、重大奖项和高层次人才上都实现了突破，并呈现出继续向好的势头。

学院和大学的发展，离不开一批批教育名家和优秀教师的汇聚、努力和付出。自教育系建立以来，林砺儒、高觉敷、罗浚、汪德亮、叶佩华、朱勃、杨荣春、邹有华、周德昌和李锡槐等众多名家、名师先后执教于此。教育学科亦因这些教育学名家而散发出生机、活力以及收获了良好的声誉。正是这些教育名家，带领着教育学科向更高水平发展。这些教育名家是学院发展、教师发展、学生发展厚重的精神财富，需要进一步铭记、学习与发扬。习近平总书记在2023年的教师节指出：“教师群体中涌现出一批教育家和优秀教师，他们具有心有大我、至诚报国的理想信念，言为士则、行为世范的道德情操，启智润心、因材施教的育人智慧，勤学笃行、求是创新的躬耕态度，乐教爱生、甘于奉献的仁爱之心，胸怀天下、以文化人的弘道追求，展现了中国特有的教育家精神。”为了更好地弘扬和践行学院教育家的精神，教育科学学院组织编写“华南师范大学教育名家系列文集”，选择林砺儒、汪德亮、叶佩华、朱勃、杨荣春、邹有华、周德昌、李锡槐、陈汉才和江月孙十位先生的论文和著作节选，展现先生们的教育学术精神、思想和创造，泽被后学，增强年轻学者和学生的学术自信与“躬耕教坛、强国有我”的志向和抱负。这十位教育名家特点鲜明：20世纪初出生的先生大都留学日本、美国，或毕业于中央大学、中山大学、北京高师等；50年代后出生的学者没有出国留学，大都毕业于中山大学、华南师范学院。他们爱国、爱人民、爱教育，献身教育，潜心研究，在各自的研究领域独树一帜，在国内教育界影响较大。如林砺儒的师范教育思想和中等教育思想，叶佩华的教育测量统计理论，朱勃的比较教育思想，邹有华的教学论思想等。

期待教育科学学院能涌现出更多的教育名家以及具有教育家精神的学者、教师，期待这个系列文集会编得越来越丰富、越来越精深。

李盛兵

2023年11月1日

前言

追求进步的一生

林砺儒是著名的教育理论家和教育革命家。作为教育理论家，他东渡日本于高等师范学堂学习教育学专业，回国后在北、南两大师范高校教授教育学课程，研究中国教育革命和发展问题，发表100多篇教育学术论文，出版《教育哲学》《文化教育学》《教育危言》《伦理学要领》等专著。他批判旧教育，提倡进步教育，引领当时的教育思想。作为教育革命家，他历经辛亥革命、新文化运动、旧民主主义革命、新民主主义革命和社会主义建设时期，终生为中华民族的解放、崛起而奋斗，批判儒家教育和国民党反动专制教育，提出进步教育要为进步政治服务，对旧教育实行革命。他曾任北京高等师范学校（后改名北京师范大学）教授、北京高等师范学校附属中学校校长、国立北平大学第一师范学院临时院务委员会主席、中山大学教授兼教务长、广州市立师范学校校长、广东省立勷勤大学教务长兼师范学院院长、广东省立教育学院院长、广东省立文理学院院长、国立桂林师范学院教授兼教务长、厦门大学教授、教育部中等教育司司长、北京师范大学校长及教育部副部长等职，不畏反动势力的迫害，坚持追求救国真理，大力主张教育的大众化、现代化和马克思主义化，鼎力开展进步教育，实现教育的根本变革。由于在新中国成立前卓越的教育研究和进步的教育革命工作，他受邀以全国教育工作者代表会议筹备委员会成员身份（正式代表15人）参加新中国首届政协会议，并作为唯一一位全国教育工作者代表在大会发言。由此可见，林砺儒教育思想非常丰富，具有革命性和进步性，很值得进一步研究和发扬光大。

2023年，华南师范大学适逢建校90周年，其前身是广东省立勷勤大学师范学院，而林砺儒先生是华南师范大学前身广东省立勷勤大学的创始人、首任院长。在学校大庆之际，研究他的教育思想和办学理念，既是一种对先辈的纪念，也是献给校庆的礼物。林砺儒教育思想内涵丰富、论题广泛，包括教育哲学、教育伦理学、民主教育、中学教育、师范教育、教育目的、考试等。总的来说，林砺儒教育思想遵循了“进步的社会才有进步的教育，教育是为了促进社会进步——进步的教育是人格教育，培养进步的人——进步的人的培养需要进步的教师及师范教育”这一逻辑。

林砺儒的一生是奋斗的一生，是追求进步的一生。他意志坚定，志向明确，为打破旧社会、建立新社会而奋斗终生。他终身从事教育事业，任教育学教授、院长、校长以及教育部中等教育司司长和教育部副部长，“被誉为‘服务最有恒心的教育家’。他不断追求进步，是一位勇于探索和坚持真理的教育家”①。他的一生可以分为如下几个时期。

一、广东—日本时期：求学（1889—1918）

林砺儒1889年出生于一个书香世家，广东信宜人。他幼年丧父，母患癫痫，靠祖母、叔伯父养育成人。他学习勤奋，成绩优异，1911年在高州高郡中学堂毕业后受聘于信宜县中义学堂任教。其间，他动员并资助已婚堂侄女上学，为以后在北京高等师范学校附属中学校增设女子部做出了早期实验。他说，“妇女读了书，才能够解放，没有知识，没有本领，只能寄人篱下，仰人鼻息”②。这一段教学时间虽短，但体现了他的男女平等教育的进步思想和实践。

1911年，他考取公费留学日本东京高等师范学校（现筑波大学），主攻师范

① 皇甫烽．当代教育改革家：林砺儒先生传略［J］．文教资料，1998（3）：54－65.

② 陈启著，罗康宁，陈坤中．林砺儒青少年时代事略［M］//黄家驹，何国华．林砺儒教育思想研究．广州：广东高等教育出版社，1991：218.

教育专业，立志献身教育事业，这与当时留日中国学生的专业选择大不相同。林砺儒1918年3月回国。在日本留学期间，他除了学习日本教育理论和考察教育实践外，还广泛学习和了解欧美教育思想及教育发展实践，尤其重视裴斯泰洛齐教育理念和各国师范教育发展。此外，他的思想还受到孙中山三民主义和俄国十月革命思想的影响，形成了反封建反殖民的进步观念，为回国后的政治斗争、文化斗争和教育斗争奠定了坚实的基础。

二、第一次北京时期：北京高等师范学校任教（1919—1931）

这是林砺儒的第一个北京时期，工作单位有北京高等师范学校、北京高等师范学校附属中学校以及国立北平大学第一师范学院、国立北平师范大学。这一时期他初步形成了师范教育思想和中等教育思想，参与反对反动军阀统治的活动。

1919年4月，林砺儒受邀到北京高等师范学校任教授，后任教育系主任，讲授教育概论、伦理学、近代教育思想、西洋教育史等课程，传播国外教育新思想和新实践，调查和思考中国教育现状与发展，教导学生要独立思考，立志笃行。此外，他积极参与和支持学生的进步活动，支持学生开展平民教育，反对北洋政府逮捕和屠杀游行请愿学生，声援五卅运动，在报纸上撰文抵制日货和倡议组织“使用国货同志会”，参与进步教授组织的索薪运动。① 1928年，国民党统治北平，北平九校合并为国立北平大学，成立北平大学第一师范学院（次年独立设置为国立北平师范大学），林砺儒任临时院务委员会主席，艰难办学。1931年九一八事变后，面对国立北平师范大学学生日益高涨的抗日情绪，国民党政府委任新校长加强学校控制，他被解聘，回归养育他的广东。

这一时期，林砺儒还有一个重要的工作，就是兼任北京高等师范学校附属中学校校长。从1922—1931年间，他以一位卓越教育理论家的思维大胆思考和变革，把附中建成国内知名中学，培养出钱学森等一大批优秀人才。据说，梁启超还为年家子找过关系，为此，林砺儒专门撰《子弟入学之请托运动》一文，公开答复和批评这种腐败行为。林砺儒在附中任校长10年，比较突出的工作和业绩有两大方面。

---

① 侯刚. 林砺儒与北京师范大学［M］//黄家驹，何国华. 林砺儒教育思想研究. 广州：广东高等教育出版社，1991：147.

一是在教育理论上，他阐发了师范学校与附属学校的关系以及中学教育的本质。他特别重视设立附中对师范教育研究和师范生培养的重要作用。1930 年他发表《附属学校之使命及其与师范本部之联络》一文，通过回顾欧美师范教育与设立附校的关系，提出“附属学校系师范教育之母”的观点。关于师范学校和附属学校的关系，他形象比喻“有点像骨和肉。若师范没有附属学校，就等于没有筋肉的枯骨。而附属学校若离开师范，就等于无骨的一块肉，已失掉其作用”①。关于中等教育的本质，他借用“教育即生活”，提出“教育即人格的成长”。他说：“我认定理想的中等教育，是全人格的教育，决非何种职业之准备。要全人格的陶冶受得圆满，那么将来个性的分化才算是自然的。若有人问我中学毕业生做什么，我就说也不为士，也不为农，也不为工，也不为商，是为人；也可为士，也可为农，也可为工，也可为商；而且为士而士，为农而农，为工而工，为商而商，若不认定全人格的陶冶，而老早赶紧把未熟的少年铸入于一定职业之型，以充社会之工具，作吃饭的机器，是误认社会为目的，人格为手段，且误会人生目的就是吃饭。这种短视的教育主张，我老实不赞成。”② 他反对讲中等教育作为高等专门教育之准备（现今是追求高考升学率），提出要对中学生施以适合少年时期的趣味教育、活力教育、人格生长教育。

二是在教育实践上，他做了三项改革，在全国产生了很大的影响。第一，坚决贯彻推行当时教育部推行的中学“三三”学制，为全国中学制度的现代化积累了经验。第二，在推进新学制的过程中，组织教师编写初一至高三各学科一整套教材，并被教育部推广到全国各中学。该套教材一直沿用到全国解放。第三，提倡男女同校，1922 年在附中设立女子部，招收一个女生班。在当时，国内招生女生的学校仅有湖南长沙的岳云中学、广州的执信中学和北京高等师范学校附属中学校。③

三、第二次广东时期：主政南方师范教育（1931—1941）

1931 年秋，林砺儒接受进步教育家许崇清校长的邀请到中山大学任教授兼

---

① 林砺儒．附属学校之使命及其与师范本部之联络［M］//中央教育科学研究所．林砺儒教育文选．北京：北京师范大学出版社，1984：19.

② 林砺儒．我的中等教育见解［J］．教育从刊，1922（5）：1－5.

③ 侯刚．林砺儒与北京师范大学［M］//黄家驹，何国华．林砺儒教育思想研究．广州：广东高等教育出版社，1991：151－153.

教务长，开启了第二次广东时期。1931—1941年11年间，在国民党统治和日本侵略之下，林砺儒开启了艰难的办学历程，主政南方师范教育，为广东师范教育做出了卓越的贡献。在中山大学，他讲授师范教育、教学法等课程。据他的学生阮镜清回忆说，他“在理论上阐明师范教育对振兴教育，开发民智，提高国民素质，激发国魂，培养建设人才，发展科学技术，提高生产力，使国家民族富强的重大作用”①。次年他兼任广州市立师范学校校长，并参与广东省立勷勤大学筹备工作。1933年广东省立勷勤大学成立，设立工学院、师范学院和商学院。师范学院由广州市立师范学校转变而成，成立文史系、数理系、博物地理系，培养中学教师，并开设附属中学。林砺儒任广东省立勷勤大学教务长和师范学院院长。广东省立勷勤大学师范学院的成立，意义重大，被高觉敷称为“与北高师南北对峙，可称‘双绝’”②。因为当时南京、广州、武汉、成都、沈阳五所高等师范学校都根据教育法令改为普通大学，仅存北京高等师范学院。此后，广东省立勷勤大学师范学院又历经八更其名［勷勤大学教育学院（1935）、广东省立教育学院（1938）、广东省立文理学院（1939）、广东省文理学院（1950）、华南师范学院（1951）、广东师范学院（1970）、华南师范学院（1977）、华南师范大学（1982）］，遂发展成为现在的华南师范大学。

林砺儒在广东省立勷勤大学师范学院前三次更名后都任院长，不管校名如何变化他都坚持举办师范教育，以培养广东社会所需要的中学教师为己任。他反对国民党反动统治，抵抗日本侵略行径，招聘进步教师，开展进步教育。1933—1941年9年间，由于日本的侵略，林砺儒带领学校五迁校址（广西梧州、藤县、融县以及广东乳源、连县），保护师生和办学设备，顽强办学，支持学生抗日救国运动，为社会进步培养进步师资。因此，学院所在地连县东坡被人们称为“小延安”。③ 由于他进步的教育思想和实践，他第二次被国民党当局解聘离职。

---

① 阮镜清．林砺儒对广东教育事业的贡献［M］//黄家驹，何国华．林砺儒教育思想研究．广州：广东高等教育出版社，1991：106．

② 高觉敷．缅怀著名的爱国学者林砺儒［M］//黄家驹，何国华．林砺儒教育思想研究．广州：广东高等教育出版社，1991：162．

③ 周钢寰．论林砺儒教育思想的战斗性［M］//黄家驹，何国华．林砺儒教育思想研究．广州：广东高等教育出版社，1991：42．

在这一时期，林砺儒主政广东高等师范教育，虽陷战乱之中，却坚持真理，他的教育思想和教育实践显现出突出的进步性①和战斗性②，知行合一。他身处革命与反动、战斗与投降、进步与落后的矛盾时代，毫无疑问，他充满激情和坚定地选择了革命、战斗和进步，追求和奉行三民主义和民族解放。在艰苦的办学过程中，林砺儒笔耕不辍，发表《日本师范教育的特点》《关于指导师范生进行教学实习的意见》《从批评中学新法令说到未来的改造》《对于读经的意见》《中国师范教育之检讨》《对于中学课程中军事训练的一个建议》《中国教育与国难》《民族建国与国民教育》《广东省立文理学院校歌（词)》等作品，批评当时教育当局用繁重的课业负担和读经来限制学生的进步思想和运动。在《广东省立文理学院校歌（词)》中他写道："民族抗战的烈火，炼出了我们这支青年军。走遍了险阻，历尽了艰辛，却淬砺了奋斗精神。我们要探索真理之光，我们要广播文化食粮，哪怕魔高十丈，恶战千场。同学们，挺起胸膛，放大眼光，这是我们的校风，这是我们的大勇。"这展现了他大无畏的战斗精神和教育精神。在师范教育研究上，他指出中国师范教育成功很少，提出师范教育既要重视学艺（所教专业)，又不能偏废教育专业训练，还要在教师人格训练上不能仅要求教师具有圣贤品格，而要提供使其安心向上的条件，别无后顾之忧。③ 至此，他形成了完整的师范教育观。

四、桂林—厦门时期：著书立说（1941—1948)

1941 年 10 月，林砺儒赴桂林，开启了他第四个人生阶段。他先在广西教育研究所任导师，次年任国立桂林师范学院教务长，继续未尽的师范教育事业。他依然聘任知名的进步教授，接收被广东省立文理学院勒令退学的学生，形成了严谨、求实、民主、自由的学风。④ 在这里，除了行政外，他亲自教学，讲授教育

---

① 马伟鹗．论林砺儒教育思想的进步性［M］//黄家驹，何国华．林砺儒教育思想研究．广州：广东高等教育出版社，1991：28.

② 周钢寰．论林砺儒教育思想的战斗性［M］//黄家驹，何国华．林砺儒教育思想研究．广州：广东高等教育出版社，1991：40.

③ 林砺儒．中国师范教育之检讨［M］//中央教育科学研究所．林砺儒教育文选．北京：北京师范大学出版社，1984：85 – 87.

④ 韦家利，等．林砺儒在桂林师范学院［M］//黄家驹，何国华．林砺儒教育思想研究．广州：广东高等教育出版社，1991：132.

概论、中等教育、伦理学、教育哲学、西洋教育史。他潜心研究，著书立说，出版《教育危言》《教育哲学》，发表《怎样做中学校长》《精神剃须论——成年人凭什么而指导青年》《中国民族解放运动与国民教育》《八·二七路线——纪念三十二年教师节》《五四运动的评价》《筹措国民学校基金问题》《儿童保育与人性改造》《养士》《漫谈课外活动底指导——参加桂林中等教育座谈会之后》《世界师范教育运动史之战斗性》等影响甚大的文章，振聋发聩。他不仅自己研究，还鼓励老师们开展学术研究，著书立说。抗日战争胜利后，他加入中国民主同盟，领导广西民盟政治活动，与其他进步人士一道投入争取和平、反对内战的运动中。他多次收到国民党特务给的恐吓信，称李公朴、闻一多就是他的下场。由于当时恶劣的政治环境且身体不好，他离开桂林，回到了广州。

1947 年，他应聘到厦门大学任教授，以马列主义观点讲授国民教育、西洋教育史等课程，并积极支持进步爱国学生运动，成为该校最受爱戴的教授之一。① 这一时期，他仍然积极写作，发表《对于传统思想的几种态度》《从“教育救国”说到“救救教育”》《教育能否防止战争及剥削》《如此中国，如此国民教育》等文章。他指出，自京师同文馆（1862 年正式开办）开始采用的西式现代教育，通过几十年的发展，“教育机关越来越黑暗，师道越来越陵夷，作风越来越阴险”②，直呼“救救教育”，批判旧教育，提出教育为进步政治服务。

五、第二次北京时期：参与新中国教育管理（1949—1977）

1949 年 4 月，林砺儒北上北京，开启他第五个人生阶段。这是他为进步社会服务的精彩的人生阶段。他作为教育界代表受邀参加新政治协商会议筹备工作和第一届全体会议，成为政协委员，任新中国教育部中等教育司司长。他 1950—1952 年兼任北京师范大学校长，1952 年升任教育部副部长，参与新中国教育管理工作。在任北京师范大学校长期间，他坚持讲授中国近代教育史、中等教育研究两门课程，体现出他“服务最有恒心的教育家”的一贯品格。在教育部工作

---

① 黄家驹. 纪念林砺儒先生诞辰一百周年学术讨论会开幕词［M］//黄家驹，何国华. 林砺儒教育思想研究. 广州：广东高等教育出版社，1991：6.

② 林砺儒. 从“教育救国”说到“救救教育”［M］//中央教育科学研究所. 林砺儒教育文选. 北京：北京师范大学出版社，1984：204.

期间，林砺儒主持起草了《中学暂行规程》草案和《师范学校暂行规程》草案，为建立新中国现代中学体制和师范教育体制做出了贡献。他尤其关心师范教育的发展。在北京师范大学任校长期间，毛泽东主席约他谈话，要求扩大办学规模，培养更多中小学教师；到广东视察时也建议广东省政府重视发展师范教育，争取把华南师范学院办成重点院校。

林砺儒在繁重的行政工作之余，仍然勤于思考和研究，发表《在社会转型期中教育的任务是什么?》《从教育的角度看白皮书——在北京师大教育学院白皮书座谈会发言》《中等教育的两个问题》《说“新师大”，讼旧教育》《了解少年儿童是教育工作的先决条件》《教因材施，材也由教成》《语文教师是经师，也是人师》《北京师范大学校史拾穗》《给教师们贺劳动节——尊师观念的改造》《怎样对待学校考试》《师范教育问题随笔》等文章，指出新中国的教育任务是开展广大人民群众的教育，培养他们具备参与政权实践的觉悟、知识和能力，也就是他一直主张的教育要大众化和现代化。这一时期，他的教育研究主要聚焦于社会转型期如何扬弃封建的、殖民的、资本主义的旧教育，实施为人民民主专政服务的人民的社会主义教育，他的教育思想是革命的、进步的、人民的。

李盛兵
2023 年 4 月 16 日

编者的话

一、本书以1994年北京师范大学校史研究室编《林砺儒文集》为底本，对林砺儒先生的著作及文章进行了查询，共收集6本林砺儒先生编著的著作以及133篇林砺儒先生在期刊和报纸上发表的文章。本书对这些内容进行了整理和汇编，选录44篇文章，其中教育哲学编12篇、师范教育编19篇、中学教育编13篇。

二、本书收录的文章来自于《林砺儒文集》和他的《伦理学要领》《教育危言》等著作以及《勷大旬刊》《勷勤大学季刊》《教育杂志》《民主星期刊》等期刊。在不改变原文意思的情况下，进行了注释、整理和汇编。

三、本书按照教育哲学、师范教育、中学教育三个主题编排。

四、本书各篇名均采用原标题。

五、本书采用了部分学校的简称，如“北京师大”“北师大”系“北京师范大学”的简称等。

六、对于原著中出现的“民国元年”“光绪五年”等非公元纪年，在其后补充公元纪年具体年份，或直接改为公元纪年具体年份。

七、本书收录的文章如果有写作/撰稿时间，均统一放在每篇文章标题下面。文末统一增加了出处。

八、本书编者将原著置于篇末的注释改为脚注。

九、印本的漏字、衍字、错别字，经编者校刊后均一一订正。

十、如有疏漏，望广大读者批评指正。

编　者

2023年10月8日

目录

107 师范教育

教育哲学

哲学与教育

教育哲学是否必要?

教育哲学是一种新兴的学问，今日还在形成中，换句话说，还是未成品。从来的教育思想，古代的如柏拉图，近代的如卢骚[①]，如裴斯塔罗齐[②]，他们的理论，虽然提供了丰富而且珍贵的哲理，可是他们都未曾用"教育哲学"这个名称来发表他们的学说。19世纪之初，赫尔巴特发表他的名著《普通教育学》，也只宣告教育学成立罢了。1948年德人Rosenkranz发表*Padagogik als System*，这个名称也只表明他的教育学是有系统的，成体系的。而后来美国人把这本书翻译成英文，就给它改名为*Philosophy of Education*[③]，教育哲学底名称就自此始。近五十年来，美国学者如Horne、Mac Vannel、Shreves诸位都有*Philosophy of Education*发表，而其实至杜威的名著

① 即卢梭，下文同。

② 即裴斯泰洛齐，下文同。

③ 《教育哲学》。

Democracy and Education[①] 出版，其副名为 *An Introduction to the Philosophy of Education*[②]，这才成了划时代的作品。以教育学发祥地著名世界底德国，近百年来，教育学者辈出，他们的学说，也都和他们德国的特产哲学结着不解之缘。而前世纪之末及本世纪之初，新康德派巨子纳托尔普[③]（Paul Natorp，1854—1924）先后发表他的名著 *Sozial Padagogik* 和 *Philosophie and Padagogik*[④]，也就成了独树一帜的教育哲学。于是本世纪这 40 年间，世界教育哲学隐然成了两大阵线对峙着：新康德派、新理想主义以纳托尔普为大将，而实用主义则以杜威为大将。

在另一方面，自实验教育学出，流行一时，遂有推翻教育哲学之论。例如，德国莱比锡市教育会会员 J. K. Kretsczhmar 于 1921 年发表一篇论文，标题是《哲学的教育学告终》（*Das Ende der Philosophischen Padagogik*），大意是说现今教育学之发达，已经离开她的母亲——哲学，而长成独立，今后应该弃却哲学的思辨，而采实验实证的态度，以建设纯经验的科学的教育学。

教育哲学还有没有必要呢？可否以实验科学的教育学代替教育哲学呢？从事实际教育工作底人们往往轻视教育哲学。他们只把教育看作纯然的技术，只要有了适当的技术——教学技术、测验技术、统计技术等——便可胜任愉快，不要再要什么理论。其实，这见解是错误的。实践是理论底基础，而理论是实践底向导。不依据实践底理论是玄虚的，而没有理论底实践是盲目的。理论与实践不能截然分离。教育工作者在实践上犯底错误是因为理论不正确、见解谬误。理论不足底人们，做起工作往往受传统束缚，或受外界的权威，或偶然的事情所支配。恩格斯指摘那班轻视哲学底科学家，曾这样说："当自然科学家轻视哲学或谩骂哲学之时，他们就以为从哲学中解放出来。但是自然科学家在实际上如果没有思维便寸步难行，而思维则必须有逻辑上的诸范畴。从哪里去找这些范畴呢？于是他们向那班所谓有教养的人们去借用那时髦的流行的理论，而这班人的头脑往往只充满了久已过时的哲学的残余，或取自大学必修的哲学课程中的渣滓，或是无批判地杂乱无章地读了些十色五光的哲学著作，而从中剽窃一点，其结果，他们便成为哲学底俘虏。那些特别激烈地谩骂哲学底人们，反而作为了最劣的最流俗的哲学底残余底俘虏。"

近来庸俗的所谓实际教育家，往往凭着一点片面的观察，便任意联想，为所

① 《民主主义与教育》。

② 《教育哲学入门》。

③ 即纳托普，下文同。

④ 《哲学与教育学》。

欲为。他们指摘比较进步的学说，而一方面却追逐流行语，逢迎权威者，甚或未习古典而崇拜古典，不知革命而妄称革命，入耳出口，指鹿为马；他们从门里逐出教育哲学，教育哲学却又从窗外飞进来了。他们逐出的是比较进步的哲学，而飞进来的却是歪曲的颠倒的论调，就把我们的教育实际家迷住了。

哲学与教育

自古迄今，哲学与教育两种思潮底联系都非常密切。中国哲学向来以人生为主题，而政治与教育便是它底内容。古代希腊哲人派（Sophist）初用哲学的研究去解决人生问题，他们就是以教育为业者。苏格拉底主张知德合一，真理是可知的，也是可教的，遂创产婆术（Maieutic method）。柏拉图阿里士多德[①]底哲学，同时就是他们底教育思想。近世冈美纽斯[②]（Comenius）底教育思想就脱不了他的宗教哲学的人生观。十七八世纪实学派主张实用的陶冶，重国语、科学，其哲学背景就是当代的实证主义、合理主义、经验主义。卢骚底教育思想以自然主义作背景，裴斯塔罗齐底哲学背景是新人文主义的人生观。要之哲学与教育向来结不解之缘，这是不可否认的事实，菲希特[③]（Fichte）说："教育若没有哲学，它本身决不能完全明了。所以二者之间存有相互的关系，缺一不可。"斯宾塞也说："只有真正哲学家才能推行真正的教育。"本世纪两大派教育哲学——实用主义与新理想主义——底巨子，杜威与纳托尔普，都认为哲学就是教育学。像他们那样把哲学和教育学看作完全同一，虽难得人人赞同，然亦可以证明教育学之必不可缺少哲学的探究。

近人张栗原先生在他所著《教育哲学》引论，这样说："哲学底任务是在探究宇宙之总的根源及论究自然、社会及思维底一般的运动法则，所以哲学乃是人类知识底最高的综合。哲学上的原理是根据各种实证科学底现实资料及其所显示的法则所构成的基本原理，哲学上的规律是客观世界运动底总规律。因此，哲学底概念与范畴，在形式上是抽象的，而在实质上，在内容上，却是具体的。在它中间实现了抽象与具体底统一。哲学底规律在性质上是一般的，但同时包含了特殊的单独的内容。唯其如此，所以哲学底规律是一切科学的基础，同时，哲学底理论是一切科学理论底出发点。换言之，哲学就是科学研究之总的方法论，它是

① 即亚里士多德。

② 即夸美纽斯。

③ 即费希特。

可以指导科学的研究并促进其发展的。与此相同，教育哲学底任务在研究教育理论上一般的原理或原则，因而提供各教育研究的部门以理论的根据，使各个教育研究的部门得此理论上的指导更便利地和正确地去处理它的特殊对象，因而构成一定的理论体系，或是确定教育实施上一定的原则或方案。所以教育科学的研究在这里就需要教育哲学底领导了。"

恩格斯在与具体的知识领域底发展相关联之上，提出了旧的意义底哲学告终底问题。他认为这是与实践及具体科学有联系的哲学。说明自然现象与社会现象，而用抽象的构思代替具体的结论，这在具体的知识比较没有充分发展底水平之下，是当然的事情，这简直是缺乏了关于自然与社会之历史的发展之知识。随着社会科学上的进步，随着19世纪到20世纪底自然科学的新发现，哲学与具体的科学底分离，即从具体的科学分离了的哲学，就告终结。但是，与人类的实践及科学全体底发展相联系的哲学，还是存留着。

具体的科学若没有被正确的哲学领导着，就会产出错误的结果。即是把沿着自然的途径得来的完全正确的真理拿来作错误的观念论的解释。例如物理学上的电子说发明之后，就有人据此而说"物质消灭了"。其实只是原来的物质表象消灭了。他们不知道我们的认识是怎样加深的。最正确的知识都受一定的限制，并且这种限制性在认识过程中逐渐被扬弃。伊里齐①这样说："所谓物质消灭，就是说从前认识物质所达到的那个限界的消灭，而我们的知识却更进了一层。"近来自然科学因为不能从正确的哲学立场去处理最近的发现底科学真理，便往往转入错误的结论。例如根据生物学底新发现而造出神秘的生机论，伟大的物理学者爱因斯坦也会根据相对论而主张科学与宗教可以两立，且有相需的必要。这些事情都指示着没有正确的哲学观点，对于现代科学所发现所提供的庞大的资料，便没法处理。他们偶然从现实把事实分离出来，往往表面地机械地使它们互相统一。在这种情形建立了孤立地解释那个事实底基础。这些往往美其名曰"折中"，或"中庸"。在这样折中主义或中庸之道之下，便丧失了一般的基础及个个事件底联结。其实联结各个事实各个方面底一般基础，这正是具体的现实，即一定的社会。如不从具体的现实出发，而从极抽象的理论命题出发，便丧失一切基础。在一般基础丧失时，联结便成了人工的任意的产物，重要的各种事实被放弃了。伊里齐说："在社会现象领域中，最流行的方法，最无益的方法，莫过于分离个个小事实和玩弄实例。为要在事实上奠定基础，就必须无例外地把握与所考察的问题有关系的事实底总体，而不是个个事实。否则会任意地选择并搜集事

① 即列宁，下文同。

实，就会无视整个历史现象之客观的相互依存的关系，为了注意无意义的事情，而采取‘主观的’处理方法。”

由此观之，所谓哲学的教育学告终，乃是指涉及具体的教育问题而言。例如儿童学习力底考察，学习成绩底考查，现在有了实验的科学方法，便不该再像从前那样抽象地、含混地推测了。从前那样的哲学的构思是告终了，再不该用了。然而把整个教育现象作综合的全面的讨究，阐明了其中的法则，而指导教育工作全面的方向，这样的教育哲学还存留着，还非常必要。若没有这样的教育哲学领导着，便会发生许多错误。例如：近年指摘“自由教育”底议论，竟堕落到甘心钦佩法西斯教育和纳粹教育那一类的谬论。他们之所以如此荒谬滑稽，就因为他们把一个片面的事实抽象出来，孤立起来，而又任意结合，伪装因果。

还有一点要注意的：哲学自身也种类繁多，有正确的，也有庸俗的；有进步的，也有落后的。若走上庸俗的落后的哲学路线，而讨论教育，其贻害也不鲜。要避免这类谬误，不做庸俗哲学底俘虏，只好研究正确的哲学。正确的哲学是从客观的现实出发，从客观的现实中探究其内在的法则。

哲学领域内之任何部门都和教育学有密切关系。如自然哲学、知识哲学、道德哲学、艺术哲学等都和教育理论有密切的关系。因此，纳托尔普要扩大教育学底基础科学。然而其中与教育理论关系最深切的首推认识论、方法论。例如现代两大派教育理论——杜威与纳托尔普——关于教育的结论主张，虽有许多相同，而各自的立场迥异，就因为双方底认识论、方法论不同种。这因为教育研究之中心对象在吾人经验之生成发展，而这恰是认识论、方法论之中心问题。

教育哲学是什么?

纳托尔普在他的名著《哲学与教育学》里，指出教育底基本概念是陶冶（Bildung），如艺术底创作，或生物底成长，都是把混沌的素材造成一定的形态，而达到它本应有的完全。那么陶冶是把事物由素材变成完全，换句话说，是从存在走向当为底发展。教育学是要探究这个发展底规范。发展须于事物底本身内含有可能性，人间的发展尤其如是，这叫作自发性、自律性。这个自发性、自律性中含有当为，这是理念。内在于自发性里面底理念是意味着应当有的完全，这不属于经验的世界，乃是一切经验之所由成立底根本法则（Urgesety），我们的经验的生活赖理念给予意味和立场，因而理念是最原本的根据。理念是太初的、无限的，可是离开经验也别无实现之途。因此，发展是从经验展开向理念底无限课题，这便是教育。探究这发展——陶冶——底规范的是教育学，也就是哲学。

杜威在《民主主义与教育》之第二十四章，综合以前各章所讨论的结果，得到这样的结论：哲学是教育底一般理论。杜威看教育是由经验传达底过程中，经验意义底更新（a process of renewal of the meaning of experience through a process of transmission）。这传达过程有的由于社会个人底互相接触，成年人和儿童底接触，有的由于故意的计划，例如教育机关。而真能够发挥这作用的只有理想的社会——个人有自由发展底机会底社会——他叫它作民主的社会。在保守的硬化的社会里，经验更新底机会很少，教育底意味也淡薄。社会底分裂反映于教育上，便成了种种对立的问题。例如：劳作与闲暇、知与行、人与自然、个己与社会、文化与职业等等，这些都是社会阶级乖离底反映。而这类同样的社会现实也反映于哲学上而成了种种对立的问题。例如：心与物、身与心、心与世界、个己与人伦等等。哲学所要解决的问题是由于社会生活底矛盾，而教育所要解决也是这些。哲学常常被人称为要处理全体（totality）、一般（generality）和最后（ultimateness）底题材和方法之学，因为它把世界和人生底各种事实题材作综合的全面的研究。而所谓全体、一般、最后，都不是已经完结底意思，乃是一个在进行在变化底过程。那末全体、一般、最后都是无限的连续（continuity）底意思。哲学的态度是不把事物分离孤立地来看，乃要把它安置于它所应有的关联去看它，而努力发掘它底深刻的意义。因此，哲学可称为思想（thinking）。思想和知识有别。知识，根本知识是科学，它表明决定的合理的对象。而思想是眺望，是探讨（Thinking is prospective in reference.）。要遇着未定的事物而要克服它底混乱，才发生思想。哲学是思想那些我们既知的要求是什么，怎样反应它才对（Philosophy is thinking what the known demands of us—what responsive attitude it exacts.）。它是一个什么是可能底观念（an idea of what is possible），而不是已成的事实底记录。它好像一般思考底假设。它给我们一个“做”底指示，试探底什么东西。它探出我们底经验之所以不安定底起因，指引我们安排那些复杂混乱底性质，而构成一个假设，使我们试行实践去求得解决。哲学所处理的未决问题广布于许多社会条件和目的，而又与组织的趣味和要求相矛盾，因而哲学也派别甚多。调整这些相反的倾向之唯一途径是改造情趣和智慧哲学，便是阐明各种生活趣味，提出观点和方法，使人们能控制各种趣味底较好的均衡。教育既然是必需的变化所由成底过程，而不只是一个可欲的假设，我们便可得到这样的论断：哲学是当作熟虑的行为实践底教育底理论①（Philosophy is the theory

① 杜威认为，哲学是一般的教育理论，是一种思维方式并可以在实践中检验。参见《民主主义与教育》第 206 页。——编者注

of education as a deliberately conducted practice. [1]）。

第一次欧战后，德国后起的学者克里克（Ernst Krieck）在他的名著《教育哲学》（*Philosophic der Erziehung*）发表一种新见解。他以为今后教育学应该脱却传统底技术的态度，转变成为纯粹独立的科学。科学底对象是所与的事实，而不是造作的课题。例如：几何学底对象是空间，言语学底对象是言语，都是自然存在的事实，是所与的（gegeben）。教育是和人类出现那一天同时开始的客观的事实，这是社会共同生活之根源，不是等到具案的教育工作和教育机关发生之后才有教育。因而教育学应该取客观的所与的教育事实现象为对象，而探究其本质和法则，要这样，教育学才取得独立的科学底资格。教育研究虽起源于技术——教法、学校等——之需要，而教育学要发达至独立科学底阶段，便无须再考虑实际工作底任务，而只是透视对象之本质，以发现其中的法则。要这样，教育才超越应用科学底阶段。教育活动之中，虽含有吾人之有意识的目的活动，但这在有限的范围内是如此，而教育自身亦和言语、法律、经济、政治等现象一样有其自身的法则性，这是出于社会生活之必然，而无关乎某人之计划目的。那末，教育学是要从社会生活中之教育现象，探究人间生成发展之法则。由精神的影响而生起的人间陶冶，便是教育。这不限于未成熟的时代，只要是人间相互的影响，不问任何种类，都是教育。这便是教育学探究的中心问题。有意识的、有计划的教育活动并不能代表教育底全野，因而只根据实际的教育工作底成果，却不能把握教育底法则。力学底研究，不问运动底后果，而只注视其运动底根本法则；教育学也应如是。教育作用不一定和目的活动连在一起。社会生活上，人与人之间之一切影响，只要关系及人间底形成，便是教育。教育起自社会，与社会结合，从而构成社会。不管个人之新陈代谢，而社会借教育而存续面发展。向来教育学之错误在把个人看作教育底主体。其实教育底主体是社会，而不是个人。父母或教师只是从社会接受法则而代办教育罢了。总之，他把教育看作离乎人们底意志而独立底客观的社会作用，而教育学便是探究这作用底运动法则底学问，因而无须顾虑到学校教育底实用技术，教育哲学才成为教育研究底最基本的指导原理。在这一点，克里克诚具卓见，纳托尔普和杜威都没有他这样看得真切。唯至于这个社会底教育作用底本质，克里克叫它作原始精神（urgeist）或理念（idee）。那是德国一流观念论者底论调罢了。

从社会生活里探索人间形成底教育作用底原理或法则，这是教育学底任务，因而必然是哲学。这点见解是上述三家都一致的。德国观念论底思想，把这作用

① 见杜威的《民主主义与教育》第206至第207页。——编者注

归到先验的或超越的理念，或原始精神，从而把纯粹教育的社会条件推到远在琼楼玉宇白云深处底理想境界。他们虽然也说理念规定经验底发展，离开经验则理念别无实现底途径，然而毕竟是两橛的。这是德国那个社会里革命无力底反映，所以成为这样隐遁于天国底革命理论——社会民主党底思想。而且这种理论很容易转化为法西斯所利用底工具，克里克本人就是一个例子。

杜威底哲学的立场是实用主义，这是比较高度的民主社会底意识形态，虽然也还不脱市民哲学底色彩，也不免有所歪曲含糊，然而今天以前的教育哲学，杜威总算达到了最高峰。他从经验出发，由社会生长之连续过程中，指出教育底面貌，比较来得切实，来得具体生动。虽然他所指点出来的那个连续（continuity）还是有点滴改良底意思，所谓眺望探讨（prospective in reference），所谓试行实践（tested in action），所谓各种利益趣味底较好的均衡（better balance of interests），也都不免暴露着实用主义底折中、妥协、不彻底的倾向。杜威更有一点卓见，他看出了哲学底阶级性。他说："人们不能企望安闲的统治阶级与为生存而奋斗的阶级有相同的生活哲学。"他又强调哲学底实践性，所以他说："若一种理论于教育的工作上造不出什么变化，便是矫揉造作的。教育的观点使人们能凝视哲学诸问题，它们底起源，它们底繁昌，它们底流行，和它们被接受或被拒绝，在实践上造出什么变化。"杜威已经看到哲学问题是社会实践底反映，所以他说哲学是指导实践底理论，而教育底自身更是实践的，所以哲学就是教育学。

在《教育科学之资源》里面，杜威论教育哲学底目的，也有很多中肯语。他以为：把哲学看作解决教育目的底学问，而科学是解决教育方法底学问，这种见解很容易误会教育目的和方法分为两橛，又易误解教育哲学和教育实际经验无关。据他看，"教育哲学既不产生目的，也不决定目的。它占着中介的和工具的或节制的地位。它把实施达到底目的和实际获得底结果，加以考察，并将其价值依全盘的观点，加以估定。"……"就目的和价值而论，欲使哲学之内容不流为武断的，必需经验的材料，此项材料实仰给于教育之实际进行中底目的和价值。教育哲学所能贡献的是：①广度，②自由，③建设或创作。任何方面底工作者都是为较直接的需要和结果占住心中。当一个人开始伸张其思考之广度、范围，考察其暧昧的后效时，便开始哲学化了，不论曾否给予这种名称。……我所谓哲学在'自由'方面底贡献，是广察实际结果或后效之必然的收获。任何方面的专门实行者都有一种危险，即一举一动都受着拘束，到了不耐烦的时候，便依着各人的气质和情形而做冲动的行为。……教育哲学是在使教育实际工作者以较自由的精神进行其工作，不为习俗循例和片面的个人的兴趣和幻想所拘束。这项贡献由第三种作用——即建设的想象和创作——所完成。仅仅审查有限地接受了的目的和价值是不够的。此项需要的工作只是提示作用——提示新目的新方法新材料——之消极方面而已。欲完成这种提示作用，思想之广及，心智之自由都是首要的。就教育哲学之重要影响说来，这些是研究教育哲学底人所能获得的效果。观念即是提示行为和试验的。教育哲学不仅从教育之实际经验那里抽出原始的材料以定其目的和价值，且赖那些经验以试验、证实、修订和准备其他材料。这意思便是上面所说的：教育哲学底工作是中介的和工具的，而不是原始的和最后的。”

总括以上的论述，可试作教育哲学底定义：教育哲学是从社会底生成、发展及其演变底必然的过程中探究人间形成底客观的法则底实践哲学。

下面还有需说明的几点。

第一，教育哲学底客观性。教育哲学不能是哲学者主观的思辨，乃是从社会底必然探索出来其所以然底支配法则。这法则是客观地存在的，不是凭教育学者志愿要这样、那样。所以克里克说教育家从社会承受法则而代办教育。然而法则是贯通于吾人所经验的社会事实之中，而不是远在超越的先验境界底什么理念、什么原始精神。我们要从人生之纠纷和矛盾中发现社会转变底推动力，从而阐明其教育力。客观性是意味着历史的运动法则，而却不是意味着不可战胜的历史的定命的倾向。我们把握着教育这个所与的事实现象底生成，发展及其转变底法则，我们才能处理它。不把教育看作孤立的现象，而从全人生、全社会之中，发掘其深刻的意义，从而把握其关联，然后可以领导实践。

第二，教育哲学底实践性。哲学已经不是学者满足他们的第六感底求知欲或好奇心底东西，乃是发生于人生问题之矛盾纠纷，急需求得明哲的解决。教育问题更是如此。现今教育上诸问题，究其本源，几乎无一不起自人生问题底矛盾解决。古来教育思想之发生，大抵在社会快要转变，而传统的生活价值临到须重新评价底时候，这些都证明了教育哲学不只是知识，乃是须求得处理生活底贤明态度，因而探索人间陶冶底客观的法则。这种理论必须是切实地反映现实的而不是玄虚的。这里有必须注意的一着：“实践”绝不是像实用主义者所说的那样把一切问题都归属于实际上的利益及个人的希望，实用主义者妄想凭个人实际上的有用性，个人底见解和利害，而完全解决真理的问题。他们不知道真理是现实性在思维上的再生产，因而激烈地反对那认为在认识中反映物质的现实性底反映论，这是资产阶级底代言人底歪曲论调。伊里齐在《唯物论与经验批判论》中，说过：“认识只有当它反映不依存于人类的客观真理底时候，它对于生物才是有益的；换言之，对于人类底实践，对于生命底保存和种族保存才是有益的。”实践是废除人类底认识和客观物质实在性底分离底过程。客观的世界、客观的真理，通过实践在认识中被反映出来。客观的世界、客观的真理，对于人类底认识不再是无缘的、分离的世界。

第三，教育哲学底阶级性。哲学学说是在具体的人类社会中发生并发展的。创造哲学学说的人们，属于特定的社会集团，他们底学说受当时社会环境所左右，并反而影响于当时的社会环境。任何哲学说，都反映所属的时代的经济生活状况，反映当时自然科学知识底程度，并表现特定社会集团底利益和希望。教育哲学也是如此。近世启蒙时期底教育学说，是代表当时久被桎梏而快要抬头底市民阶级，反抗从来封建领主和教会底压迫，所以表现了好多的革命性。现世纪的教育哲学，反映着现今世界劳资双方底矛盾，因而讲究怎样调和、弥缝。社会上文化遗产，常握在当权的统治阶层手中，因而代表统治阶层底哲学说，在学术上占优势，然而由于他们有了心病，生怕正视真理，所以手中虽握着学术遗产，而往往不由得不把它弄到歪曲。代表被压迫大众底哲学说，由于无所顾虑，不怕真理，所以在分润学术遗产上虽占劣势，而却能直指真理。进步的教育哲学应该是代表被压迫大众底观点的，虽然对于向来的学说也要把它奥伏赫变①。

第四，教育哲学底战斗性。教育是“造人”底工作，因而教育哲学不是纸上谈兵，不是观念底游戏，乃是造人底工作实践底设计。人类自己创造自己的历史，自己创造自己的形象，这过程是一条长途的辩证的战线；因而纳托尔普说教育是无限的课题。可是这课题不是远在理念的境界，而在现实的经验界。教育哲学是要在社会生活中把握着人们自己改造自己生活，从而改造自己形象底契机而往前奋斗，因而绝不是一种折中调和底经院理论。我们中国今日处境，尤需要适切于我们中国解放、中国改造底教育哲学。纳粹法西斯底御用学者们也看中了教育哲学这一点具体性和战斗性，可是他们要借口这一点，而辩护他们所拥戴的那一个少数统治集团冒称民族，从而强调起来，硬想去做全人类底统治者，把世界倒转过来，那是徒劳妄想。

（《伦理学要领》，北京文化学社，1928 年 1 月，有改动）②

---

① 意为扬弃。

② 此处为文章出处，出版或发表时间与撰稿时间一般不同。后文同。——编者注

论教育本质

现代教育学说，把“教育即生长”这个命题强调地提出来的，当然要推杜威。德国一流观念论者虽也高唱生命底自己创造、自己超越而永不知足底要求活动，然而说得极抽象玄妙而令人无从把握。杜威在他底名著《民主主义与教育》开宗明义第一章认定教育是生命争取延续生存之所必需。生命要延绵，生存便须常常更新，因而自己更新是生命底过程（Life is a selfrenewing process.）。[①] 教育之于社会生命，和营养再生产于生理的生命一样是不可阙、不可停止的。教育最初成立于社会中之交通传达。交通是分有经验底过程而达到经验变成公有，参与经验传授底双方都受其影响改变。人类各种样式的结合底最深远的意义在乎它促进经验底性质底贡献，而这事实在人类处理幼少未熟的分子时更显而易见。这就是说：社会组织实效是教育的，而在成年者和幼少者底结合中，教育的实效首先成为这团体底目的底重要部分。幼年者若不能承受经验而连续生长，则幼年者自身和全社会底生命都要中断。所以教育是社会底也是幼少者底生长。

杜威说生长底基本条件是未熟（The Primary condition of growth is

① 亦有学者翻译为“生活是自我更新的过程”。——编者注

immaturity.)，而未熟不是消极地有所缺少，乃是积极的可能——生长底能力（a positive force or ability—the power to growth）。假如把成年人看作固定的标准，而要小孩子变成大人，那便把教育看作填补孩子和成人之间那个缺口底工作，那是误解。哪里有生命，哪里便有热烈的切望的动作。生长不是被做给什么，乃是他们做什么。（Where there is life，there are already eager impassioned activities. Growth is not something done to them；it is something they do.）未熟有两个特征——倚赖性和可塑性（dependence and plasticity），人类婴儿须历长久岁月才能独立活动，此点远不如禽兽。然禽兽有了物质的生理的禀赋，却缺了社会的禀赋。人类婴儿生理的无能正因为社会的有能。人们往往把儿童生理的无能误解为社会的无能，因而误信社会的力量（social force）只存在于成年者，由成年监护儿童，他们唯有被动地接受。其实儿童具有第一等的社会的禀赋，他们常常集中兴味于他人的作为上面。所以倚赖性不是弱点，实含有互相倚赖之意，指示着一种力量。可塑性是由经验学习底能力，发展性向底能力（the ability to learn from experience；the power to develop disposition）。人类和禽兽都是凭本能应付环境，唯禽兽易成熟，而有效的反应竟很有限；人类底反应不易成熟，而有效的却可以无穷。（The infant has the advantage of the multitude of instinctive tentative reactions and of the experiences that accompany them，even though he is at a temporary disadvantage because they cross one another. In learning an action，instead of having it given ready-made，one of necessity learn to vary its factors，to make varied combination of them，according to change of circumstances. A possibility of continuing progress is opened up by the fact that in learning one act，methods are developed good for use in other situations. Still more important is the fact that the human being acquires a habit of learning. He learns to learn.①）这是学习。人要有学习底习惯，他学习如何学习。

杜威根据上述两点特征，便赞同 John Fisk 之说，解释人类儿童期延长之意义说：因为儿童须得人长期扶持教导，便引起慈爱，长幼必须长久共同生活，道德由此发展，社会由此进步。（《民主主义与教育》第四章）

杜威显然地只从生物学的观点看生长，又只用心理解释社会，从而把生长看

① 大意：幼儿的有利条件是有大量的、本能的尝试的反应，并有伴随这些反应的经验，即使幼儿在经验和反应交错而使他们处于暂时不利的条件之下，幼儿的有利条件依然存在。在学习一个动作的时候，不是仅接受一个现成动作，而是要学习把有关这个动作的各种因素加以变换，并且根据环境的变化去把这些因素进行重新组合。由于在学习一个动作的时候，所使用的方法在其他情况下也能用得上，使用方法从而得到发展，所以保证有不断进步发展的可能。更重要的是人类获得了学习的习惯，因为他学习到了如何去学习。

作自然而然的过程，学习也是自然而然的连续活动。他反对传统的成人本位教育，权威主义的教育，而强调儿童底可塑性，虽也有好多警句，然而这类警句和德国观念论者的实在差不多，甚至于和以前卢梭、福列贝尔①所发出的那些教育名言都差不多，只是所根据的是现代生物学和心理学罢了。杜威的生长观既然是如此，所以达到“教育没有目的”底结论。（Since growth is the characterestic of life，education，is all one with growing；it has no end beyond itself.）他在第四章第三节这样说：我们说教育即发展，这句话全看发展是怎样的含义。我的核实的断案是：生活即发展，而发展生长即生活。译为教育的等式，便是①教育过程没有目的在前面，它自身便是目的；②教育过程是一个连续的改组（continual reorganizing）、改造（reconstructing）、变形（transforming）。杜威因而看不清人类生长底特质了。

杜威底“教育即生长”说，许崇清先生批评得极中肯。他说杜威“忽略了人类底社会的实践活动，就把握不着人类底社会发展底主要契机，更无从而捉摸得着人类底社会的发展上可能性转化为现实性底诸条件。而人类底教育活动正就是人类所以使人类或人类社会底可能性，转化为现实性底实践的活动也就无从领会。教育活动底成立条件，乃至活动对象底现实的契机自亦无从阐究”。

许氏指明人类在社会的劳动过程中直接地发展出来底人类在社会生活上不容欠缺底属性是这样：“人类由于社会的劳动不断地在他底环境中，即他与自然和他与人人相互间联系中，发挥着他底作用，而他底环境又不断地作用于他，他底感觉与表象就日益丰富地蓄积起来，而产出种种意识和观念。这些意识和观念不但成了他底物质的实践底直接的流露，而显现交织在他底各种物质的生产中，而成了他底有余的蕴藉，他底思维材料。而他底思维也和实践一样，是常积极地能动地和他底环境紧密地联系起来的，于是从直接的具体进到抽象底领域。而在抽象的思维过程中，他把直接的具体拿来分析，拿来综合。在这分析综合底过程中，他所运用底概念底联系底运动就览照着他底环境底运动和发展过程。他底环境就在他底思维上具体地再显现出来，就从思维领域进到实践领域。而他就更有效地积极地去改造他底环境，以适应他底目的。这些属性都是人类自身底潜在力由于社会的实践，所主导底可能性转化到现实性底运动底成果。”

在人类底社会的发展上，使一切可能性转化到现实性底运动是什么？许氏说：“正就是人类底社会的实践活动。固然，人类最初是不会预期到这种转化的，

① 现译为福禄培尔。

即使一定的转化已在他底周围和他本身上发生了，他也不会毫无遗漏地一一辨认清楚，但在事实上，他底实践活动却不断地在发挥着这种作用。而且所说底可能性并不是设想的，而是实在的可能性，即现实地存在于特定的现实性中底那种能转化到新的现实性去底东西，是要在现实性中发现出来底新的现实性底可能的萌芽。这在人类最初对于现实性底认识尚极浅陋底阶程上，固然无从发现，即使他底认识能力逐渐发达起来，而对于现实底认识还未深切，也仅能在思考上做种种设想而已。（所以实用主义者强调假设或试探，然而竟因此而怀疑甚至于蔑视真理底客观地存在，这便是实用主义底歪曲。——原著者注）人类对于现实愈是无知，愈会设想出许多的可能性来。但实在的可能性却是极难把握而有一定限际底东西，直到现在，人类所能达到的也未完全超出假定底境界；就是发现了出来，而它亦自有它底发展法则，非人类所可能得而任意摆布的。以人类底实践的活动为契机底可能性转化为现实性底运动就只可作为一个自然史的过程去理解。这个活动若要把它拿来和生物底‘生长’相比较，虽也含有相同的内容，但也含有各别的内容。”

至于人类生长之所以异乎一般生物底生长，许氏说得更正确：“在生物底生长过程中，可能性转化为现实性底运动成立于能向新的现实性发展前去底该对象和这种发展所必须底诸条件底交互作用或联系变化。……人类底生长则不然。人类底生长是人类底社会的过程、人类社会的发展。在人类社会的发展中，可能性转化为现实性的运动以人类底实践活动为它底主要契机。在那里可能性是在人与自然和人与人相互间底联系发展中所包含底条件全体。这些条件我们可分为主观的和客观的两种。直接资给人类底活动底手段的条件称为主观的条件；人类以主观的条件为媒介而作用于它底对象的条件称为客观条件。是以在人类社会底发展过程中可能性可以分别为客观的条件全体所形成底客观可能性，和把握展开这客观可能性底人类底能动的要因，即主观的条件所形成的主观的可能性。……在各个场合，二者总会有若干程度的不相同，是以因为主观的条件相对地还未成熟，而在实践上致使可能性转化为现实性底运动难于发展，或迂回迟钝，或竟至于落空，是常有底事。但在实践上，主观的条件同时亦为实践活动所作用底对象，于是未成熟的主观的条件亦可由此作用而发展至与全体的条件相结合，而促进全体的可能性底实现。而主观的条件既已具备，即使客观的条件还未成熟，亦可在实践上促其成熟。这些场合底对象与条件底结合虽不免有种种的偶然性，而对象底发展克服了偶然性，排除了旧的条件，造出新条件就可以与全体的条件结合起来。在人类社会的发展上，条件本身并不是可能性转化为现实性底主要契机，这转化底实现还须人类底实践活动为主导。在人类社会的发展上，条件底契机以外，主要的还是实践的契机。这个契机是不容忽略的，人类社会的发展所以和生物底生长有别即在乎此。若忽略了这个契机，在人类社会的发展上，可能性转化为现实性底运动也被看作和生物底生长一样，只需条件具备，自然必然地就会继续生长而达成它所固有的自己的目的。”（《教育新时代》第三卷第九期）

德国观念论者虽也看到人类发展和生物发展有所不同，然而他们底论据是理念或原始精神底发展，毕竟不是人类底发展了。他们说人生之特征，在道德、科学及艺术等价值生活，或说道德、科学、艺术、宗教、政治、经济等文化生活，这也未尝没有理由。然而价值生活或文化生活乃是人生发展底产物，而不是先乎人生，存在有含蕾未发的善、真、美等先验的理念作为人类生长底发动力。杜威固不免把人类看成等于禽兽，而德国观念论者则又要把人类看作神佛。

我们从人类底生长看教育底本质，可达到这样的结论：教育是人类底社会的实践底学习活动。人类以劳动加于外界的自然，并变化它时，人类同时也变化了自己的本性。他们会展开各种活动在本身性质内的潜在能力，使这诸种力底活动受自己统制。这便是生长，也就在这里学习。申言之，人类在社会的劳动实践中，认识环境，改变环境，也从而发展自己，认识自己。苏格拉底底教育的格言：“认识您自己。”应作如此解释：就其认识环境、改造环境方面说，是革命活动；而就其认识自己、发展自己这方面说，是教育活动。这活动中间含有许多斗争：与环境斗争、与社会或与自然斗争、与自己斗争、与传统或与习惯斗争，因而不能与一般生物底生长尽同，而以自己底实践为主导。

依据上述说明的人类发展底过程，也就可以说明“教育是社会作用”这个命题。人类要从自然界取得生活资料而劳动，于是一方面成立了人与自然底关系，另一方面也成立了人和人底相互关系，人类只有通力合作才能有效地劳动而形成他们和自然间物质交换底过程。因而人类底环境自始就含有人与自然和人与人这两重性质。人类对自然底活动和立在这基础上面底人与人相互底活动又成了人类所独有底所谓社会的实践。这实践的活动为人类所独有，唯人类才能在这实践的活动过程中，发生意识和目的底预见。人类底活动预先存着目的而受这目的引导着，所以称为实践。而这实践又始终在人与人相互关系里发挥着它底机能，所以称为社会底实践。人类这样的社会实践活动构成人类底现实的生活过程。人类社会底现实生活过程底变动，固由于社会的实践活动所掀起，即人类自己底本性也随社会的实践活动而变化。换句话说，人类底生长变化，若离开社会的实践，便不可想象。

杜威力说社会底教育作用是人类在共同生活中，彼此经验之交换传达，互相刺激、互相适应，学习，而在成年人与幼少者相处之间，尤为显著。（见《民主主义与教育》第一章）他在同书第二章解释社会环境是人们底活动必须与他人发生关联。（What he does and what he can do depend upon the expectations, demands, approvals, and condemnations of others. A being connected with other beings cannot perform his own activities without taking the activities of others into account.①）他力说信仰、感情、知识等等都不能直接传授，而必须以环境为媒介，即共同工作，共同使用物件，质言之，参与共同生活，要这样才能够间接地传达经验。他这番议论，抨击旧教育之观念注入工作，大有功绩。然而不过把参与共同生活看作社会利用环境而发挥其教育作用底一种方便，而不是把它看作人类结合和社会构成底一个要因。杜威把“社会”这概念看得很广泛、很普通，从打球队、俱乐部、流氓帮、社团、工会、公司而至于国际联盟都是社会，他看社会就是包括人人集合而相与共同经验和建立共同利害共同目的底一切途径。关于这点，杜威倒不如德国学者能够区别社会与共同社会（gesellschaft und gemeinschaft），德国社会学者 Tonnies② 说，通常所谓社会，是个人意志先存在，由其结合而形成全体意志的，个人意志不因社会而有所影响。而共同社会则不然，全体意志之统一是先乎个人意志而成立底人间意志之结合。所以共同社会是本质地结合的人格底活生生的有机体。德国学者据此而力说国家底神圣尊严，当然是谬论，然他们能认清楚“社会是所与的东西，在社会中生活着的人们，无论自己愿意与否都必然要加入这种关系”。杜威却见不到这一层。“人类在其生活之社会的产生上，加入于一定的必然的离其意志而独立的诸关系，即适应于物质的生产力的一定发展阶段的生产诸关系。”由此可见人类底实践活动必然是社会的。杜威就忽略了这点必然性。

“人类底这种社会的实践活动，使人类底双手采取了现在的形状。助成了人类底结合，发展了发音器官，发达了人类头脑。而这些头脑、手和发音器官等底协同动作又促进了人类有机体底发展，使人类脱离了动物底境界。跟着这种实践活动底开始，人类底头脑发达到能够造出工具来，人类底活动就超越了动物底活动。人类由于这种实践活动变化外界的自然，并且认识了它。而同时人类既得而挹注于工具制造底新源泉，复得而接触于活动底新对象，人类又变化了他底活动底性质、形式和方法，从而改造了他自己本性。这种活动性质底变化使人类发生

---

① 大意：一个人干什么，他能干什么，这完全取决于其他人的期望、需求、认可和非难。一个人的存在必然同其他人的存在联系着，绝不存在单纯个人的而没有计入他人的活动。

② 现译为滕尼斯。——编者注

新的欲望，而新的欲望又使他继续去改进他底工具。从此演进，于是人类巧妙的双手，有节的语言，纤细的感觉器官，广大而精微的思维能力，乃至人类社会底物质的精神的一切文化，都发扬光大起来。”

“人类一面变化外界自然，一面变化自己本性，因而又变化社会的环境。在这过程中，人类底社会实践活动始终演着主导作用。而人类底现实生活过程也就是人类这种实践活动在演着主导作用而进展无已的一个过程。（借杜威的话，是连续的更新——原著者注）但在那里面，人类底实践活动虽都是有意识的有目的的活动，而未经意识到底企图和未经意识到底目的是不会有的，然而人类所意识到底企图未必一定可以如意实现。大抵若不是经意识到底多数的目的互相交错，互相反拨，便是那些目的本属虚构，或则手段不够，条件未备，都会终于落空。或则活动底目的虽曾是意识到的，而活动所得结果未必一定能与所意识的相符。或则起初好像是与原定目的一致了，而到头却与它完全两样，也是有的。（这是因为人类由实践活动所构成的社会环境太复杂了）加以人类底企图常是因应环境刺激而发动，所见未必广远，总不会事先把应有的结果一一预察得到，意外的收获，无意遗漏，自亦很多。而一切活动因果流转，相续不断，以致枝叶横生，也是事所应尔。这样，人类底这种实践活动，虽总在追求一定的目的，而活动于诸多方面底那些极其纷纭的企图，和它们对于外界底极其复杂的作用，互相交错，互相反拨，乃至互相冲突，就演出和支配着无意识的自然界底状态相似的一个状态。这状态在表面上大体像是偶然在支配着，但仍是跟着那贯通在它那里面一个必然的路向前去的。这路向是超乎人类意识以外的。而跟着这路向前去底人类活动底发展也是超乎人类意识以外的。这发展是人类活动底自己发展。在那里，当然也包含着人类底实践活动底自己学习。它与学习不同，在于它不以学习为目的。而事实上，在这种实践活动底过程中，已往的旧经验和当前的新经验对照起来，就引起了反省、参证等认识作用，若果发现了两者不一致的情形，认识就适应着新经验而改变，结果是促进了认识底发展，表现了学习底作用，获得了学习底效果。这就是人类底实践活动底自己学习运动。”

“人类底这种社会的实践活动底自己学习运动是超乎人们底意识以外的，于是人们总是在客体或直观的形式上去把握它，就成了所谓‘社会底教育作用’。翻过来，我们在社会的过程里面，把那演着主导作用底人类底实践活动作为主体底活动而去把握它，正就是人类底实践活动底自己学习。”（许崇清《教育新时代》第三卷第七期）

“各个人的有意识的自由行动，产生出他们所不能预见的结果。这种结果是与全社会有关系的，即是作用于他们的相互关系的总体的。所以人们从自由的王国转移到必然的王国。但是由人们之个人的行为产生而未经他们所意识的社会的结果，一旦引起社会组织的变革，就在人们的面前，产生新的个人的目的。人们的有意识的活动，必然的使面目一新。人们就再从必然的王国转移到自由的王国。”（马克思）

依据以上的说明，可知社会生活过程必然发生教育作用，而人类底学习作用又必然是社会的。那末，纳托尔普底名言“陶冶底社会条件与社会底陶冶条件”是正确的。但作为陶冶条件底社会不必限于像他们说底理想的教化的社会。克里克说社会是教育底主体，也极有理由，他底误点只在把社会幻想为巍巍乎君临于个人之上底绝对精神底显现。克里克解释教育之二大类型，更有倾听之价值。

“教育底意味在把人间作成某种型式。而此形成作用，由于教育主体底样相而分为对立的两大类型。教育起自既存在的生活型式之时，其教育底意味在同一型式之反复，这是保守的类型。反之，教育起自或种理念之时，以既存的生活型式底对立物作为目标而进行，这便是革命的类型。这方面底意味是未曾有的，宿于将来可成为现实底实现之中。这两种类型是相反拨之极限，依种种底中间型而调和其反拨。在革命型中最显然露姿底理念被含在所有生活形式中。生活形式是具体化的理念，凡在其影响内的一切都被其类化。由于这种类化作用，不管个人底新陈代谢，而社会形式始终保存。生活形式对于其他力量，若不得不只管努力维持现状，呈露这种情态，便是宣告宿于其中底理念力之减退。更进而全然缺乏改造之余力，这场合是已经濒于危机了。反之，生活形式若按自己底法则陶冶其理念力所支配下底一切，还有把他们编入传统中底能力，而完成赋予于人类底使命，这便是表示这生活形式还具有存续底权利。要之，理念是教育的影响之根源，也是它底法则。换言之，教育的影响底法则是理念底生命。以教育的影响为自己的生命底理念从其出发点而直指完成，继续向上，于其道程底所有阶段，既实现底形式以上，理念成为力量而起作用。这样的形式立于理念之下时，其形式在既实现底意味上是保守的，在其担荷底理念底意味上是进步的，在这一点，恰是保守的类型和革命的类型底结合点。由此再进一步，形式完成了，凭着理念力底向上快要停止时，虽还暂时继续其影响，而其弹力是形式化了的理念底发露，理念为得要维持自己，不得不讲究防御策，在这一瞬间，其生活力便消失。”

克里克这一番理论，若把他那个神秘的概念——理念——翻译为社会关系便可得显明的解说如下：人们底实践活动必然地加入于所与的社会关系。这社会关系若和相应阶段的生产力很协调而和谐时，便促进生产力底发展，而一切建立于其上之上层建筑也很协调地互相影响而发展。人们在这里底实践活动便跟着这路向前去自己学习，自己发展。这场合便叫作教育底保守的类型。人类在生产过程中不断地获得新的生产力。这进步的生产力发展到跟原有的社会关系不适应而成了矛盾，原有的社会关系便从生产力底助长转变为生产力底桎梏，于是旧的社会关系要没落，而新的社会关系要代兴。随着社会基础底变动，那些树立于其上底上层建筑就或缓或急地随着变革。人们底实践活动，在这场合就会由于旧经验和新经验底对照而反省，而认识，结局发现这矛盾，获得了学习底效果，而走上新的路线。这便是教育底革命的类型。

《费尔巴哈论纲》第三项："认为人们是环境与教育底产物，因而并认为已经改变了的人们乃是别一种环境和改变了的教育底产物，这是唯物论底学说。但是这一学说却忘记了环境正是由人来改变的，而教育者本人也须受教育。因此，这种学说不可免地要达到这种地步，就是把社会分成两部分，其中的一部分高出于社会之上（比如罗伯特、欧文底学说）。环境底改变与人类活动底改变之巧合，可理解为而且只有合理地理解为革命的实践。"

纳托尔普说：教育培养参与社会生活底有能者。这种有能者要有贡献于人道的社会底贡献。在经验的社会里，生活底有能者要学习有贡献于的人道的社会，这一方面是一个无限的课题。人道的社会是一个理念，全般都要使人间性得向上发展。这理想普遍贯彻于全社会底各方面，经济、政治、文化等各方面，各依其所完成的特有任务而参与人间陶冶之究竟目的，因而全社会成为一个人间陶冶底大组织，结局是一个理想的教育的社会。那末，作为无限的课题底理想的社会与现实的社会底关系应作如何观呢？纳氏以为现实的社会，早晚要成过去的废物，只可当作走向理想的社会底通过点，因而在教育的立场，敢对现实社会下锋锐的批评，教育事业由这批判的态度来决定之。站在理想社会底立场看，现实的家庭、地方团体乃至于国家，都不过走向理想底途中底站头罢了。视野底焦点在将来更善的工作，而引导人间性向上发展的就是教育。因而结局教育学所研究的是陶冶底社会条件和社会底陶冶条件。纳氏学说，虽有不少真理，然正犯了这个毛病——把社会分成两部分，其中的一部分高出于社会之上，因而忽略了社会底改变与人类活动的改变之巧合在于革命的实践。

杜威在《民主主义与教育》之第六章及第七章也犯了这毛病，把社会分为两种：一种是硬化的、专制的，教育的意义稀薄，又一种是自由的、民主的，教育意义丰富。而这两种社会如何相关联，如何由这一种转化为那一种，他也就没法说明。他描写理想的社会生活——民主的社会底理想，也大致不差，然而到了第七章之末一段，就不免令读者有龙头蛇尾之感。他说："教育制度，是否一方面尽由国家指挥，一方面教育底'社会的目的'仍可不因此受限制，不因此受阻碍，不因此腐败呢？要解决这问题，当从对内对外两方面着想。在对内方面我们要抵抗经济状况所酿成的倾向；这种倾向把社会分成阶级，其中一部分人不过做别人达到更高文化底工具。在对外方面，我们要调和两件事：一是对于国家底忠诚与爱国心，一是竭力促进维系人类公共目的底事物，不以国家底政治分畛域。这对内与对外底两方面，都不是消极的方法所能办到。仅留意不使教育被人利用为工具，不被一阶级利用，使更易于剥削别阶级，这还不够。”这段话也是词严义正，如果明白点说，便是：要废除阶级间底榨取，要消灭帝国主义，都不是“消极的方法所能办到”的。然而杜威提出来底方法是怎样呢？他接着说：“学校方面须有种种设备……减轻不平等的影响，使一国人民都有同等机会，获得同等能力，发展他们将来的事业。要达到这目的，不但学校里须有适当的管理设备，不但家庭方面须有补助青年教育底机会，而且要改良传统的关于文化底理想，要改良传统的教材，要改良传统的教学与训育方法，使青年必得相当的能力，能自理他们自己的与社会的事业底时候为止。这理想底实行，也好像须在很远的将来，但是非使这理想渐渐的更有势力于我们的公共教育制度，那末，民主主义的教育理想，乃是一种可笑而又可悲的幻想。”他把偌大的社会改造、人类改造底问题，缩小到学校教育底设备、管理、教学及训育底范围内，而想在这里谋解决，可见杜威的思想走到这里已经彷徨无路，真是“可笑而又可悲了”。关于帝国主义的国际关系，杜威又说必须把世界大同人类平等这些观念“浸润于人底心里，成为有效的心理倾向”，他好像要用观念去改造世界。这个观念怎样能“浸润于人类底心里”呢？如果只凭学校教学方法底改良，我们便可在教室里打倒帝国主义了。由此可见杜威所犯的毛病，还是和纳托尔普一样——把社会分成两部分，其中一部高出于社会之上，因而也不能把握着革命的实践底教育作用。杜威忽略了人类社会生活底必然性，从而把握不着社会底教育作用底真面目，所以忽然又把教育现象缩小为具案的教育制度设施，竟不惜把它孤立起来，想从那里下工夫去改造世界。

“人类在其生活之社会的生产上，加入于一定的、必然的、离其意志而独立的诸关系，即适应于物质生产力的一定发展阶段的生产诸关系。这些生产关系的总体，形成社会之经济构造，是法律的政治的上部构造在它上面树立与一定社会的意识形态和它相适应的现实的基础。”由此可见经济构造是社会底基础，在此之上，第一是政治的法律的上层建筑，第二是意识形态的上层建筑。这样包括基础建筑及各种上层建筑底社会，是人类社会的实践活动底必然底所产，而又是人们活动底环境。那末，人类底实践活动底学习活动必不能与社会底各层建筑没有关系。要从这关联说明教育底本质的，便是德国近年来底文化教育学（kultur padagogik）。

文化教育学者认定文化是人类精神底产物。人们底精神活动附托于一定的物理的东西，采取具体的形象而客观地存在着，例如言语、文字、财产、生产工具、典章制度、艺术作品等等，这些统叫文化。文化因而叫作客观的精神。文化创造底路线这样从人类主观的精神转化而为客观的文化，是从主观走向客观。人类生活于文化的环境，在那里学习，因而生活提高出乎动物生活之上，而生长成为有文化的社会之一员。这个过程，由客观的文化摄取精神底养料，在人格因而得到生长，而在文化从此得到繁殖，这是由客观走向主观。所以教育底作用，由这意味可叫作文化繁殖底作用。主观的精神——人格——若脱离了文化，便得不到生长；而客观的精神——文化——若不通过人格，便得不到繁殖。然而文化虽然是精神底客观化，而在任何阶段，都不能免历史时代的制约。换言之，总不免是相对的成长，而不是既成的，乃是常在形成中。人格从客观的文化中摄取资料，若只接受既成的东西，轮回传达，充其量也只是保守罢了，而不能成为生长。因而从文化自身的发展说，或从人格底生长说，都必须超越既成的文化之上，而有所进展。那末，进展底动力，或标准，在哪里？于是文化教育学者，便不得不抬出一个规范的精神来，这是高出乎客观精神及主观精神之上，而作为精神发展的鹄的。

其实，社会意识，没有任何独立的形而上学的本体，它只存在于各个人的头脑之中，并不是存在于什么特殊领域。然而社会意识也不是个人意识之简单的集合。一方面，社会意识通过个人意识而存在，他方面，个人意识常常只有当作社会意识才能显现。各人的感情和表象，虽然带着个人的色彩，具有个人的力量，但他们所感觉所意识的事实本身却常是社会的，只有在社会上才有可能。所以，人类的本质不是各个人所固有的抽象物，实际上，人类的本质是社会关系的总体。从这一意味说，文化教育学者认定人格底生长必须凭借文化环境，从客观的文化那里摄取营养，那是正确的。

然而"物质生活的生产方法，规定政治的、社会的及精神的一般生活过程。不是人类的意识规定他们的存在，反之，他们社会的存在决定他们的意识。……随着经济基础的变动，而庞大的上层建筑全体，也或慢或急发生变革"。精神生活底发源还是人类共同劳动底社会关系，殊不必幻想地追寻到最高的规范精神。人本是一个意识体，社会是由意识体的个人结合而成，在这一点，表示了社会的发达史与自然的发达史底不同所在。在自然界方面，除去人类劳动所加于自然界底影响之外，其他互相发生作用底诸契机，都是些无意识的盲目的原因；在这些原因底交互作用之中，显现着一般必然的法则。反之，在社会底历史中，行动者都是具有意识的人类，他们用反省或用热情去行动，并向着一定目的去行动。然而尽管是如此，历史过程还是受内在的一般法则所支配。这就说，人类底实践活动虽总在追求一定目的，而社会领域中无数的个人意志和个人行为底冲突、反拨，便显出一个和支配无意识界底自然状态完全类似底状态。人类在社会中虽然有意识地做种种活动底事实，而这些事实都成立了事变底一个客观的必然的连锁，一个发展的连锁，因而隐藏着一定的社会底法则。文化教育学者偏要从精神出发以解释精神底发展，便难免走入魔道。

“观念的表象的意识的生产，首先直接织入于人们的物质活动与物质交换之中。人们的表象，思维和精神的交流在这里当作他们物质的实践之直接的流出而显现。”例如言语与思维都是发生于社会劳动底基础之上，而成了人们认识底宝贵机能。人类因社会劳动所结成的经常的社会关系，产出了言语和意识底那种在社会生活上不可缺乏底属性。言语和意识同是很古的。“言语是对于别的人们而存在的实践的东西。”“言语和意识相等，都是由于与他人相交际的欲求而发生的。”“我对于我的环境底关系，是我的意识。在某种关系存在底地方，这关系是为我而存在的。动物不与别物生关系。在动物一方面，它与周围的东西的关系，是不当作关系而存在的。”从周围的环境分出自己的这种能力，也就是“意识的人们”与“本能的人们”即野蛮人之间的根本差异。由本能到意识这种人类心理底发达，与由动物的本能形态到社会的生产那种劳动的发达是相适应的。而文化教育学者偏把言语和思维这类作用归因于求真的规范精神底理论的类型。于是人类底思维和科学都解作规范精神底自己发展、自己显现。至于其他如产业、政治、宗教、艺术及道德等各种文化，他们也都不探源于人类物质生产底共同劳动，而归因于各种类型底规范精神。

社会的上层建筑虽受基础所规定，而对于基础却又给以一定的反作用。上层建筑与基础发展的倾向相协调，从而得到发展力量，便能反过来推动社会基础底发展。因而文化是有相对的独立性，也成为能动的社会现象。意识形态之相对的独立发展，起源于精神劳动与物质劳动之分工。从这一瞬间起，意识就能够现实地思维，并且即不思维现实的东西，也能现实地思维某种事情。从这一瞬间起，意识开始从世界解放自己，有转而形成纯粹科学、神学、哲学、道德等等的可能。一切意识形态一旦发生以后，便获得相对的独立性。例如哲学体系或哲学流派底变化和发展，往往为哲学本身所达到的水准以及当代的政治上科学上等等其他意识形态的特殊性所规定。然而这相对的独立性归根到底还是由经济的发展才得说明。文化教育学者承认文化发展底独立性，不是没有理由，然而不该太过夸张。人类底意识既然是从社会实践发展出来的，在实践过程中，不断地从客观文化——意识发展底成果——摄取资料，以增进其对于环境底认识，而促进实践底功能，这是应有的作用。从这意味说，人类底社会的实践底学习活动，必然大量地接受现成的文化，因而人们底发展也必不免受文化自身底发展所影响。

人类意识底发展必然以社会底发展过程为条件，而作为意识发展底成果底客观文化也必不免为社会发展过程所制约，这便显出文化发展底相对性。如上所述，由于精神劳动与肉体劳动的分离，意识形态便取得相对的独立性，这一事实，必至引起这样的结果，即阶级社会的意识形态，便都带有阶级的性质。“在各种所有形态之上，在社会的存在条件之上，树立着种种，特殊的感情、幻想、概念、世界观等等全体上层建筑。各种阶级，都是基于自己的物质条件，并适应着社会关系，去创造和形成这些东西。”文化教育学者也晓得客观地存在底文化有相对性，未完全，未尽善。然而这相对性就是文化的阶级性、歪曲性。例如道德，“人们自觉地或不自觉地从自身阶级地位所处的实际条件中，即是说，从他们的物品生产和交换的经济条件中，取得自己的道德观念”。而且一定时代的支配的思想，常常是支配阶级的思想。在贵族支配时代，是名誉和忠义等等概念在支配着，在布尔乔亚①的支配时代，是自由平等的概念在支配着。直到现在，社会总是发展于阶级对立之中，所以道德也总是阶级对立的道德。它或是为支配阶级的统治及利益辩护；或是为被压迫阶级充分尽力，它就表现对于支配阶级的反抗，而拥护被压迫者底将来的利益。可是，就在现今，我们还没有超出阶级道德之外。只在不仅消灭阶级对立，而且在实际生活上消灭一切关于阶级对立的回忆的社会发展阶级上，超越一切阶级矛盾及矛盾的回忆之上的，真正的人类道德方才成为可能。又如：科学底认识是在人类物质生产活动底发展上得到的。所以正确的科学的理论，决不能和人类社会之物质生产活动底实践相分离，它本身必然包含实践。科学底发明如果没有在技术上利用它底经济的必要，它对于社会生产力底发展就没有什么作用。例如火药和印刷术，虽然老早就被发明，而在当时却没有产业上的意义。又如蒸汽机在17世纪末叶已被人发明，但这种发明既不能加入于技术之内，也没有保存在科学之中，就和古代世界一般地崩溃而散失了。直到近世随着大生产底发生，需要大机械力，因而技术才趋向于蒸汽力底研究。由此显然可见科学带有历史的性质，而文化教育学者却主张科学是超阶级的人类共同的求真的规范精神底显现。殊不知科学通过不同的社会关系而达到不同的显现或现出不同的结果。蒸汽机不能显现于封建社会。全国电化底计划也只有在社会主义的社会才有实现底可能。现代由于资本主义社会内在的矛盾，不知牺牲了

① 布尔乔亚：即资产阶级。

压抑了多少科学底新发明。人类社会的实践既必须经过这样有阶级性、相对性的文化环境，便须凭批判的学习才有生长发展底可能。这一点，文化教育学者知道的，就是实用主义者也知道的。（如 Moore：What is Education）然而批判的学习态度怎样发生呢？决不能只凭实用主义者所提出的试行错误，或试验，也不是文化教育学者所提出的内在于个人主观而又是超越的规范精神之觉醒，乃是社会的存在底变革。社会的存在与社会意识是不断地发展的，是历史的、一时的、无常的产物。社会的存在是一个变动的过程，而社会的存在之变动，也由人类的实践的活动所引起。即是说，社会的存在不断地由人类的实践所变化。随着社会生活底形成，便产出反映社会生活的意识，而这种意识，也随人类的实践活动而变化。人类的意识，如果近似地正确地反映了离开意识而独立的自然过程和自然法则，人类便能脱离自然力的支配而转向于自由；同样人类集团的社会意识，如果近似地正确地反映了离开意识而独立的社会过程和社会法则，人类便能脱离社会力支配而转向于自由。在人类实践中所显现的对于自然的支配，是自然现象和自然过程在人类头脑中的客观的正确的反映的结果，同样，在人类实践中所显现的对于社会的改造，是社会现象和过程在人类头脑中的客观的正确的反映的结果。在这种意义上，近似地正确地反映了社会的存在的那种社会意识，就给社会的存在以反作用，而变革社会的存在。发展中的社会的存在，不断地作用于社会意识，而这种发展中底社会意识，也不断地影响于社会的存在。两者之间的作用与反作用，也是促进社会发展的动力。然而社会的存在仍是根本。例如资本主义的社会存在，开始于16世纪，而直发展到19世纪初期，空想的社会主义者虽然开始意识到这种社会关系，而还不能理解。19世纪初期的劳动大众虽也意识到这种社会关系于自身不利，却也还不能取得集体的社会意识。可知一定社会关系必在成熟以后，然后才能发生出来与它相适应的社会意识，然后人们才能理解它。意识形态虽适应于社会的经济构造，但一定的社会经济构造发展到另一种较高的阶段时，那从前与它适应的意识形态，不能即时随而改变。就是说，社会经济虽然更新了，而旧的意识形态仍是残留着，同时又有新意识形态起来和它对立。从这一点说，意识形态显现得是不与社会经济同时变革，而是独立发展的。但是这种意识形态到了与现存的社会关系发生冲突时，结果仍由新意识形态所克服，从前旧意识形态就转变为遗物了。所以说“随着经济基础的改变，而全部无数的上层建筑，也要或缓或急的变革了”。人类底社会实践底学习活动，若到了旧社会快要转变为新社会，旧意识形态要代谢，而新意识形态要代兴底时候，就会觉察到社会环境上底矛盾，因而对现实的文化采批判的态度。所以人类对于现实文化底批判的摄取，也就是革命的实践过程中底学习活动。人类凭这革命的实践，才能扬弃旧文化而创造新文化。从这意味说，教育是文化底繁殖，也是文化底创造。

杜威在《民主主义与教育》第一章第三节这样说："在未开化的社会里，很少见有形的教导与训练。野蛮人所凭借以维系成年者效忠于群体底结合，同时就凭这种结合灌输幼少者以所需要的性向。除了认许青年人成为团体中完全的分子时所举行的成年仪式（initiation ceremonies，冠礼）之外，他们没有什么特别的教育方案、材料或制度。儿童大抵由参与成年者底作为而学习成年者底风俗，获得他们的全部感情和观念。这种参与有一部分是直接的，就是参加成年者底职业，而做一个学徒；又有一部分是间接的，由戏剧的扮演，儿童模拟成年者底作为，学得他们底模样。依野蛮人看来，指定一所地点专给儿童学习，此外不作别用，那是极不合理的事。"的确，在原始社会里，只有以劳动生产为中心的种种社会活动，儿童们就在那里参加、模仿、学习，再不要什么专为教育儿童而设的计划和工作。在原始社会，教育就附丽于实际生活之中，是自然的，偶尔的，重要的而有生气的。而后来为什么产出现在这样有形的具案的教育形态呢？杜威说："随着文明进步，儿童的能力和大人的能力相去渐远。儿童由直接参与而学习成年者的工作渐渐困难，除非那些极简易的事业。成年所做的大都高远艰深，而不是幼少者容易模仿或感受。因而要有效地参与工作必须于事前做有目的的练习。于是故意的教育机关（学校）和丰富的材料（课程）便被计划出来。而教育工作亦渐渐委托于一定的人们负责。假如没有这样有形的教育，一个复杂的社会便不能传达所有的经验文化底资源。而且打开一条门路，使儿童得接触一种不易得接近的经验，例如知识经验记载于文字符号而成为书籍，便不是儿童由无形的交际中所能取得的。但是教育从间接的无形的转化为有形的之后，便发生一种显著的危险。直接参与工作或模拟表演，都是生动的身历其境的，只不免范围狭隘、机会太少那几种缺点罢了。有形的教育，恰与此相反，很容易变为迂远、无生气、抽象的、书呆子的。"杜威这一段解释当然很正确，可是还有一面真相，他竟忽略了。

原始社会底知识技能等等经验文化，正和他们底财产一样，是人人共有共享的，是和劳动实践相联系的。因而那里的教育一面固然与劳动实践相联系，另一面也是平等的普及的。自从人类社会发展达到文明阶段，私有财产制度发生，社会上形成富裕的支配阶级和贫穷的被支配阶级。于是人类生活发生根本的变异，向来那种平等友爱的精神再不能保存，教育也由是变形地显现出来。原始时代，社会的经济构造及其规律秩序，完全靠传统习惯去维持，并受种族中年长而有经验的人所指导，而没有用特别权力去实行压迫或强制的必要。因而政治权力底存在不能想象，而教育底偏颇和教育底有形方案也都没有必要。自从敌对的经济关系形成之后，占有生产手段的社会集团，为维持社会上的安宁秩序，就创出一种公共的强制权力，来镇压那丧失生产手段的社会集团。这种公共的强制权力，就采取政治法律的形态显现出来。从这时候起，精神劳动与肉体劳动分工，而支配阶级脱离了肉体劳动而以精神劳动为他们的特权。社会上精神活动所产出的各种文化，只有支配阶级有权学习、有权承受。被支配阶级专从事于肉体劳动以供养支配者，无权接受精神教育，要有的话，也只教训他们服从支配、安分守己罢了。由这时候起，教育底有形的方案或制度也形成政治制度底一部而同属于社会底上层建筑，作为统治者修养精神，统治群众，而维持社会秩序底手段了。古代所称“君师一体，政教合一”便是表明这样的事实。从这意味说，便是教育开始变质，开始堕落。然而若理解为历史进程中所必不可免的阶段，也未可遽断其功罪。

自从敌对的阶级出现，精神劳动与肉体劳动分工，教育成为支配阶级底文雅修养及治术讲习底专利，因而精神文化得到迅速的高度的发展。现今世界史上几个著名悠久的文化渊源，如中国、印度、巴比伦、埃及、希腊，都是建立于阶级社会基础之上的。文化受着阶级社会底制约，便或多或少必然带有阶级性歪曲性。教育始终采着阶级的姿态而显现，文雅教育几乎成了唯一的教育底属性，至于被支配阶级从粗野的肉体劳动生活中，虽也受着粗浅的非形式的间接的教育，而无权与精神文化接触，生产劳动便也几乎与教育绝缘，而教育也似乎不含有生产实践这个成分了。古代奴隶社会固然奴隶们绝对没有受教育的权利，就是封建时代底农民、百姓，也只是终身“伏处畎亩之中”从事生产劳动，“出粟米麻丝以事其上”① 罢了，没有享受文化教育底权利，也无此必要。虽或偶然有些少关于传统的礼教或教条底宣讲和浅近的识字教育底推行，也只作为统治阶级一种施恩市义的慈善事业而表出，目的仍然在维持巩固既成的统治权，而对被支配阶级施一种精神上的镇抚慰藉，正所谓“小人学道则易使也”。概括言之，被支配阶级底人们，不论其天禀之贤愚，通通埋没于粗笨简易的肉体劳动之中，他们不能独立地以自己的力量来完成自己所属的集团底意识形态，也不能与支配阶级所占有的文化相接触。大体说来，自阶级文明发生以后，绝大多数的被支配阶级长久地沉沦于无教育的状态之中，这是历史的事实。至于支配阶级所专有的教育，渐渐变成统治工具之一种。例如中国古来公立性质国学、乡学与私立性质的书院，

---

① 此句出自《原道》。韩愈云：“民者，出粟米麻丝，作器皿，通货财，以事其上者也。”——编者注。

事实上都是士大夫讲习治术、准备做官底场所。欧洲中世以后的大学、中学也是教会领袖和贵族子弟底学习机关。质言之，封建社会，教育实为统治者笼络知识分子底“养士”机关；在中国大一统的官僚政治成熟之后，发展而为贡举制度，更显然地“养士”与教育成为一事了。教育在这种形态之下，对于古典的精神文化，如宗教、哲学、文学、艺术以及有些科学底发展，确曾有相当贡献，但教育更定型为支配阶级底文身之具而和大众绝缘了。自近世产业革命成功以来，社会上陆续展开对于教育很有利的条件：生产力突飞猛进，人们物质的生活资料容易供给，生活水准可能提高，可得到精神修养底余暇。人们认识自然、征服自然底生产技术和交通技术都进步了，生活情状大大地改变了，因而学习底资料和学习底必要都增大了。资产阶级领导民众对封建社会进行底民主革命成功了，自由平等底口号提出了，他们既取得统治权之后，势不能再把民众推回封建时代那样的愚昧状态去。资本主义的社会关系形成之后，普罗大众由自存阶级进而成为自为阶级，他们发展了集团意识，认识了集团生活底共同命运，提出了集团底要求，更进而形成集团的文化。生产方法进步了，科学底成果被应用于生产工作实践上的愈来愈多，因而文化修养与生产实践底间壁快要打破。凡此种种都是产业革命和民主革命成功之后，给教育展开了的有利条件。杜威在他的名著《道德学》① 第二十章曾这样说：“现代教育虽有不少的进步，然而精神的资产实际上仍然握于少数特定的人群之手，正不灭于物质的资产。”资本主义的社会底教育，却大大地变了质，而非封建社会的教育之所能比拟。现代民主国家底教育虽还是建筑于敌对阶级社会之上，虽也还不能与生产实践完全融合，然而再不能像封建社会那样严密地把教育禁闭于统治阶层底文雅修养及治术讲习那个小范域里面，而那一道传统的间壁快要打破了。这种打破的工作虽多得自挽近三四十年来进步的教育学说底提倡鼓吹，然毕竟是由于社会进步了，客观条件有了，思想才发生转变。至于教育与政治底关系，由于敌对的阶级关系还存在而且更加尖锐，教育当然不能和政治绝缘，而且更要有效地被政治所运用，然而也不是像封建社会那样只是单方面地供统治阶级所利用了。在封建社会里，统治阶层用教育作巩固政权底工具，也往往意外地得到和他们预期相反的结果，例如学校培育出来的青年学子往往和当代的统治者正面冲突，这是历史上数见不鲜的事例。教育和笼络是根本不两立的，要用教育去麻醉人，却往往得到启发智慧底结果，而令野心家惊愕。然而封建社会底教育不出乎领主地主阶级，因而知识分子与统治者冲突也总不能越过本阶级范围之外。例如汉宋明清历代知识分子与当代政府虽有冲突，而

---

① 现译为《伦理学》。——编者注

士大夫总不会彻底效忠于民众；马丁·路德虽为宗教革命底提倡者，而到了农民自动起来反抗教会时，他又震栗起来而大声责骂暴徒了。到了资本主义的社会，情形就不同。现代国家底普通教育、民众补习教育、社会教育虽还是统治阶级底工具，要用来怀柔训练民众，使他们爱护资本主义的社会秩序，而普罗①大众却由此而得到智慧底启发，得到相当的文化水准，因而发展他们的阶级意识，甚至于形成了普罗阶级的文化。总而言之，现代社会底教育不只是为统治阶级所运用，而同时也为平民大众所运用。保守的、正统的政权固然利用教育宣传作工具，而革命运动或革命政权也利用教育宣传。教育今天已不像以前封建时代那样只听统治政权奸污，而同时也可与革命政治携手了。这是现代教育得到的又一种解放。有形的教育（formal education）是和政治的上层建筑同时发生的，都是阶级社会形成了以后底事。在阶级未消灭之前，教育要脱离政治是事实所必不可能。好在近百年来，教育得到了相当的解放，可与革命的政治配合而效忠于绝大多数的民众。如果教育成为社会改造、民众解放底推动力，而达到真平等的社会形成底目的，那时社会上不复有政治权力底必要，而人们在实践生活过程中步步改进自己，处处都充满着教育而却再看不见政治。到了那时，教育发展到了它所应有的真面目，而人类也真解放了。

“人类真正的历史正在开始描写，以前建立于不合理的矛盾之上的社会将为一合乎正义、平等的社会所代替。‘因生产手段转入社会的掌握中，商品生产及生产物对于生产者的统治，也便同时归于消灭。社会生产中的无政府状态，为有计划的自觉的组织所代替。个人的生存竞争因而停止了。只在那时，人方在某种意义上，最后脱离了动物界。只在那时，人方从动物之生存条件，转移到真正的人的生存条件。以前一切循绕着人、统治着人的生存条件，现在就处在人的支配之下了；人类至此才开始成为自然界的自觉的及真正的主人翁，因为他们已经成了自己社会结合的主人翁，他们自己行动的法则，直到现在都是与他们对立，而成一种外来的统治于他们之上的自然法则；这种社会行动的法则，现在已为人们所完全理解而加以应用，因之就处在他们的统治之下了。人类自身的社会结合直到现在都是与他们相对立，好像是自然及历史强制形成的东西，这种社会结合，现在变成了他们的自由行动。从来统治于历史中的客观的及外来的力量，现在屈服于人的统治之下了。只从这时起，人们方才完全地自己创造自己的历史，他们所运行的历史因素，也将以日益增加的程度，给以他们所希望的结果。这将是人类由必然的王国进于自由的王国之飞跃。’

① 普罗：即普罗列塔利亚，法语无产阶级的音译，简称普罗。下文同。

“在这更高级形态的社会里，人类的教育必定以一个新形态而出现。……那时人类生活的中心，是劳动，是教育，所以教育的组织和生产的组织是紧密地结合着的。人类在教育中劳动，在劳动中教育，从前劳动与教育分离的现象，到了这时，乃在更高级的形式上复被综合。”（张栗原《教育哲学》）

这两段议论是对的。纳托尔普所憧憬的理想的人道社会，杜威所想象的平民主义的社会，也大致如是。然而必须经过教育与革命实践相配合，才可望达到。

（《伦理学要领》，北京文化学社，1928 年 1 月，有改动）

论教育目的

自赫尔巴特于1806年发表其名著《普通教育学》，宣布以伦理学为基础而论定教育目的，该派学者对此似已无疑义。而1888年狄尔泰（Dilthey）在柏林大学之公开演讲，对此即提出异议。狄氏以为教育学要依据实践哲学而论定普遍妥当底教育目的，实属不可能。因为人生目的就不能由伦理学而获得普遍妥当底决定。人生是怎样？应当怎样？这项问题底解答，只可在人类之发展过程中经验地寻得，而不可概念地论定。人生目的底内容乃是历史之所启示，不是凭伦理学可能普遍地认识。

现代教育学者对于教育目的底讨论，采取极审慎的批判的态度者首推杜威。他在《民主主义与教育》第八章这样说：我们最好要记得教育自身没有目的。（It is well to remind ourselves that education as such has no aim.）杜威的教育观是：生活是发展，而发展生长是生活。教育过程之外没有目的，过程就是它自己底目的，而教育过程是连续的改组、改造和转变。（Life is development; and that development, growing, is life. Translated into its educational equivalents, this means ① that the educational process has no end beyond itself; it is its own end; and that ② the educational process is one of continual reorganizing, reconstructing，transforming.)[①] 他把发展解释为比较的语气，即是指导力量进入特殊的通路。(Development when it is interpreted in comparative terms，that is with respect to the special traits of child and adult life，means the direction of power into special channels.) 这个比较是没有终局的。因为与生长比较只有更生长，与教育比较只有更多教育。(The comparative view is not final. Since in reality there is nothing to which growth is relative save more growth，there is nothing to which education is subordinate save more education.) (同书第四章) 杜威依据这观点，批判一向很流行的几种学说：

第一，生活准备说 (Education as Preparation)。此说 (代表者如斯宾塞) 不把儿童看作合标准的社会分子，只把他们看作候补者，因而教育是给他们准备将来加入成年人的生活。按杜威的解释，此说只看到"生长"底消极的意义，即是有所缺乏。因而此说被应用起来，发生许多弊端：其一，是没有推动力。(In the first place，it involves loss of impetus，motive power is not utilized.) 儿童目前是生活着，这是不可抹杀的事实，而且是一种宝贵的事实。而"将来"是无形的，不是迫切的。只说准备做什么，而实不知道是什么、为什么，那便觉得空虚而没有现实的杠杆把柄。其二，把目标搁在辽远的"将来"，逡巡摇曳不定，便不觉得有急于准备的必要。目前诸多引诱，把精力和注意都分散了，对于将来的事便容易搁置。其三，是放弃了被教育者底特殊力量有关联的标准，而代之以庸俗寻常的期待作标准。不依据被教育者底优点和弱点而求适切的决定，徒然企待[②]漠然的将来，依陈腐的意见，而对儿童有所属望，便希冀升级、毕业、升学等等，事实上教育变成这类准备工作。其四，最后便不得不乞灵于苦乐赏罚。把将来和现在分离孤立，便缺乏掀动力，而一面又要工作进行，便不得不乞灵于赏罚以求得刺激。其实问题不是在"教育应否准备将来"，乃是教育是生长，必须进一步实现目前的可能，使受教育者更适切地看清次一步的需要。生长不是完结的事情，乃是连续引进于将来。(同书第五章第一节)

第二，显现 (启发) 说 (Education as Unfolding)。此说也把教育解作发展，但不是连续无限的，乃是一种潜能向着一定的鹄的，而这鹄的当作是完善的。从这一点说，也类似上述的准备说，但不是为未来的实际生活而准备，乃是向着一个尽善尽美的理想底精神而开展。因而发展进步只是向着最后不易的鹄的而步步

① 大意：生活是发展，而发展、生长又是生活。这在教育上也是相同的，这意味着教育过程之外没有目的，过程本身就是它自己的目的；教育过程是一个连续的改组、改造和转变。

② 即"期待"。后同。——编者注

接近。虽也力说发展，但发展活动底自身实无意味，不过一种转变过渡罢了。发展只向着辽远的鹄的而转动，而那目的却是绝对的、完全的、不动的，那还是看不起目前的力量和机会。鹄的既然如此辽远不可达到，为得要引导现在，便不得不把它翻译成为现实存在的什么东西，当作判断底准则。结局，成年者愿意令儿童获得什么，便把它代表那辽远的鹄的。若应用于实际教育工作，便是：教师凭暗示或其他的操纵术，从儿童身上引出自己所预企①的反应，于是儿童便不难养成作应声虫或作傀儡底习惯。福禄培尔和赫格尔②两人都是从绝对的理念出发，那绝对完全的理念是万劫永存的，它常在这里那里活动，但对于现在，它只蕴含着可能而未展开，那么，发展便是把那蕴含着的理念逐步展开。这展开底途径，福禄培尔说是几何形底象征，而赫格尔说是历史的社会组织底顺序。一个把圆圈代表太极，理念；他一个把普鲁士国家代表绝对。福禄培尔提倡尊重儿童，于现代教育有莫大的贡献，但他的玄妙的理论确有不少弊端。杜威批评他不晓得生长就是生长，发展就是发展，结局便强调那完全的出产。他提出一个鹄的而竟意味着束缚生长，提出的标准不能应用为力量底直接指导，除非翻译为抽象的象征的公式。（He failed to see that growing is growth，developing is development，and consequently placed the emphasis upon the completed product. Thus he set up a goal which meant the arrest of growth，and a criterion which is not applicable to immediate guidance of powers，save through translation into abstract and symbolic formulae.）一个辽远的鹄的底显现，用哲学的术语说，是超越的，是离开直接经验的一个什么。一旦涉及经验，那个鹄的便空洞模糊，只得一点漠然的情绪底鼓舞，而不是智慧所能理解。这个玄虚只好当作先验形式。福禄培尔把经验界底具体事实看作超越的理想底象征，因而把这两界关联起来。把可知的事物看作什么任意的先验形式（some arbitrary a priori formula）底象征，便走上浪漫的幻想，抓着任何的类推而把它当法则。成年的教育者是象征的制造者，于是教育实际上是成年人操纵或统治儿童。教育底实际达到这样结果恰与福禄培尔底初衷正相反了。赫格尔把国家组织代表绝对理念，对于这些组织，个人便没有精神的权利，个人底发展只成立于受这现存的组织所同化。那末，教育不是变化，乃是遵依。（Comformity，not transformation，is the essence of education.）历史上，国家组织虽屡有变化，但那是“世界精神”（world-spirit）底工作，人们和它不相干，除非是大英雄。绝对的理念由它自身的力量，自己进化，各人于此无与，充其量只是它的工具罢了。

① 即“预期”。后同。——编者注

② 黑格尔，下同。

总括地说，福禄培尔与赫格尔都一样地无视了现实有机的倾向与现实环境底交互作用，这一点无异乎准备说。他们把蕴含的全体（some implicit whole）看作所与的现成的（as given ready-made），而生长底意味只是过渡；它自身便不是目的，只把已经蕴含的展开罢了。因为不显明的东西不能被明确地运用，便不得不找些什么来代表它。福禄培尔所指定的是神秘的象征的对象物，大抵用数学的形象来代表那在开展过程中底绝对的全体（absolute whole）。而据赫格尔则现存的组织（国家）（existing institution）是那绝对底有效的现实的代表。强调了夸张了象征和组织，便认识不了经验底直接生长于意义丰富之中。（同书第五章第二节）

第三，心能训练说（Education as Training of Faculties）。这就是著名的形式陶冶说（formal discipline），此说有一点正确的，就是教育的效果应该是才能底创造。受了教育的人们底才能应该比那些不受训练的大。就是说：做事做得容易、有效、经济、敏捷等等。这是教育的效果，即意味着习惯养成是教育的发展之所产。但心能训练说却采一条捷径，把一些能力当作教训底直接的目标，而不只是生长底结果。须受训练底能力有一定数目，教育须直接把它们训练。这些能力是已经存在的，只形式还粗笨，所以须反复磨炼以抵精良。这些心能是：知觉、记住、回忆、联想、注意、意志、感情、想象、思维等等。此说始自洛克，一面承认知识内容（材料）是得自外界，人们的感官只是接受；他一面则认为人心有些既成的力量，如注意、观察、记忆、比较、抽象、综合等。人心把事物辨识，综合、又分析，便成了知识。教育底要务在训练这些心能，使它们成熟。杜威说，洛克这种理论显然是适合当时的二元论，承认了心和物，个己和世界都二元地存在着；一个提供知识底材料，而另一个供给一些精神力量，数目有限而须受训练。因而主张教育目的不只在接受及储蓄许多见识，而在形成各种心能，如注意、记忆、观察、抽象、概括等。从知识得自外界说，它是唯物论；从重视心能说，是观念论。主张个人不能自己禀有什么正确观念，它是客观主义。而又主张教育目的在训练完成个人自始所有的心能，这又是个人主义。从洛克以后，此说成了教育学说和心理学说底共通论据。此说好似提供了一定方案给教育工作者，使教训的工夫进行得较容易，只要给各种心能得充足的练习。杜威批评此说底缺点：①官能心理学说是一种神话，人们实在没有这种现成而又须加训练底心能，人类天赋的活动倾向或本能，不是彼此分离孤立的，乃是互相错综交织的；它不是只靠练习便得完成底潜能，乃是由反应环境底刺激而得到改变的。②原始的冲动的活动底训练，不是由反复练习而精练完成，乃是从散漫的诸反应之中选择其特别适应于某项刺激的，而且把这些适宜的反应造成特别的联络。③训练达到了各种反应对付各种刺激，彼此关联愈加特殊化，便越加坚定而反应底可能愈少。④心能训练说之根本错误在二元论的观点。它把活动能力和题材分开两橛（separation of activities and capacities from subject matter），其实离开了看什么、听什么、记忆什么便不能有孤立的一般的视听或记忆等能力。撇开了题材内容而空言训练心能，实在错误。单独专一的练习可以生效，但其效果不能出乎某一项特殊活动之外。⑤通常所称为观察、回想、判断、欣赏等能力实在是天赋的活动倾向应付某种题材而职业化了的组织的效果。例如观察是视觉对某项对象材料交互作用底所产。若不先决观察什么东西，便谈不到观察底发展。哪些事物可以使人们变成社会的有用分子，而顺利地和他人结合，哪些事物便值得注意、回想或判断。这标准毕竟是社会的。（同书第五章第三节）

杜威批判了以上各说，便提出他底积极的主张：教育是生长，即是经验底常常改组、改造。教育时时有一个直接的目的，只要活动是教育的活动，便可达到那个目的，即是说：直接改变经验底性质。幼儿、少年及成年人底生活，都站在同样教育的平面之上，只要在经验底各阶段上认真学习而构成那经验底价值，在各阶段底生活底重要任务须是使生活自身所能感受的意义日益丰富。因而归纳得这样的定义：Education is that reconstruction or reorganization of experience which adds to the meaning of experience and which increases ability to direct the course of subsequent experience.①（同书第六章第三节）

由此可见杜威只反对那些高远的教育目的论，因为它和受教者底经验生活不相干，而却不是说教育可以盲目进行。他在同书第八章底总结这样说："目的是意识地指示一个自然过程底结果而把它当作现时观察和选择行动途径底决定的因素。它意味着那个行动须成为智慧的。尤其是意味着行动于所与的情景之下，由各种不同的途径可达到各种结果底预见，而凭借所企图的什么而指导观察和经验。这样一个真目的一定和那种由外面附加于活动过程上底目的相反。从外面加来底目的是固定的、硬化的，它不是某一情景下底智慧底刺激，只是由外面指令去做什么什么。它不和现在活动相关联，而是辽远的，离开活动所要到达的意义。它不能暗示一种较自由的较适宜的活动，而是活动底桎梏，在教育上，那些外铄的目的底流行是因为强调了为辽远的将来底准备，而使教者底工作都流为机械的奴隶的。"他以为教育目的，于教育活动底进行上，负必要的观察、预想及设备底责任；于教育进行时，能常常为观察选择及计划之助，才有价值。因而他

① 大意：教育就是经验的改造或改组，这种改造或改组，既能增加经验的意义，又能提高指导后来经验进程的能力。

提出妥善的教育目的底三特征：第一，教育目的应该以受教者底内在的活动及需要为基础（intrinsic activites and needs），不可以现成外在的权威或辽远的成功为目的。因为成年人心中所怀抱的理想，往往不合于儿童底能力及其个性底需要。第二，目的应该可以翻译成为和儿童共同活动底教育方法，它应该能指示吾人可以解放及组织儿童底能力的环境。若是一种外铄的固定的教育目的，不过是教育工作者受之于权威者，而权威者又受之于社会上之流行思想，而教师便举此目的而强课之于儿童；那末教师底思想已经不自由，但秉承权威者之意旨而指挥儿童，而儿童只是第三四层底奴隶罢了！第三，教育工作者应该预防一般究极的目的之弊。任何特殊活动，必有一般的节节相关，因为活动可以无限地和其他的事相关联。一般的观念，之所以使吾人明了活动底节节无限的关联，便不能太过空洞。但“一般”就是抽象之义或脱离各种特殊的关联。这样抽象迂远很容易使人们误解目前的教训学习是极辽远的脱节的将来之准备。教育顾名思义，时时刻刻都有其价值。任何学习训练，如果是教育的，必须有直接的效益。真实的一般目的，可扩大吾人眼界，预察到许多结果或关联，使吾人对手段之观察益赅博、益自由。譬如农夫，他看清楚的交互作用的力量越多种，他底直接的资源也越发丰富。他将会看出许多可能的出发点，许多可达目的底途径。一个人关于未来的成功底概念越丰富，他目前的活动便越少呆笨的束缚。（同书第八章第三节）

杜威批判向来那些武断的外铄的教育目的论，很透彻，很中肯。然而教育毕竟有没有目的呢？就是说：若把教育理解为社会作用，毕竟有没有目的，能否有目的呢？这个问题，杜威还未得解决。

这个问题，可以分别从两方面观察：

自历史上观之，任何民族在任何时代，我们都可以看出他们那里有一个很显明而确定的教育目的；而且这目的又鲜明地反映着当时那个社会底社会生活，而表现着那一定的社会集团底意识和企图。例如欧洲古代斯巴达底教育，其目的在保证未来的斯巴达人成为国家底忠实的和有能力的臣仆，且能武装捍卫国家。所以，当时他们的教育，全注意于尚武精神及强健体魄底锻炼。耶稣会派底教育，目的在养成皈依宗教、恪守教条、热心而虔诚的信徒，所以，一切教育设施，不主智慧，不主实用，而专以宣扬教义为中心。中国古来的教育，一贯地以培养士大夫为目的，注意于宗法社会的伦理观念底涵养及治术底体会，文章辞令底运用，而贱视劳力，甚至轻视物质。人类底活动，以有意识、有计划、合目的为其特征。自阶级社会形成之后，具案的教育制度已成为社会底上层建筑之一，支配阶级尽力利用教育作他们安内攘外而延续其权力底利器，故教育之必有目的，乃历史的经验的事实，无可否认。

然而历史底发展过程常为其内在的一般法则所支配。“因为这种情形，常违反各个人在意识上所想到的目标，而在表面上，大致是由偶然支配着。人们所意想到的东西，很少实现，在大多数情形，如不是意想到的多数目的互相交错和反拨，便是那些目的本来就不能实现，或者实现的手段不充分。照这样，社会领域中无数的个人意志和个人行为底冲突，便显出一个和支配无意识的自然界的状态完全类似的状态。行为底目的虽是曾经意想到的东西，而那种行为在实际上发生的结果，却是未经意想到的东西，或者起初好像与意料的目的一致，而结局却与意料的结果完全不同。照这样，历史上的事变，大体上好像常由偶然支配着。然而就是在表面上起作用的时候，而这种偶然仍受它内部隐藏着的法则所支配。”这就是说：人们在社会中虽然有意识、有计划地做种种实践行动，而这些行动必然地通过离开意识而独立存在的社会，即必然地通过一切的交错和反拨，却成立了事变的一个客观的、必然的连锁，一个发展的连锁，因而隐藏着一定的社会法则。社会既然是受着历史必然的法则所支配而盲目地运动着的，那里便不能有合理的教育存在。在盲目地运动着的社会里，社会的教育作用也必不免是盲目的。那里所有的教育设施，无论计划得怎样合理，总不免受着外部的客观的种种逆影响、反作用而至为所转化，而终于被没入那盲目的漩涡里去。在盲目地运动着的社会里，社会的活动各有各的目的，各种活动都各自发挥它教育作用，但各种活动原来就不是都以教育为目的，而且绝不顾虑到这目的，于是整个社会里底各种教育作用就不独彼此间形成互相矛盾的关系，并且对于专以教育为目的底各种教育设施，亦在行着相消相克的作用，而至于混乱不堪。在盲目地运动着的社会里，社会的各种活动的重心从人转到物去，由于这种背戾的活动作用，把握生活的意志，被化为占有对象的意志，生活的欲望被压缩到支持肉体生存的最低限度的顾虑，而致人性流于笨钝、偏狭、颓废、堕落，得不到完满的发展。凡此种种都是历史上鲜明地显现出来的事实，从这类事实说，教育从来就没有目的。历代的支配阶级虽也屡次尽力利用教育作为求达他们底统治目的底工具，古来的教育家虽也用尽心思把他们所憧憬的教育理想粉装起来、美化起来，而一旦见之于实践之后，就都不免被没入那盲目的社会运动里去。因此，教育自身之不能有目的，乃是历史的社会的必然。

那么，教育能不能有目的呢？人类的实践，证明了因果性底客观性，而反映着客观的因果关系底因果性底表象及概念，也是人类在实践的基础上构成的。人类在其实践上发现了现实的现象底因果关系，就能够从事于合目的底实践的行动，而再造那种现象，因而改造世界。这种合目的底实践的行动，是人类认识客观世界的因果性底结果。提起“目的”这概念时，我们必须辨别这概念与“目的论”不同。目的是与原因相结合着的东西，即是说，合目的性与因果性是互相结合着的东西。因果性不与合目的性相对立，而与“目的论”相对立，这是须辨别的。目的论者（teleologist）主张世界一切存在物都是神以一定目的创造出来，或理念按预定的目的而展开。唯物辩证法并不否认自然现象及社会现象底“目的”底意义，尤其不否认人类的合目的底实践的行动，反而由因果底认识底见地去说明这个目的，这与“目的论”却截然相反。人不但变化自然的形态，同时还在自然物中实现他的目的。但是人们如果不理解自然现象的因果性，就不能变更自然物的形态，使适合于自己生活上的目的。依历史的必然与自由之正确关系来说，历史上自由即是历史的必然之认识。自由是必然的洞察。只有在必然未经理解之时，必然是盲目的。自由并不存在于如一般梦想的离开自然法则独立的处所，而是存在于自然法则的认识之上，存在于与这法则一同发生而有计划地把它适用于一定目的底可能性之上。所以自由是被认识了的必然。我们认识了自然界的法则，便能把那些大自然力由倔强的恶魔变为忠顺的奴仆。同样，社会的法则，在我们没有认识它并处理它底时候，它作用于人类，正和大自然力一样，完全是盲目的、是强制的、是破坏的。而假如我们能够认识它、理解它的作用，它的方向和它的影响时，我们就可以渐渐使它服从于我们的意志，而容易达到我们的目的。我们认识了社会发展的原动力是生产力，若能依着生产力的本性，把它放在协力的生产者手中，变生产手段之私人的所有为社会所有，而生产依着社会的必要而被组织之时，人就会变为自然和自己的主人。到了这时候，人类就会以充分的自觉造出自己的历史。人类自己所发动的社会的诸原因，就会生产出自己所希望的结果。这是从必然到自由底飞跃。在这样的社会里，盲目的运动，已经被人们统治着而置之于最适宜于人性发展底条件下，它所发挥的教育作用才是最适宜于人性发展底教育作用。那里的一切活动都帮着人性发展而活动，那里的教育设施才是美满的教育设施。这样的社会，纳托尔普叫它作理想的人道的社会，杜威叫它作民主主义社会，马克思叫它作自由王国。在这个社会里底教育作用当然是有目的的，而且是合目的的。

然而这个社会，绝不是我们坐着等待社会的盲目活动而自然来到的，乃是人们认识了社会的法则，而应用这法则，以人们自己的实践活动为主要契机去促成的可能的转变。换句话说，是人类以革命的实践活动所创造出来的新社会。革命固然不是坐待社会自然转变，也不是无视历史的法则如何活动，不管有无可能的条件，而妄思创造历史，凭自己武断，任意设想一个新时代，任意设想一种方法，以为如此做法，立刻可能旋转乾坤；乃是认识了历史法则而支配历史。革命是稳健的、科学的、正确的、社会的实践活动，它自身也就是有计划的智慧的教育作用。革命就是教育，革命目的就是教育目的。革命虽然必不免夺取政权，掌握政权，而绝不只是政权之夺取和专擅，乃是借坚决的实践而控制社会底各种作用，使它们适合于大众底需要，适宜于人性底发展，换句话说，是使社会诸作用都能够发挥它所应有的教育作用。从这意义说，革命就是教育。在革命底社会里，那些专以教育为目的底设施，当然要配合革命底方针，使受教育者理解社会发展底法则，能把握现实地存在于特定的现实社会中底那种能转化到新社会去底诸可能性，尽量运用各种有效的知识技能和工具，而参与革命的实践活动，从此而得到人性底解放和品性底改造。从这意义说，革命目的就是教育目的。这个教育目的固然不是统治阶级计划用来巩卫他们自身的权利而操纵民众底教育目的，也不是乌托邦主义者辽远地瞻仰于琼楼玉宇白云深处底教育目的，乃是令受教育者各按其身心成熟底程度，各尽其所能，参与革命的实践而从这实践过程中切实学习、深切领会。借用杜威底语句，便是：幼儿、少年及成年人都能够站在同样的教育的平面之上；即是于他们各人所能有的经验底各阶段上，认真学习，而构成那经验底价值；也即是使他们各阶段底生活能完全感受到日益丰富的革命意义底任务。革命的教育目的绝不是凭外界权威而强课于儿童底教条，乃是以受教者底内在的活动及需要为基础。这目的当然可以翻译成为施教者和受教者底共同活动底方法，从自然方面或从社会方面学习，随处都能指示我们以可以解放人性及改造品性底环境，而绝不是传声筒似的教育家从耳朵接受了一道教条而立刻用口腔喷出去给儿童。革命的教育目的笼罩着推动着全面的社会作用，从这一点说，它是一般的；然而它并不空洞，绝不至于抽象迂远而与受教者的现实生活脱节。它能够扩大我们的眼界，从全面的社会生活，看出无数的关联、无数的交互作用的力量，而指示我们随时随处都有可能改造人性底出发点，有许多可达目的底途径。倘若设定一个目的，却桎梏了生长而不能应用于生活实践底指导，那目的绝不是革命的，倒是反革命的。革命的教育目的也还不是“自由王国”底教育目的，因为革命是要达到“自由王国”而还未达到，只在转变进程中，社会诸作用还未能顺利地发挥合理的教育作用，所以必须受革命力量控制着，用革命实践去促进。从另一方面说，原有那些盲目的社会力量还作为反革命的力量而对峙着或潜伏着，因而需要革命的斗争，而这革命斗争也就是教育作用。因而斗争又是革命的教育目的底一特征，假如无视了斗争，便抹杀了革命的教育目的底特征而陷落于庸俗的中庸主义了。革命的斗争不是只凭暴力争夺，乃是善对恶底斗争、正义对强横底斗争、自由对专制底斗争、科学对迷信底斗争、智慧对愚昧底斗争、博大公平对狭隘偏私底斗争、进步光明对堕落黑暗底斗争。因而革命斗争也就是最富于生长性的教育目的，它能随时地指示我们以培养赅博的观点，社会的趣味底环境，运用科学发展智慧底机会，鼓励人们接纳真理，驱逐黑暗底勇气，加强人们效忠大众，改造生活底信念。这目的是今日教育底最高的指导原理，也就是政治底最高的指导原理。教育若不配合这目的，必不免退化为桎梏人性底教育；政治若违反了这目的，也必然陷落于摧残自由的、反革命的深渊去！

（《伦理学要领》，北京文化学社，1928 年 1 月，有改动）

论教育效能

从来底教育有效论与无效论，都是从“教育给受教育者底作用”这方面考察。大抵古代哲学家，由哲学底思辨，往往达到教育万能论。例如：孟子根据先天的观念论底性善说，得出教育自然可能，而且可以万能。

“恻隐之心，仁之端也；羞恶之心，义之端也；辞让之心，礼之端也；是非之心，智之端也。人之有是四端也，犹其有四体也。有是四端而自谓不能者，自贼者也。”（《公孙丑上》）

“子服尧之服，诵尧之言，行尧之行，是尧而已矣。”（《告子下》）

“舜，人也；我，亦人也。舜为法于天下，可传于后世，我由未免为乡人也，是则可忧也。忧之如何？如舜而已矣。”（《离娄下》）

“今夫麰麦，播种而耰之，其地同，树之时又同，浡然而生，至于日至之时，皆熟矣。虽有不同，则地有肥硗，雨露之养，人事之不齐也。故凡同类者，举相似也，何独至于人而疑之？圣人与我同类者。”（《告子上》）

以上都是教育万能论，而且竭力鼓励人们自己振作。但他竟又有些话类似定命论，如：“其子之贤不肖，皆天也，非人之所能为也。”（《万章》）

说到这里，竟自己矛盾了。

荀子底性恶说，是经验论。他说："人之性恶，其善者伪也。"是人工造出来的，这人工当然是教育，是环境对人们底影响。

"性也者，吾所不能为也，然而可化也；情也者，非吾所有也，然而可为也。"（《儒效》）

"学不可以已。青，取之于蓝而青于蓝；冰，水为之而寒于水。木直中绳，𫐓以为轮，其曲中规，虽有槁暴不复挺者，𫐓使之然也。"（《劝学》）

"干越夷貉之子，生而同声，长而异俗，教使之然也。"（《劝学》）

"契为司徒，民知孝悌。"（《成相》）

"天非私曾骞孝己而外众人也，然而曾骞孝己独厚于孝之实而全孝之名者，何也？以綦于礼义故也。"（《性恶》）

他以为因人性本来没有善，所以人们要求善。"夫薄愿厚，恶愿美，狭愿广，贫愿富，贱愿贵，苟无之中者，必求于外。故富而不愿财，贵而不愿势，苟有之中者，必不及于外。用此观之，人之欲为善者，为性恶也。今人之性，固无礼义，故强学而求有之也；性不知礼义，故思虑而求知之也。"（《性恶》）

然而他又有些议论竟直类似性善说："今涂之人者，皆内可以知父子之义，外可以知君臣之正，然则其可以知之质，可以能之具，其在涂之人明矣。今使涂之人者，以其可以知之质，可以能之具，本夫仁义之可知之理、可能之具，然则其可以为禹明矣。今使涂之人伏术为学，专心一志，思索孰察，加日县久，积善而不息，则通于神明，参于天地矣。"（《性恶》）

说到这里，教育便成万能，而竟与性恶说矛盾了。

洛克在认识论上反对以前的先天下观念论，而采唯物的经验论，这一点，他颇似荀子。他认为人的精神底原状，宛如一张白纸，感觉是一切精神生活之源泉。倘若没有感觉，便没有意识。他根据这样的哲学，当然以为教育便是增加经验，而教育作用对于被教育者有无限的可能。在《教育漫谈》里，他说人之好坏，或有用无用，都是由他们所受的教育决定。儿时所受的印象，纵极微小，而后来也可有极大影响。人性如水，水性至柔，一点儿人力便可把它引到不同的趋向。洛克这一点颇似告子，"性犹湍水也，决之东方则东流，决之西方则西流"。

近世悲观主义的哲学家，否定教育的效能者是叔本华（Schopenhauer），他坚持宿命论而否定教育之效果。他说："人性与宇宙之本质互相共通，它是固定不移始终如一的。如欲矫正人的弱点，或改造其性质，譬之铸铅成金，虽愚者亦知其难能。"叔本华的人生观是一种宿命论，教育当然无能为力。

现代遗传学底科学的研究，已发现生物底遗传定律，因而纠正以往教育万能底幻想，厥功甚伟。然而遗传只是决定生物发展之要素，而非唯一的决定要素。我们不可忘却“人是环境底产物”。兹从张栗原著《教育生物学》节录一段以资说明：

“在优生学者看来人的一切性质，完全为遗传所决定，这就是所谓遗传决定说。他们以为‘一切生物的主要性格，先已为遗传律所规定，这是无疑的。……当胚细胞形成的时候，遗传因子的混合和分配，又当两性受精时，胚细胞的偶然结合，我们一生的性格，就在这个很短的时间大定了。……’‘人格完全预定于遗传之中，那末，一切教谕、劝导等，都是无用的。所谓自由、责任、义务，都是幻想的名词。一个人对于社会有用与否，完全看遗传如何。’总而言之，这样学说，重视遗传的作用，漠视环境的影响，并且进而否定教育的可能。这种主张，实出于误解。……遗传因子或遗传单位，固然被包含在遗传的个体之中，然而遗传因子或遗传单位之发展或埋没，却都为环境所决定。‘遗传和环境，不是两个相对立的东西，而是两个互相依赖的条件，没有环境，遗传的可能性，不能实现。没有遗传的可能性，环境的刺激，也不能发生什么效果。一个是可能的，一个是变可能为实在的，二者是不能缺一的。’

“一切生物，发展底可能性（potentiality），都大于发展的实在（actuality）。其变异发展的状态，与其认为遗传条件所决定，无宁认为环境条件所决定。……要之，生物的机体，是具有可塑性的，能随环境变化而变化。依据达尔文主义之所指示，适应环境，乃是生物进化发展之根本动因。人类固然没有自己的体质构造适应各种生活环境的特性，但是，人类的智力与才能之发展或消灭，则依然由各个人的环境来决定。‘环境的变化愈复杂，则遗传的能力的重要愈见降低。……环境相同，而遗传的能力有高下，则能力高者固易成就，但亦只是容易耳。遗传能力相同，而环境有优劣者，则环境优者不仅容易，且必有成就。有天才的遗传而环境极恶，则天才必被牺牲；有天才而环境平庸，则天才亦为庸人；天才只有在天才的环境中才能形成。反之，若遗传虽为低能而环境极优，则低能可为中材；中材而环境极优，则中材就可为天才了。以个人来说，遗传的力量是个定数 a，环境则是变数 x，它的发展 ax 这个数目，当然要由 x 来决定。所以我们可以说，环境支配遗传。’

“总而言之，人和其他一般生物一样，也是具有可塑性的机体，在一定的环境中，是绝不会超越环境而自由发展的。‘人之智慧、贤否、成败，都是环境造成的，所以我们不必看重遗传的本质，而应重视环境的本质。’既是如此，人类性质中所具有的缺点，我们便不能不归罪于环境了。我们人类如果要与自己秉赋的缺点斗争，就不得不以适当的方法，去改变人类的环境，特别是改造社会的环境。”

还有一个遗传学的问题和教育效能很有关系的，是获得性是否遗传底问题。

拉马克（Lamarck）底“用与不用论”（Theory of Use and Disuse）以为生物的各种器官，因为用与不用底结果，而有发达或退化底现象。这发达或退化的性质，能遗传到后代，这便是进化底动因。达尔文底泛生说（Theory of Pangenesis）以为身体各部的细胞里，各有性质相异的无数微小物体叫作微芽（gemmules），这些微芽随着血液循环，从身体各部流到生殖器官里，聚集在生殖细胞的内面，等到生殖细胞开始发育成为新个体的时候，各个微芽又发散出来，生出新生物的各部。因为这样，所以获得性能一代一代传递下去。

魏斯曼（Weismann）倡导生殖质连续说（Theory of Germinal Continuity）否认躯体细胞能分出微芽而聚集于生殖细胞内。他说生物身体里有身体质（somatoplasm）和生殖质（germplasm）两种。生殖质是从前代直接得来。在前后两代之间，生殖质是连续的，前代生殖质，产生后代的生殖质。只有生殖质能影响身体质，而身体质却不能影响生殖质，因此获得性是不能遗传的。

获得性如果不能遗传，则教育没有改良种族底效用，因为教育给受教者底作用，只限他本身一代而止，而不能发生优生学的效用。然另一方面却说明了教育底必要，因为人们既不能先天地接受前代底才能，则唯有凭后天自己学习，人类底文化经验只能借社会环境来遗传。

然而获得性不遗传之说是否正确？张栗原著《教育生物学》（68页、69页、70页）批评得很好，节录如下：

“我们知道宇宙内面的各部分以及各个系统，绝不是彼此孤立的，独立自存的，都是互相影响，并由共同的连系联合着的，这是新物质论告诉我们的基本原则。一切有机体的结构，自然也不能例外。我们知道人类身体的各部分都有密切的关联。假定果如魏斯曼之说，真有所谓身体质和生殖质的分别，生殖质果真是连续的，而生殖质既然寄居在身体质里经过长久的时间，则身体质一定可以影响生殖质，而生殖质一定要受周围的身体质的影响，这是一个必然的结论。魏斯曼所创立的学说，是以生殖质与身体质截然分开，只有生殖质职司遗传并不受环境的影响这一个理论为其出发点，显然漠视了人和其他生物都是具有可塑性的有机体，随环境之改变而改变的原则，这完全是一种形而上学的见地。

“假定果如形而上学的遗传学者之所主张，‘一切新的特征，均不能遗传，而所遗传的，只是先天的特性，那么，每一世代之个体，其所承受于先天的特性，只有远祖所具有的那点，则虽上溯至任何辽远的祖先，或下推至任何辽远的后裔，他们所具有的特性，必完全一样。如此，则人类之祖先是具有猿猴特性的，现今人类之先天特性，当只是猿类特性罢了。’则人类与生物之进化的历程，便无从说明。

…………

“生物生理的变化和演进的法则，都是依赖于遗传的自然法则而完成的。所以，‘若只有先天的遗传，而没有获得性的遗传，我们敢断言生物永无变化和进化；若只有环境的后天作用，而没有遗传的作用，则生物虽然变化，只是个体的，对于后嗣无影响，结果也没有进化。’

“一般遗传学者和少数行为主义者，他们‘根本就不认识什么叫遗传，他们把遗传的先天和后天绝对化，而不知道它是对立的统一物。他们不知先天是后天的积累物，后天是先天的构成因素，先天亦曾自为后天，后天也自成为先天。因为就生物进化说，每一世代由劳动与不劳动习练成功的变异，在每一个世代说，是后天的，获得的，但这一后天的获得，在下代即成先天的。反之，每一世代的个体所承受于其亲的，也是由其亲的若干个体在每一世代所习练成功的，是后天的，获得的。先天能遗传，后天也必须遗传，因为如果后天不能遗传，那么，一切变异，都归于无用’。虽然如此，可是‘后天的获得性，也不是没有限制地遗传。这遗传一方面要看那种获得性是否深化地影响到生理的生殖机能的组织的变更，否则不能遗传。……他方面是要看子孙所处的环境是否能给于它以那种特征以表现和发挥、发展的机会，否则也表现不出它的遗传，甚至会失掉’。

“总之，遗传与变异，乃是生物进化或发展的两个契机。生物因其是一个具有可塑性的有机体，所以能受环境的影响，而引起机体或机能之改变。而这变异之进步的特征，即所谓获得性是可以遗传的，而且是能遗传的，如果不能遗传、影响于子孙，则生物将无进化之可言。所以拉马克与达尔文都把获得性的遗传看作生物进化的根本法则。不过这种获得性之能否变成固定的特性，依然要受环境的影响所决定。如果在继续的世代中有利于其发展的环境，则可变成固定，否则即归于消灭。”

总括以上的论述，我们可知遗传只是可能的倾向，而没有特定的内容。遗传能否发展与发展成怎样，都由环境来决定。至于获得性——变异——之能否影响于子孙，更要看环境之是否有利于其发展。人类底社会的文化的环境之影响于人们底生长，更非其他种生物之所可比拟。环境，尤其是社会环境底力量如此强大。则社会作用中之教育作用，其效能怎样，是很值得研究的。

国民性或民族性这一类议论是由一个似是而非底概念出发的，很容易引人走入歧途。这类议论把国民性或民族性当作一个孤立自存的实体，而暗示一个定命的倾向，很便于帝国主义时代各种反动的思想家所附会利用。帝国主义者可以夸大他们侵略成功底一二劳绩，指为自己民族性底优点，而自称为天之骄子；又可以把他们所属望于民众而还未能如意实现的一二事，指明为民族性之缺点，而鼓励民众为他们底统治者底利益而效命。殖民地底拓殖者可以摭拾被他们征服或被侵略底民族之一二落后的习惯，指明为天赋劣质，而使他们自信命薄而甘作牛马。反动的政治家可以把自己底苛政所造成底人民底愚昧、笨拙、狭隘、颓废等恶习惯硬指为天生的劣根，而使他们坚信必须倚赖领袖真人统治才可得救，另一方面又可以拒绝革命思潮之输入，借口于外来思想不适合于自己的国性。近数十年来，这类歪曲理论层见叠出，都要借口民族性或国民性做论据。所谓民族性或国民性，据他们所列举的构成因素，大抵不外种族遗传、地理环境、经济、政治、宗教、言语、文学等。只要把他们的议论略加分析，便可知其论据实在非常薄弱。一个民族或国民中各分子虽不免有多少血统的关联，然而个人禀自两亲及祖先的遗传，尚且不能作为个人发展底决定的因素，遑论种族？这类议论只合欺骗非洲、美洲及南洋群岛的土人罢了。地理环境虽为人们底生活条件之一，而决不能决定人们的命运，尤其是到了科学昌明的今日，地理条件更不难由人力来改造。非洲和南洋如果是那样阻碍人们发达底不祥之地，为什么帝国主义者拼命去争取呢？最近20年来苏联扶助境内落伍民族发展底惊人的功绩，更用事实证明了地理定命论底虚伪。经济构造固然是社会的基础，然而不是一成不变的，而且生产关系底变化也还以人们底生产实践活动为其主导作用。民族性或国民性论者所列举的经济的因素，还不敢触及作为社会基础底生产关系，徒然不着边际地谈谈人口及职业罢了。至于其他如政治、宗教、文学、思想等上层建筑及其意识形态，更是随着经济构造底变化而变化的，社会科学自有真理在，决不能容许他们东拉西扯而歪曲附会。总而言之，所谓民族性或国民性是一个虚构的概念，真理绝不该受它蒙蔽。民族性论者中，头脑稍为清醒者亦不敢持民族性底决定论。例如巴克（Ernest Barker）于所著《民族性》（*National Character*）第一章也这样说："苟民族性大半为人为者，则世上无有所谓既成之民族性与不能避免之民族性。民族性亦无固定民族各分子之性格与断定其个人或某团体之命运之能力。民族性非用以断定一民族之命运。每一民族乃在自造其性格及自身之命运中。吾人不能根据民族性定命说，立一永久断语咒骂某民族必永远受祸，或歌颂某民族永享安宁。吾人必须相信每一民族乃在世代变动中。每一民族于每一时代有造成某一时代民族性所应负之责任。居吾人今日之世，国家给与吾人各种权利，国家立有教育制度，吾人可从吾人之所欲造成吾人理想之民族。"最后一句虽未免过大夸张，而否认民族性之定命说，诚不失为公允之论。

民族性或国民性既然是随着社会发展而时时转变的，那末，在社会发展底过程中，教育发挥怎样的作用呢？请先看张栗原先生说：

“在社会结构中，教育亦如政治、法律，以及科学、哲学、艺术、伦理、宗教等社会现象有其一定的位置。它是社会的上层建筑物的一种形态，它的形式和内容是被社会的生产力所决定的，且随着经济关系的变动而变动的。但是‘筑物虽然在基础影响之下发生和发展，但转过来也影响基础本身。’教育这种上层筑物，不拘在理论上，抑或在事实上，对于经济关系之发展，以及社会的生产技术之发展，确有一种反作用存在着。我们可以说，教育在整个社会发展上，在文化演进上，有其推动的作用，这是谁也不能否认的。不过，在另一方面，基础和筑物的反相互影响，决不是均等的。这两种作用，不论从其来源上看，或是从结果上看，都不是一样的。基础对于筑物底影响是直接的基本影响，它有主导的决定作用。反之，筑物对于基础的反影响，归根结底，还是导源于经济，它只能在一定限度内发生其作用。教育虽为社会进步的动力，可是，它的力量最终还是受社会的物质的生产力所决定，所制约，所以教育的作用是有一定的限度的。总结起来，我们可以这样说：在社会的演进过程中，教育有相当的作用，但是，不曾有决定的作用。”（见《教育新时代》第三卷第八、第九期合刊）

这段理论，当作一般社会科学的原理是很正确的。可是应用到教育理论上面，还有分析检查底余地。作为社会上层建筑之教育设施，它对于社会基础之反作用及对于全社会发展之推动作用，当然是相当的、有限度的。然而征诸历史，这种有限度的反作用或推动作用，也未必容易顺利地发挥。欧洲中古之封建社会，于17世纪已开始动摇，而资本主义的社会已开始发展，因而旧教育已渐形不适。然而新教育在17及18两世纪虽由少数先觉的教育家们着手点滴地实验，直至19世纪中叶以后才渐呈优势。这200多年间，社会尽管在那里天天转变，尤其是19世纪转变得空前迅速，而教育底一般状态还是顽强地故步自封，19世纪100年间，欧洲中等教育之现代与古典两派之长久相持，是世界周知底事实。由此看来，与其说是教育推动社会发展，无宁说是社会进步之后才惊动了教育之落后。最近20年来，苏联进行空前的革命建设，以教育推动建设进行，也得了惊人的成绩，才证明了教育对于社会发展，确有其推动作用。为什么教育在19世纪的欧洲和在20世纪的苏联，其功效相差如此之远呢？就因为苏联的革命是把生产手段转入社会大众底掌握中，从而把全盘的社会作用都由革命力量控制着，使他们都转变过来适合于人性的生长；换句话说，这是充满了教育意义底革命运动，因而专以教育为目的底设施也必然地走上人性解放底大道而功效卓著。

反之，19 世纪欧美底民主革命，还不免受社会转变底自然法则支配着，由于新生产力之获得而改变了旧生产关系，又由于社会基础之变动，而那些树立于这基础之上底上层建筑才或缓或急地随着变革。这一回的革命过程，大半还是受自然法则盲目地支配着，而不是由于认识了社会法则而有计划地应用它去控制社会底转变，因而作为旧社会底上层建筑底教育设施，只顽强地发挥其反动的反作用，而新教育直等到社会新基础完成之后才慢慢地被扶植起来。我们由此可达到这样的结论：

作为社会上层建筑底教育设施能否有效于推动社会之发展，须视乎那社会底转变所含有教育意义之深浅浓淡而定。社会底转变如果是由于有计划的、彻底的革命实践所促成，则全盘的社会作用都要转向于教育所应有的趋向，那末，专以教育为目的底设施必然可发挥惊人的功绩。反之，则作为社会上层建筑底教育设施，不只是不能协助社会底进展，而由于建立于旧社会基础底旧教育仍然残留着，而给社会进展以阻碍，必须等到新社会基础完成了才能随着改变。

若全盘的社会作用都被理解为教育作用，则我们又可以得到这样的结论：

社会诸作用所发挥的教育作用，若都适合于教育所应有的目的，换言之，如果都适宜于人性之发展，则那里底教育设施固然必迅速地踏上人性解放底大道，而各种来源不同而趋向一致底教育作用密切地配合起来，其效能正不可限量。反之，社会诸作用各自盲目地发挥其教育作用，而趋向不一致，甚或彼此相克相妨而至于相消，那里底教育设施，即令计划得很合理、很中肯，也无从发挥其所可能的功效。

（《伦理学要领》，北京文化学社，1928 年 1 月，有改动）

现代教育学演进之鸟瞰

18 世纪之末，欧洲底旧社会将告终，而其所孕育底新社会要诞生，社会关系要突变，一切建筑于其上底意识形态都弊端毕露，因而刺激哲人们底思想。卢骚于政治上、文化上及教育上连续发表革命的狮子吼，《爱弥儿》一书实为现代教育理论之源泉。接受这革命思潮而表现于儿童教育底实践者是裴斯塔罗齐。而在理论方面求发展成为系统的学理者是大哲康德。康德底《论教育》原为他在柯尼斯堡大学底讲稿，由其门人凌克（Rink）笔录，得到康德认可，而于 1803 年出版的。这本书虽不是康德底亲笔，而于后来教育学底发展，确有重大的影响。

康德底教育学开宗明义指明了教育不是为教会造信徒，也不是为国王造臣民；人类是唯一的必须教育的存在物，人类借教育才完成人之所以为人。他这样严正地提出人格底尊严，而指斥教会教育及普鲁士国家主义的教育之非是，这是 19 世纪初期底革命思想底鲜明的表现。这也是康德学说底宝玉的光辉，其后德国的帝国主义者始终没法奸污康德学说而引为他们自己御用，就赖有此。卢骚对腐败的社会文化作无情的攻击，而憧憬着文化以前的自然情景，这不只是求个性解放底消极的手法，同时也是当时法国革命力量洪壮底反映。康德把个性底尊严归着于内在的理性底光辉，而把教育看作理性的生长，这一面固然表示了他底学说底积极性、建设性，而同时也反映着当时德国革命底无力，不敢向旧社会作正面的挑战，而故示庄严隐身于理想境界，这也是一种“法国革命底德国理论”，以后一直到现在，德国教育学说都跳不出这窠臼。康德认定理性底生长是教育底本质，而强调道德的人格的自律性，而同时又承认作为公民的人格是社会生活底要求，因而个性的要求与社会的要求之统一，即人格之生长与社会发展底矛盾的统一，便成了教育哲学之中心问题。他又指明了加工于人类的自然性而发展其内在的理性，因而必须教育术。而教育术要有效地施行以完成其使命则必须具案的有条理的成为科学，这便是后来教育科学研究之先河。因此，我们可以说：卢骚是现代教育思想的先觉者，而康德是现代教育学研究的先驱。

赫尔巴特（J. F. Herbart）不只是继承了康德在大学里的教育学讲座，他还继承了康德底未竟之业，即教育学底建设。1806 年，他发表了《普通教育学》（*Allgemeine Padagogik*），1835 年又出版《教育学讲授纲要》（*Umriss Padagogischer Vorlesungen*），他宣告了教育学底正式成立，指定伦理学为教育底基础科学，而心理学为辅助科学。在前一世纪，赫尔巴特教育学统治了全世界，这固然由于他底方法论底体系整然，而关于教育的最高原理底研究也成了一代底先河。赫尔巴特的著名学说，五道念——内的自由之理念、完全底理念、好意底理念、正义底理念、报偿底理念，——其实是一种理想的社会，人与人底关系，只是他从纯意志方面探讨社会关系，而不是从生产实践方面探索罢了。他由此而演绎出来一个“德性”底概念，所谓“德”是把模范的意念完全表现于生活的实践。含有自然性底人间，其本性中也含有理性底萌芽，即德性底萌芽，故可以教育、可以发展。然而人类毕竟是有限的，殊不易完全实现理念。从这意味说，“德”只是人类实践的北斗星罢了。许多意志底互相关系，结合而成为社会国家，那末，如果理念与实践完全合一，便成为以权力支持着底灵的社会，即是有德的国家。然而国家毕竟是不能脱尽自然性底人类底结合，从而德也不能就是国家，而也只是国家生活底无限的理想罢了。从个人人格说或从社会国家说，人类都受着自然性底制约，而不能完全把理念见之于实践。然确实认识这两面性，向着理想努力迈进，是个人和社会国家底实践的熟虑底基础。这是教育底本质，也是人类所以必须教育底根本理由。我们由此可见，赫尔巴特也晓得从社会生活实践中寻求教育底真相，但他不能正视社会的劳动实践底现实，忽而腾身云端，飞入幻境。可是后来纳托尔普提出底理想的人道社会和杜威所标榜底民主社会，虽附着了许多现代的色彩，而毕竟还是这一条云路。

教育方法论是赫尔巴特教育学用力最多而成绩最著底部门，他完成了康德所指示底工作，把技术提高到科学底地位。赫氏教育学之所以称尊于19世纪，实在多赖乎此。然而赫尔巴特殚精竭虑研究教育方法论，却忘记了老祖师卢骚的一段话："人底性质，在某种境遇之下，进于向习惯而来之方向，而和天性相悖谬，但境遇一旦改变，则习惯即告停止。而自然底倾向复活。教育底本质，不过是习惯。"（见《爱弥儿》第一编）人类底学习必然脱离不了环境，而古今不平等的社会环境，不知误尽几多人底学习，桎梏了几多个性，所以教育方法应向认识环境、改变环境底社会实践上寻求，而赫尔巴特竟向纯粹心理的观念联合上寻求。若借用卢骚一句话来批评他，便是："若以天性即为适于自然底习惯，那就不必再费无谓底议论了。"现今所谓教育底科学底研究，无疑是承接赫尔巴特所谓"教授学"这方面的工作，而更加发展的。然而他们标榜科学的教育学，而蔑视教育哲学，从而无视现今人类底学习环境，那末所谓教育底科学研究，其实是矛盾重重的资本主义社会里，研究教育学之一种避难所罢了。赫尔巴特还要遁入道德的金光里念教育的大悲咒，而今日教育的科学专家简直站在老板们底账房门口报告教育的数字。

赫尔巴特以为教育必须预想到生活底目的，而以人生目的为研究主题底是伦理学，因而伦理学所启示底目的，就是教育目的。换言之，培养一种德性——力求实践的理念底德性，这就是普遍妥当的教育目的。赫氏宣告教育学成立，他自信为最有力的论据就在乎教育目的之确定，殊不知后来引起别人底批评也就在此。

近来德国教育思潮中，以斯普朗格（Edward Spranger）和李特（Therdor Litt）所领导底文化教育学派，导源于狄尔泰（W. Dilthey，1834—1911），这位先生于1888年批评"一般妥当性的教育学底可能"（Uber der Moglichkeit einer allgomeingultigen padagogischen Wissenschaft.），他指摘了赫尔巴特底教育目的论之不当。他说人生底最高目的，常受着历史的制约而异其内容，因而伦理学便不能构成一般妥当的概念，更无从启示教育学以具有一般妥当性底教育目的。从心理方面说，所谓同情、幸福或完全等抽象的概念，若一旦与实践生活结合起来，又必然成多种多样的解释。赫尔巴特以伦理学及心理学为基础而建设一般妥当的教育学底企图，狄尔泰认为不可能。他说教育自身不能有目的，教育底法则只是对于精神生活底发展底手段罢了。从而他主张教育底法则应由生活过程之中寻求。狄尔泰这种见解又是承接着施莱尔马赫（Schleiermacher），这一位是与赫尔巴特同时代底学者，他强调个体生长底辩证法的原理，因而不像赫尔巴特那样力求教育目的之普遍妥当。然而他的辩证法是赫格尔一流观念论辩证法。他以为意识与存在、理性与自然、个人与社会都不过是相对的对立物，结局是统一的，由是推到最后的统一便是无限绝对的神。他解释人类行为底意义，是：自然之理性化，与及理性之自然化。而人类实践底成绩是文化财产底形成。教育是前一代与后一代底关系，目的在养成社会文化底继承者，个人借社会的文化财而生长，又以文化财贡献于社会。这样一来，心与物、精神与自然、个人与社会，都统摄于文化底金光里。

施莱尔马赫和狄尔泰两人修正赫尔巴特底教育学，而提出比较正确的主张，教育本质应于生活过程中寻求。然而内容如何，他们都还未有积极的说明。现今文化教育学就继承这点工作，从精神生活底发展说明教育，而其出发点依然是观念论的。斯普朗格底名著《人生类型》（*Lebensformen*）是他底哲学底基础理论。他把人之精神看作具有全体性底一种目的论的构造，这点思想是继承狄尔泰的。人生目的不只是维持生物的生命，而还要联属于一个广大无边的价值中。人类历史发展至较高的阶段，就必然联属于客观的价值体，而这价值却不能只还原于自己保存。他由此而认定精神生活是有“向目的努力性”（entelechy）的，这又显然是一个神秘的玄学的概念。他综合主观的体验与客观的形象两方面以说明精神生活必有其所寄托底客观的形式，而且这里面又必含有超个人的意味，由是而得到精神的三面性：其一是主观的体验，其二是由于无数的主观底互相影响而构成历史的所与的文化，其三是显示出来底意味、法则。这样一来，精神这种东西，一面是与个人对立而独自存在的，一面又是作用于个人底内面，通过个人意识而苏醒的，借个人底行为而存续的。这是精神生活底本质，也就是教育底本质。他这样描写精神生活，确像来得到深刻有味，煞费苦心。由此便可以把主观与客观、心与物、个人与社会、精神与自然、意识与存在等等对立物都很含混地综合起来，而避免触及哲学底基本问题。他承认主观精神底发展和客观精神底形成——社会文化底发展——都是相对的、未完成的，因而提出一个规范的精神以作为前两种精神发展之鹄的或规准。这规范的精神底存在是从发展底观点所不能不有底预想，这样又走上康德派底先验的理性底路线，所不同的只是名称，把康德底意识一改为精神一般罢了。这样一来，精神生活发展底原动力便是精神自身向着规范底努力，而不是社会实践中底矛盾斗争了。一切文化生活底发展，如科学、艺术、宗教、经济、政治等等底演进，都是很优雅而崇高的过程，超越乎一切矛盾斗争之上，这种说明毕竟是观念论者底作风。斯普朗格论陶冶思想之分歧，更暴露了他一番调和折中底苦衷。他说，个人的理想固然是多种多样，而团体的理想也不能彼此一致。个人对于环境底陶冶要求有的可以同意，有的加以拒绝，团体也常常提出新目的以指导个人。不管是个人或团体都有他们各自所主张所坚持底理想，互相对立，也交互影响，这是历史的社会的运动过程所常见底事实。然而这些都不是理想底全体，不过是局部的、党派的罢了。因此必须预想还有一个规范的陶冶理想底存在，它是超越一切党派，而巍巍然立于现实与历史底彼岸，一种具有绝对性底当为。其余一切具体的陶冶思想，不管是个人的或团体的，都要以这绝对性的当为作自己底准则，才能解脱其局部的党派的偏倚。这是十分反映出《威玛宪法》① 时期底德意志共和国内部党派之分歧，和革命力量之薄弱，因而学者们也只能提出一种模棱两可的理论以力求弥缝调解。文化学派修正赫尔巴特教育学，把教育过程推广到文化生活底全面，而不限于道德的品性底养成。然而至于个性与社会之统一及现实与理想之统一依然一样的无力，不得要领。文化教育学也还是一条云路。

新康德派接受康德哲学底一个玄妙的基本概念，“意识一般”（bewusstsein uherhaupt），这是人们认识构成底最后的根据，是超个人的而又作用于人们经验的意识之中，而使人们底经验能够成立。这支配一切底“意识一般”底究竟法则就是理念，这是意识统一底法则，也就是认识底统一法则。理念显现于个人意识之中而成人格的统一，又显现于意识与意识之结合而成社会。那末，个人也罢，社会也罢，都是同一个源根——理念，这样个人与社会便很容易地统一起来了。因此，纳托尔普底教育学底基本概念是社会，而这社会是凭借理念而成立的，同时又作为一切教育之所以可能底根本条件。据他看来，教育一定是社会的，这是经验底事实，而其所以然底最后依据，是意识底法则性。他承认个性是自发的、自律的，而其所以有此权利，就因为它向着理念而发展。那末，自发性、自律性也就是意识底法则性。教育者底自发性，觉醒了被教育者底自发性，这是教育作用，就因为双方共有着意识底法则性。同样，社会底陶冶活动之所以可能，也就是根据意识底法则。理想的人道的社会是陶冶作用最纯粹的社会，那是现实社会底规范，现实社会之所以有陶冶作用，也就因为它向着这规律去发展。由此可见纳托尔普解释人格的个性之所以值得尊重，社会之所以有教育作用，都归宿于一点，就是：理念底自己发展。这是新康德派底一条云路。

纳托尔普说陶冶底内容，即所谓陶冶财，它自身就是人类底共有财产，不管是认识底世界，是道德底世界，或艺术底世界，都是由意识与意识之间底共通法则构成的。所以他把教育作用推广到社会生活底全面，因为道德、科学、艺术、政治、经济各方面底发展，都是理念自己发展底无限课题，在这里也就是教育作用。在他底名著《哲学与教育学》里，他主张扩大教育学底基础科学——不像

① 即魏玛宪法。

赫尔巴特那样只限于伦理学与心理学——理由也就在此。他说教育底对象是全人，凡表现于全人底活动底本质的方面，都应该是教育底目标。然属于人们活动底本质的方面不只是道德的执意，还有思考，还有创造的想象。所以教育学底基础科学，于伦理学之外，还要加上伦理学与美学。基础科学底扩张，也就意味着教育目的底放大，即是不限于道德的品性之养成，而同样注重到伦理的思考及审美底陶冶。这也是他推广了教育作用到人生全面底当然的结论。

纳托尔普修改了赫尔巴特底教育学，然关于一个根本问题——人生发展底根本的动力，即教育作用，他只推到一个理念底自己发展，还是把教育作用放上云端。

克里克提出教育学底自律性，把教育看作所与的社会现象，又指明两大类型的教育底递嬗，都道中了不少真理，本书第一讲及第二讲曾经说及，然而他底教育学说是应用胡塞尔（Husserl）底现象学底本质直观而构成的。现象学派认定一切事物都是原理底显现，从而根据事实现象而透视其本质，这叫作本质直观。所谓现象学的净化（phanomenologische reinigung）是冲洗去所有附着于事实底经验的要素，把它当作可能思考底对象而注视其本质。克里克应用这方法，便断定教育本质是运行于社会之中底精神的类化作用。他晓得社会不是凭各个人底自由意志而结合的，乃是人类生活底必然。可是这必然不是从人类底劳动实践中寻求，而归之于根本的超个人的精神，于是社会遂被看作精神的有机体。社会之所以存在及其发展、历史和文化之构成、社会对个人之陶冶作用，以及个人人格之生长，通通都归到一个根源，就是精神。他不像纳托尔普那样把社会看作无限的课题，而把它看作眼前所与的事实，而这所与是客观的精神底具象的形态。精神显现为社会，也显现为个人，因而个人与社会不过是精神底两极，只是概念的对立罢了。精神是人生底根本，把冲动提高，做成意识，做成意志，统一各个人，同时赋予个人以关于未来底先见，树立目的而自己规定自己行动底能力。精神又是社会生活底形式及其内容，同时采取独自底形象而成为其所属各成员底生活形式及内容。因而个人或多或少都是全体底反映，一面是自由的而同时又结合于全体。“社会的存在规定人们底意识”这个事实，克里克不把它解释为意识反映着实在，而解释为客观的精神与主观的精神之同根。于是精灵似的精神成为万事万物底根源，可以现为人格，可以现为社会，可以现为文化，可以构成目的，又可以树立理念，而它这样的百般变化，也就是教育作用底根源。他说发展是本质底变化而始终同种，决不至于变为异种，这是由于“向目的努力性”，这是某一种底本质所以异乎他种底法则。他根据这点而强调民族底独自性，结局成为纳粹理论底主要成分。发展底三个条件：第一个是向目的努力性，第二个是环境底自然的生活条件，第三个是社会底影响。这第三个条件是全然属于教育范围内的。以上所述的三个概念：精神、社会及发展是构成克里克教育理论的三个据点。

教育被他看作社会底精神的类化作用，个人生于社会之中，不管是有意识的或无意识的，是有计划的或无计划的，都受着社会底教育，其实教育作用是贯通于社会生活底全面的。个人从社会接受着各种各样的教育，杂然不一致，甚或至于彼此相矛盾，这一层事实，克里克也承认是有的。可是他说这一层不足虑，因为精神有一个大法则，在这大法则之下，个人人格与社会俱可得到统一而修续发展。这样一来，一切底矛盾底统一，都靠着一个精神的类化底社会根本法则，而这又是教育底根本原理。教育作为有机的现象，常常于两极起作用；这就是：自由解放的而又是拘束的、促进的而又是制止的、自发自动的而又是规范的。这样采取相对的方向，所以教育成果殊不易用一个统一的公式表现出来。然而社会底教育影响底成果之中也含有此两极性。社会底成熟的一员，他底人格发展而达到独立底地位，同时也被支配这社会底规律束缚着。他这番说明虽极巧妙，而后来纳粹就自称为社会底规范，而教育便只剩下拘束这一极了。

赫尔巴特说教育是成熟的教育者（主体）对未成熟的教育者（客体）底具案的影响。而克里克把这定义大加修正。他说精神的影响是相关的，所以主体与客体底位置可以转换。即是：社会对社会、社会对属员、属员对属员、属员对社会，乃至于属员个人自己教育和社会自己教育，这些关系里都有教育的影响。至于教育的影响，也有：无意识的影响、有意识而非计划的影响及有意识而又有计划的影响。教育现象与其他文化现象不是脱节孤立的，因而阐明其间之关系，又可以得到：教育过程对于精神的根本作用及理念系统底关系、教育过程对于社会诸相及生活形式之系统底关系，以及教育过程对于显现于民族历史底各样的形成关系。经这样的修正，克里克所看到底教育过程和他底教育学底体系都比较赫尔巴特的广大得多。然而他底哲学的基础是现象学，其实也就是赫格尔哲学底复活，用全力替德国底统治阶级做调和弥缝底工夫，所以对于教育虽有许多见到处，也说了不少中肯语，而全部还是一派玄谈。

德国学者解释社会现象，都脱不了先验理性、理念、原始精神或规范精神这一类概念，其实这是资产阶级底哲学底思考路线。把一切事物都看作“理”底显现，那末，对于一切生活现状纵令有所不满，也很容易归因于“理”之未显，而企待于辽远的将来，于是一点革命的情绪便可返于太虚，而恢复内心底宁静，这是最适合于资产阶级贤人们底涵养的。庄子所谓“道无所不在”；宋儒底“物物皆有太极”；以及“神之在天下，犹水之在地中，掘井得泉，而曰水专在是，不可也”。这一类的泛神论的宇宙观，也就和德国哲学相似。根据这样的哲学，便无法阐明教育底真相。

19 世纪，德国几乎成为世界上教育学底唯一的出产地。在英国方面，至斯宾塞底《教育论》出版（1859）才对于教育问题作全面系统的研究，提出一个根本的问题：什么是最有用的知识？他根据英国流行的功利主义哲学与生物进化论底观点，宣布了教育目的在完全的生活底准备，依据这目的而提出五种重要的生活：①直接的自存之预备，②间接的自存之预备，③养育子孙之预备，④市民之预备，⑤各种高尚生活之预备。斯宾塞底教育思想显然是英国资本主义发展底反映，所以后来输入美国最受欢迎。美国在 19 世纪末叶，资本主义已经大成熟，因而教育理论也由德国风底赫尔巴特转而倾向于斯宾塞。近年美国最流行的教育目的论——健康、常识、良好家庭分子、良好公民、善用余暇、职业能力、高尚道德——就是斯宾塞理论底应用。这通俗的教育目的论，支配着美国全国底教育界，其势力远在杜威教育哲学之上。这样可以把资本主义的社会现状看作确定不移底准则，而教育讲究如何培养适应于这样的社会生活底人物便算能事毕了。从来所标榜底教育上的自由主义，也可以不触及社会问题，而专讲究如何发展个性底兴趣、如何增进练习底效率。于是承接着赫尔巴特教育学底教术这一面底工作，尽量应用现代自然科学的方法，而从事于教育方法底研究。近三十年来，美国教育界在教育底科学的研究这个号召之下，教育方法、教育测验、教育统计、教育调查、课程编制、业务分析，诸如此类底技术方面底研究，虽也有了相当的贡献，而其基本态度是安心立命地替资本家训练能干的职工、店员，不问其他。在资本主义社会里，这是教育研究最安全的避难所。

杜威底教育哲学，从某一种意味说，是起因于对美国教育研究这样作风有所不满，所以他屡次提醒美国教育家，要注意思想的深度和广度，所谓教育方法、教育结果，也要经过教育哲学底检查评价。“食所以为肥也，一饭而问人曰：‘奚若？’则皆笑之。夫治天下大事也，今人皆一饭而问‘奚若’者也。”（《尸子》）美国近年来流行着底教育测验，确是“一饭而问‘奚若’”底玩意，所以杜威警告他们须从远大的范围，考察其暧昧的后效。与杜威同调底学者波特（Bode）也力说美国教育家蔑视一切，而要用统计和量表，解决教育上一切问题，是最滑稽的。他又说，“根据智力商数而分别施行文化教育或职业教育，与君权神圣及宪法万世不变，是一样的精神教育”。总而言之，美国人把教育研究闭锁于学校教育方法这个范围之内，是最适应于他们底国情，可是教育学要变成盆景了。

然而实用主义毕竟是资本主义社会底改良主义，虽讲求改良、变化，甚至于改造，而究竟是点滴的改良，温和的进化，是要延长资本主义底生命的，而不是要扬弃现实的社会结构而把社会推进于更高的发展阶段的。实用主义者所标榜的经验之改组改造，有几分似儒家底仁政仁术，是站在统治阶级底立场讲改良的。从而杜威教育哲学虽比德国底观念论的教育哲学进步了许多，而仍然把握不着人类底社会的发展底主要契机，因而也就理解不到社会的实践过程中教育作用底真面目。杜威底民主社会底理想虽不是纳托尔普底那样天堂似的人道社会，而毕竟与现实社会分成两橛，无法渡去。他讥评生活准备说对于现实的生活没有推动力，而他所主张底民主社会底理想怎样推动现在的社会底转变，他也束手无策，这就因他不能理解革命的实践也就是教育。波特晓得引用裴格莱底话，“自由皆是一件战利品，而不是恩物。真的教育，必须每一代反映这奋斗和战利的元素”。不错！美国民主社会底自由，是前世纪资产阶级底战利品。可是到如今，资产阶级已成了革命底对象，那能希望他们把自由当作恩物送给平民大众呢？波特说：“工商业底唯一目的在获利。获利之后，也可以用其利得提倡人文的事业。用窃盗攘夺的方法，敛财致富，又以其财富，经营种种有利于人类底事业的人，在美国是数见不鲜的。”波特说得很感慨，殊不知这正是资产阶级所能做底社会改良。“起先为社会制度与信仰底束缚，而尊重个性与自由。到了急难的时候，社会组织有动摇底危险，又转而拥护那些政治，经济，或宗教底传统制度与信仰。最滑稽的是还借着平民主义之名。”波特所说的又正是资产阶级由革命转到反革命底必然。

以上所述，只是近百年来教育学演进底大略的一瞥，然而从中我们也可看到几个进步之点：

第一，教育学所要研究的，不限于有形的学校教育底设施，而把教育看作人格生长底过程，也即是社会底生长发展过程。

第二，教育学底基础，不限于伦理学及心理学，而扩张到许多种文化科学，甚至于取资于一切科学。

第三，教育学底地位不止于应用科学，而能升高为独立的有自己立场的，具有自律性的科学。

第四，教育学底研究，不拘于目的原理和方法原理底论定和探讨，而要在社会生成发展底转变中，探索个性成长底法则，即阐明历史的社会的教育现象底法则。

然而，直到现在，各家学说也还不免有失败之点。

其一，虽否定了从来个人主义的教育学，而建设社会主义的教育学，放弃了抽象的普遍目的，而探求历史的社会的具体目的，然而却容易变成权威主义的或保守性的教育学，而给支配阶级作工具。德国一流的教育学就是此例。而近来克里克底理论竟成了纳粹底御用工具。美国底所谓教育科学也成了资本主义者保持现状底机械的方法。

其二，虽把教育范围扩张地观察到全社会生活，而毕竟注意底中心还是在学校教育圈内，而集中于课程、教材、教法、行政等技术问题底研究，从而结局不能理解教育底全貌。

其三，较进步的理论虽极力避免权威主义或保守的嫌疑，而要从社会底转变发展之中寻求教育底法则，而对于人生社会底转变，毕竟表示无力，至少也是中立的坐待的态度。就因为摸捉不着社会转变底主要契机，从而教育不能成为社会进步之推动力量，只是适应现状或翘望将来罢了。

为什么现代教育学这样成败参半呢？这原因还是在社会环境。民主革命成功以后，生产力突飞猛进，人类征服自然底成绩卓著，造出了富有自信力敢作敢为底资本家，同时也造出了广大的自觉的民众。从而反映于教育方面，国民教育凌驾着士大夫教育，现代的教育代替古典教育，职业教育对抗着文雅教育，工作教育、行动教育压倒注入教育、书本教育。这些都是现代的社会的实践发觉出来底教育真面目，现代教育学者，不问任何学派，都不能不接受这类深切著名的真理，从而现代教育学无不以自发、自动、自律、发展等概念为基本原则。然而社会底阶级对立还存在，且日益加甚其尖锐，统治者又只知力求弥缝掩盖，因而教育学说也和其他社会科学一样难免闪烁、歪曲。有的竟成了统治阶级底辩护人，少数自爱者也难免遁入禅境（例如强调道德的教育理想），本非不可知的教育真理竟因此而还不得大白于天下，真令人不由得长叹一声：教育苦不平等社会之桎梏久矣！

（《伦理学要领》，北京文化学社，1928 年 1 月，有改动）

自由主义在教育史里底起伏*

(1936年12月24日)**

今天我想讲述我于教育史上一个观点：即是自由主义在教育史里底起伏，我没有工夫搜集许多证明的材料，只就平时读书所得，提出一个观点，供大家参考罢了。我们读书得了材料，必定还要使它有组织，而组织要凭观点，尤其是社会科学。自然科学则本身已很有组织，只需增加材料就成了；如初中、高中、大学所学的数学，它本身已经有较确定的组织，学一点便能多得一点知识。可是社会科学就不同，如哲学、政治学、经济学、教育学等，它本身还没有一定的组织，只凭你自己的观点才能组成系统的知识，若果没有观点，材料是零碎的，虽然多得很，也是没有用。今天讲这条题目，本来是《中华教育界》的征文，我匆匆写了一篇短文寄去，觉得尚欠整理，再经一次演讲也许得到多少修改。

"自由主义"在教育史上不是很专门的术语，只有个性主义、儿童中心主义、自动主义等。不过这几种主义都同是以自由主义做背

---

* 此系作者在教育研究会的演讲。原刊于《中华教育界》第24卷第7期（1937年1月），题为《自由主义是方法原理还是目的原理》。

** 此处为撰稿时间，后同。——编者注

景，所以自由主义是一个概括的名称，大凡教育史上各时代新兴的教育主张，都可通称为自由主义，因为它与权威主义相反；大凡一种教育主张，在社会成了根深蒂固时就变成一种权威。人们若感到权威束缚难堪，而有一个新的主张出来反抗它，这种新的主张，就是一种自由主义，所以我认为自由主义在教育上不能指定是某人或某派，只有新旧交替时新的主张便是，这样看法似较为妥当，我们不要把自由主义看得太狭小，认为只是教育的办法，应该站在社会演进的立场来看才对。因此，与其说自由主义是教育的主张，不如说是社会的新思潮。

这样说来，或许太抽象，我想在浅近方面来说明我们对于自由主义的心理。自由主义大概按各人的地位不同而所发生的观感也不同。例如儿子对父亲是常要讲自由的，可是等到他自己做父亲时听到孩子们说自由却不大高兴，学生想讲自由，可是学生会的干事要保持他的干事底权威，那就不愿同学讲自由了！等到他做了校长教员时便更不同了。总之社会上站在统治者的地位的老是不愿他人说自由，而在台下不得志的人对统治者却很爱讲自由，可是到他做了统治者那又不同了。譬如宗教革命，新教兴起是对旧教要求自由，到了自己站在台上时，却又不愿教徒说自由了。自由这东西都是台下人爱讲，在整个社会来看，自由与权威的对立，往往是一派或一人前后的对立，不是某一派与某一派的对立，譬如康有为壮年是维新派、自由主义者，到了晚年就成了守旧之魁，一个权威主义者。所以自由和权威的对立，只好认为社会演进的阶段较为妥当。

再从广泛的方面来说，我们可以拿“教育与生活”来解释，这句话是教育上一句流行语，换句话说“生活是教育”也是对的。一个社会的生活对于个人身心发展有影响的都是教育。我们相信一个社会在文化上到了相当的发达，就有固定的一种语言文字、风俗习惯、信条等以为生活的准则。我们用好听的名词说，可以称它为“文化”；用不好听的名词说，就叫它作“习俗”，英文是“folkway”。一个人的生活都受习俗的影响，如中国人说中国话，遵守中国的习惯，一切生活方式都是中国式的，这就是教育。要是蔑视这类力量，而谈教育、陶冶，一定不成功。社会生活、文化生活，自然而然地影响个人，这就是教育力。

“folkway”这个东西，非经过相当的时间不能成立，成立后它就有一种权威，统治者若再利用此以统一人们生活行动的趋向，这权威就更大了。可是经过相当时期，folkway 就会因过了时而倾于崩溃，那时就会另生一种与它相反的思潮来推倒它；于是生活就要寻新的途径，而不肯再向旧的途径走，这样，从政治上说是革命，从教育上说是自由主义。新兴的思想革命成功，便在社会里流行，而成了人们生活发展底规范，又变成了新权威，历时再久，又会讨人厌而成为革命对象。所以社会文化生活，当它陶熔个人很有效底时候，是一种教育的力量，而经过相当时间又变成新的障碍，被认为革命的对象。因此我们不能说谁是自由主义，或谁是权威主义；只可说在某时期是自由主义，过了相当的时候便是权威主义。譬如蚕茧原是保护蚕的生长，对蚕是有益的；可是后来竟变成蚕蛾的障碍，它要出来，非打破蚕茧不可，一种社会文化本来是人们教育底动力，及至相当时期变成硬化的权威，就反而为教育的障碍了！这又好像乡下人骗小孩子说神话。那一个会吃小孩的老太婆精，老太婆年轻时原是养小孩的，而老了却会吃小孩。我们读教育史无论中国的也罢，西洋的也罢，都可用这种观点来看，我们可以说教育史是自由主义与权威主义互相争斗底战绩，所以各家各派五花八门的主张，都由此演化而成，某种权威压迫自由，便有新的思潮起来推倒它；及至新的思潮占领社会，又变成权威；于是再有第二种新的思潮产生。如于一起一伏，就演成整套教育史。

比方以中国来说，中国自由思想最发达的时期就是先秦时代。孟子批评那时代说："世衰道微"。道就是 folkway，道微也就是当时的 folkway 已经站不住而快要崩溃的意思。所以那时各派的思想大兴。我们可以说当时所有各派的思想都是自由思想，其中虽然有温和的剧烈的分别，但都可以说是对殷周文化不满而起的反动。推翻旧文化而另立途径，这是中国文化的大变动。然而过了不久，思想就趋于固定了，儒教在两汉以后成为教育上一种大权威，也就是大障碍。儒教还可以说本来就很温和。老庄在各派中较为激烈，是彻底的自由主义，他认为"礼、乐、刑、政"都是该打倒的东西；但老庄的思想到后来也被统治者利用。例如《史记》所说："申韩源出自老庄"。又如汉代的统治者往往以黄老之学治天下，可想见老庄的思想也流为权威主义了！我们从这点可以看出原来的自由主义，久而久之即可变成权威主义。

中国自秦汉以后思想革命底起伏变化不大显明，如儒教的思想到现在还在流行。西洋方面则变动较为显著，我们可以从古代的希腊来看，当雅典和斯巴达极盛时，固有的风俗习惯将成自由生长的障碍物，在教育史上最能表现自由而完全否定古代文化的要算是 sophist，他们和老庄差不多是最彻底的自由主义，他们主张人为万物之准绳，推翻希腊以前的 folkway。而教育哲学家 Socrates① 也是 sophist 之一，他不但要将以前的 folkway 完全打破，并且积极地寻新路，他主张个人要发展自己的理性，凭理性以认识真理；所以他是积极的自由主义，与一般 sophist 消极底自由主义不同，他主张"自己认识自己"，教育是助个人发展理性

① 苏格拉底。

求得最高的觉悟，再凭理性以指导生活。这种自由主义到了 Plato[①] 又有点变了。本来的 sophist 是讲破坏的，Socrates 开始讲建设，到了 Plato 认为教育单靠理性底自觉是不成，必须要有社会的条件才可以发挥理性的效力。他的思想寄托于他的理想国，他较 Socrates 更要积极建设新途径，不过他的思想在当时不能实行，因为那时雅典已亡，只是一种乌托邦的思想罢了，然而假定他的思想能够实行，也不难变成一个权威主义。因为在理想国里，哲学家就是统治者，他是代表理念，理念就是支配一切，其余的都要绝对服从。所以 Plato 若是成功，一般人就只得在权威专制的社会生活，中世纪时基督教盛行，也曾用 Plato 的学说附会于教义之中，做其权威的护身符以统治社会。这就是由自由主义而变成权威主义的事实的一个过程。

基督教在现在看起来是极落伍，可是当它刚进罗马时却是革命的先锋，——那时希腊罗马的 folkway 正在崩溃的时候。他们认为凡人所做的事都是罪过，主张立在上帝之前人人平等，以前的风俗习惯一概要不得，要把希腊罗马的旧文明一扫而光。这不是最先锋的前进者吗？可是到了成为罗马的国教，自己坐在交椅上时，教皇便是皇帝，变成极有权威的统治者。所以“自由”与“权威”不是根本不同的东西，往往随着时代而转变；我们只把中世纪的教会权威和初进罗马时对照便很明显。因此我们可以说：自由主义是未成功的权威主义，权威主义是已成功的自由主义。

当 Martin Luther[②] 欲推翻旧教另立新教时，自由色彩多么浓厚，及新教成功后，其权威并不减旧教，新教所办的学校其课程的呆板和固定，反成为新教育的障碍。文艺复兴是对宗教讲自由，用希腊罗马的文艺作为解放生活的工具，后来变成了人文主义；古文就是权威，成为压迫个性自由的工具，以读古文为必要原则，读了古文便有用，这是16 世纪人文派权威主义的基本主张。十七八世纪的实用科学是反对人文主义，反对古文，而注重社会常识和科学常识，认为这才能发展个人的自由，这才能是把个性解放出来的好方法，但不久变为教材中心主义，把许多东西注入儿童，成为压迫个性的工具。可见每一种自由主义的兴起都是对着原有的权威主义起反抗，因此革命色彩也很浓厚，可是经过了相当时期又被认为该推翻的对象呢！

近世自由主义的抬头与古代不同。例如刚才说过 Socrates 底理论，本来很对，可是只能适用于有最高等修养的人，若欲使整个社会底人们都得到人格解

① 柏拉图。

② 马丁·路德。——编者注

放，就非有社会条件不可，单单凭着个人理性底内省是不成的。自宗教革命以后，欧洲人发现了三条新途径，形成三个社会条件，使人格解放容易实现，这是近世文明比古代好的地方：

（1）自然科学发达。宗教革命以后，脱离了信仰底束缚，自然科学发达，尤以十七八世纪进步为速；这回人类底自由，人格底尊严才得证据，以前所不能知的自然界，现在可以懂得了，以前认为不可抗拒的自然力，现在可以驾驭它，利用它了。自然科学一日一日发达，人们理性底威力，人格底自由，就一步一步得着证明。

（2）政治上的革命。以前封建时代，政治是君主贵族钳制平民底工具，只有领主贵族们有自由，其余个人欲求得自由，最好是不和政治发生关系，脱离社会，隐遁山林。自民主政治运动成功以后，政治并不是一个或两个统治者的事，而是众人的事。由人民管理政权，人人都要参加政治，互相合作，这才是自由，以社会为发展自由底地盘，这就是近代政治革命的成功。

（3）产业革命。科学发达的结果，生产技术改进，征服了自然，增加了生产力。生产组织则由小农业、手工业改变为大工商业和大农业。这种大规模的生产事业使人们生计容易，且变更及社会结构，产出新的人生观，这与教育发达很有关，因为教育是建在吃饭问题之上，若果人民困苦在小工业或小农业之下，吃饭问题还没有解决，哪里能够上学呢。普及教育更哪里能够实现呢！所以要在产业革命以后才能讲普及教育，欧洲普及教育的成功，实在是在产业革命之后。讲人格自由，民众解放也是如此，因为产业革命之后，封建社会才崩溃，才能人人站在平等的地位。以前认定贫穷是天注定的，一般民众能免于死亡，便是太平盛事、意外幸福，更梦想不到人格发展。产业革命之后，才证明要解决全民众的衣食住行等问题，使人人都可各取其所需，是可能做得到的事。生计有了把握，人们才感到生计以上道德、科学、艺术等要求，那末，教育才是人格解放。大规模底产业组织，迅速便利的交通，使人们的关系变为亲密而复杂，整个国家底民众，甚至于全世界底民众，彼此都是凭着职业劳动，相依倚，相援助，有这样的事实摆在目前，才看出人格的真平等。在这样社会组织之下，若得人人相谅解，相亲爱，便可携手向天进攻，而增进人类幸福；若仍然是一阶级的人们操纵，甚至于压迫大多数民众，势必激起争斗，因此，才感到人格有完满发展底要求。总之在小手工业、小农业的社会里，只有少数地主得享较优裕的生活，其余大多数人是定命地安分做奴隶，哪里谈得到人格自由、教育平等呢？

把近代发现的自由之路和古代贤哲所指示的比较一下，便可明白。Socrates说“认识自己的理性便可得到自由”，柏拉图说“默契观念便可自由”，耶稣说

“皈依上帝便可自由”，这都容易流为空想，也绝不是一般民众能做得到的事。现代寻着了三条途径：只要人人勤劳生产便可征服天然，各取所需；只要循着科学方法，便可得真知；只要互助合作，便可增高人格的尊严。这三条途径是有凭有据，人人可行，而又应该行的。即可以说现代的自由主义是向外的，古代 Socrates 的自由主义是向内的。

卢梭是人人承认近代自由主义的急先锋，无论在教育上或在政治上，他的教育口号是“回到自然”。所谓“自然”底含义：第一是摆脱硬化虚伪堕落的旧文化，而创造自由真挚的人生；第二是排斥固定的书本教材，而以自然世界为教材；第三是反对人工的桎梏的教法，而顺乎儿童个性之自然，使他们自己构成经验。自《爱弥儿》① 出版之后，儿童中心、个性发展、自动学习等等主张在教育界大大流行着。加之以近年儿童学、学习心理底研究，于教育确有了不朽的贡献。然而自由主义果真是只限于教育方法、教学技术，而不涉及教育目的和价值么？我却不敢遽信。譬如设计教学法，可以应用于三民主义底教学，也可应用于读孝经，“嬉戏陈俎豆”不是好一个现成设计么？设计教学法流行于资本主义的美国，也可以推行于共产主义的苏俄，因为只把它看作方法、技术，便毫无革命的危险性了。这样的放诸四海皆准，教育家真是买了保险，稳健得很，到处都可升官发财！可是如果真是买了保险，稳健得很，到处都可升官发财！可是如果真是那样稳健的话，教育方法实在是操纵法，教育便无异乎要猴子“朝四而暮三，则众狙皆喜”。那一位狙公可不是善于引起众狙的兴趣动机么？

近来教育界好似有一种流行思想：想到教育方法，便采心理的见地，主张个性自动，倾向于自由主义；提到教育目的，便采用社会的见地，主张继承文化，效忠国家，不知不觉地倾向于权威主义。其实都不见得对。我们论教育可以有两个观点：如果把教育看作自然生起底历程，在心理方面便是学习历程，在社会方面便是同化历程；如果把教育看作课题，在心理方面便是人格育成，在社会方面便是生活改进。前者是事实，而后者是价值。若问人生进步应当怎样，我们便不能讳言自由。

从人格成长看“自由”底意义，必须看到生物学所谓“适应环境”之上，才能透彻。人类和禽兽无疑都是在环境里学乖，可是我们和它们确有不同。禽兽只能凭着“试错法”应付环境，而我们能于试错法之上产出反省自觉的生活。我们能于许多经验之中觉得有一个经验之主和被经验的客相对立着。主是“我”，客是“非我”，是“物”，因此“物我对立”是人格生活底特征。禽兽生

① 原为“Emile”，即爱弥儿。——编者注

活有没有“自我”底自觉，因为我们谁也没有做过猪狗，虽不能确实知道，然大体推测它们是没有，因为它们常被目前一个经验束缚着。人类能在经验进程中发现“自我”与“外物”之对立，而“物”与“我”之界限又是可以自由伸缩的。例如欣赏山水，欣赏者是我，山水是物，而念及祖国山河被敌人侵占而悲愤，那时山河却是自我之一部了；若自己考察自己欣赏底情绪，那末，这点情绪却又变成物，而另有一个“自我”在考察它了。总而言之，“我”若推“物胞物与”底大同张，则宇宙万物都可当“自我”之一部；“我”若自己反省，则自己所有思想、感情、行为、品性都可当作反省的对象，那就变成物了。不管是自然界也罢，历史的社会的文化也罢，自己的行为习惯也罢，“我”不一定受它支配，而可以随时把它当作物，而检查它，批评它，甚至反抗它，改造它。这才是自由的人格生活。养成这样的“自我”，便是 Socrates 所说的自己认识自己。难道这还不是教育目的么？

然则为什么近年来把自由主义划入教学技术范围里呢？我们须注意现代自由主义发源于法国大革命，那时是工商阶级对旧封建贵族起来革命，所争的自由是他们的自由，而未必是全民众的自由。自民主政治成功之后，他们已成了权威者，就要偃自由而修权威，好比中国古时皇帝得天下之后马上就偃武修文一样。不过已经把自由提出来号召，又不好意思立刻把它拉掉。于是识时务的学者们就想出一个妙法，把自由主义封锁入教学方法底圈子里。这回一朵自由花，就变成了剥了刺的蔷薇花，国色天香可以赏玩而又没有扎手之虞了。

黄毅、周烇盛　记录

（《勷大旬刊》第 14 期，1937 年 1 月 21 日，有改动）

现代中国与现代教育

十八十九世纪之交，西欧诸国正在迅速地走上资本主义的经济大道底时候，中国的封建社会虽也孕育着资本主义的因素——商业资本发达及手工业工场繁荣——而还未壮大起来，还未够力量破坏封建社会的生产关系。正在这时期，英国早完成了产业革命，挟着机器工业底优势的生产力，以印度为根据地，向着远东的落后国家进攻。那时中国受着腐化昏聩的清朝廷统治，遇着比较自己高出一个范畴的外力侵略，结局便是一败涂地，门户洞开。1840 年鸦片战争，签订《南京条约》，割地赔款，五口通商，丧失了关税自主，奉送了领事裁判权，从此以后，中国便以半封建半殖民地的资格，被卷入世界资本主义的经济漩涡中。1858 年，英法两国更迫清廷签订《天津条约》，勒索赔款之外，增开汉口、九江、天津①、南京等商埠，并许可外国商船军舰自由航行各通商口岸，且规定外货入口，只得征值百抽 2.5 的关口半税，沿途概不重征；天津、上海、汉口又划为租界。自此以后，外国资本主义更进一步地半殖民地化了中国，商品从口岸直灌注入农村，而中国的行会手工业、家庭手工业一天一天衰落下来，工场手工业便没有了前途，而产业革命的前途也随着断送了。

① 增设天津为通商口岸的是《北京条约》。——编者注

19 世纪初期，欧美各国的产业革命先后成功，而 1848 年正是欧洲各国民主革命普遍地展开之日，而中国相反地恰在这时期沦为半殖民地。各国以协商关税和领事裁判权为护符，以通商口岸和租界为根据地，以传教士为侦探，用大轮船载着廉价的工业商品向中国的都市和农村倾销。中国底还在原始蓄积过程中的商业资本，敌不住外国资本主义的压迫，便走不上支配生产的前途，就无意于工场手工业生产的经营与投资，仍然停滞在支配交换的阶段。他们所支配的交换正是从口岸把外国商品运销到僻邑乡村，又从农村收买原料到口岸，以供给外国商船运往伦敦、纽约的大工厂，这样便不管自觉与否都实践了买办的任务，而买办资本便成为中国资本之命运。外国资本家打击了中国农业及其直接联合着的家庭工业，压低了农产品价格，使中国的地主和富农都不能长成为农场生产者，便只好永远做坐收地租、剥削农民的地主。商业资本家也不敢投资于工场生产，只好贩运外国货，或甘心在乡邑放高利贷，或竞购买土地，也变成收租的地主。地主们苛收地租，收得农民半数以上的农产品卖给外国资本家，商业资本者一面贱买贵卖，把大量的外国工业日用品高价卖给农民，一面用贱价搜括农产物，作原料卖给外国资本家，而在这买办过程中取利。于是乎地主与买办结成不可解的命运，都替外国资本家服役，而剥削老百姓。中国的封建社会解体了，然而解体的结果，不是地主成为农业资本家，也不是商人成为工业资本家，乃是彼此手挽手地沉沦为买办。于是乎历来出身于地主及富商的士大夫，也变而为出身于买办。外国资本家只要强制中国永远做他们的商品市场，永远做他们的单纯原料生产者——所谓“以农立国”，他们却不愿消除中国的封建生产诸关系，相反地，他们尽力维持中国的封建关系，以阻碍中国自身的现代化。而中国的封建地主商业资本家正是给他们当买办，以阻碍中国发展的最好工具，所以扶持买办以奴役中国是外国资本家对付中国的一贯政策。这就造成了半殖民地半封建的中国。

19 世纪末叶，世界资本主义经济发展到了帝国主义阶段。由于工业资本不断扩大商品生产，银行资本不断地增大资本投资，不久，银行资本支配了工业资本，融合了工业资本，社会的资本和生产机关归银行家或资本家所占有。往后，他们又互相竞争，大资本压倒了吞并了小资本，独占了资本。于是工业资本让位于金融资本的支配，小资本失掉竞争的资格，由自由竞争走到独占资本的阶段，即发展到资本主义的最后阶段——帝国主义阶段了。这时期，各帝国主义国家，不特有大量过剩商品要向外输出，而且资本也大量过剩，若不向外输出，便得不到利润。恰当这时候，甲午中日战争（1894—1895）日本帝国主义者夺取了中国的属国朝鲜为殖民地，强迫中国签订《马关条约》，除赔款割地、开辟商埠、承认领事裁判权之外，并允许外国人在中国通商口岸有开办工厂之权。从此以后，帝国主义一面继续大量向中国输入商品，一面则开始把大批过剩的资本输入中国，直接或间接向生产事业或非生产事业投资，如开设工厂、开采矿产、建筑铁路、设立银行。这样一来，外国人只用他们的过剩资本，输入机器和技术人员，在中国开办工厂，利用中国的廉价劳力及廉价原料，便可直接运输各地，高价销售。而中国自制的国货反受沿途的厘毋金关卡重重抽剥。因此外国的金融资本便在中国境内垄断起来，而把中国的资本和生产事业压迫到不能动弹了。工厂之外，其他如矿业如银行，无一不被外国资本所垄断，间有中国经营的，也被他们以借款方式而取得了监督权，控制着成为他们的附庸，如开平煤矿、汉冶萍煤铁公司等便是。外国银行操纵着中国的金融界，中国人自设的银行只能降而执行买办任务或转而做投机或高利贷。沿海及内河航业被外国轮船横行无阻，中国人自家的航业（如招商局）便奄奄不振。铁路建筑权自被外国人攫取去之后，兴筑时固然大量输出资本和材料而获得深厚利润，筑成之后，便成为他们的势力范围，政治、经济和军事各种势力均可以沿着铁路线注入，以制中国之死命。总括地说，自甲午中日战争之后，中国底半殖民地半封建的程度更加深了。帝国主义的势力深入农村，肆无忌惮地榨取、欺凌，当然痛苦最深的是农民，遂激起北方各省义和团的农民排外运动，清廷统治者的顽固派也不堪外力压迫，妄想利用武力排外，从而支持义和团运动，结局一败涂地，更添上《辛丑条约》一条锁链，把中国浑身捆绑起来。《辛丑条约》之后，中国名存实亡，满清政府那一套统治机构所执行的任务，只是替帝国主义者看守市场、管制老百姓罢了。怪不得帝国主义惯说“中国不过一个地理上的名词”。

自《南京条约》至《辛丑条约》这60年的时间，外国的资本主义、帝国主义把中国的封建社会粉碎了，然而他们所扫除的只限于可以阻拦帝国主义侵略底障碍，而不是替中国民族资本开拓可以生长的前途。相反的，中国被帝国主义征服之后，那不能阻拦帝国侵略而恰能妨害民族资本发展的封建社会关系，都得到帝国主义者群热心卵翼着、维护着，以作帝国主义者控制中国的工具。说是封建社会，可是已经失掉典型性、独立性，而只是列强控制着的御用工具，所以叫作半封建。说像是殖民地，可是名义上又还是独立国，上头戴着一个专制政府，对人民无恶不作，而对帝国主义者便奉命唯谨，所以叫作半殖民地。古老封建时代的好处全消失了，剩下的净是横征暴敛虐政。殖民地的苦头都尝尽了，可是博不到半点便宜，甚至于还比不上香港，比不上菲律宾，这是中国人民的处境。《辛丑条约》之后，帝国主义者群竟然愿意支持慈禧太后继续统治中国，就因为她以前虽曾代表封建旧势力排外，而被征服了之后，一变而为媚外了，成为帝国主义的工具了。自后帝国主义者对付中国的一贯政策，便是尽力支持一切封建残余势力以阻止中国进步，而便利他们宰割剥削。尽管他们屡次改装，带上各种面具，而这一贯政策百年来迄今不变。

随着外来资本主义之侵入压榨，中国人民的反抗运动也逐步发展。头一次是太平天国①，爆发于1851年，即鸦片战争之后10年。太平天国是中国社会半殖民地半封建制化过程中的产物，一方面绍述中国农民革命的历史传统，另一方面则受了英国资本家纺织品的影响及基督教的传染，采用上帝会的宗教姿态，摭拾了许多断片的原始基督教的幻想而和中国旧有的农民秘密会党的观念形态结合，以组织人民，号召反清。洪杨诸领袖不脱中国历史的习惯，要凭借农民变乱的力量替他们自己创帝王之业，同时又摭拾基督教的牙慧以惑众，他们的思想十分反映着半殖民地半封建制化过程中之客观历史环境；换句话说，他们自身就是半封建半殖民地的社会底俘虏，因而他们的运动底失败是意中事。虽然这样，当时的外国资本家于太平天国与清廷之间，还是选择那一个更落后更腐化而易与的清朝，而给予洋枪队常胜军的帮助，这也就说明了外来的资本家在中国一开始便扶持中国的落后而腐化的恶势力以压迫中国人民，这是他们的必然路线。封建地主官僚们经过了鸦片战争、英法联军②，以及借用西洋人兵力平定了太平天国之后，也知道自己不行了，便打算振作一番，计划他们所谓“中兴”，第一着便是整军经武，清政府以为只要军队得到西式配备，中国便可以自强了。从1861年起，曾国藩、李鸿章等便派容闳等出洋采办机器洋铁，聘请德美技术人才，设军械所，制造军器及轮船；又在上海设制造局，铸造大炮。此后，南京的金陵机器局、上海的江南造船厂等先后创设；矿业方面如天津的开平矿务局、峄县的煤矿，亦次第兴办，为开平煤矿运煤，开始兴筑唐山的铁路。电报局亦在天津塘沽间试办起来。西洋商品输入日多，利权外溢，官僚地主们又感觉有设立机器工厂的必要，于是，中央及地方政府，就开始投资购买外国机器、经营新式工厂、官办的制造商品工业；同时又劝导官僚、巨商、地主投资经营，采“官民合办”方式，即所谓“官督商办”的工业也就出现。总之在甲午中日战争之前，中国封建地主、官僚商业资本已开始了向大机器的资本主义的生产转变。可是这不是由正常的产业发展过程中生长出来，乃是受外来的资本主义侵略逼出来的，从而一切的历史条件都准备不足——业务经营无方、金融机关不备、交通运输不足、技术与劳动效率均低劣等等——当然敌不过外来商品，所以官商纱厂及军用工业都归失败。

---

① 即“太平天国运动”。——编者注

② 即“英法联军侵华战争”。——编者注

甲午战败之后，中国自经济而至于政治、文化，都彻头彻尾变为半殖民地；中国人民带着中古式的野蛮枷锁，又加上一套外洋资本主义、帝国主义的束缚。在双重压迫之下，才有了官僚资本出现。在官僚的进步分子中产出维新派，而以康有为、梁启超、谭嗣同诸人所领导的一派号召力较大。当时民族资本还很幼稚，许多民族资本家自身就是封建官僚地主，留学生知识分子也都出身于地主官僚。他们一面想革新政治，可是不愿意推翻清政府统治；一面想革命，而又不知唤起民众，且害怕斗争。因此，他们梦想效法日本明治维新，挟着光绪皇帝以号召自上而下的改良运动。康、梁、谭诸人所领导的百日维新运动卒之被慈禧太后粉碎了。他们不只见到要练新军、造新式武器及开办机器工厂，而更认识了要改革政治、改造文化，这一点是比较曾国藩、李鸿章们进了一步，可是他们不敢推翻清政府，不知道联络人民，在文化方面还要推尊封建偶像的孔子，这就说明了中国资产者革命的软弱无力。从这一次始，也就注定了中国资产阶级绝没有独力负起革命任务的资格。然而维新变法思潮底激动，却推动全国知识青年底觉醒，这一番启蒙运动的劳绩也自然不可抹杀。

中国农民自鸦片战争以来受着外来资本主义及封建地主官僚的双重剥削压迫，一天一天贫困不堪，只有铤而走险底一条路——暴动。在南方发展的太平天国虽然失败了，继之而起的又有北方所谓“捻匪”的动乱。虽又被清廷武力扫荡，表面上是平定了，而暗流始终潜伏在各地。况且苛政剥削有加无已，人民的反贪污反压迫的情绪也越涌越高，遇着机会就要爆发。当时的维新派又不脱士大夫的旧习，一向看不起民众，从而他们的启蒙运动未曾向着人民做启导的工夫。因此，民众这一股反抗的力量也只得还是采取旧有的神秘性的白莲教的形式，以义和拳或梅花拳相号召，烧香聚众，杀土豪，劫贪污，反压迫，反统治。恰当那时外国传教士和教民狼狈为奸，横行不法，人人切齿，遂激起农民的直觉的反感，到处毁教堂，杀教民，仇视外人。由于清廷的官吏早成了外国人的奴仆，畏教士如虎而毫无保护人民的胆量，便逼到人民采取直接行动，盲目地排外。这一次运动认定外来的侵略者压迫者为打击的目标，本来不错，可是他们并不能理解外来的侵略者为什么如此凶暴狠毒，而只妄想借神秘的力量来复仇。民众看见清廷官吏之庸懦无能，而不晓得他们就是帝国主义者奴役中国人民的工具，却同情了他们，妄想给他们做御外侮的后盾，竟提出了“扶清灭洋”的口号。这便十足暴露了农民革命的原始性、落后性，同时也说明了当时号称维新变法的启蒙运动完全跟人民脱了节。慈禧太后领导的顽固反动派就利用了义和团的盲目的革命力量为反革命的工具，展开大规模的恐怖排外局面。帝国主义者群也就借口这次排外而再给中国戴上一套再不能动弹的枷锁。自此以后，连清廷的顽固派也俯首帖耳甘充外国人的奴仆，而博得帝国主义者的庇护。

康梁维新运动失败之后，国父中山先生所领导的兴中会决心走上革命路线，联络久被压迫的农民手工业者的各种秘密会党，又运动了华侨资本家、商人及一切饱受帝国主义者剥削而对清廷绝望的资产者。不久，与章太炎的光复会、黄兴的华兴会联合而组织革命同盟会。革命运动接受了民众力量，下层民众得到了革命指导，便一天一天壮大起来。自日俄战争至辛亥这七八年之间，革命的洪流澎湃不已。任何血的屠杀，任何炮火的轰击，只能使革命更加高涨。适值当时满清政府谄媚帝国主义者，无所不至，竟宣布铁路国有，以便出卖。这激起了全国绅商及学生等的反对，他们纷纷组织"保路同志会"，罢工、罢市、罢课，一致力争路权，反对政府卖国。10 月 10 日的辛亥革命，遂以争路风潮为导火线而爆发，中华民国从此正式出现于世界。"资本帝国主义深入中国以后的结果，一方面是中国中古式的农村经济之分解，而这一分解，遂把几千年依附于土地的中国农民手工业者投诸生产过程之外，成为广大的失业游民群；同时由于农村的崩溃，中国的小商人和知识分子也从小康的境遇沦为一无所有者。另一方面，却又影响到中国民族资本的发展——虽然这种资本没有脱离买办的性质——而使中国一部分的大地主、大商人、大官僚转入新的生产方式。然而在资本帝国主义压迫之下，前者与后者必然以利害相同而统一起来，形成一个革命集团。反之，满清政府以及由满清政府而能分到赃物的腐败官僚、军阀、大地主、买办，又必然以资本帝国主义为靠背而组成反革命集团。"当时革命集团以中山先生为领袖，而反革命集团则拥戴袁世凯。袁氏晓得当时革命力量之不可侮，就乘机弄权窃国，表面赞成民主共和，而以清帝逊位为条件，换取临时大总统的地位，而迫中山先生辞职，便轻轻地攘窃了革命的果实。在反革命集团方面，只牺牲一个清帝而换得整个的统治权。在革命集团方面，则以一个革命成果仅换得一个清帝逊位，而同时树立了一个有力的反动政权。当时聚集南京的革命党人，竟欣然赞同停止北伐，承认和平谈判的结果，两相庆革命成功，南北统一，这又说明了中国资产阶级领导的革命之动摇不彻底。辛亥革命就由此失败了。

帝国主义者群看清楚了袁世凯所领导的北洋军阀官僚集团正是清朝的替身，是阻碍中国进步的工具，便给他们以大大的援助，立刻成立所谓善后大借款，使他们能够迅速地镇压革命力量，成功了袁世凯的独裁。民国元年至三年（1912—1914）之间，帝国主义者跟他们一手扶植起来的袁政府大做买卖，缔结了许多铁路借款条约，扩大其经济政治的侵略。可是不久，因欧战①爆发，列强一时无暇

① 指第一次世界大战。——编者注

东顾了。日本帝国主义者却乘机大举侵略中国，一面出兵占领青岛胶州湾，一面支持袁世凯反动做皇帝，提出“二十一条”，威胁袁氏承认。自此以后，日本在华势力高出于欧美列强之上，而包藏其独霸中国底野心。袁氏称帝，被人民反对，不到一百天便忧病而死。可是袁军所做到的仅仅是推翻帝制，保存了民国的名称，并未铲除封建势力，至于帝国主义在华势力更不受丝毫影响，所以袁氏虽死，北洋军阀官僚集团仍不断地与帝国主义者勾结，尽其反动的能事。南方各省虽宣言护法讨逆，而护法军内部也隐藏着不少割据地盘的军阀和投机取巧的官僚政客，因而屡次出卖革命，甚至公开叛变。北方军阀以日本帝国主义为靠山的如皖系、奉系，以英美帝国主义为后台的如直系，彼此争权，连年混战。南方隐在护法讨逆旗帜下的军阀、官僚、买办也时时向北方军阀及帝国主义者暗送秋波，以巩固其地盘割据，逼得中山先生惶惶然失所凭依。那几年间的史实很明白地说明了革命的根基决不能从军阀、官僚、买办集团中寻求。

社会经济方面，在欧战期间，帝国主义者忙于战争，不能向中国作大规模的政治经济的侵略。而且协约国为要拉拢中国参战，以允诺修改关税税则、缓付庚子赔款等讨好于中国，有意无意地放松了对中国的侵略。因此，在民国三年至十年（1914—1921）之间，中国民族资本侥幸地得到相当的发展。这时期日本帝国主义者正在中国横行无忌，封建军阀又在连年内战，遂激起一股新潮流，反对帝国主义侵略，反抗封建的压迫。代表这潮流的正是一班进步的青年，《新青年》杂志便是号召反封建，提倡科学与民主的刊物。欧战末期，出现了一个崭新的社会主义的国家——苏联，而土耳其、奥地利、芬兰、印度等，世界革命运动高潮，中国的五四运动，便在这世界民主革命与民族革命的怒潮中发育起来。到了欧战结束，帝国主义者在巴黎召开分赃和会，中国被英美帝国主义者出卖给日本，遂激起中国人民的公愤，爆发了五四爱国运动。领导这运动的青年学生，对内打击军阀、官僚、买办，对外反抗帝国主义，毫不畏惧反动政府的武装镇压，把运动扩展到全国工人、商人，罢工、罢市，因而我国出席和会代表也毅然抵绝签字和约。这一次民众革命运动的新方式，确是中国革命史的第一页。五四运动是反帝的民族革命，是反封建的民主革命，同时又是新文化运动。反对专制，要求民主自由；反对封建礼教，反对复古，反对迷信武断，反对古文，提倡现代语体文，提倡学术科学化。这都是要对封建残余做全盘彻底的清算。

第一次欧战之后，帝国主义者要弥补其战时损失，便加紧对殖民地及半殖民地剥削，中国是他们的一个剥削对象。帝国主义者群拼命投资在华开设工厂，对中国工人做无限度的榨取，同时嗾使军阀内战，做政治侵略。欧战期间暂得繁荣的中国民族资本大受打击，营业衰落。人民在如此剥削榨取之下，失业破产，生活陷于绝境。这就必然激起自卫的革命运动。经过五四运动之后，民众得到了一番新觉醒，在民国十二年（1923），京汉铁路工人开始第一次反帝国主义和反军阀吴佩孚的斗争。接着，好多处的工厂先后发生罢工运动；在封建军阀内战中，激起了广泛的民众运动；各处的学生运动又在高涨，渐有汇成总的革命的趋势。伟大的孙中山先生看清楚了革命的根基必须在人民大众中寻求，乃毅然改组国民党，把全国所有各阶层的革命力量积极地领导起来。适值民国十四年（1925）5月30日上海工人同盟大罢工一开始，广州、香港、汉口等处纷纷响应，工人罢工，学生罢课，商人罢市，帝国主义虽开炮屠杀，军阀官僚虽竭力镇压，而民众反帝爱国运动愈加高涨。这一坚强的革命运动，顿使帝国主义与封建统治动摇，与世界弱小民族解放运动相呼应，国内外形势便大改观了。北洋军阀的统治到了民国十五年（1926），其贪污、恶劣、凶横、无耻，已达极点，为全国人民所共弃。所以国民政府领导人民武装北伐，便所向无敌；军阀尽管拥有强大的军队，精良的武器，也不堪一击。各地民众争先恐后地响应北伐军，不一年而抵定长江，收回汉口九江租界，军阀吴佩孚、孙传芳坍台，他们的后台英美帝国主义者也受了打击。不幸此时革命内部突然分裂，便给帝国主义者以良好机会，再运用他们一贯的对华阴谋——相机分化，扶植反动力量，打击进步力量。内部失和，革命便从此变质。是时，日本帝国主义者在北方独力支持一个最后军阀——奉系。民国十七年（1928），在济南制造“五卅惨案”，以阻碍革命军北上。可是日本帝国主义的凶相太显露了，张作霖最后也以不甘受其支配，至于被暗杀。这样一来，却助成了东三省易帜，全国统一。而中国的革命运动也进到另一个艰苦阶段。

1929年世界经济恐慌，帝国主义受到莫大的打击，他们为要挽救自身的危机，就要向殖民地及半殖民地打主意，其中比较先天不足的日本帝国主义，便拼命向中国进攻。而新兴的社会主义国家苏联击退了外来干涉，肃清了国内反动派，正埋头建设，生气勃勃，遂更招帝国主义的嫉妒，在国际上，英、美、法、德等国都一致要求反苏。这样垂死的帝国主义与新兴的社会主义对立，影响到中国内部的纷扰，而一切国际的阴谋诡计、冒险投机也都反映到中国内部纠纷上面。日本帝国主义遂自命为反共的警犬，要求进占东北、内蒙古，而得英美帝国主义给予谅解。这就是“九一八”事变底由来。在国际形势中，宁愿谅解法西斯，而生怕社会主义发展；在落后国家中，宁愿扶植落后的封建残余，而不愿见进步的人民力量抬头。这是英美帝国主义者的以不变应万变的一贯政策，日本帝国主义者就利用这机会大胆进攻中国。帝国主义者群摆出假公正面孔，慢吞吞地来一串调查、报告、照会、调处，而日本一步一步由东北而内蒙古而平津，由伪满洲国而冀东自治而华北特殊化。这是很不足怪的，英国绅士们希望喂饱日本这头警犬好去咬苏联，美国老板们更可以乘机做军火买卖，充实荷包；他们彼此虽不同国籍，而同属于一个阶级、一个集团，当然可以妥协谅解。至于中国的士大夫，有的希冀“亲善”“共荣”，有的简直改装法西斯，妄想这样可以博得同类的好感。可是人民大众忍不住，怒吼了，“抗日救国”响彻天地。卒之“不愿做奴隶的人们”一致起来，在抗战大纛之下，“万众一心，冒着敌人的炮火前进”。民国二十六年（1937）7月7日，在中国革命史上又开始一新页，使全世界都认识了中国人民毕竟是不可侮的。全面抗战开始，帝国主义者群因为日本太不给他们面子，而且大有独霸中国之势，他们眼红了，对中国说了很多同情的话，可是口惠而实不至。实心实力帮助中国抗战的竟是他们所谥为“极权”的苏联，而“自由民主”的美国给我们的礼物却是从日本大炮发出的炮弹，日本飞机投落的炸弹。这道理也很显而易见，因为中国抗战建国果真顺利地成功，吃亏就不只是日本帝国主义者。故不愿日本独占中国，而尤不愿中国人民真得解放，这是世界性的矛盾，当然中国也包含于其中。抗战建国之难于成功也就在乎此。

武汉大会战之后，抗战形势进入相持的阶段，以汪精卫为首的一批汉奸，竟往南京粉墨登场，甘做傀儡。抗战情景愈入艰苦，内部竟然起了变化，同仇敌忾的情绪低落了，文恬武嬉的颓风表现了，争取胜利的信念动摇了，发国难财之风盛行了，猜忌倾轧的险象环生，上层的表现既如此，人民也从而失望、沮丧，于是避兵役、走私、漏税，也就成为公开的秘密。总之，1940年之后，抗战变质了，上层先腐，而下层随之。恰在这时期，绥靖主义者的另一头警犬，希特勒，露出了真面目，大逞凶威，打破了巴黎吞并了西欧，驱逐了英军困守三岛。轴心伙伴们气焰万丈，睥睨世界，日本帝国主义者竟席卷了太平洋，触须伸到印度。这时能抵挡纳粹底狂澜的竟是苏联，而中国虽处四面封锁之中，气衰力竭，也还坚持不屈。英美到了这时候便不得不援助苏联，解救中国，而全世界反侵略大联合始得形成。可惜我们竟不能趁此机会恢复抗战初期的勇气，成为民主国联合战线中有力的一员，而竟索性断念了争取胜利，甘心等待胜利。万事端赖“美援”的病根也是从这时候开始。这固然有几分是由客观环境构成，而主观的买办意识作祟，从而不振作、不努力当然是个主因。负这责任的又当然不是人民大众，而是颓废动摇的上层分子。胜利毕竟等到了，可是只得一个“惨胜”。惨胜之后，如“劫收”之类种种给人民头上泼冷水的怪象是有目共睹的，足够说明上层分子早离开革命阵线十万八千里了。而且不及两年，内战重开，迅速扩及全国。另一面是通货膨胀，交通堵塞，普遍失业，民不聊生，而催科拘役，急于星火，侦骑四出，人人自危。正是：“山人从此休哓舌，后事还须问后人?”这样一来，不只是农工大众，连及中产者，自由职业者，甚至于一般没有特权的官吏，都在饥饿线上挣扎，不知命在何时。弄到“友邦”对中国的大人君子，又爱他们，又恨他们，索性掉头转向，“扶植日本”，要替日本军阀、财阀重新执行“东亚共荣圈”的政策。“新友邦”与“旧友邦”结为一家，而尽力在中国的落后的恶势力中求友，这确是中国亘古所未曾逢着的大劫运。如何克服这劫运，打开黎明的前途，也只能属望于久在革命过程中艰苦学习的人民大众。

总括以上的叙述，可以得到这样的结语：鸦片战争之后，外来资本主义侵入中国，分解了中国的封建社会经济，打穿了中国与世界市场隔绝的壁垒，使中国以半殖民地的资格卷入世界经济的漩涡，他们的用意当然是残酷的；但中国的封建社会因而被解体了，在这方面还不失其促进中国进步动力的作用。到了第二阶段，甲午战败以后，在帝国主义政策影响之下，外力之压迫中国自然更加残酷，而却产生了中国新兴资产阶级——虽然多少总脱不了官僚或买办的性质，其中有较进步的遂从而发生反抗外国资本的运动，同时在这运动中参加了广大的劳动群众，因而产生了民族革命。这是帝国主义者当初所意料不到的。自此以后，帝国主义者遂修正其对华政策：在经济方面，运用不平等条约及借债契约种种特权，尽力束缚中国资本，使其只能执行买办的任务，永远做帝国主义者的附庸。在政治方面，运用种种阴谋，离间分化，威迫利诱，务必寻着比较腐化落后的恶势力而加以扶植卵翼，使中国政治永远不脱半封建性质，以摧毁进步的力量。在文化方面，则运用教会、学校、留学等为文化侵略的工具，把浓厚的买办意识灌输给有产者的青年男女，养成其对帝国主义者的盲目崇拜。这样，经济、政治和文化三方面融合而成的对华的毒策，虽因时期不同及帝国主义者各国的特性不同，在形式上、手法上有变化，而骨子里是一贯的，而且随着时代的进展，他们的伪装越来得巧妙，糖衣越来得甜蜜。中国的军阀、官僚、地主、买办受帝国主义者教育了100年，自然甘作爪牙，恬不知耻。尤以近30年来全世界的剥削者与被剥削者两大阵营日趋明显。“劳工阶级没有祖国”是现代的，而全世界反动的统治者更没有祖国，则自古已然，于今尤烈。因而帝国主义者与中国的封建残余底勾结日益亲密、日益公开，这是事有必至，理有固然。至于民族资产阶级，原非从历史的自然长成，要冲破本国的封建桎梏，已经不够力量，而数十年来长久地受着帝国主义与封建残余底双重压迫，更无力肩负起革命解放的大任，所以历来资产阶级所发起的革命运动，常常暴露其动摇性，龙头蛇尾，屡屡逆转，而授帝国主义者以分化操纵之隙。像19世纪欧美那样的资产阶级革命，已被事实证明了，在中国非其地，也非其时。可是在长期惨酷地被压迫过程中，一部分不甘做买办的资产者从惨酷苦痛的经验得到了相当的进步性，虽也还在动摇，而渴望中国进步总比较恳切。尤以自抗战迄今10年，大多数中产者，小有产者次第沦于不能苟存的境地，从而得到较深刻的觉悟。至于农工大众，由于向来与文化教育无缘，虽不易启发，而自国民革命及对日抗战以来，受了20年的事实教训，觉醒的也一天一天众多起来，力量也坚强起来，这些力量总合起来遂形成今天中国的革命力量，这力量正在跟帝国主义者及封建残余对抗，而"道高一尺，魔高一丈"，今后的前途自然是万分艰苦的。

上述不厌烦琐地叙述这百年历史，为得要读者注意：中国的现代教育是以这样的历史为背景而表演出来的。必须透视这历史的背景，才能看清楚中国现代教育的真面目。

按中国历史传统，教育是士大夫晋身之阶，同时也是君王选拔或培植候补官僚的制度，因而教育内容不外是装饰士大夫身份的"诗书"及怎样控制人民的"治术"，而与生产勤劳无关；施教范围也只限于士大夫缙绅家的子弟，而于农工商人大众无与。受教育的志在取得禄位官职，即帮助君王剥削而分润他聚敛所得，自然会趋向于利禄贪污，即但求有资格，能逢迎，而不计治乱兴衰。因此，教育内容只剩得装点身份、资格，而所谓"治术教育"也不过一个空名罢了。然而每逢一朝代政治衰敝的时候，统治者若打算来一番振作，就必然会想起如何改良取士育才的方法，即是要把那有名无实的"治术教育"恢复起来，求得一班懂得治术而不专做贪污舞弊的官吏。历代改良政治，必注意取士育才，认为这是根本大计，其原因就在此。这中国对于教育的传统的见解，跟现代教育当然是不同类型的。然而中国之接受现代教育，偏偏是凭着这传统的教育观念去理解它；因而兴学相当容易实行，而同时也很不容易正确地认识现代教育是什么。

中国采用欧美式现代学校教育，始自清同治元年（1862）设京师同文馆，学习各国语言文字，以培养翻译人才。这是在《天津条约》之后，清廷鉴于屡次外交失败，因而要培养一班通晓外国语的官吏。后来又添设算学馆，始于习外国语之外，兼习科学。同治五年（1866），左宗棠在福建开办船政学堂。同治六年（1867），曾国藩接纳了容闳的建议，在上海设机器学堂，附设于江南制造局之内，课机械制作之理与实习之法。同年，福州海军制造学堂成立。光绪五年（1879），天津电报学堂成立。光绪六年（1880）李鸿章奏准设北洋水师学堂于天津，与福州海军学堂大略相同。光绪十一年（1885），李又奏准设天津武备学堂，学习欧美陆军；其后广东及南京先后仿设水师学堂，湖北设武备学堂。湖北矿务局又附设矿业工程学堂。这时期兴学的动机，显然是由于屡次战败、丧权辱国，乃感到自己的军事、外交、工艺都不如人，便想效法外国以抵御外国，李鸿章说的"当以其人之道还治其人"，他们的用意是如此。虽还是传统的"育才图治”的政策，而毕竟跟古代有点不同：教育不是讲习经史治术，而是研究工艺、兵器，这些事向来是摒于学问之外的，此其一；所培养的人才，不是要来对付老百姓，“共治天下”，而是要来对付外国，“还治其人”，此其二。至于这些欧美现代的武器及工业技术，能不能由封建士大夫运用收效，那就是他们当时考虑不及的问题了。他们当时兴学既然完全为实用，所以机器学堂附设于制造局，船政学堂附设于船厂，矿工学堂附设于矿务局，电报学堂附设于电报局，这样联系得很密切，这一点却远胜于今天的职业学校与生产机关脱节。然而这些学校各自孤立，漫无系统，不相关联。至光绪二十二年（1896）盛宣怀在上海开办南洋公学，便感到延聘教师得不到合用的，招收学生也得不到合格的，才开始计划一个系统。南洋公学分为四院：第一个师范院是培养师资的；第二个是外院，相当于今天的小学；第三个是中院，相当于中学；第四个上院是高等专门。这个规模有几分像1695年德国弗兰克（Francke）在Halle（哈勒）创办的那一个教育机关，分为几部，自成一个系统。这是一个试验。

甲午战败之后，维新派人士承认中国所缺乏的不只是兵舰大炮及工业机器，而整个的政制，甚至于文化也须加以改良；那末，为配合全盘政治改良，便很自然地联想到作为政制一环的教育制度底全盘改造。而且19世纪世界上两个新兴的强国——德意志和日本，先后崛起，都以归功于教育闻名于世界，这正是维新派所心向神往的模范，所以废科举兴学堂的声浪一天一天高起来。在维新派改良主义的见解，改良政治是治疗中国的驱邪去病之剂，而改良教育便是固本培元之方。孙家鼐奏请开办官书局，奏疏里这样说：“近者倭人构衅，创巨痛深。一二文人学士默参消息，审知富强之端，基乎学问，讲肄所积，爰出人才……”依照“百年树人大计”那一句古老格言，他们确信欧美各国底富强是现代教育底效果，绝梦想不到现代教育也是欧美富强底产物——其实这见解直到现在还支配着大多数中国的教育家。他们当时的教育政策，在制度方面，要把整套学制系统推广于全国；而宗旨则要把固有传统的意识形态与欧美外来的科学技术融合为一。张之洞名著《劝学篇》所标榜的“中学为体，西学为用”，1898年康有为导演的光绪皇帝的国是诏文所说“以圣贤义理之学植其根本，又须博采西学之切于时务者实力讲求，以救空疏迂谬之弊”，这些都是维新派的教育政策。这“国是”不只是光绪皇帝的国是，其实是中国资产阶级官僚的国是，直到今天也还没有多大的出入，请看抗战时期所谓《青年训练大纲》便晓得。他们把现代教育制度看作像轮船、火车或飞机一样，只要把它运回装置起来，便可以替官僚老爷们服役——运鸦片，载宫鞋和哈巴狗。又把西洋学术看作大炮，架在炮台武装起来，便可以拱卫“圣贤义理之学”。这些都表露着半封建半殖民地社会里资产阶级的改良主义者所怀抱的愿望。地主、官僚出身的“文人学士”，他们“默参消息”，也只能参到这一步。

中国的学制系统正式颁布，全国推行，虽始自1902年的壬寅学制及1903年的癸卯学制，而起稿实在戊戌（1888），后来只稍加修订罢了。1902年之后，系统的学制推行于全国，不久就废了科举，总算全盘采用了现代教育。改良主义者所怀抱的理想“中学为体，西学为用”，由于主持者是张之洞，也老实执行了。可是改良主义者一向紧握着的教育目的——以现代教育为对抗列强的工具，到了这时期便有好多变了质，不像从前那么单纯了，这一点是很值得注意的。以慈禧太后为首的顽固分子，一向是反对教育维新的，戊戌杀新党、废学堂，更极其反动之能事。然而自庚子受了八国联军打击之后，慈禧晓得了帝国主义的势力不可抗拒，而却可投靠，借他们庇护以巩固自己封建残余的统治权。从而辛丑以后的变法、兴学乃至于预备立宪，表面上尽管是与改良主义者同样作风，而用意却不是像以前那样天真地想“以其人之道还治其人”对抗列强，乃是改扮洋装以谄媚帝国主义者，同时又要欺骗国内人民。改良主义者尽管兴高采烈地感激朝廷锐志维新，怎知道“中学为体，西学为用”的新式教育已经变了质。欧美式的现代教育被利用为巩卫半封建半殖民地的统治工具是自这时期始，这是研究中国教育极值得注意的一点——改良主义到了某一阶段便自觉地或不自觉地成为反动势力的工具。由清朝朝廷看，学校是培养“忠君、尊孔、尚公、尚武、尚实”的官僚士大夫的工具，由帝国主义者看来，学校是培养接受欧美文明的开通的高等华人的工具；现代教育制度就这样在中国得到推行无阻了。可是反动的统治阶层利用教育作如意算盘颇不易顺利地如愿，这也是历史上一个通例。中国的革命暗潮在这时期也涌起来了，国内的学堂和外国留学正好是繁殖革命种子的温床。日本东京的留学生，国内各大都市的高等学堂生中学堂生都不少成为革命党。原来改良主义者要教育青年们“以经籍纲常大义为主，以历史及中外政治艺学为辅”（张之洞《奏定学堂章程》语），而培养中体西用的维新人物，怎知道青年们若不成为买办式的官僚，便成为革命党，而第三种结局的中间路线走不通。历史的发展是无情的，到了这时期，帝国主义者及其工具——清廷的反动官僚，正在对中国的革命力量搏斗，都决不容许改良主义者的中间路线——清帝稳坐龙廷，纲常名教依旧光辉，而中国富强——有可能实现的余地。教育界既然成为反动势力与革命势力斗争之场所，于是清廷官僚们一方面要兴学办新政，以对列强表证自己改了装，同时也希冀学校养些人才——忠实的官僚，而另一方面又要严防“革命邪说”之流毒。这种矛盾心理，正所谓“又爱她，又恨她”，原是垂死的统治集团对付学校的常态，可是当时他们还不能自觉到这一层，他们习惯地还相信学堂是讲学清高之地，所可恨的是“革命邪说”之流侵入罢了。至于“革命邪说”之何自发生，更不是官僚们考虑所及，只觉得可恶罢了。这种矛盾——统治者要学风整肃，而革命思想又偏偏在学校潜伏滋长——到了辛亥革命，似暂时可得到解决，而不及一年，依然还是军阀官僚统治，正是“野火烧不尽，春风吹又生”。总而言之，改良主义者把现代教育作为“维新自强”的舶来验方而采用，怎知道验方自身竟出了毛病！“教育救国”这一句冠冕堂皇的口号，原是改良主义者得意的杰作——中庸之道。提出这口号，好像谁也不能反驳，而却可以轻轻地把革命推到无限的将来，等到教育成功了移风易俗，国家自然会富强，不要妄想走什么革命的捷径。怎料到这一套中庸之道的自身里面却会滋生革命！

半封建半殖民地化日日加深，而民族革命的情绪也跟着生长。中国社会里，半封建半殖民地的统治势力与力求解放的革命势力便形成对立的形势。这对立当然会反映于教育之中。尤其自辛丑以后，统治者渐渐有意地用新式教育为半封建半殖民地的统治手段，从而两种意识——官僚买办的意识和革命意识——在教育界的对立即时表现出来。这对立的表现便是学潮。中国的学潮是与系统地推行现代教育同时开始的。现代中国劈头第一次学潮是清光绪二十八年（1902）10月17日南洋公学学生出校，此时距“壬寅学制”之颁布（7月12日）还不足100天。据《近代中国教育史料》（第三册116页），这次学潮的大略如下：

> 南洋公学教员郭镇瀛，平时严禁学生阅读新书及新报，学生对他一向没有好感。后来，郭教员因课室内的小事，又信了一个御用学生杨某的话，便请总办（即校长）开除一个学生伍某，且要把全班学生（杨生之外）皆记大过。这班学生动了公愤，集会商量如何对付，郭教员便把革命党的帽子给学生戴上，请准开除全班。许多教员们（这里有蔡元培先生）出来调解，无效。全校学生向总办请收回成命，又被申斥。遂全体学生二百余人整队出校。这批学生全体退学之后，组织爱国学社，延聘教师，集体自动地学习。

这是47年前第一次学潮，情形也和近日的大致相同，各种角色各种花样都有，只缺少校外来一班打手及学生失踪罢了。

在全国学制颁布之第一年，学堂即表现反动意识与进步意识之搏斗，自此以后，迄无宁日。当初改良主义者所希冀的“育才图强”的目的固然茫如捕风，而在反动与进步双方也均感到意外的失望。统治者方面只看见学风越来越不整肃，士习越来越见浮嚣，甚至于竟发现“学生程度低落”。从进步的观点看，则见教育机关越来越黑暗，师道越来越陵夷，作风越来越阴毒无耻。几十年的光阴，在两种力量摩擦冲突中消磨去了，原来相信为最稳健的“教育救国”，竟越看越不稳，而救国的目标越看越落空。自第一次欧战结束之后，对于教育，渐有人怀疑了。

民国十年（1921）前后，国内教育一种矛盾现象——一面看见教育远未普及，而同时感到教育过剩，渐惹人注意。那时全国学龄儿童入学的还未及15%，中等学校学生人数不过全国人口四千分之一，大学及高等专门学生全国也不过万人左右，这显然是教育太不足了。然而中学毕业生升学的不过十分之一，而十之九彷徨无路；师范毕业生没有教席，工科毕业生找不着工厂，农科毕业生找不着农场，留学外国习理工农的回来行政机关任秘书科长；每届毕业，学生们便感到“毕业即失业”。这些现象还不是教育过剩么？南开大学生那时为这个苦闷，竟发表一篇妙文——《轮回教育》。其实这问题早在清末宣统年间（1909—1911）已有人隐约地预料到。那时讨论学堂毕业奖励出身的办法，便有人预计几十年后，每年大学毕业生人数将多过进士名额百倍，高等学堂毕业生人数将多过举人名额百余倍，中等学堂毕业生人数将多过贡生名额三百余倍，而结论是奖励办法要行不通。民国十年（1921）前后，这病象就显现了。原来以小农业及手工业为生产基础的社会，生产劳动者不需要教育文化，而读书人则脱离劳动生产，受别人供养，这样读书人便不能太多，多了便养不起。中国的农业及手工业，受着帝国主义压迫，天天在崩溃，现代的产业又长不起来，而全国学生数又超过了旧日举贡秀才名额好多倍，这就大大不得了。于是乎“学校与社会脱节”，“教育与生产脱节”，“所学非所用”这类对教育的责难之声，便一天一天强调起来。若把教育当作孤立的现象看，这类非难也不算错，然而为什么学校与社会脱节呢，为什么教育与生产脱节呢，这才是问题之所在。

在中国自沦为半殖民地半封建社会之后，帝国主义者及其所卵翼的统治政权天天在加紧束缚，加深中国的沉沦，而这一套现代教育制度又是作为统治的工具被演出，当然不会希望中国凭着教育而得到解放。在旧日封建社会，教育文化底推广原是极有限度的。到了半殖民地半封建的境况，原有的生产更加衰落，而学生人数却增多起来，这班过剩的知识青年，除一部分中了毒的以甘心争取官僚、买办，高等华人的地位自豪之外，其余却好给革命党派做后备军，这又是帝国主义者及其爪牙鹰犬原先所意料不到的事。请看：清廷官僚发现留学生及学堂生之参加革命党，北京政府看见北京学生之发动五四运动，曹锟、吴佩孚知道学生阅读三民主义孙文学说，及今天美国校董知道圣约翰大学生参加反美扶日运动，多么惊讶，多么伤心，多么震怒呢！帝国主义者及其所扶植的官僚买办要教育替他们服务，给他们点缀，而革命党派则要借学校为宣传运动的根据地。在革命低潮的时期，学生俯首帖耳，埋头伏案，读课本，背讲义，计积分，取文凭，以冀走入机关，钻入洋行，而赢得洋房汽车、娇妻美妾，这便是学风整肃、士习端纯的黄金景况。而这景况正如萤光石火，转瞬即逝，其实学制颁布之年，正学潮爆发之日，其后学潮与学校结成不可解之缘，虽波有大小，潮有起伏，而弦诵声里时时都不脱摩擦杀伐之音。几十年来教育的实况是如此，您若无视这事实，而徒然唱高调，摆架子，责备教育与生产脱节，学校与社会隔离，殊不知那里正是两种力量在较消长，竞存亡，也正是中国社会现实底反映。然则所谓"隔离"或"脱节"也者，只跟改良主义者心目中幻想的那一幅良辰美景"脱节"罢了。

五四运动以来，随着国内及国际时势之进展，中国社会的两种力量在长久的摩擦搏斗底过程中，都各自学习有得，双方都在增援、加强，在整顿阵容、改进战略，而再接再厉、愈战愈勇。于是反映于教育，也令人有目共睹两种力量在争求支配，再不忌讳，毫无掩饰。近十多年来的学潮，好比《西游记》"二心争斗"那一幕，两个孙悟空、两个猪八戒、两个沙僧、两个唐僧，请来观音菩萨也辨不出谁真谁假，除非打到灵山请如来佛下最后判断。近年一面在增设学校，而另一面现有的学校好多只剩下大门口挂的一块招牌，校长口袋里一卷呈报的学生名册；一面在扩充师范学校，培养师资，而另一面在职的教员挣扎于饥饿线上，求生不得，改业无门；一面在强迫儿童入学，推广社教，中上学生增加名额，增设奖学金，而另一面则学生时常失踪，侦骑四出。这类矛盾现象，真令人目迷五色！这一幕"二心搅乱大乾坤"的活剧，激动了仁慈为怀的教育家，疾首蹙頞而相告曰："救救教育"！回忆五四以前，谁也不怀疑教育是救国的验方；五四之后，虽屡有人对教育现状不满，而也还盼她有可以救国的一日。谁知到了今天，竟大喊"救救教育"了！这应了乡间一句俗话："鬼敲道爷锣"。道士敲着锣赶鬼，原凭这面锣子做赶鬼的法器，怎知道鬼就来戏弄这面锣子。怎么办呢？是否还有什么中庸之道，先把教育救出来，然后再用她去救国呢？以下试分别考察中国各种教育底演变过程。①

（《林砺儒文集》，广东教育出版社，1994 年 7 月，有改动）

---

① 详见《如此中国，如此国民教育》，原刊于《中华教育界》复刊第 2 卷第 12 期，1948 年 12 月。——编者注

中国教育与国难

（1936 年 3 月 12 日）

教育本来是超乎应付国难的，换句话说，即使没有国难，而民族要不息地生长，也不能一时没有教育。那么，若不幸而遇着国难，民族便该凭他们平时所得自教育的生长力去应付。我们中国的新式教育，在清季开始时，就因为要应付国难。我们的教育既然这样和国难结了不解缘，就不妨整个叫作“国难教育”。到了现在，国难竟日深，外侮竟日亟，自然推想到以前的教育还未够防止国难的来临，很应该深刻反省一番。

一、 70 年来应付国难之方略与教育

中国兴学，从北京设同文馆 1862 年起算到民国二十年（1931）“九一八”恰好 70 年了。1860 年，英法联军破了北京，中国人才感到国难真严重了，为要应付国难，本着“生聚教训”这句格言，立刻就联想到教育。从此以后，70 余年，中国教育都和应付国难的方略成了连环的关系。这 70 年来应付国难的方略凡经三变：第一派是

清朝大臣中之号称有识者，可以曾左李张①诸位作代表。他们诊断国难的原因，头一点是军备落后，其次是工艺落后，又其次是不谙外情。因此，他们的方略第一种要改良国防。废弃青龙刀、烂银枪等旧武器，而采用洋枪大炮；废弃旧式楼船而改装铁甲战舰；废止八卦阵、长蛇阵而仿效洋操。于是乎水陆师学堂、船政学堂、制造局等等货真价实的“国防教育”就办起来了。第二种要振兴工业，学造机器。这虽附带有几分“富国”——生产——的意思，而仍然以“强兵”——国防——为主。于是乎算学、化学、格致、机器、实业、蚕桑等等教育也就陆续办起来了。第三种要谙习洋务，以便办外交，因此就有同文馆、方言馆、翻译馆等等教育机关。他们坚信中国的礼乐刑政，尤其道德经传，凡属于社会方面精神方面的文化全是冠绝环球的，只输了军备物质方面的东西。“中学为体，西学为用”这句话真十足表示了他们的主义。他们的教育方针真是成色十足“国防教育”。可惜！甲午一役，试验得个零分！

第二派是戊戌维新志士们，可以把康有为作代表。他们诊断国难的原因是政治落后，而不只是军备不行。他们受了明治维新的刺激，所以他们的方略是“变法自强”。他们比较第一派确进一步，不只要用洋枪，置战舰，制机器，而要行新政、立新法。他们的方略不像第一派那样的直接治标，居然要间接治本，改弦更张。既然要变更政治机构，便不能不牵动礼俗学术思想等社会生活方面的文化。由此，便要废科举而普遍大规模地兴办学堂。这变动要来得大，便越发显出是间接的，一般的改革，而不像以前那样童叟无欺的“国防教育”了。乱子要闹得大，而直接的国防性又那样隐而不显，当然不是我们素夸固有文化，尊中国而攘夷狄的大国民所能容许，尤其是清廷一班元老更深恶而痛绝之。因为从他们看来，以我们的仁义不能挞泰西之坚甲利兵，已经是亘古未有之奇；可是无可奈何，迁就一点，学多少夷狄的坚甲利兵也还可忍耐；至若祖宗成法，圣贤遗训，是天地不易之常经，和四夷交侵，割地赔款，有何相干呢？然而经过庚子一役，清廷也不得不采用第二派的方略了。原来康有为主义，表面上虽像来得凶，而骨子里是打折扣的，他的改革并不彻底，可是改革虽不彻底，而“国防的”成色细看来却还高。康氏的政治运动，显然是师范雎的故智。他鼓吹孔教，是要造成教主统治，后来他的“物质救国论”，简直和“中学为体，西学为用”同一鼻孔了。他要拥护清朝政府作后台，做教主统治的梦想，这骨子里简直是反革命。因此，清廷虽不大愿意，而辛丑以后，也勉勉强强走上康有为所指示的那条路。请看清季教育宗旨：“忠君，尊孔，尚公，尚武，尚实”，可不是活现出了“国难

---

① 系指曾国藩、左宗棠、李鸿章、张之洞。

教育”四个大字么？“忠君，尊孔，尚公”，用现代话来解释，便是唤起民族自信心；“尚武”便是军备救国，“尚实”便是生产救国。自强学堂、强学会、时务学堂，不是标明了以国难为对象么？哈哈！真妙啊！假使第二派的“国难教育”真成了功，不知中华民国还能产出否！

第三派是我们中华民国的创造者孙中山先生。孙先生固不上第一派的当，也不信第二派的伪维新，他认定中国之衰败是受了三种恶势力束缚着：一是专制的清政府，二是凶狠的帝国主义，三是落伍的旧文化。孙先生的救国方略是三民主义，所以说“三民主义就是救国主义”。这句话近十年来因为屡把它当作标语读，虽读烂熟了，却不理会到真意义。民族主义是要铲除宗法社会的陋习，而改造其所形成的一切生活习惯、道德哲学思想；民权主义是要铲除君治和官治的陋习，而改造其所附属的一切政治哲学社会哲学思想；民生主义是要改造从来的生产方法、生产关系和经济组织。总括地说，救国要彻底改造道德、科学、艺术、信仰、政治、经济等整个文化范围。因为范围如是之大，工作如是之巨，所以其救国性却深远而难识，不若张之洞主义、康有为主义那样浅薄。因此，孙先生勉励民众努力实行，“行易知难”“行而后知”。可惜！我们就不行，所以竟不知了！辛亥以来，于革掉一个爱新觉罗皇帝之外，整个社会还是古香古色，教育也还徘徊逗留于张之洞主义和康有为主义之间。只是学堂改称学校，秀才、举人改称毕业生，进士、翰林改称学士、博士罢了。张之洞主义的和康有为主义的教育还贴上一块自强救国的商标，而近二十余年来的教育只是替青年们造资格、猎地盘，怪不得现在旧事重提，却又觉得可爱可羡了！

统观70年来的教育，张之洞主义和康有为主义是最直接、具体、浅近，限于应付国难，然而历史已经昭示我们，这种教育完全无效。三民主义是最远大、根本的民族改造，要努力不懈、勇往迈进、义无反顾，结果自然可以民族复兴，可是表面却看不出什么鲜明的救国商标。

二、 教育救国之间接性

教育的对象，从个人说，便是人格。教育要陶冶健全有用的公民，可以参与政治，可以肆力生产，可以效命疆场，可以从事职业，可以研究学术。总括地说，要人人都可以在社会文化生活当中尽一份职责，社会才能生长不息。于人格陶冶之外，教育别无直接救国的捷径。教育的对象是文化生长。教育若能陶冶人格而推动社会生长，便算尽了能事，此外实在别无捷径。若在一个文化生气勃勃的社会，教育工作便须认清今后生长的途径，教导儿童青年去学习适应。倘遇着社会文化已走入穷途，难免崩溃的时候，只好借革命力量打出一条生路，然后教育才有路走。当社会文化整个腐朽，生机将息的时候，教育的功效，充其量不过是养出一班革命的战士去冲倒旧文化的壁垒，而杀开一条血路罢了。若希冀平静地凭教育力量把一个一个人都教好了，而自然而然改良社会，那是18世纪一班教育家乌托邦的幻想，他们忘却了社会力便是教育力、文化生活便是教育环境。至若妄冀弥缝一时，补苴罅漏，仿效点他人的制度、技术，以为“人用机关枪打来，我也可用机关枪打去”，那简直是三寸金莲学穿跳舞鞋子。张之洞主义和康有为主义之失败，正在乎此。孙中山先生曾经给我们指明了一条生路——三民主义，而后死者趑趄不前，甚至于还未往前进半步而却向后退三步，那就怪不得教育老在腐朽的死路上兜圈子。到了今日国难临头，忽然想起临嫁穿耳，那是不行的。

三、 勿再陷张之洞主义

于维持着固有的社会生活方式之下，采用他人的军事技术生产技术以为自强救国之道，这便是张之洞主义。康有为只想加入一层仿效他人政制，而骨子里还是一样要维持固有文化，用譬喻说，不过是“胡服骑射”罢了。殊不知中国读书人，无论他们所学的是什么，都不外是猎取士大夫位置的工具，这是宗法社会、半封建社会的必然趋势。终南山甚至于首阳山都还可以利用作升官发财的捷径，这不是以前曾经人道破了么？文法科也罢，理工农也罢，职业教育也罢，军事训练也罢，还不是像旧日诗赋、帖括、经义、八股、策论，花样尽管变，却有甚相干？由今之道，不变今之俗，我敢大胆说一句，就是爱国也可变成升官发财的捷径。近来有人主张变更课程标准，改选教材，以应付国难，这未免小题大做了罢！在中小学里，教员对于课程教材，本来应有伸缩损益之自由。因事项偶发，机会接近，要引申学生兴味，教员随时酌量加入点说明时局，涵养爱国心的教材，这是有意义的。然而想凭这个去应付国难，便不免“见卵而求时夜”了。甚至算学一科，只计算失地面积、赔款银两；理化只习毒瓦斯、烟幕弹；历史只读不平等条约；国文只诵爱国诗歌，作标语——这真有点像旧时秀才怕落第，全家人说话都不许用一个“落”字！张之洞如有知，必在地下掀髯大笑道：“吾道不孤!”唤起民族的自信心，这句话也成了时髦口号。“自信心”可作两样解释：其一是决心摆脱旧文化的束缚，而奋勇改造，坚信必有新活路可寻。其二是穷途无聊，梦忆千百年前祖先之光荣，自己慰藉，自己麻醉。这是破家子弟常有的心理。记得去年上海发行的某杂志，载有一篇短篇小说，标题是《贤少》。那里描写一个破家子带着半张破席子倦卧于破庙一角的时候，还很喜欢听旁人追述他旧时当大少爷的阔气。近来我们所谓唤起民族的自信心，可不是有点像那位贤少么？如果是这样，叶名琛可算是自信心最强的一位了！近来好似又有人误解战时全国学校工作是救国教育方案似的。其实国家遇着非常时期，全国国民都该分头做点后方的工作，学校是有组织的知识团体，自然要效劳。然而必须有一个总机关，全盘计划着，分派各校工作，才可收彼此照应协助之效，若漫无计划，听各校自己摇旗呐喊，还是徒劳无功。而且这项工作并不限于学校，其他如工厂、农场、工会、家庭、教会都该各尽其所能，分担工作。如果这也算是救国教育的话，战时学校里的教员学生吃饭也算是救国教育的吃饭了！什么都加上“救国”二字，可不是有点像做八股“频频点醒题字”？

总而言之，今日因国难严重而反省教育，我们应觉悟今日教育之失败，是适应旧社会环境之必然的结果。教育当然要彻底改造，然而必须决心改造成一个三民主义的社会环境，才可用教育去适应它、推动它。

（《教育杂志》第26卷第5号，1936年5月10日，有改动）

教育界真希冀平静无事么

(1946年3月8日)

记得二十多年前，在北平，有人问过我：怎样能保管学生不闹风潮？我的答案是："最好是您那学校没有学生。"真的，要保管不掼交最好不走路，保管不闹肚子最好不吃东西，保管不老、不病、不死，最好不生，保管不闹风潮，最好不要学生。这妙法也有人不彻底地实行过，如提前放假，展期开学之类，可惜太不彻底，只可治标而已。又要养孩子，又怕孩子拉屎，这是村妇之所不为，今之人有行之者，只摩登少奶奶罢了。而摩登教育家岂可以保管不闹风潮而自豪，而邀宠！

处社会巨变的今日，敏感的青年学生就会兴奋，会怀疑，会思虑，会烦闷，会发出难免幼稚的议论和行动。然而幼稚的另一面就是生长。辅助他们学习，由幼稚而稳健，而合理，而熟练，这便是教育。思想议论行动等等总括地说，便是有事。若要保管没事，便是不许生长，更彻底是不许有青年学生，最彻底是不准有生命。孟子说得好："必有事焉，而勿正，必勿忘，勿助长也！"教育与文化都是必有事的。孟子教人的真功夫是有事，而今之教育家若拍胸脯保管没事，皱着眉头希冀没事，这不是狂妄，便是愚蠢。

孟子解释"有事"，提出两个极广泛的概念是"知言""养气"。

这里所谓“言”，不是狭义的说话，乃是泛指环境上一切现象，所以说：“天不言，以行与事示之而已矣。”知言是对于各种现象体认的真切，便可以控制得法，而反应得合理，从而不动心、不迷惑，这就是养气。这是孟子的一套自己教育功夫，而教育家也不外是教育青年们做这套功夫。如果对于“行与事”认识错误，控制乖方，便难免有轻率冒昧的反应，那便会闹乱子。大概教育家们所害怕的有事，是这一类的闹乱子。然而要不闹乱子，也只有听青年们广博地观察，自由地思考，深刻地讨论，总括地说，是自由自在地学习，而这还是有事。若不能理解这番原理，而徒然合掌念佛求保佑无事，甚至玩小智术以求无事。那就怪不得罗素说：“世界上的教师，除苏俄之外，都是一班庸夫俗子！”

抗日战争胜利以来，无论国内和国际，都有许多疑难问题重重地压在每个人的心头，而对于青年们洁白的心刺激更厉害。如果教育家不自承唯一的使命就是教学生熟读会考指南，各科表解的话，就该努力辅导他们对社会上种种疑难寻求正确的解答。例如：全国呼吁渴望的民主可不就是三民主义中的一个民权吗？而且根据遗教，民权主义可不是严正地批判欧美的民主之后才达到的一个进步的结论吗？为什么我们闹了几十年，而三民主义还是可望而不可即呢？全国人流过多少血，赔尽小心，沉住气企待三民主义的实现。为什么越走越远，到如今，竟回头来打个折扣求英美式的民主而还感到障碍重重呢？要青年了解这疑问，又岂是教他们喊一句“三民主义万岁”，或上两课说教式的党义所能收效？盟国号召及轴心战争时，宣言为全世界争自由，而现在印度人、安南人①、南洋人连三接二地受着轰击过德、日、意的大炮轰击，这是什么道理？美国战时供给盟国武器，战后又供给善后救济物资，如此富裕，如此阔绰，而为什么他们本国的工人为面包问题罢工的动不动几十万，或几百万人呢？凡此种种，诸如此类，都是“天不言，以行与事示之”的意味深长的材料。青年学生要知言，要发气，就不能不打开砂锅问到底。若要他们不理会，只好迫他们仿效告子的“不得于言，勿求于心”，那只好培养一批无心、没气的青年。教育家苟非别具心肝，岂忍出此？

话要说回来了。这类问题岂只对于青年学生，就是教师们既然也是一个人，难道就不该正确地了解么？而且我们中国人，谁都是生于半封建之乡，长于次殖民地之俗，都是茅塞满胸，尘埃蔽日，苟不平心静气，尽量借助于现代科学之光，难道一下子就能了解么？所以“指导学生，领导青年”这句话谈何容易？今天的世界，绝不是尊长就可以指导后生，大官就可以指导卑职。在我们这落后

① 越南人。

的中国更不该如是。现在我们大家都在学习，从“行与事”之中学习，最好把“指导”两个字，暂时收起，只讲学习。尊长与后生，官长与民众，教师与学生共同学习，坦白地、诚恳地质疑问难，交换经验。如果信奉孟子的话“必有事焉”，这就是中国今日最重大的事，也就是教育界非有不可的事。教育界要郑重地做这件大事，有几个绝不可少的条件。

第一，议论思想，绝对自由。自由地运用思想，借助于一切进步的科学之光，尚且恐怕还得不着真理。若不许自由，便等于不许思想了。有人怕自由会发生危险，殊不知思想不自由，便会武断，便会盲从，那却是最危险。凡是自夸防止危险思想的好汉们，他们自身便是危险底制造者。又有人做惯了封建社会的臣民，每听见青年指摘时政，批评当局，便吓得全身发抖。从前的皇帝官府自称为民之父母，而试问哪一家的父母不受自己儿女的埋怨责备呢？难道就把儿女当作忤逆处死吗？倘若野蛮人受了自己儿女瞪一眼，就把他们处死，则人类灭绝久矣！野蛮人之所不为，旧家长之所满不在乎，而民国的公仆竟把这个看作弥天大罪，是何道理？美国教育家康得耳说得好：“学校如果闭门不管世事，其结果可想而知，便是忍心把学生送往一个世界，那里当面发生的问题，他们全不懂得。装聋作哑，无视这种争端的存在，甚至于有了颠覆现行政制的争端。学校也否认有陈述及它的权利，这便是和旧日否认两性存在如出一输。推其理论的结果，这种办法势必至于主张禁止出版和言论的自由。”

第二，辅导既然是共同学习，则教师只能协助学生多方面观察，切实地思考，而让他们自己得到了解。绝不是替他们下判断，甚或至于造好结论而强迫他们接受。麻醉他们盲从。这是教育之所以异乎宣传、异乎说教。教育只许开展人们的思想，绝不许窒塞人们的聪明。教师只该多多提供事实，贡献参考资料，指示思考的门径罢了。有人恐怕青年自由判断易犯错误，而冒昧地据自己的成见去支配他们，这实在有点妄自尊大，而低估了青年人的聪明。其实征诸历史，青年所反抗的，无论当时多么有势力，而结局失败；青年所赞许的，无论当时多么微弱，而结局成功。时代的指针毕竟是青年而不是老成，这是古今中外历史之所启示。所以我们应该让青年做公正的裁判者，不该要他们做喽啰；应该把他们看作寒暑表、风雨针，而不该把他们当作传声筒。

第三，政党的政见、主张，只许作为学校的讨论资料，批判对象，而不许当作圣经教条。青年对于任何政党应该有批评赞否的自由。先听他们学习做公民、做人，然后让他们参加他们自己所悦服的政党，这是国家民族之福，也是青年之福。若只有做党员的资格，而没有做人的资格，这是摧残青年，贻祸人类。教师们也难免各有其党籍，然而在校辅导青年，应该暂把党员资格收起，而把人的资格拿出来。会只做党员而不会做人的教师是绝对要不得的。所谓“一切政党退出学校”应该做如此解释。各政党的政见、主张，都可以作为教室里底讨论资料，任青年学生自由批判。聪明的政党应该自己力求进步，以博得青年悦服，绝不该笼络他们，操纵他们。政党若用威迫利诱对付青年，那是误国的下策，也是政党的自杀，因为青年到底是难欺骗的。希特勒、墨索里尼的前车可鉴！

以上所说的办法，其实是一条古方，就是春秋时代郑子产所不肯破坏的乡校议政。为什么今日对于这个偏不讲求恢复民族固有精神呢？这是比较安全的。然而也只比较安全罢了。若要绝对保险，只好全不要有学校，全不要有学生，最好全不要有人类！

于桂林独秀峰下

（《林砺儒文集》，广东教育出版社，1994 年 7 月，有改动）

对于传统思想的几种态度

(1948 年 4 月)

中国的思想启蒙运动，若从戊戌算起，到今年刚 50 周年，足足半个世纪了。戊戌以来，中国思想的变化，实在是有史以来，第二次空前的巨变。这 50 年间，对于传统思想的态度，也有了几度变化。启蒙运动的领导者康有为、梁启超、谭嗣同诸位所代表的一种态度是抨击秦汉以后的传统思想，而同时又要追溯到先秦时代，而继承他们所认为还未堕落的儒家的微言大义。其实，他们是按照着自己的理想的形态来装扮一位托古改制的孔子，以作为他们所要进行的托古改制的号召。这态度是一面反抗中古以来的传统，而另一面却要远远地绍述上古的传统。这有几分像欧洲的文艺复兴，他们的路线好像宗教革命的路德路线。通俗点说，他们请出高祖的神位牌来打伯叔祖的屁股，这是旧时绅士们在乡间宗祠里所惯用的战略。这种态度现在便宜上叫它作戊戌态度。到了 1919 年的五四，又有一种新态度出现。由于辛亥革命之后，中国挂起了民国的招牌而竟演成军阀统治之局；又由于国际从第一次欧战中出现了一个崭新的社会主义国家，而另一个比较高度的民主国家美国又在战后大露其头角，这就刺激了中国知识界的前进者体认了以前封建时代的意识形态早已百孔千疮，全不可用。他们固然不能满意于清末的改良维新，也不满意于一个挂名的民国，所以提出全盘改造的口号，要把统治了中国两千多年的儒家思想彻底清算，高呼打倒孔家店，铲除吃人的礼教。这个态度是令戊戌诸君子也要吃惊的，现在便宜上叫它作五四态度。在消极方面，五四态度既然全盘反抗传统思想，在积极方面，他们就勇敢地欢迎向非国产的德先生和赛先生，为得要凭这两位先生来打倒偶像，推翻专制，铲除迷信，肃清武断。五四态度诚然是气焰万丈，高高地凌驾于戊戌态度之上，可是由于社会基础太落后，德先生在知识分子的口中竟成了秀才造反，赛先生也因为找不到社会的根基而只能做点文章革命和国故整理。然而不容我们忘记的是：和戊戌约略同时还有一股力量兴起，就是国父中山先生所领导的革命运动。中山先生却没有多大兴趣于怎样对付传统思想，他只针对着现实去进行革命实践，积了40年艰苦的革命实践的经验，提出一套三民主义和行易知难的学说，令一般庸俗者看来竟分辨不出这到底是国产还是舶来品。依照行易知难，则真理只能从坚决的革命实践中发展出来，从而就扬弃了一切什么土传统甚至于洋传统。依照三民主义，要融汇16世纪的宗教革命、19世纪的民主革命和20世纪的社会革命为一个处方而对正中国的现实病症进行治疗，这固然不是中国的古方，而也不是舶来的验方，这里的真理只能在诚恳的革命实践中去体验、去形成。中山先生所领导的国民党第一次全国代表大会正合被称为革命实践的态度。这民国十三年（1924）一面革命的大纛一旦高举起来，那班正在彷徨无路的五四秀才们，便不管他们是否领会得，也大多数不约而同地站归这面大纛之下。可惜无何而导师殂落，秀才们虽也曾一鼓作气实践了一下，而曾几何时，他们摸索地旋转着竟又转进牛角尖里去了。民国十三年（1924）以后，虽只得一个短期的革命实践，也不能说是毫无收获。由于这一短期的实践，就输入了用唯物辩证法来研究古代社会史和思想史，这就比较五四当年那些借用实验主义给汉学输血的中西合璧的国故整理得到很大的进步。最近十多年来，一班前进的观念工作者虽不得不脱离了革命事业的实践，而委身于中国古代社会史的研究，总算有了收获。他们所得的各种判断，真确到什么程度，固然不是门外汉所能论列，然而他们对付传统思想的态度是进步的，是正确的。他们把古代思想只作为某时代社会生活的反映而去探索它，不因有所偏爱而是非于其间，不以古人名词术语附会于现代科学，不以形式的类似去比拟西洋学说，从而夸大固有文化，这个态度是远胜于戊戌和五四的。这个态度姑且称为史学研究的态度。传统思想在他们眼中，好比古生物学者手中的一块古动物的骨片，是珍贵的材料，可是只凭它去推想古生物的形状发生、生活及演变或灭亡的状况和条件，并不是要把那骨片刻图章，作扇坠，或作护身符，或作传家宝。他们只承认传统思想有历史研究的价值，而不误信它是古训或教条或什么微言大义，而把它来欣赏、来皈依。作为观念工作者的态度，这是正确的，虽然将来的收获也还有待于今后革命实践的刺激。此外紧随着五四之后，还有一股支流，就是，在整理国故，比较中西文化当中，忽而强调固有文化，产出一种要复归于古代优良传统的倾向。第一次欧战之后，欧洲资本主义社会的弱点暴露得厉害，另一面苏联十月革命成功，革命巨浪撼动了欧洲，布尔乔亚的学者感到一种行将没落的悲哀，一面既无法掩饰资本主义社会的弊端百出，一面又绝没有勇气接受科学的社会主义，在这进退维谷畏首畏尾的当儿，忽而想乞灵于他们所谓东方的中国古代思想，想把这个暂作安眠剂以镇静他们神经的战栗，因而孔子老子的学说一时被传诵起来。恰好那时候，罗素来到中国，他又给了五四的秀才们以不少的暗示。据罗素看，欧洲社会的弊端是由于人们的占有冲动和权力的冲动太强了，而创造的冲动敌不过它们俩。好像人们的天性里有三个小鬼，一个叫占有，一个叫斗争，又一个叫创造，占有和斗争两个联盟起来压迫着创造，使它转不了筋，因而欧洲的社会大乱。于是乎梁任公就提出孔老两位大师的“为而不有”和“知不可而为”这样的创造精神、服务精神，就令西洋大师不得不惊叹佩服了。其实，杜威和罗素两位大师在他们的哲学本身里都有着他们所不可克服的疑难问题，而这些难题在中国传统思想里都还未十分接触到，因而便觉得没有问题，我们把他们的最大难题看作不成问题的问题，便令苦闷着的他们惊叹不已，而我们的秀才们亦就得到阿Q飘飘然的优越感了。这样把中国的前资本主义的意识形态夸大起来，而欣赏自己固有精神文化的秀才作风，在戊戌时代也早有过——例如康有为的《大同书》，不过到了五四之后，再作进一步挣扎，其理论的形式和所用的术语虽更为摩登，而其精神里面更是退婴的、自我陶醉的，只能称为戊戌态度的衰老的形态罢了。不料近十多年来这论调竟和东方法西斯混合而形成一股逆流。

戊戌态度在启蒙初期，曾有一番他们的劳绩，封建社会里士大夫们的维新改良亦自有其历史的任务，可是那任务早完成了、过去了。现在若再要勉强给他们招魂回来，就会变成反动的恶魔。思想绝不是人们脑子里或什么先验理性的不可思议的奇迹，而是现实生活的反映，那么传统思想就不外是古代社会生活的现实的反映。先民们的思想，不管是反映现实也罢，或仰慕远景也罢，都离不开他们所处的那个时代环境。在一个长久停滞而迄未超出封建社会的中国，哪能有可以指导现代社会转变的神奇思想呢？戊戌诸君子之抨击秦汉以后的传统而推崇先秦，好比文艺复兴时代之鄙弃中世而遥尊希腊，也自有其历史的社会的原因。西周社会到了春秋时代，自天子而诸侯而世卿一层一层倒下来，即是说，一方面宗法的领主经济崩溃，而地主经济勃兴，从而建筑于旧经济基础之上的礼教、制度、思想都动摇混乱，另一方面，伴随着地主经济的出现，农业及手工业的技术虽得到相当进步，商业虽得到相当发展，而群雄割据，战争无已，大多数民众生活的水深火热还是有加无已。旧环境已破，而新环境则殊不可乐观，因而刺激着诸子百家思想灿烂地出现。秦汉以后，朝代虽屡易，而始终是地主经济之上建立着大一统专制王朝的官僚政治。而统治者的一贯的统治术又是：欺天下则用儒术，麻醉则用黄老，宰制则用申韩。二千多年社会的停滞，因而思想亦愈加教条化、八股化，自然比不上先秦。然而不管先秦的传统也罢，秦汉以后的传统也罢，一样地是封建社会的意识形态，一样地是替那些统治的剥削阶级思想的办法。现在中国所处的变局是牵连着全世界人类而不得不转变之局，若要从这些传统里找出什么法宝可以指导现代中国革命的，岂不是梦想！五四态度把传统思想加以无保留的抨击，是正确的。要把它击倒了，剥去了它教条的仙衣，消却它古典的香泽，才能把它当作考古的材料而还它本来面目。也只有凭着革命的实践，才能坚决地把它扬弃，纵令还有些少碎屑可以应用的话，也只能在被扬弃之后才可以成为牛溲马勃败鼓之皮。20 年来新兴的研究古史的态度是对的，在传统思想被革命扬弃之后，才把古典文献作为考古的资料之一种，然而也只是历史专家所应有态度罢了。至于史学专家以外的人们，处革命工作百废待举的今日，正应运用崭新的科学原理和方法来指导实践，哪里有闲情逸致去摩挲古典，更哪里有余暇在古典的废圩之上妄想披沙拣金呢？从来统治的剥削阶级的意识形态所给予社会存在的反作用，总是保守的、反动的，阻止历史发展进程的。我们中国人生活于二千多年长久停滞的封建社会，所养成的传统思想，正是这种阻止历史发展进程的力量。列宁说过“千百万大众的习惯的力量是一种可怕的力量。正是这种力量被资产阶级积极地有意识地利用去进攻劳工政权”。那么，克服群众几千年来的生活惰力，克服各种成见和落后的传统思想，这正是摆在今天中国革命面前的最大的历史任务。假如妄想乞灵于传统，正是和向敌人乞援一样的愚蠢。人民大众自觉性之产生，是在人民跟一切敌对的意识形态的斗争中产生出来的；假如没有这斗争，所有这些敌对的意识形态就会把人民大众的智慧钳制起来，而勿使进步。中山先生提出的行易知难的大道理就在乎此。改造中国社会的真理论只能在唤起民众，坚决地进行革命实践中产生出来。近年有一些党派的八股手故意从三民主义演讲记录中断章取义地截取三两句国父偶尔引用的古典来大做其制艺，这是厚诬国父，不待深论。其实当年国父演讲时，听众中有的是新收编的旧军人乃至于绿林豪杰，为要使他们容易听得进去，一时兴到，就借用三两句通俗古典，这是说教大师所惯用的伎俩。好比对着一班新参的俗人讲道，只好迁就点提示些小乘，当时演讲的一番苦心，只要是有多少读书经验的人都看得出来的。尽管八股手用尽心机歪曲附会，也瞒不了明眼人。

末了，要说到教育的立场。从理论说，教育须指导青年做“批判的反传统”的工作。为什么不说批判地接受呢？正因为提到接受会弊端百出，尤其是在传统中毒已深的中国，好比鸦片鬼每听见人说鸦片可作药用，他们立刻想开灯吸个痛快。而从历史的事实说，学校教育自身一向是传统的俘虏，很少有勇气敢教人反抗传统。每逢新旧社会交替的时候，传统早已失灵，新思想成长起来，壮大起来，而学校照例还是门禁森严，不许春风吹到的。一种思潮若得到学校公开接纳的时候，大概它又快成为传统了。历史的事实是如此。这就因为学校从来是统治者的工具，所以在革命时期，人们要接纳反传统的思想，只能在学校之外大时代的社会实践中学习。可是现代毕竟跟以前不同了，谁也不得不承认今天是人民的世纪。学校假如还故步自封，那就是不啻自绝于人民大众。如果学校不甘永远做统治的剥削者的玩具，就应毅然决然站在人民这一边，要大胆教人们反传统，才是真教人生长的教育。好在少年男女是天真的反传统的，他们入世未深，习染尚浅，用陌生的眼光，便容易看出传统的破绽，所以用这一点天真作施教的根基，便可能引导他们加入行将长成的新社会。这一步的教育工作可以叫作“反传统的社会化”，个人由此得到生长，社会也由此得到进步。少年们的一点天真，也只能算是教育加工的根基，若接受不到饶有生长性的教育，也绝不是天然保险的。天真还不免是血气之勇，虚骄之气，若得不到良好的培育，他们的生活进行曲便会是青年期前进，壮年期动摇，中年期无条件投降。这类人物比比皆是，个人与社会都吃大亏。必须引导他们在革命的社会实践中，接受科学的洗礼，发展正确的认识，才能得到稳健的生长。我所提出的“批判的反传统”就指此。

（《新中华》复刊第6卷第10期，1948年5月16日，有改动）

教育革命怎样进行

（1969 年 5 月 19 日）

教育，从施教方面说，是对人们思想行为的故意的影响，所以又叫作灵魂工程。这项工程与社会、历史有密切联系。在历史悠久的中国，教育要肃清二千多年的封建遗风，要摆脱百多年资产阶级、买办阶级的恶性传染，更难免是一场尖锐而持久的思想斗争。可是，说来也怪，70 年来，中国的教育工作者往往是一班不大敢想、不大会想的书生。他们认为教育是一项按照成规进行的工作，所谓革新，只不过放弃不时兴的旧成规换上时髦的新成规而已。自戊戌变法至五四运动，中国的教育是逐步放弃了孔孟程朱，而换上了欧风美雨；中华人民共和国成立后，又有人要搬用一套苏联教育；总以为成规一旦到手便万事大吉。

教育与知识分子改造，思想改造分不开，这里有其历史的、社会的、阶级的根源。在社会转型的时候，原有知识分子如何改造，新型知识分子如何产生，都必须经历思想革命。这是个移风易俗的问题，而不只是个更换成规的问题。学风问题，应该是学校师生们的思想方法问题，是对待学问知识的态度问题，是教育工作者的态度问题。要端正态度，要掌握正确的思想方法。

一、 普通教育要树立“劳动人民知识化”的新思想

劳动人民要牢固地掌握政权、有效地运用政权，就必须有社会主义觉悟、有文化，这是已经被证明的真理。那末，对劳动人民的儿女，自童年至少年，普遍实施教育，使他们都成长为有社会主义觉悟、有文化的下一代劳动者，这就是普通教育的目的、任务，而不是其他。这也是社会主义国家的非常重要的教育工作，不会再有更重要的。然而我们做教育工作的人对此好似还没有明确认识。

中国的普通学校，一向被看作有钱人家子女的进身之阶。远在前清《奏定学堂章程》就说过：“仕进者有进学之阶梯，改业者有谋生之智能。”其重点放在头一句：“进学之阶梯”，就是往上爬的梯子，后面一句只是修辞的对偶罢了。在中华人民共和国成立前，学校原与劳动人民不相干，所以把“进学阶梯”看作普通学校的唯一任务，但为了充时髦，又把西方资产阶级的教育术语“中学的二重性”搬运过来擦一下粉，便对上一句“改业者有谋生之智能”。我听了不少重点学校的教师们说，他们学校的学生升学率一向比别校高，所以就全力准备应升学考试便得了。其实，中华人民共和国成立之后，准备升学也还占据着普通学校的工作中心，余事几乎置之于脑后。“进学阶梯”这个观念成为普通教育的一个毒瘤，百病都从此滋生，生机都被它窒息。前前后后，一些改进的倡议，一旦被发现于竞争升学有所不利，便夭折了。1958 年部分学校的改制试验中途停顿，和新兴的农业中学的变质或夭折，都是由于“进学阶梯”的观念作怪。此怪不除，普通教育将无法改进。

要铲除这个毒瘤，于改造学校师生的思想之外，还要说服广大的学生家长，尤其是社会地位较高的家长。十多年来，“名牌”学校最难革新，是众目共睹的事实。据高考升学率以衡量各中学之优劣。

完成普通教育的青年，有人升学，若听其自然，原是好事而不是坏事。但升学又是完成普通教育的一种结果，绝不是主要目标。若把它当作目标来争取，好事就变坏事，甚至不可胜言。好比体育，若以养选手、夺锦标为目的，则将变成江湖卖技。商业合作社若以图利为目标将流为投机商。工作的主要目标与其他一些副产物必须区别开来，否则工作将变质。可是我们教育工作者对于这项原理，一向不大理会。

教育工作，简明地说，是老师教，学生学。学习的主体是学生。教师的职责在发动其学习兴趣，端正其学习态度，指点其学习方法，帮助解决其力所未逮的

困难，从而培养其学习能力。知识要由学生能动地学习取得，而不可以由教师配给。学校是学习的场所，而不是知识的批发商店。只要不染上科举遗风，则学习的光明大道就会出现于眼前。完成了普通教育的青年，有了社会主义觉悟又有了文化，应该具有一定的自学能力，以后就能在工作实践中继续长进。普通教育的目的就是如此。

普通教育的功用，正是培养亿万有社会主义觉悟，有文化的劳动群众。他们有勇气，也有能力关心国家大事。其功成之日，将改天换地，出现“六亿神州尽舜尧”的景象。事业之伟大崇高，莫过于此。与此相比，争取多几个毕业生升大学显然是微不足道的事。

揣摩试题，希冀幸中，在科举时代，也只是纨绔子弟干的勾当，而士林往往认为可耻。“拟题”“帖经”一向都是被批评的陋习。在中华人民共和国成立后，此风仍未根除。今后必须进行教育思想革命，以防陋习沿袭下来。

实施普通教育，由儿童六七岁至十六七岁，大约 10 年，是适宜的。未满 16 岁便结束普通教育，于儿童不利，但也殊不必延长至 18 岁之后。10 年教育也应该是一贯的，如要沿用旧名称，也可以把 5 个年级的叫小学，足 10 个年级的叫中学，但这里绝不该反映贫富两个阶级，只区别儿童年龄和文化水平而已。经济未发达的地方，暂时推广会有困难，可以从小学办起，逐步伸长至 10 年，有国家大力扶植，就能有计划地做到。人活到老，学到老，主要靠自己在工作实践中自学。学校只应培养学生一定的自学能力，而不能批发给他们以毕生足用的知识。只要清除囤积居奇的市侩思想，10 年时光普通教育就够了。

全国应有统一的课程、教材，但只可占全部学习时间约 60%，其余留给地方灵活补充。也可设些选修课，不要求学生人人都学。要切记：学习为的有用，学习方法也要在“用”字上下功夫，而不是为应付科举式的考试。所有教材、教法都要联系到三大革命实践的需要。

少年儿童身心正在迅速发育，因而德、智、体的全面发展必须加以重视。三者属于不可分的整体，而不能孤立存在。哪个第一、哪个第二的争论，若喋喋不休，将流为无益而有害的烦琐诡辩。《共产党宣言》中的“将教育同物质生产结合起来”，是不易的真理。但要记得工厂童工是资本家对儿童的残酷剥削，必须铲除，不许变相再现。近六十年来，号称“勤劳学校”，或“生产学校”，“生活教育”在资本主义社会内是流行前教育措施，但为的是资产阶级的利益，对此，必须善辨真伪。只凭学生参加些劳动或半工半读的形式，就不可以断定是无产阶级的教育。“负薪”“挂角”是古代半工半读的故事。但产出来的人物，朱买臣是个贪劣官僚，李密是个帝王野心家。难道可以信赖那样的人建设社会主义社会吗？重复一句：教育改革是一场思想革命，必须学会运用马克思、列宁主义，毛泽东思想，才可得正确的判断。

二、 大学教育要走知识分子劳动化的道路

群众路线，是中国革命极高明、极有效的政策。走群众路线，才可以动众；能动众，才可以化民，这里含有无穷的教育原理，大学教育当然不在例外。目前我们若提出大学教育普及，未免太早，但决不能因此便说大学教育可以不循群众路线。若把知识分子培养成精神贵族、士君子、柏拉图式的哲人，就必然是反社会主义的人物。所以我们的口号是："知识分子劳动化"，这才是无产阶级的大学之道。这条道路与资产阶级的道路有如冰炭之不相容。

中国古代自结束了学在官府的局面之后，便在统治阶级与劳动人民之间产出一层知识分子。他们凭着掌握的一点知识，上下其手，因而为利。战国时代，通称为"处士"，或"策士"。他们对统治者、对人民，哪一面都欠老实，唯一的意图是自己的富贵。统治者需要知识分子"共治天下"，帮忙对付老百姓，又预防知识分子造反，就把他们养起来，历史上叫作"养士"。秦汉统一了天下，设博士官职，后来又给他们招集一班青年徒弟，叫作"博士弟子员"，这样就成了大学。明朝学者黄梨渊说得对："学校所以养士也。"汉代史学家班固说得更对："一经说至百余万言，大师众至千余人，盖禄利之路然也。"中国的大学之道，自汉初至国民政府时期，都是一条"禄利之路"，而不是汉儒所幻想的"在明明德"。今天我们若再想继承这条古老的大学之道，就难免封建主义、资本主义复辟。

历代的知识分子，由于利禄熏心，以之观物则不智，以之察己则不明。他们从政只擅长于纵横捭阖、趋权附势，治学则习于烦琐附会、剽窃因袭。上下二千多年，国士鸿才寥若晨星，而佥壬、佞禄、腐儒、乡原之徒却车载斗量，难道不是历史的事实吗？知识分子在这条"禄利之路"上闯了二千多年，也是"一样悲欢逐逝波"。固然有人"五鼎食"，而更多人"五鼎烹"，也有人二者兼而得之。到了今天，劳动人民掌握了政权，为知识分子自身计，若不改其故行，势将匍匐而不知所归。还有什么值得留恋呢？

学风无疑是个态度问题，是个思想方法问题，而二者又是密切相关的。利禄熏心的态度，就会从"言寡尤，行寡悔"，看出"禄在其中"，也会从"终南山"下乡劳动看出做官的捷径。客观存在的事物，反映于不同的主观，便打上阶级的烙印。不是知识误了知识分子，乃是他们辜负了知识。知识分子之所以为世所诟

病，不是因为他们有知识，乃是因为他们误用了知识，从而变成实在没有知识。大学的改革不仅要改制度，更重要的是转变学风。要青年学子确信求学是为人民服务，为的是能者多劳，而不是能者多尊。学习要凭自力更生、实事求是，而不可以剽窃袭取，也不可以囤积居奇。

学风的转变，固然要知识分子内心自觉，更要有可以使他们觉悟的社会环境。今后普通教育迅速发展，亿万劳动人民知识化，在知识分子周围出现一个“六亿神州尽舜尧”的环境，便不由得他们不劳动化。普通教育与大学教育之相得益彰，其关键应在此，而不是那一架“进学阶梯”。

大学若坚决放弃了“禄利之路”，便不难恢复其本来面目，是以学为主的行业，是学习做专业工作的，而不是炫博雅、抬身价、享特权的。学习内容当然是某种专业实用的知识、技能。学习程序当然要从工作实践入手，从而探索其所必需的理论，以阐明其所以然。从实践至理论，则行成而知此；再从理论至实践，则放矢而有的。这是思想方法，是学习方法，是工作方法，也就是教学方法。教授们要协同学生反复练习这套功夫，从而发展其学习能力、工作能力、研究能力。要这样做，才是教学相长，师生共同进步。教学决不可以“呻其占毕，多其讯言”，炫其渊博，而引诱青年钻牛角、“食马肝”。那是一条“禄利之路”，死路一条。

大学是以学为主的行业，其任务是训练学有专长的劳动者，而不是制造精神贵族。所有实施专业教育的学校都可称为大学。科举时代的“甲榜”“乙榜”“正途”“小就”等名目，是专制皇帝用来笼络知识分子的，有意把他们个个都变成“科举嚣争，富贵熏心”的蠢材。今天，我们为什么还要照样操纵青年呢？王举人看不起梅秀才，是《儒林外史》的滑稽故事。中华人民共和国成立后，我们还有大学毕业生轻视专科毕业生，五年毕业的大学生也觉得比四年毕业的高了一级，这些现象岂非白日见鬼，咄咄怪事！修业年限，按学成专业的需要，可以有长有短，短的两三年，长的四五年，就够了。所谓“学成专业”，是要学生认识这门学问的领域，掌握其基本知识，从而熟习其学习方法，但不可能批发给他们以毕生够用的智能。真学问要他们在工作实践中自修，那是没有止境的。做学术研究工作也离不开各行各业的工作实践，而不是深居象牙宝塔之中。

三、师范教育要树立“教学相长”新的师生关系

师资队伍是决定教育事业成败的极重要的因素。

教师给人民培育健全、贤明的后代，挑起一条“托孤寄命”的担子，任务是重大的，工作是漂亮的，功绩是久远的，但决不打算从这里捞什么油水，只是给社会透露一点未来的春意。无论何时何地，他们都应该以个人利益服从于儿童利益，也就是人民群众的利益。什么成名成家、富贵荣华等等念头，在他们脑子里都不容存在。人民尊敬他们，就因为他们大公无私，埋头苦干。这样的尊敬也只有从劳动人民的心坎里才可发出。

二千多年漫长的封建社会，教师不过是给财主们看小孩的长工，吃的苜蓿草，坐的冷板凳。可是封建主子却给他们的脖子挂上一块封建主义的“道”，又把“师”字排列在封建统治者行列天、地、君、亲的末位。这样的尊师重道，实在是要他们做帮凶，当走狗，是对教师的侮辱。然而竟有不少人上了当，飘飘然自附于封建统治者的尾巴后面，自鸣得意。岂非滑天下之大稽?!

在无产阶级专政下的人民内部，干部要向群众学习，知识分子要向工人、农民学习，教师就要向学生学习；谁要当好先生，首先要当好学生，都要向自己教育的，或领导的对象学习。“教学相长”既应该是人与人相处的准则，当然更是师生关系的准则。只有能了解儿童、能代表儿童的教师才会教育儿童，所以就要先向儿童学习，这就是教学相长。这样的教师就必须是心平如水、虚怀若谷的知识分子，而绝不是那班予智自雄、既骄且吝的旧式文人。

不忍欺负儿童，又不敢愚弄群众，才可能成为儿童的良师而又是家长的益友。不欺负容易欺负的对手，是旧文人所最难办到。只有革命的、无产阶级化的知识分子才是如此，这就是师范教育的政治性。全国数百万人的教师队伍，要保证人才辈出，源源不竭，而且分布出产于各地区，无所偏枯，就必须有周到精密的计划。这是师范教育的计划性。

四、试做如下的建议

（1）小学（普通学校 1 ~ 5 年级）的师资应选拔完成了普通教育（大约十年）的青年，要体格健全，表现好而志愿做教育工作的。当选的青年分拨于指定的普通学校练习做五年级以下的教育工作，可称为教生。这所学校可称为“中心学校”，意义是小学师资的训练中心，又是一所模范的普通学校。教生在中心学

校教师指导下，练习教育工作，同时补修他们当教师所必需的学识和技能。估计经过两年或三年可成为合格的小学教师。原有的师范学校可改为中心学校，但那里的教师队伍要认真改造，必须成为关心儿童教育、关心群众生活又虚心向群众请教的知识分子。只有这样的人物才可以带出好徒弟。

（2）中学师资（普通学校五年级以上分科任教的）由师范大学培养。教生练习满两年的和在职的小学教师都有被选入师范大学的资格。这样，保证师范大学的新生都有一定的教育工作经验和兴趣，就可能收得“事半而功倍”的效果。有可能成为带着问题的“善学者”，他们有了“教而后知困”的条件，其毕业年限一般定为四年。

师范大学是为普通教育服务的大学，其所培养的师资应该是全能的，既能任教小学，一揽子教一班，又能在中学分科任教自己专长的学科。因此，其分系设科应求适合普通学校分科任教的需要，尤应重视学术与三大革命实践的联系。必须矫正脱离实际的学院风气。

师范大学还有一个极重要的任务，是研究、编写普通学校的各科教材。这个任务极艰巨，而一向为“学术权威”所不屑为，我希望师范大学把这个光荣大任承担起来。必须掌握科学的全面知识而又熟知其发展的新趋势，同时又了解它在三大革命实践中广泛应用的情况，才能取其精华以滋养儿童少年的智慧，这才是“少而精”。把学术资源变成教育资源，这项工程正是师范大学的学术大任。要集体合作，要经常调查研究。如能每五年改编一次全国通用的普通学校教材，使亿万儿童、少年得到新鲜有益的精神食粮，其功德将无量。

师范大学应对境内的普通教育起着参谋、设计、推动进步的作用；应为在职教师提供业余学习、短期进修的便利。这样，师范大学才成为人民服务的大学，而不是高在白云深处的琼楼玉宇。

（3）全国普通学校教师估计应在五六百万人左右，这是极庞大的文化常备军，必须有准确的训练计划。师资培养计划应从基层做起。每年度由市（县）切实调查境内各公社（街道）的普通学校所需的师资（增员和补缺）估计数目，从而决定年度教生的征集人数。务必做到教生结业时都走上征集时所预定的工作岗位。

中学师资的培养计划，应由省（自治区、市）来做。根据各市（县）所拟的计划，汇合成全省的（自治区的、市的）中学师资培养计划，然后把年度的招生任务分别安排给各师范大学，这样才有把握做到大多数毕业生回到本市（县）服务。各系、科的招生名额，应依据调查材料所估计的中学各科师资的需要，以期保证供求相应，又对口径。

五、结 语

理论若不和革命实践联系起来，就会变成无对象的理论；同样，实践若不以革命理论为指南，就会变成盲目的实践。教育制度的改革必须有革命的理论为指南。若不掌握正确的理论，哪怕是好制度，执行起来，也会走样。不只要教育工作者懂得，还要广大群众懂得。亿万群众都是学生家长，都会关心教育。因此，教育革命实在是广大群众的思想革命运动。

教育是人存政举的工作。

（《林砺儒文集》，广东教育出版社，1994 年 7 月，有改动）

为人民服务的教育

（1971年10月28日）

封建社会的教育是为人们造身份的。资本主义的教育是为人们谋职业的，当然也抬身价。他们的“大学之道”都是一条“禄利之路”。无产阶级的教育，要教人们为人民服务。这条路从来未有人走过，而新旧教育的分途却在此。

无产阶级专政是社会主义社会向共产主义社会迈进的必经之路。这条路很长，要走若干年代，目前还难估计。因此，就出现一个极重要的问题：如何保证掌握政权的无产阶级永葆其大公无私的本色，不骄，不怠，世世代代为实现共产主义而艰苦奋斗。这是政治的根本问题，也是教育的根本问题。

教育学生当然要他们掌握知识，有学问。断无轻视知识的教育，但重要的却有甚于此者，社会主义的政治觉悟便是。知识也和政权一样，都是力量。有了力量，可以立功，为人类造幸福，但也可以骄傲放恣，损人害己。力量在乎而不滥用，这样最高尚的品德，只能寄望于无产阶级。如何保证知识青年不予智自雄，误用其知识，是一个教育的根本问题。若忽视此点，无产阶级教育将失其特色。

马克思把教育理解为三件事，第一就是智育。对这里的真理，必须深深领会。无产阶级的教育，必须无限地提高人民文化水平，也鼓励人民无止境地进军科学。要这样，才有足够力量发展壮大无产阶级政权，解放全人类，也解放自己。申言之，无产阶级的智育也和政权同样，都是为人民服务，不容有半点自私。所以关键在能否端正学习态度——为人民服务。学风革命，至为重要。

“禄利之路”是中国学风的极坏传统。把上学看作押宝。上小学、入中学是押升大学的宝，上大学是押高官厚禄的宝。至于师范学校只是一条穷途，除非潦倒寒士，无可奈何，便无人问津。如此学风，只能造就大批仁义满口而私欲满腹的知识分子，怎能缔造社会主义社会呢！

教育工作，必须从大处着眼，而又从细处下手。大处是社会革命的规律，无产阶级专政的政治方向，由此而体会我们的教育方针、政策。小处是由童年至青年这十多年间身心的发展过程。这是发展极旺盛、迅速，而又易受伤害的过程，而且一直进行于历史的、社会的环境影响之中。这些影响有好的、有坏的，有进步的、有落后的。怎样在如此复杂、微妙的过程中，引导儿童、青年们走上社会主义的大路，努力学习为人民服务，这是极细致的工作。因此，教育工作者必须是见远、心细，而又乐于为人民服务的知识分子。但教书先生一向都是笔耕砚田，兀兀穷年者，如有“志气”的，也只求机会离开这条冷板凳，哪里想到为人民服务呢?!

教师的思想转变，是学风转变的极重要的一环。教师，怎样才可以教好正待教导的学生呢?《费尔巴哈论纲》之三，给我们指明一条正确的原则：“环境正是由人来改变的，而教育者本身是必须教育成的。……环境改变和人们活动改变的一致，只能看作和合理了解为革命的实践。”教师和学生共同参与革命的实践，在如此过程中，互教互学，就会共同提高。这是无产阶级的“教学相长”。毛主席用更通俗的话说，要当好人民的先生，首先要当人民的学生。今天的教育工作，正是师生共同投身于革命实践。固然不可墨守“师严道尊”的旧说，也不可以偏信教师的主动性。必须承认师生双方都要主动，在德育、智育、体育三方面都如是。只能教而不能学的，就不是好老师。只受教而不能给老师提意见的，也不是好学生。那位老封建圣人孔子，却懂得这一点，他批评学生颜回说：“回也，非助我者也，于吾言无所不悦。”今天的教师岂可以曾孔子之不如?

（《林砺儒文集》，广东教育出版社，1994 年 7 月，有改动）

师范教育

如此师范教育

(1948 年 8 月 10 日)

师范教育是现代国民教育的副产物，欧洲的师范教育运动始自17 世纪末叶，然而师资训练成为普遍推行的制度，也还是到了 19 世纪国民教育完成之后。古代希腊的教仆（pedagogue）固然是一种老奴，而中世纪教会里负责教村童祈祷、唱赞美歌的，也大抵是教堂的男工。Sexton 就是到了 18 世纪日耳曼各邦的新教君主，提倡义务普及教育，而小学教师还是由缝工、织工、金匠、车匠、木匠、老兵等兼任。1738 年，普鲁士特为拣选“优良”师资“严限”资格，只准裁缝匠有任市镇及乡村小学教师的资格。这就够说明了封建社会里训蒙教师的地位之卑贱。到了 19 世纪，产业革命及民主革命成功，民众给资产阶级夺到手了政权，民主自由这个口号又已经从资产者口中虚伪地被提出了，再也不便完全收回去。现代工业的社会已经成立，再要一般民众回去老死南亩也势所不行了，他们老实有了几分觉悟，为生活而斗争的运动也天天来得紧张，资产阶级就不能不设法笼络、安顿。为资产阶级打算，对内需要大多数有相当知识技能的带动者给他们生产工作，对外需要大批有相当的世界常识和所谓国家观念的壮丁给他们掠夺市场，开拓殖民地。有如此种种的社会条件，便产出普遍的义务教育及职业教育。这样的教育是给资本主义的社会训练公民，而不是为封建领主及教会愚弄顺民，它的性质因而大变了。教育成为国家的要政，被教育的人数如此众多，便不得不讲究教学方法和技术，因而教育工作就成为专业，而不是潦倒穷汉底托钵化缘了。教育变质，而教师随之，这便是19世纪以来师范教育发展的秘密。我们中国向来虽有一句虚伪的体面话——尊师重道，而其实教书先生是一班文丐，在社会上是无足轻重的；尤其是给大户人家训蒙的塾师，其地位是和管家或奶妈差不多的。自从沦为半殖民地半封建社会之后，帝国主义者和封建残余构成了联合战线，以吸抽中国人民的膏血，在这样社会条件之下，一班文丐当然没有提高社会地位的希望。然而自《辛丑条约》之后，统治者既然模拟现代教育制度，改扮洋装，以媚外而安内，因而师范教育也作为学制之一部，而被模仿起来了。

早在辛丑之前数年，盛宣怀于上海开办南洋公学（即上海交通大学之前身）已经感到师质无着——由于旧举贡秀才们不适于充学堂教习——而于四院之中设师范院，以培养师资。至“壬寅学制”，遂规定师范学堂地位与中学同等。《奏定学堂章程》这样说：“学堂必须有师。此时大学堂、高等学堂、省城之普通学堂，犹可聘东西各国教员为师。若各州县小学堂及外府中学堂，安能聘许多之外国教员乎？此时惟有急设各师范学堂。”由此可见当日开办师范教育之动机，就是需要有教员。换句话说，旧时科举出身的举贡秀才脑子里只有一套高头讲章，而不是现代学校用的教本，便不能执教于学堂。所以培养师范生及编译外国教科书，这两事在清末兴学时都被认为十分重要。然而这就显然不是由于教育变了质而教师地位也起了变化，只是教学改了形式，因而需要一班新型的文丐以替代旧式文丐罢了。

在欧洲经过二百多年的演变，才形成的师范教育制度，而中国竟毫不费力就把它抄袭过来了。据说清末师范学堂初开办时，要把那班举贡秀才选入师范学堂受过训练，才准执教鞭，当时“士论”大哗，他们说：“若要师范学堂教人当先生，何不开设父范学堂教人当爸爸呢?”在他们习惯，举人可以教秀才，秀才可以教童生，好比性机能成熟的男子便可做爸爸，都是自然必然的阶段。这是中国人对于师资的传统观念。可是当时之所以“急设各师范学堂”，就是要得一批洋举人来教洋秀才，或洋秀才来教洋童生，而并不是真理解了现代师范教育的性质。所以及后高级学校的毕业生渐多，就不感到师范教育之需要了。即是说：洋举人、洋秀才一天一天增多了，便不觉得需要什么师资训练了。

清末的师范教育制度，可以说像是粲然大备。小学师资的训练机关，以初级师范学堂为主式，其地位均等于中学堂，五年毕业，以州县立为原则。开办之始，为应师资之急需，各师范学堂于完全科（本科）之外，多设简易科或速成科，一年半或一年毕业。光绪三十三年（1907），又颁布《女子师范学堂章程》，规定四年毕业，这是清末唯一的法定的女子中等教育机关。至于师范教育的立法，亦颇详细周到。师范生入学年龄，规定18岁至25岁，用意在鉴别学生个性是否宜做教师，故年龄须稍长。初级师范学生名额，要看本区内应入小学的儿童有若干班数才配定，这是要顾到教员人数足供地方需要。师范生在学时，一切费用俱由官费供给，毕业后，有法定服务年限。师范学堂须设附属小学，以研究教学法而图教育进步，且为地方小学底模范。现代师范教育底法，在清末俱已制定，辛亥革命以后，大致仍旧，只稍加修订罢了。

民国元年（1912）以后，师范学校定为省立，由省行政长官规定校数及设立地点，报告教育部分别设立。各县亦得设县立师范学校，私人或法人得设私立师范学校，但必须经教育部批准立案。男子及女子师范学校均定为五年毕业，预科一年，本科四年。还有本科第二部，收容中学毕业生，一年毕业。师范学校又得设各种讲习科，其任务与清代之简易科或速成科大略相同。有的是培养国民学校教师，有的是培养手工、农业等专科教师。女子师范学校得设保姆讲习科，以培养幼稚教育师资。各种讲习科有一年毕业的，也有二年毕业的。此外，师范生公费待遇，及毕业后法定服务年限等规定，也大致与清末制度相同。

清末及民国初年的师范教育制度，直接是抄袭日本的，间接是模仿德、法两国的，就制度本身说，也算大致不错。据民国八年（1919）北京教育部公布的全国师范教育的统计，民国六年至七年（1917—1918），全国师范学校有204校，师范生有33 329人，毕业生有4 376人，常年经费3 631 894元。当时全国的小学生据说有四百多万人，那末，师范学校供给小学师资也就不很缺乏了。况且还有许多中学毕业生，甚至于高小毕业生也都可入小学任教师。在中国人习惯看来，师范毕业，和中学毕业，甚至于高等小学毕业，都是学校出身的秀才，便可以教小学儿童，没有什么区别。因此，师资的需要便不像以前那样急迫，而盲目地抄袭来的师范教育就要发生问题了。

民国成立不久，即成了军阀统治之局。各省军阀割据，他们唯一的工作便是剥削人民，自然无心顾及教育，尤其是国民教育更不在军阀们的眼中。各省教育经费有减无增，而师范学校原非纨绔子弟晋身之阶，当然随着国民教育底衰落而衰落。原有的师范教育制度既来自盲目的抄袭，而社会条件实未备，所以运用起来，精神日非。一班负责师范教育的工作者，在军阀与官僚支配之下，屡进屡退，敷衍塞责，兢兢自保位置，当然谈不到什么教育研究；间中有的借着教育做幌子，投机宣传，充其量也不过盗点虚声罢了。师范教育之无成绩，是时势使然，又适值各种中等学校毕业生一天一天多起来，小学师资不必一定仰给于师范学校，于是师范教育在中国这样的社会里，便快要失掉其必要性。第一次欧战告终，世界各国正在改造教育，中国教育界值此潮流，一向不大理解社会的教育专家便乘机对原有学制大加攻击，而且又可以借口学制不良以辩护教育工作之失败，于是学制改革之声四起，好似学制不良就是教育失败之唯一原因，那末，军阀、官僚之暴虐、贪污固然无害于教育，即教育家之颟顸庸碌也没有多大责任了。当时各省省会的师范学校多半是由清季优级师范改造的，校产经费均根基较好，且是公费制度，收支自然较多于其他中等学校。这类师范学校费用多而成绩不佳，又不是官僚、军阀、地主、巨绅的子女所需要装饰身份的教育，当着教育经费被军阀官僚的虐政侵蚀到不留余地底时候，这类为寒门而设的公费学校，自然容易招嫉妒，所以讥议学制之声便很容易集矢于师范学校。当时就有一班教育专家征引许多“欧美教育新法”，引经据典地证明师范学校是日本的制度，所以要不得，而其实不外乎要把师范学校的资产经费归并于中学或大学。换言之，国家所有税收早成为军阀官僚的禁脔，教育界休想染指，只好互相揩油争夺那一点残羹余沥。民国七年（1918），江苏省二三巨绅要在南京设立大学，而利用南京高等师范的资产做基础，不久东南大学成立，而南京高师取消了。十一年制之后，全国成了一种趋势，大学与高师并立之都市，就要兼并高师；中学与师范学校并立之都市，就要兼并师范学校。1922 年 11 月，公布了学制改革，中学采用“三三”制或“四二”制，其中关于师范教育的，有这样说明：

（1）高级中学，分普通、农、工、商、师范、家事等科。

（2）师范学校修业六年。

（3）师范学校得单设后二年或三年，收受初级中学毕业生。

（4）为补充初级小学教员之不足，得酌设相当年期之师范学校，或师范讲习科。

（5）为补充初级中学教员之不足，得设二年之师范专修科，附设于大学教育科或师范大学，亦得设于师范学校或高级中学，收受师范学校及高级中学毕业生。

（6）师范大学修业年限四年……

（7）大学教育科。

（8）为推广职业教育计，得于相当学校内，酌设职业教员养成所。

据此看来，师范学校虽似独立，而既“得单设后二年或后三年，收受初级中学毕业生”，则与高级中学底师范科，在形态上便没有什么分别了。故自学制颁布之后，东南几省，纷纷将原有的师范学校归并于中学。实行结果，师范科底入学志愿者年年减少，毕业生也无心服务，小学师资越来越缺乏。在地主买办官僚统治下底社会，大学中学是被看重的，因为他们的子女要资格、要出身。至于小学师资，在为他们的少爷、小姐们训蒙底限度内，也不能没有。在这样条件之下，师范学校于中国是可以存在的。可是自师范并为高中底一科之后，竟至于无人志愿入学，从而富人子女在小学念书的也得不到像样的师资，这样情形便严重了。因而民国十六年（1927）、民国十七年（1928）之后，在教育界恢复师范学校独立之呼声四起，大人先生们也为之感动。1928 年 8 月，大学院公布全国教育会议议决之师范学校制度：①废止六年制。修业年限，三年制初中毕业者三年，四年制初中毕业者二年。②师范学校得单独设立。③高级中学得设师范科。1929 年 4 月，国民政府公布《中华民国教育宗旨及其实施方针》，其第五条，宣言“全国师范学校于可能范围内，令其独立”。那几年间恢复师范学校独立底运动，就算得到了这样的答复。这还不是表明中国社会对于现代师范教育真有什么需要，也不是现代师范教育对于中国社会有什么适应性，只能说在中国这样的半殖民地半封建的社会里，统治阶级也不能完全缺乏一班忠顺驯良的教仆，以给他们的儿女训蒙，所以欧美的师范学校制度一经抄袭过来，也就不能完全废止了。

民国十九年（1930），第二次全国教育会议，开会于南京，通过了《改进全国教育方案》，其中计划于 20 年之内完成全国学龄儿童底义务教育，于训政 6 年之内，尽先完成民众的识字训练及公民训练。为配合这义务教育计划，该方案之第三章便是筹设各级各种师资训练机关计划，预定于 5 年之内完成全国各级师资训练机关。

小学师资训练机关有两种：①乡村师范学校，②师范学校或高中师范科。头一种乡村师范学校以每县设立一所为原则，得招收三种学生：①初中毕业生，予以三年训练；②高小毕业生年龄在 15 岁以上的予以六年训练；③向来充乡村小学教师而有初中毕业同等程度的，予以三年训练。其有特别情形或地方需要，得在修满原定年限一半时，先行派往乡村小学服务，再分期补充训练。这种乡村师范学校暂定全国共设 1 500 所。从训政时期第三年起，每年添设 500 所，到第五年 1 500 所完全成立。第二种师范学校或高中师范科都以省立为原则。各省所设师范学校，凡未并入高级中学的，应继续维持其独立，并应力求其内容充实，不必亟亟增加校数。凡有内师范学校已经并入高中的，在可能范围内，酌量地方情形，也得逐渐分立。此外乡村师范学院是乡村师范学校底师资训练机关，以每省设立一所为原则。至于中学和师范学校的师资训练机关则有：国立的师范大学、大学教育学院，及省立的师范专科学校。这套计划还考虑到：“各级师资训练机关的课程”“实习办法”“服务及待遇”“职业科师资训练办法”及“中小学教职员进修办法”等，都有相当详尽的计划。

这方案宣布之后，最大的效果只是拯救了师范学校底独立。从此以后，各省区不再合并师范学校于中学，也偶有单独开设的了。民国二十一年（1932），政府公布《师范学校法》，在法律上有了独立的根据。而所谓“自第三年起，每年添设乡村师范学校五百所”自然不过是一句空话。按教育部公布全国1933年师资训练机关底统计是这样：

师范学校——151校——其中附设于中学的115校

乡村师范学校——94校——其中附设于中学的31校

简易师范学校——389校——其中附设于中学的105校

简易乡村师范学校——259校——其中附设于中学的57校

合计——893校——其中附设于中学的308校

那末，民国十九年（1930），预定第三年即“添设”五百校的乡村师范，到了民国二十二年（1933）全国所有的也只得94校罢了。到底其中有几校是添设的，便不可考。至于乡村师范学校与师范学校毕竟有什么不同的性质及各别的任务呢？原案并无说明。当时立此名称，提案者未必有什么深刻的理解，更不会意味着扶助农民解放，只是一时兴之所至，便直译欧美的（rural teacher - training school）以壮观瞻而示摩登罢了。果然后来民国二十一年（1932）公布的《师范学校法》便除去了“乡村师范学校”这名目。只其后教育部订定《师范学校规程》，乃于第四条补一项，以全颜面：

第四条 专收女生之师范学校，称为女子师范学校。

以养成乡村小学师资为主旨之师范学校，得称为乡村师范学校。

好了。那末，乡村师范之所以为乡村，只因为那里的学生是来自乡村，好比女子师范之所以为女子，只因学生全是女子。这还不是自明的真理吗？可是谁又能保证省立的师范学校学生没有很多来自乡村的呢？教育部好似也考虑到这一点，于是又把乡村师范学校的课程增加了“农业及实习”“农村经济及合作”“水利概要”“乡村教育及实习”四种学科。这四种技能的学科是否能表明乡村师范底特质固属问题，然而部章这样规定，却使各地方师资训练机关再不便挂上乡村师范的招牌了。因为那几种学科不管是否有用，而教师，就难请得很，乡村师范这名称从此就逐渐罕见了。从此以后，各地方的师范学校大抵都是省立的，而县立的大抵都是简易师范学校。这一幕喜剧性的演变，却无意中暴露了一点秘密，就是：中国师范教育之所以还受到几分重视，只是由于比较集中于城市的官绅显贵需要有人给他们的子女训蒙，所以省立师范学校还能继续存在，这就是“师以生贵”，成为正规的师资训练机关。至于各县立的师资训练机关，不管它叫乡师也罢，简师也罢，横竖是预备执教农村小学的劣等训练机关，不过聊以

“充数”“应制”罢了。

师范教育之设施，原以国民教育之推行为条件的。中国底国民教育一向都是假假地要把戏，哪能发展什么师范教育呢？其间有两省最值得玩索吟味的：头一省是山西，当民国七年至九年（1918—1920）之间，以普及教育号称模范，而按教育部公布之民国八年（1919）统计，山西全省有国民学校 10 817 校，而师范学校只得 6 校。又按《第一次中国教育年鉴》，民国十九年（1930）山西省小学教师总数是 31 233 人，其中曾受师范训练的只得 5 757 人，还不到 20%。到了民国二十五年（1936），广西省①又以率先实施国民基础教育树了全国的楷模，而当时全省竟没有师资训练机关。全省的国民学校教师，大多数仅受过初级小学教育。直到民国二十八年（1939），才开始筹设全省第一间师范学校。我们从这些奇妙现象，便可窥见所谓普及教育底真际底一斑了。

民国二十九年（1940），抗战期间，政府法定实施国民教育，才发觉缺乏大量师资。现在摘录教育部司长顾树森的叙述如下：

“国民教育推行的时候，即需要大量师资，而在后方十四省市，如四川、云南、贵州、广东、广西、湖南、河南、江西、陕西、甘肃、福建、浙江、湖北、重庆，原有小学教师已相当缺乏，合格教师日见减少。据民国二十九年（1940）统计，十四省市小学教师，共有 334 279 人，而不合格者竟达 118 046 人之多。其中有 53 882 人系受过短期训练后充作代用教员者，其余小学毕业程度者为 47 195 人，初中毕业程度者为 49 040 人，塾师出身者为 21 811 人。正式训练小学师资之机关，为师范学校及简易师范学校。当时在全国有师范学校 108 校，简易师范 246 校，合计有 354 校，2016 班，学生总数为 81 581 人。”

按民国十九年（1930）《改进全国教育方案》预定至民国二十四年（1935），全国乡村师范学校 1 500 所完全成立，全国每年可造就师范毕业生 90 000 人。而据上一段引文，至民国二十九年（1940），全国师资训练机关只得 354 校，在校学生只得 8 万人有奇，这数目实在相差太远了。而且其中有 246 校是简易师范，这类县立简师，大家都知道是简陋不堪的。尽管是全国教育会议通过的方案，教育部三令五申要全国执行，而师范教育还是奄奄不振，起衰无力。这就证明了在中国这样的被地主、买办、军阀、官僚们统治着的社会，决不容许为人民培养师资的教育机关得到发展。要有的话，只是给统治阶级培养少数替公子哥们训蒙的教仆，或替统治者麻醉人民的教奴罢了。既然是豢养奴才教育机关，而这项奴才又不是十二分必要，当然是奄奄不振，简陋到不像样子！

---

① 现为广西壮族自治区。后同。——编者注

民国二十九年（1940）实施的国民教育五年计划，预计五年之内需要国民学校教师六十多万人，自然不是当时所有师资训练机关所能供给。当时教育部为应这项急需，拟定治本及治标两项办法。

治本的办法是增设师范学校及简易师范。民国二十七年（1938）教育部曾通令各省划分师范区，即令各省依省内交通、人口、经济、文化及现有学校情形，酌量划为若干师范教育区。每区以设置一省立师范学校或乡村师范学校为原则，而配合以各县或二县以上联合设立之简易师范学校若干校，使其校数足供培养区内各地所需之小学师资。民国二十九年（1940）以后，教育部又迭次通令各省划定师范教育区，增设师范学校。治标的办法是由各省设立各种短期训练班，以急造代用教员。为扶植各省师范教育之发展，自民国三十一年（1942）起，又规定：各省市中等教育经费，师范学校应占25%，（师范生公费之支出除外）中学、师范、职业三类学校设校增班比例，初级中等学校部分应为六（初中）比三（简师）比二（初职），高级中等学校部分应为二（高中）比一（师范）比一（职业）。

只就政令上说，总可以说是相当努力。然而结果各省师范学校招生大抵应考人数寥寥无几。至于各县的简易师范，更是经费支绌，设备与师资两缺，无法维持。至民国三十二年（1943）统计全国师范学校及简师合计有498校，学生139 915名。与民国二十九年（1940）比较，校数约增多了40%，学生数约增了60%。所增的数目虽不大，然而总算增多了。可是据顾树森司长报告（见中华教育界复刊第一卷第五期），1943年后方19省市中心国民学校、国民学校与其他小学之教员，总计有652 210人，其中合格教师约占1/3，不合格教师约占2/3。那末合格的教师人数还不过22万左右，即是说：与民国二十九年（1940）国民教育开始实施的状况约相同。这就奇怪了，增多的师范毕业生往哪里去了呢？按顾司长的解释，“一由于小学教员待遇微薄，每月所入，不足以维持生活，原有之教师，相率改业，以致合格教师日渐减少。二由于师资之培养训练，未能配合增设学校之需求，不得不暂聘代用教师以济急”。其所指明之第一原因自然正确，而第二原因却不尽然。其实名县各乡之中，合格教师失业，而无资格的却占着教席，这类事实殊非鲜见。在封建势力支配之下，小学教师这个冷饭碗，也非有夤缘奥援便不可得到手。小学教师底任务工作，教学却非重要，而要紧的是充乡绅的心腹，校长的羽翼，能有所“贡献”，“堪膺倚畀”，至少也要决不成为他们的障碍物。一些朝气未泯的青年师范毕业生若真想热心教育，立志挨苦工作，乡绅们立刻视为异类，用尽方法加以掣肘，给以中伤，务必排斥驱逐而后已。这类事例，自抗战以迄今日，耳闻目见及载于报章杂志的，真不胜枚举。这种社会的障碍不铲除，任凭师范学校林立，师范生辈出，国民学校也终得不到合格的教师。至于优良师资固然不能培育，即令间有天生的良师，也决不容他立足。而一般谈师范教育者，对于这层症结，大抵熟视之若无睹，或虽有所见闻，而也把它当作教育问题外的事，那末，所谓教育问题只是纸上玄谈罢了。

现代师范教育，在19世纪初期，原为资产阶级唤起民众参与革命之所需要。裴斯塔罗齐之实验新教育，训练新师资，原有配合当时民主革命潮流，培养一批民众解放底青年工作者，所以得到众多有志的青年愿意追随献身于平民教育。这番精神与其说是神的感召，不如说是由于革命的感召。1807—1831年之间，普鲁士一班青年教育工作者接受了裴翁的精神而效劳于民族复兴运动，曾表现辉煌的成绩。而1817年之后，普鲁士的政治随着全欧洲走上了反动路线，师范教育也因而消沉衰落了。直至19世纪后半叶，欧美资本主义社会完全成熟，国民教育成为统治的资产阶级怀柔对付人民大众的必需品，于是师范学校才成为资本主义国家的公民训练者之养成所。师范学校属于初等教育系统，是下层阶级的，与中学有贵贱尊卑之别。这是资本主义的假民主底反映。师范教育尽管强调教育爱，强调基础精神，强调教育工作的神圣，其实也和基督教士之辞别了封建领主而改投资本家一样，是替资产阶级服劳的，并不是真正人民之友。然而资本主义社会毕竟还有了此项需要，所以师范教育在资本主义的社会里也得到恰如其分的发展。小学教师，和工厂里的职工一样，在师范学校学习一点机械的教学方法，到小学里俯首帖耳替资产阶级训练公民。至于我们中国，社会背景就大大不同了。要替地主买办训练“公民”吗？他们的“公民”越愚越好，何必教育？要夤缘豪门，逢迎显贵吗？则投机拍马的门路正多，又何必走此冷门？退一步要盘踞个把小学而专享这一碗残羹余沥吗？则妙法捷径也甚多，也无须真能教育。一个教师决不能脱离一切社会关系，而孤芳自赏地振作自己的教育兴趣或增进自己的教学技术。假如可能有的话，必然在他心目中，看明了一幅远景，为这理想底实现而热心工作，而努力求进步。中国的国民教育如果成为人民大众解放的工作，则服务于这项工作的教师自然会热心认识这革命事业的方向及途径，而不知餍足地学习这项工作所需用的知识技能。然而假如真有这样的一批教师，今日受着买办地主统治的中国社会能容许他们立足吗？

一般高谈师范教育的专家未尝敢正视这根本问题，而徒然拾人牙慧，天天在讨论如何修改制度，如何改编课程，如何加强训导，这真是对着饥民宣传“何不食肉糜”，十足以暴露我们的教育专家之无知或伪善罢了。

（《林砺儒文集》，广东教育出版社，1994年7月，有改动）

我对道尔顿制的态度

(1925年8月4日)

我尚未有实行道尔顿制的经验，但凭书本上的研究，所以不敢说批评，只可以说推测。

道尔顿制之学理的根据，为尊重个性，自由活动，协同互助，社会生活之体验等，皆系最近三十年来教育哲学之口头禅，差不多要成了定论。因为现代教育哲学二大思潮之中，美国流之实验主义，固然应该产出道尔顿制，就是德国流之理想主义所达到的结论，也是自由创造，发展儿童人格。尤以去年物故之新康德派巨子纳托尔普（Natorp）之社会的教育学说，可以说是道尔顿制之很有力的论据。总而言之，道尔顿制之理论的根据，实在平淡无奇。不过历来各种学说，虽说得非常完密，而不见得有很满意的具体办法。现在道尔顿制，的确要把近三十年来的新教育学说见诸实行。这一点确是它的特色，所以我们对于道尔顿制，若是恭维它的新见地，不如佩服它的新方法，——与其认它是新学理，不如认它是新方法。

据我看来，要实施道尔顿制，才可以得到的好处，换句话说，道尔顿制所特有的佳处不外两点：

第一，旧式教授法，聚一班学生，按划一的时间教授他们，根本假定各个学生学习的速率是齐一的。结果，优秀的学生剩余的时间，觉得无聊，而劣等学生又苦于追不上，若用道尔顿制，则各学生都按自己的能力去学习，迟速长短，自然自在，这就是差别中见平等。旧法教授时间是限定的，无增减伸缩之余地，钟一响便要下堂。其实各学科教授一单元所需的时间都不同，结果时间或有余，或不足，教员与学生都感不快。若用道尔顿制，学习时间不由学校限定，而凭各学生对学科的学习能力自己规定，长短久渐，伸缩自如。总而言之，道尔顿制，是支配学习时间的最善法。说句漂亮话，凭他人限定时间，给自己做工，是奴隶生活，有渎儿童人格之尊严。道尔顿制就给学生以时间自决的权利。

第二，旧法，全校学生，按学年或学期分级，到学期或学年之末，经过考试，得六十分的就升级，否则留级。其实一级中各生程度参差不齐，哪能说考试及了格的就同程度呢？就令有极精密的测验，把学级分得很准，也许不出一个月，一级中各人的进境又相差了。若是规模小点的学校，各年级不能相衔接，到了学年末，有不及格的学生，往往就苦于无级可留，此时叫他留级也难，升级也难，校长就没有办法。又如有一个学生因病缺席了三星期，照章当然不能降级，然而让他回原级受教，各门功课实实在在有了三星期的缺口，这个学生生病后，不能减轻工作，倒要加倍努力，若是智能平常的学生，吃亏更要大了。若用道尔顿制，上面所说的困难都可免去，因为学生可以随时自由加入自己所最适当的分团去学习。说句学理话，地位自决，是民主社会的原则。

此外，道尔顿制的好处还有很多，可是不见得是它所特有。换句话说，那些好处，就不用道尔顿制，也未尝得不到。近日我国人对舶来的方法，往往像给阔人做寿序似的，竭力恭维，我觉得可以不必。以下我要说实施道尔场制的难点，不消说，也多半是推测的。

第一，现在国内各校按时计薪的教员待遇法与道尔顿制是绝对不两立的。用道尔顿制，某学生于某时间，学某种功课是不定的，各教员在作业室内任指导的时间非较长不可。此外如编制指导案、审查学生笔记等事，都要十分细心，所费时间也不少。所以必须有专任教员，用全力任事。但按时计薪，是我们中国独创的万恶制度，就不行道尔顿制，也应从速废止。

第二，丰富适用的设备，是道尔顿制的生命。因为自学主义的教育法，就是一种环境教育法。环境若整理得好，就是所谓置诸庄岳之间，自然可以引起学生的学习兴味。程度适合的辞典、参考书、地图、标本、仪器等，都要完备，且要丰富。例如一架显微镜，在旧法，由教员装置好了，再给学生传观；若在道尔顿制，也许有几个学生同时要作几种观察，都要用显微镜，若不备有几架，他们就会等一整天也用不着。可怜！我们国内的中学，许多连一架显微镜也没有。由此类推，其他如参考书、地图、标本等亦然，仅有是不行的，要多有。1923 年，英国 Bristol[①] 开道尔顿制讨论会，一个中学校长报告实行道尔顿制的优点，其中有一条说，设备可以省钱，有一百名学生，可不必准备一百册的《威尼斯商人》(*The Merchant of Venice*)，因为一个英语作业室，准备十五册或二十册就行了。简单地说，一种参考书准备二十册，在外国学校看，是省钱的办法，而在中国学校看，是阔不可言了。让一步说，国内各中学，就令有钱，而是否有合用的参考书可买，还是一个大难题。用道尔顿制，可不要教科书，而必不可无多种参考书，听学生自由取材研究。中学各门功课各级的学生合用的参考书，现在在国内，有钱也买不了。内容材料不合用是不行的，文字难易的程度不适合是不行的。这类书籍，只有国内学者自行编纂，比不得仪器可由外国贩来。例如学生要读一篇国文，为查一句文章的解释，若必须翻开图书集成，或通考，这个孩子可真受罪了。我记得头年京报副刊征求青年必读书，各人所举出来的，不是中国的古经传，就是外国的专门名著，何尝有百分之一敢信是适合中学生用的呢？若实施道尔顿制，不用商务印书馆、中华书局为营利而编的教科书，如国文、历史、地理等学科，叫学生自己去找材料学习，简直是叫鱼上山顶游泳。我想实行道尔顿制而失败的国内学校，大抵是吃了这一点亏。此后真要试行道尔顿制，先请国内学者和中等教育家专心致志的协商，搜集富于文化价值的材料，用中学生能涉猎参考的文字体裁，编纂成书，目录索引，井井有条，使学生容易参考。等到各科参考书类都有了才说罢。

第三，我国现在中等师资缺乏，试不可讳言。用旧式教法，都不见得个个胜任愉快，若用道尔顿制就更不易了。往往有人误会用新方法便可乞灵于法，殊不知愈巧妙的方法，愈要靠能人运用。例如各科指导案之编制，是道尔顿制的要着。教员的学问若不十分深造，眼光若不远大，思想若不灵通周密，所制出来的指导案就会不合适。不合适的新方法，有如腐败的牛乳，倒不如干净的大饼滋养些。至于指导作业，检查作业成绩，尤要加倍热心。以现在的师资，是否能实行道尔顿制，确是一个大疑问。

以上所说都是事实的难点。与道尔顿制的本身无关，以下再说我对于它的疑问。

第一，学校作业，随学生之所好，一面看来，是顺乎个性之自然，而另一面看来，发展偏颇，却是戕贼个性。这是自然主义的弱点。柏女士[②]也顾到这一

① 布里斯托尔，英国西南部城市。

② 即帕克赫斯特（Helen Parkhurst）。

层。今早她在师大演讲，对这点再三辩护，说行道尔顿制，学生不会畏难而趋易。柏女士所举试验的例证，我们当然相信，但却不敢说全体的断定就可以成立。大凡自然主义的教育家，往往过信个个儿童都和他心中理想的儿童一样。

第二，学生对某门功课的兴趣，大抵多靠良教师的提醒。例如一篇文章、一首诗，若听学生自己读，往往因为学力不足，便不能领会出来文学的滋味。要得教师热烈的巧妙的解说指点，他们的兴趣才油然而生，这回对于这类文章就喜欢读了。至于数学、自然科学等，尤要靠教师方可领学生入门。若静听学生自己参考研究，恐怕有许多都感其干燥无味。总而言之，中学生对各学科的好恶，固然有根乎个性的，而实在大半是视乎教师之热心与教授才能如何。若只许编制问题式的指导案，及加以概略的指点，就恐怕教师有许多教授技术，简直无用武之地，学生就受不着他的感化了。

第三，学生之人数，与个别的自学指导法大有关系，若一作业室，人数不多，就容易办，若人数过多，就办不了。例如一校学生二百人，分四班，用旧法，有一位，多则两位英文教员便行了。若按道尔顿制，一位教员管一个英文作业室。适遇同时入室的学生有一百名，或七十名，就指导不了。那些先生所指导不到的孩子们，或者胡乱学习，甚至彼此闹起玩笑，则将若之何？

第四，道尔顿制所称为佳者，其一是引起学习的责任心。学生应有的作业，是对先生定了约，所以都能觉悟非学不可的责任。但我刚说过，个个儿童未必都如自然派教育家所想象的一样。若有贪懒的学生，就随便玩耍，不做功课，或敷衍不用心，岂不误了么？困而后学的儿童，谁敢说绝不会有？

第五，经济和自然，往往不易两全。设如有一个野蛮人，看见我们午炮响就吃中饭，他也许拍掌大笑。因为正午未必人人皆饿，不到正午未必都不饿，孰若整天准备食物，随饿随吃，多么自然呢？可是我们文明人说，那样办法不经济。然而细想一想，若因为饿而不食，或不饿而食，而至于损害生理的个性，得了疾病，又却是太不经济了。我们的用饭时刻虽有定，而多时吃完却不限定。设如有严格的军队生活，用饭时间都限定的，到号令一发，就不管饱不饱，都不许再吃，我们一定说他们不自然，而他们也一定说我们不经济。现代的教授法，大抵也是自然与经济相抵触。我中国的古法，是偏于自然的。私塾里，一位先生顶多教十来个学生，及后改了学堂，就变成一位先生教整百人了。私塾学生用功本来不限时间的，就是书院制度也是自由学习的，及改了学堂，也变成一定的时间表了。为什么改？为的是经济。欧洲人享受这类经济的生活法太久了，已生厌了，所以近日大呼回到自然去。可怜！我们学他们的经济法还未学好，他们又大叫向后转，真叫我们举足不定。现在道尔顿制是产自对向来经济法的反动。其实自然与经济，各有好处，让我们细心斟酌罢。

我以为道尔顿制好处很多，尽可试验，但必须事前有十分考虑和准备。若随便尝试，误人子弟，就是教育法的罪过。不能借口试新法而妄把儿童当试验品，这也是轻蔑儿童，大悖乎自然主义。为趋时髦，盗虚声而试新法，确是近日教育家所易犯的毛病。

（《晨报副刊》第1243号，1925年8月7日，有改动）

教员待遇问题

（1925 年 10 月 22 日）

教员待遇，在文明国教育行政上，认为极重要的问题，大抵都有很详细的规定。而我国办学迄今，快要到 30 年，竟未曾注意及此，确是一件怪事。勉己先生催我写一篇关于这个问题的文章，引起社会注意，可是像这样重大的问题，若详考各国制度，就要写成一册专书，中国现在一点儿基础也没有，正不知从哪里说起。各国的制度，又都有他们的社会的、历史的背景，不能说拈来便合用。所以我只好极大体地说一说，至多也不过能引起社会上的注意而已。

为什么这个问题如是重要呢？极平易地说，关于教员待遇，若漫无规则，一国的教育，至少要受两种害。第一是因为要当教员太容易，所以想做教员的就很多。或是官僚大绅，一时无法活动，就暂借学校作退隐场；或是野心政客，未得志时，看出学界可以布置潜势力，教育可以作政治的敲门砖，就钻入学校里混一混；或是无聊寒陈汉，只能靠学校做啖饭处；或是无意识地吃几年教书饭，一旦别有机会，便飘然引去。总而言之，听一班毫无从事教育的决心的人随便插足教育界，确是一件大危险的事。此种现象，在各行职业不发达的社会最易见。结果，必使学校变成饭碗争夺场，可以说国之患在多人争为人师。据我所闻，近年各省学界风潮，大抵因为争夺。有人要谋一校的校长，就会先谋安插教员；或要谋当教员，就不能不先设法倒校长①。不择手段地演种种丑态，结果使教育受了致命伤，也就不消说了。第二是因为当教员太清苦了，所以几乎无人愿干。此种现象多见于产业发达的国家，我国现在似乎尚谈不到，但亦不可不先虑及。当教员决不能说毫无乐处，但乐处全隐在清苦中，非极有涵养、有信仰、有毅力的恬淡纯洁的教育家，不能领略。大体说来，总算是苦差事。例如在银行商店工厂里做事的人，每天工作毕，尽可任意娱乐，而教育家每日学校课毕，心中仍有许多放不下的问题。一个教育家，讲功绩，则隐而不著。讲恩情，往往费尽心血教了六七年的小学生、中学生，毕业不过一年，连姓名都记不清，睹面若不相识。讲发财，就像中国现在这样腐败的社会，要做校长发财恐怕也大非易事。总之在有秩序的社会中，教育是名利最淡薄的事业。在美国，一个玻璃厂的工人，一年平均收入，多于小学教员的两倍。日本乡间小学教员的俸给，远不及大阪东京旅馆的一个下女。这样情形，必至有志气、有才力的人都不愿做教员。假使一国之内，都让那些无用、无出息、无能力的凡庸之辈去担当教育儿童和青年的责任，你想危险不危险呢？要免去上面说的两种弊端，就不可没有相当办法。申言之，国家对于教员之任用，要有相当的规定，于他们的位置，要有保障，于他们的地位，要表示尊重，于他们的生活，要有周到的维持，这就是教员待遇问题。

在国家的公法上，教员占个甚位置呢，具体地说，教员是不是官吏呢？世界各国制度，大抵认教员是官吏者多，而也有不算是官吏的。除瑞士外欧洲大陆各国及日本，都明白规定教员是国家的官吏，英美则否。在认教员为官吏的国家，则教员之任免及其俸给、恩给、荣誉等，当然有法令规定。例如日本的大学教授，是敕任和奏任，与我国的简任或荐任相当，中等学校教谕，奏任或判任（即我国委任），小学训导判任。德国革命前，大学教授、中学校长都以王命任用，中学正教员由教育部大臣任命，小学正教员由地方行政长官任命。总之各国通则，非经过法定的任命手续，便不是正式教员，不论大学或小学。至于不认教员为官吏的国家，虽不明设官阶，而实在默认教员是国家的一种重要公职，关于一切待遇法，都有法律规定。例如瑞士，除军官外，一般行政官及教员，皆不设官阶。而大中小学教员之待遇法，都有极详细的法则，且地位极巩固，若非服务年限终了，或因犯罪受处分之外，不能随便免职。英国虽不为教员设官阶，而亦有

① “倒校长”是指1920年北京高等师范学校（简称“北高师”）的校长风潮。因1920年11月22日，担任北高师校长9年之久的陈宝泉辞职被批准，教育部任命陶孟和接任校长。此事引发了学生挽留陈校长，劝陶孟和自行辞去的举动。——编者注

慎重的任免法。大学教授任用权，属于管理该大学之团体，中学教员任用权，属于管理学校之团体，或属于地方行政官厅。但教员若因政治上党派，或感情不和而被免职时，教育部即可干涉，宣告其免职处分无效，故教员之地位甚不易动。至于公立小学教员，虽由地方学务委员会任命，但必须得教育部许可。据这样看来，认定教员是国家的公职，而以法令规定他们的任免及俸给，是各国制度共通之点。是否设官阶，实在无关要紧，尤以民主国家更不觉得官阶之有无有什么区别。只有美国的学校教员，大抵按雇佣的契约定薪俸之数。然如波士顿等大市，亦有规定恩给制者。至于教员之地位，仍决之于地方教育会议，被免职者若有不平，也得诉之于行政裁判所。总之美国的教员待遇法，在世界上算最简单的，但我们都知道美国教育的历史是很幼稚的，还有多少未脱净曩日殖民地的习气。

一个国家要维持自身的生命，至少对两种人要特别待遇：一种是军官，为国家防卫生命的，又一种是教员，为国家发展生命的。按理说，教员之不可随便雇佣，当更甚于军官。由国家的见地看去，学校教员与商店经理或工厂技师，绝不相等。国家要运用全国的教育政策，若枝枝节节地干涉各校内的课业或考试，是不行的。可是至少有两件事不可不由政府负责。其一是经费之补助，其二是教员之任免。国立公立学校的经费，固然是由政府支出。此外如某地方的教育急待振兴，而该地方又无充分的财力，政府就该特别补助。又如某种教育（如科学教育或职业的补习教育等）急待提倡，则政府应特别筹拨大宗款项，亟行设备，是也。国立公立学校教员之任免权，固应属于政府，即私公学校的教员，也应间接地受政府支配。质言之，政府须依法律对全国教员有授职权（不管是官非官）。通常所谓教员资格，不过说可以当教员，究竟是否称职，非经过试用不可得知。例如师范学校毕业，或检定合格者，是可以充小学试用教员，但必须经过若干年试用，确有成绩，始可授以小学教员之职。再举一个实例罢，在德国，愿充中学教员者，须在大学本科修业满三年，受检定考试及格，再派往指定的中学受该校校长及教员之指导，研究一年，又实习一年，由任指导之校长及教员具状证明其堪用，始授以中学教员之职。至于大学教授，更不能说什么学校毕业就够了，尤非经过长时期的试用不可。要之试用有两层意义：国家要试验此人是否堪用，本人也要试验自己是否适于当教员。所以除大学教授或不能定期外，至于中小学教员，当有法律规定一个最短的试用期限，非经过这个年限，不得授职。国立公立学校的教员，固应由政府授职，才算是某校的正式教员，即私立学校，也应以延聘曾由政府授职之教员为原则。教员一经授职之后，便是对国家发生了公法上的特别关系，便算是以身许国。这个资格（也可说是义务）非依法不能解除。国家对于授职的教员，宛如军官，应有征发调遣的全权，这一着也很重要。如我国之特别区，新疆等地方教育，急待振兴，而本地人才又苦不足，一时又不能培植出来，就可由内地选极优秀富经验的教员前往效劳。这是人才调剂挹注的办法，在教育行政上非常重要。但若不确定教员对国家之公法上的关系，这一着就不易办到。在认教员为官吏的国家，要办此着，就有很多便利。因为教员是一个官阶，某教员按他的官阶受定量的官俸，此外因任某校之职可另给职务俸。若被调往穷苦僻远地方任教，便可多给他职务俸。宛如一个中尉，调往哪一师里任营长，于他的本官阶无甚影响。这一着若办到，则全国教员，可由政府体察各地方之需要缓急，随时调动。现在国内教育界所谓某派某系之把持争夺的丑态，可以一扫而空之。总括起来，教员应该是国家的公职，对国家应有公法上关系，要经过法定的最短使用期限方能授职，而授职后可由国家调遣。

教员既为国家负教育的责任，则国家对教员应有相当的报酬。在各国皆有极周详的法令。这就是狭义的教员待遇法。兹按各国之通则，列举五项，并说明其大略。

第一，地位保障。教员之任免，大抵采难进难退之原则。故国家对于授职教员之地位，有一定法律为之保障。如休职及免职之条件，均有详密具体的规定，若非法而被处分，本人得上诉。

第二，荣誉。教员有享受国家赠勋给章之权利。

第三，俸给。教员之俸给，初任时较薄，以后按年功而递增。大抵由最低额而至最高额，中间分许多等级。

本俸与职务俸。本俸系按教员之官阶而分级。至于职务俸，系任职所得之报酬，按职务之繁简及经济之必要而有差等。本俸与职务俸之和，即教员俸给之总计也。

特别加俸。因任职特别繁，或任地特别偏僻，得给特别加俸，亦按教员之等级而规定其最高额。

退隐费。任职满法定年限（10 年或 15 年），因老病或伤痍而退职者，给以退隐费。其金额规定为在职时俸给之百分之几十，且按其任职之年数而递增。教员可退职之年龄：大抵中小学教员要过 60 岁，而大学教授非过 70，殆少退职者，因大学教授多在 50 左右始授职，而 50 至 70，系大学教授之盛年也。

遗族扶助费。任职久（大约满 10 年）而死亡，或积劳病故之教员，其孤儿寡妇或老亲，得受扶助费。

医药费。为职务而受伤，或罹疾，均得受医药费。

住宅或住宅费。此项大抵适用于中小学教员。住宅房屋之多寡，视教员之有无家室而规定。倘学校不易备房屋，则给住宅费。德国之乡间小学教员住宅，大抵附属有12亩乃至25亩之耕地，使教员之生活有趣，且为该地方农业改良之前驱。

此外尚有旅行、参观等实际支销之费用。

第四，修养向上之机会。大学教授固应有充分的研究时间，即中小学教员，亦应有如此机会。大约规定任职若干年，得休职而往就学一二年，在此期内仍给本俸。

第五，教育子女之可能。按优生学的见地，或报恩的见地，国家对于教员之子女，都应负教育之义务。大抵规定入学于国立公立学校，一律免费。

教员既受国家之优待，当然有其应负之责任。上面所说受调遣，就是责任之一。兹再列举几点：

其一，尽职。所谓尽职，就不限于教书，凡学校重要职务，以及视察调查等责任，皆应负担。

其二，限制营业。以营利为目的之业务，及有收入之兼差，倘有妨害于教员本职者，皆不应兼营。

其三，惩戒处分。教员若有溺职及玷污品格之行为，当然应受处分。若其行为不止于溺职及玷品，则刑事上及民事上的责任，更不消说是不可免的。

也许有人觉得教员太不自由了，这就不消说。因为服公务，就不得不抛弃几分个人的自由。所以外国往往有学者不愿当大学教授，只愿当讲师，就是因为他不愿牺牲个人的自由。

教员任用之资格，最要紧的自然是学力。大学教员虽不易以明文规定，而中小学校教员必有一定的明文规定。但此项涉及教员养成之问题，可以不必说。但举两项极普通的：

第一，要有本国国籍且有公民权。外人当教员只能算为雇佣的讲师。

第二，要达成年。教员所负的责任，是陶冶未成年者，故自身非成年不可。我国师范学校学制，于此点就有问题。按法定学龄计算，师范学校毕业生，只有十八岁，于心理上，及法律上，均未成年，① 怎好委以教育儿童的责任呢？可惜教育家们天天高谈师资问题，竟看不到这一点破绽。更有奇者，闻道有些地方，竟要于初级中学办师范科，预备充初级小学教员，那不是十五岁的小学老师么？如此主张的先生们，也许是发疯了罢！

上面所说的都很简略，可是最初声明过，只要引起社会上注意而已。

（《晨报》副刊《社会》第12号，1925年12月29日，有改动）

---

① 当时的成年年龄为20岁。——编者注

附属学校之使命及其与师范本部之联络

(1930年2月28日)

清光绪二十九年（1903）《奏定学堂章程》内，规定师范附属学校之宗旨，明白地说："研究普通教学法，以图教育进步，为普通学堂之模范，且以资本学堂生之实地练习。"这几句话，极中肯綮，可以说是接受了世界最新教育潮流。可惜这不过是无意识地抄袭他人的法令，所以迄今已二十余年，办理师范教育者尚未见得全明了附属学校之意义，至于社会上普通人士更不用说了。

近世师范教育之勃兴，系新教育研究之结果，而新教育又系十七八世纪诸教育名家实地试验之产物。就此一点，可以说附属学校系师范教育之母。例如法国 Abbe La Salle① 在 Reims② 创办教员养成班之原因，就是他所办的平民学校。德国 Francke③ 在 Halle④ 开办师

① 沙烈。

② 兰斯，法国东北部城市。

③ 弗兰克。

④ 哈勒，德国东部城市。

范院之原因，亦是他所办的教养院。至18世纪Basedow[①]在Dessau[②]创办之泛爱学校，就是泛爱派教育家之养成机关。19世纪裴斯泰洛齐所办的Burgdorf[③]及Yverdon[④]学校，就是世界裴派教育家之出产地。福禄培尔创办之Blankenburg[⑤]幼稚园[⑥]，就是世界幼稚教育之创生地。此类事实，都是开办一所普通学校，教育一班幼少儿童，就由这里发明新教育的理论方法，同时就此培养一班新式教育家。按附属学校别名实验学校（Experimental School、Versuchschule），或称实习学校（Practice School），或称练习学校（Ubungschule），或称演示学校（Demonstration School）。要之教育断非冥想之所能成功，不论研究教育或学习教育，皆不能离开实际教育儿童。故创建教育学之赫尔巴特，于1809年在Konigsberg[⑦]大学开办教育学院，即附设实习学校。19世纪前半叶，大有勋劳于德国师范教育之Diesterweg[⑧]亦极注力于改良附属学校。德国Jena[⑨]大学之著名附属学校，系1885年Rein[⑩]监督开办。美国哥伦比亚大学附属之Horace Mann School[⑪]及芝加哥大学之附属学校，则多得力于杜威与Parker[⑫]两人。此外如德国Kerschensteiner[⑬]在Munich[⑭]所办之实验学校，英国Cecil Reddie[⑮]所办之Abbotsholme[⑯]学校，法国Demolins[⑰]所办之Ecole des Roches[⑱]中学，又皆系今日世界新教育之发源地。又如英国之训练中学教员，往往径由教育部委托一个中学校负完全责任。于此可见若有可靠的实习学校，则虽无师范本部，亦未尝不可训练教员。附属学校

---

① 巴泽多。
② 德绍，德国东部城市。
③ 布格多夫，瑞士中部城市。
④ 伊弗东，瑞士西部城市。
⑤ 布兰肯堡，德国东部城市。
⑥ 即幼儿园。——编者注
⑦ 柯尼斯堡，原为普鲁士城市，后为苏联（今俄罗斯）的加里宁格勒。
⑧ 第斯多惠。
⑨ 耶拿，德国东部城市。
⑩ 莱恩。
⑪ 霍勒斯曼学校。
⑫ 帕克。
⑬ 凯兴斯泰纳。
⑭ 慕尼黑，德国西部城市。
⑮ 雷迪。
⑯ 阿波茨霍姆，英格兰中部城市。
⑰ 德谟兰。
⑱ 奥诗。

之重要，有如此者。我以为一个师范学校之中，训练师范生之重要机关有三：其一是秩序严肃的寄宿舍及运动场，这是训练师范生品性之所在；其二是内容充实的实验室及图书馆，这是培养学殖之所在；其三就是附属学校，这是完成教育者资格之所在。师范与附属学校之关系，有点像骨和肉。若师范没有附属学校，就等于没有筋肉的枯骨。而附属学校若离开师范，就等于无骨的一块肉，已失掉其效用。

附属学校既系师范教育之完成处，则其性质自然明显。今分列之为四要素：

（1）国民教育所。

（2）普通教育模范所。

（3）普通教育研究所。

（4）教生练习所。

这四要素务必相辅并行，不可为其一而害及其余，这是最要着。好似一个完整的人格，必包含有动物的、人类的、公民的、职业的四种资格。由前项基本的而进到后项的特征。附属学校之甲项要素，当然是第一义的使命。在无伤于此第一义的使命之范围内，而发挥其剩下的各项使命。

附属学校不外是小学或中学，当然要与其他中小学同样地尽量发挥其普通国民教育之使命。既然为国家负责教育幼少国民，则断不许有丝毫耽误。然附属学校有一点异乎寻常的中小学者，就是教生试教。教生试教，往往因学力未熟，方法生硬，而误附校学生学业，这是显而易见的。教生之管理方法，训练态度，亦必不能如附校教员之周到适宜，这亦是势所难免。更有一层可虑者，就是因为教生之欠熟练，而引起附校学生之内心反应，很容易于他们的品性上发生恶影响。例如教生轮流试教，则附校学生可于一月或两三周之间，亲炙好几位新教师，虽亦可因此而养成几分应接生面人的习惯，然同时就可以养成圆滑、逢迎，以自己课业为应酬之恶习。教生教授管理上之错误，若被附校学生发现，则易引起指摘他人弱点、轻薄、揶揄之行为。若附校教员于事前告诫，临时又加以监视，则表面虽可免无礼的表示，而却又可造成一个色庄、腹诽、虚伪、敷衍的机会。总而言之，因教生之试教，附校学生平时对师长之真挚诚恳的态度，免不了被破坏。附属学校对于上述各种弊病，不可不注意预防，始能完成其国民教育之使命。教生未试教之先，必须有较长时间之参观，俾得取法于附校教员。将试教时，必须请附校教员帮助整理教材，编制教案，协商自己所预定的教授法。试教之后，若有缺点，则附校教员必须为之弥补。总之务必使附校学生得教生之益而免受其害。

附属学校有领导所在地方普通教育之使命，谋本地方普通教育之改良进步，而示之以模范。既然叫作模范，则教授管理训练设备等固要新鲜精良，而一切设施规模亦要完备，应有尽有。例如小学，则单式学级、复式学级、二部教授、单级教授以及低能儿教育、盲哑教育、补习教育等，皆应设备。中学则现行学制所规定之各种职业科，固应备有，而不良少年之教育劣等生之教育，亦所应有。我国内各附属学校，大抵规模狭小，而偏于富家子教育、颖才教育，此诚为一个大缺憾。附属学校之办法务求精良，规模务求完备，一面招地方各中小学教育家来参观，一面供省市视学官之参考。附属学校与省市视学官联络，间接就可与地方各中小学联络。省市视学以附属学校为自己研究之所，增加自己之见识，参观有所得，则相继而谋地方上各中小学之改良。附属学校之主任及教员，亦应常常往地方各中小学参观，一面介绍附属学校之现状于各学校，一面亦可考察社会实况及各校之短长，以充自己研究之资料。于此可见附属学校教员们所负的责任，实超过其他中小学教员，因为他们的工作不只是独善本校，还要兼善他校。

附属学校之第三项使命是研究教育。所谓研究，有两层意义：第一层是于现行教育法令之内，求教育之最有效。第二层是不管现行法令之如何，而鉴于世界教育之新趋势，及教育学术之新进步，求发展国民性，或适应社会之需要，而计划新鲜的教育设施。国家虽制定教育法令，然不过规定极大概的形式，至于能否发生效力，则悉视乎实施时之态度与方法。我想法令效力之微弱，再没有敌教育法令的了。倘有教育当局要只凭法令振兴或改良一国的教育，这就是梦想。教育家若以为遵奉法令便可以办好学校，那就是迷信。同一种学制，同一种课程，同一种教科，同一种教材，同一种校规，而因教育家运用之优劣，其结果往往有天渊之别。所以在遵用现行教育法令之下，我们尚大有运用心思，步步谋改良之余地。例如关于学生的学业方面，则教材之选择、分配、联络，学生自学之指导，成绩之考查等事，断非法令之所能为力。至于指导学生的行为，培养其品性，启发其思想，则更要教育家熟察个性，因事制宜。我们须知一件事的利弊得失，无论如何高明的教育学者或立法家，亦必不能悉数前知而老早告诉我们，所以只有靠我们自己事事留心，时时反省、改良。只要热心负责任的教育家，随处研究，就可由极平常的事实看出极微妙的原理。往往有人以为研究试验就一定要出新花样，更改制度章程，其实是误会。办学校办不好，立刻就归罪于制度章程，实在有点不负责任，或神经过敏。例如我国学制，自光绪二十九年（1903）至民国元年（1912）改一次，至民国十一年（1922）又改一次，假使有一个小孩子，于光绪二十九年（1903）入小学，至民国元年（1912），刚到中学第一年级，若于民元（1912）入小学至民国十一年（1922），则刚到中学第三年级。一条路尚未从头至尾走过一次，哪能说定其好坏呢？又如自设计教授、工作教育等思潮输入以来，国内教育家亦异口同声地诽谤五段教授法。其实平心静气地反躬自问，知道五段教授法的有几人，热心运用过的又有几人？我并非主张守旧而不革新，但敢信研究就不一定要改头换面，真正的教育就不必时时换招牌、改颜色。就如中小学国语国文的教材，毕竟应如何选择，如何分配，迄今还未有标准。我国中小学生之身体发育状况，到底怎样才算合格，于今亦未得一个标准。这等事还不该研究么？清师范学堂章程规定要附设教育博物馆，搜罗陈列中外学堂之建筑模型图式、学校备品、教授用具、学生成绩、学事统计、规则、教科图书等。这也就是附属学校应做的事。可是这条法令虚悬了廿余年，今尚未办到。肯按部就班地研究，自然可以革新，可以创造。真正有益的新方法，必系从深刻的经验和精密的研究产出来。就是试验世界教育名家曾经试用有效的新法，亦须加一番精细的讨论，务求适宜于自家学校的特殊情形，方可着手。苟未有十分把握，但凭一时的联想，或趋时髦，而轻于尝试，便是妄动。若为教员自己出风头，弋虚誉，而敢于妄试，则简直是不道德的行为。须知我们所教者是具有人格尊严的儿童，是国家之未成年的公民。人格不能随便拿来当作试验品。附属学校之第一项使命断不可忽略。教育的试验，不同于自然科学的试验，失败了不过糟些材料，费些时间。教育欲试验新法，于事前有必须遵守的条件：第一，于学理上必须有精深的研究、讨论。第二，于实际状况必须考虑周到，务求适宜。第三，必须经过虚心静气的会议协商。第四，应用的工具必须设备充足。第五，试验的动机须系纯粹的为儿童求实益，绝不是替学校博虚誉，更不是为教员个人出风头。

要改进教育，先要明了事实，则不能不用统计、调查、测验，有时要知道中小学生对于各种教育设施之内心的反应，往往要用问答式的测验。此项办法切忌滥用。首先要所测验的事十分有意义、有价值，要使被测验的中小学生也看得郑重，要不因为测验而妨害其学业。若测验的问题无甚意味，就会被学生看作儿戏。若所问的意义不简单明显，或非学生所能判定答复的，则他们会生厌。若测验频繁，则他们简直会起反感。有一于此，则测验等于无用，甚至于破坏了风气，连累后来的人也不好办了。尤其是中学生，他们已有了相当的心眼，有许多他们自己认为该秘密的思想行为，决不轻易告诉他人，你若勉强问他们，就会得到一篇虚伪的对答，如此，则双方皆有害无益。我屡次看见施行测验的人们着了这一道，所以特意提醒几句。

在附属学校负责任研究试验的人，就是附属学校的教员和师范的教员。有许多人误会办理附属学校完全是附属学校教员们的事，而与师范教员们无关。殊不知师范教员们既然要替国家养成优良师资，就先要知道理想的中小学校需要什么教员。换句话说，对于普通教育若没有心得、没有理想，就不配叫作师范学校。

师范学校所怀抱的普通教育之方针方法，当然表现于其附属学校。我常常说附属学校的成绩，应当就是师范所怀抱的教育理想之实现。依照附属学校所得的经验，才能决定训练师范生之方针。所以英国的师范教育法令，规定中学师资之训练机关，其校长及教员们，至少要有半数富于中学教育之经验者。可见得研究附属学校之教育实况，确系师范教员之一种要务。日本师范学校各教员，照章每星期必往附属学校视察讨论，而报告于校长。有人以为只有教育科教员应与附属学校联络，这是大误会。各学科之取材及教授方法，必须于本科有专长的人，才能彻底解决。师范学校教员不只是教师范生求学，还要教他们怎样用所学以教人。师范之某科教员，必须与附属学校之某科教员，时时共同研究该科教授教材之改良损益。关于附校教育之全局事宜，师范之教员亦须与附校教员们会议讨论。则附属学校可借师范教员们之优长的学识以谋改进，而师范亦可依据附校之经验以决定其训练师范生之方针。唯今日我国师范学校教员，大抵长于学问而乏普通教育的经验与兴味。现在要沟通师范本部与附属学校，只有两条路：其一以校章规定师范学校教员必须兼任附属学校之教授，与附属学校教员们共同讨论，以增其经验，而养其兴味。其二选择附属学校之已有成绩的教员，减轻其工作，俾得有自修之余暇，以提高其学识，而预备充师范教员。我以为若两条路同时并进，则四五年后，师范本部与附属学校可成有机的联络。

我国师范学校，大抵有轻视实习之通病。殊不知师范生在学授教，不过是一种准备功夫，其充教师之学识性格，皆未完足，在附属学校实习，就是为得要完成其充教师之资格。实习之意义：第一是使师范生得实际的教育经验，以印证其平时之所学；第二，培养其指导儿童，尽瘁于教育事业的兴味；第三，练习教授、训练及处理校务之方法。然则误会实习不外是试教育，未免视之过狭。现在有许多师范学校，于最高学年将毕时，令学生一面受课①，一面忙里偷暇地往附属学校试教数小时，就算了一件公事，真未免近于儿戏。须知附属学校之第一项使命是国民教育，然则儿童之一时的光阴亦不许糟蹋。若令师范生敷衍了事地去试教，则于师范生无益，而于附属学校学生有害。教育行为岂可如此？据我的意见，师范生在附属学校之实习，可分作两个时期。第一时期是师范生在学之三四年间，每周或隔周，由教员领导往附属学校参观一次。遇附属学校有游艺会、展览会、运动会等大典，则分派师范生随从附属学校教员帮助工作。这样的练习，当然不会立刻就有什么心得。然日久则增加相当的见识，发生相当的兴趣。须知经验要习而后得，趣味要浸淫而后成。第二时期是于学业修了之后，多则一年，

① 指接受师范生课程的教育。

最少也要半年，用全副精神、全部时间，在附属学校实习。此时之实习第一步，师范生要受师范本部教员及附校教员切实指导研究教材、拟制教案。第二步，细心参观附校教员之教授法、训练法以作自己将来工作之法式。等到准备充足，有了把握，第三步乃开始实习。不问其为试教，或为训练管理之实习，必须将教生分组，指定一位附校教员领导一组。这一组教生就算是这位附校教员的助手，或协助附校教员工作，或在师范教员及附校教员监督之下，独立负责，试行工作。例如试教，或协助附校教员改订学生练习簿，考验学生成绩，或指导学生实验室的活动，或登台授课，皆听附校教员指挥。每一工作毕，受师范教员及附校教员批评，请求解释疑难。附校各项会议，苟情形之所许，亦令教生列席旁听，以资见习。至于视察运动场，领导学生游戏运动，视察图书馆，指导学生阅书温课，参加学生各项团体活动，辅导其工作，指示其意见等事，亦皆应随附校教员之后，实行练习。在管理方面，如经理簿书文件，编制表册，整饬学校卫生，安置校具、仪器、标本等，亦必须随时参与，求得经验。总之此时期之实习，就是所谓于实行中学习之（Learning by doing），而指导者就是附校教员，且以师范教员辅之。实习时间因此非长久不可。此时之教生，是附属学校之有实无名的教员，其职务，其责任，与教员无大异，但受老教员之指导而已。若要在数周之间，数小时之练习，获得经验，乃是一种无理的奢望、幻想，顶多亦不过可说聊胜于无而已。实习就为得要做真事，不做假事，若系模拟的、假设的，何异乎在书本子上研究教育方法？真事则得要在事情发生的时候去做，所以非经过一年半载就没有备尝的机会。我主张师范生之实习时期延长至一年。若他们的公费待遇不能立刻全部恢复，我就希望于实习那一年间，给以公费，俾得安心去做。

综合以上所论，则附属学校与师范本部之关系可以明显了。附属并不见得就是隶属管辖之意，乃是彼此联络、互助、互惠之意。再申言之，附属学校借师范教员之学识，而得研究改进之助；而师范则依据附属学校之教育经验，以审查改订其培养师资之方针。若附属学校最初就系由师范的教员们一手经营的，则附属学校受益于师范者较多。若附属学校原来就系一个已有成绩的学校，则师范叨附校的光不少。英国的师范学院，往往特与一个有成绩的中学订约联络，以资研究和练习。若站在教育的场面看，就只见得互助互惠，而没有什么妨碍了。我奉劝办师范学校者，必尽力求得一个优良的附属学校，若师范而没有附属学校或虽有而不注意办好，就变成一个残废的师范学校了。若附属学校不努力求实现第二、第三、第四三项使命，则失却其特殊的地位了。

（《师大教育丛刊》第1卷第1期，1930年4月1日，有改动）

日本师范教育的特点

（1931年11月15日）

师范教育，系国民教育运动及其思想之自然的产物，我们要知道一个国家的师范教育，就要观察她的教育思想，同时也可以说，如果我们明白了她的师范教育，也就明了她的国民教育方针了。日本明治维新最初4年间，有点像我们中国前清戊戌政变，全国注意在举行新政，变法自强，依据他们当日的国是——五条御誓文之一——“求知识于世界，以大振皇基”，自然最需要的就是新式应用人才。当时他们国家开办的教育事业是设分科大学，以培养所谓“国学”“汉学”“洋学”“医学”等人才。各地方立学校及各私立学校，俱不外培养需用人才。既然教育方针未提到国民教育，也就未有师范教育。

自由、民权的思想弥漫全国，政治上、法律上废除阶级旧制，纳税的义务，参政的权力，渐臻确定，国民教育当然要应运而生。明治五年（1872）[①] 6月，太政官指令文部省，明示教育行政方针，其一是尽力于小学教育，其二是速办师范学校。是年8月公布日本最早的学制，自然是效法欧美，但当时美国之任由各省自治的教育

① 原稿为1871年，此处做修订。——编者注

制度，以及德国的联邦制度，皆与日本要建设统一国家的方针不合；英国之保守的私立学校办法，又与日本之维新的国营的教育要求不合，唯有法国自拿破仑以来，老早就办好了一个统一的、集权的、帝国主义的教育制度，最适合日本人的脾胃。所以当时日本的学制，就照法国的榜样，分全国为大学区、中学区和小学区，而师范学校之设立，也极力步武法国。明治五年（1872）3月，于昌平黉之旧址，设立东京师范学校，这是现在东京高师的前身，也可以说是自巴黎高师以后，世界上第二次成立的国立师范学校。明治七年（1874）8月设师范学校于大阪宫城，明治七年（1874）2月，设师范学校于爱知、广岛、长崎、新潟。明治七年（1874）3月设东京女子师范学校，即现在东京女高师的前身。这样国立师范学校的办法，很像19世纪开始时的法国。那时候日本小学教育发达得很快，明治六年（1873），全国公立小学有7 995校，私立的有4 563校。就学儿童占学龄儿童28%。至明治八年（1875），公立小学增至24 225校，就学儿童达60%以上。这样的情形，师范学校毕业生，自然供不应求，所以各处多设速成的教员养成所，明治十年（1877）以后，各府县陆续设立师范学校。这一段先有国立师范学校，后有地方公立师范学校的历史，也酷似法国。然而制度和历史尽管像法国，而却未有明确的教育方针。当时的时代思潮仍不脱浅近的实利主义——求有用的知识。开办东京师范学校时，聘美国人Scott① 和David Murray② 来讲教授法，也是间接地学些裴斯泰洛齐派的自然开发的教育说，取其容易启发知识。在这个时期，日本师范教育正在开创时代。

明治八年（1875），东京师范学校，已经分别培养小学及中学两种师资。至明治十一年（1878），除东京师范及东京女子师范之外，其余各处的国立师范学校一律停办，这就是要把培养小学师资的机关拨归各府县公立。明治十四年（1881）8月，文部省颁布《师范学校教则大纲》给各府县，听其照章办理，而呈请文部省认可。明治十六年（1883），又公布府县立师范学校通则，明示“以忠孝彝伦之道培养小学教员”。由明治十一年至明治十八年（1878—1885），在日本教育史上，叫作教育令时代，此时西洋崇拜及自由民权的思想达到极点，教育思潮也由常识的实利主义，跃进学理的实利主义，斯宾塞的《教育论》正在此时风行于日本教育界。如此崇拜欧美及偏重实利之风，至明治十六七年（1883、1884）渐渐引起尊王爱国的反动思想。

极端的欧化主义，渐为世人所不满，明治十九（1886）、明治二十年

① 斯科特。

② 戴维·默里。

(1887) 以后，国粹保存论便抬起头来，采对抗的阵势。明治二十二年 (1889) 颁布宪法，明治二十三年 (1890) 颁布道德教育的诏敕，由国粹保存论，一转而成国家主义，总算是于思想纷乱之中，定了一个久而不拔的国是，这就是日本帝国主义的基础。那时候在教育界大显身手造成日本国民教育、师范教育之国家主义的基地者，就是第一届伊藤内阁之文部大臣森有礼。森氏在青年时原是一个极端欧化主义者，及一度漫游欧陆归来，深受德国民族主义国家主义之感动，乃舍却英美的功利自由思想，而皈依国家主义，力倡国家之无上价值，个人应为国家而牺牲自己。他做了文部大臣，居然要学德国的胡谟波尔特①，把自己所怀抱的振作民族精神实现国家主义的思想普及于全国教育界。明治十九年至明治二十年 (1886—1887) 森氏经手颁布的学校令，其系统如下：

帝国大学——高等中学——寻常中学 }
　　　　——高等师范——寻常师范 } 高等小学——寻常小学

高等师范为国立设于东京，修业年限四年，其毕业生充寻常师范之校长及教员，必要时亦得任他种学校之校长教员。寻常师范以地方税公立，每府县一校，四年毕业，任小学校长教员。这样中学与大学成了系统，师范学校又成一系统，明明仍是仿法国制，而到这时候才抓着了德国的精神去运用它。学制仿法，精神仿德，方法仿美，这样三合一的结构，自此以后，遂长久贯通日本的教育界。这回的学校令，关于师范学校校长教员任命章程、教学章程、训育章程、招生章程、毕业生服务章程，皆灿然大备，日本的师范教育，至此才算是系统地组成了。其中最值得注目的，第一是规定师范校长得兼任该府县的学务课长，其任期最短五年。这是明白表示师范学校负领导该府县国民教育的全责，师范校长不只是作一校的师表，而要作全府县国民教育的导师，且任期较长，俾得安心尽职。第二是注重师范生的训育。法令规定师范学校训育目的是服从、友爱、威仪三德。师范学校皆有宿舍，收容全校学生，教员日夜与学生同起居、共饮食，以熏陶其德性。全校一律用兵式训练，其用意并非要师范生成劲旅去打仗——日本师范毕业生受六星期兵役的优待，因为他们替国家教育国民，就可减轻兵役——乃是要他们养成纪律服从的德性，一旦有缓急即舍身从事的精神，他们认为必要这样才可作国民的师表，日本的师范学校，除课室、实验室、图书馆之外，叫人看去，煞像一座兵营。回顾以前满肚皮实利思想的日本人，至是居然能领略形式陶冶的价值，由以前偏重知识的教育，一变而看重人格陶冶，总算是进步了。现在

① 胡谟波尔特，是创建柏林大学的洪堡 (Wilhelm von Humboldt)。——编者注

日本人对我们的侵略，若追因到他们的教育，当然要追到这一点。这时候的教育思潮，也就跟着转向明治二十一年（1888），能势荣氏介绍法国康配列（Compayre）教育学，遂脱却实利主义，而注意儿童情意之陶冶、德性之涵养。明治二十二年（1889）以后，赫尔巴特派道德中心的教育学说就潮涌似的输入日本。现在日本教育学界的老前辈，如谷本富、汤原元一、泽柳政太郎等，俱系那时鼓吹赫尔巴特派教育学的功臣。

甲午之役［明治二十七八年（1894、1895）］，我们中国的大失败、大耻辱，却是他们的大成功——国家主义的教育试验成功，他们经此一役，国民的自信益强、自觉益深，当时深入人心的时代思潮是高山林次郎、井上哲次郎等鼓吹的日本主义，一切的价值标准，都要归到发扬日本的光荣。他们的国运既进了一步，教育自然应时改造。明治三十年（1897）颁布师范学校令①，包含高等师范学校令、女子高等师范学校令、师范学校令三种。高等师范学校养成师范学校、中学校及高等女子学校的教员，这是把高师的权力扩充到支配全国的师范教育及中等教育。女子高师在明治十八年（1885）曾归并于东京高师而成为女子部，至明治二十三年（1890）复分离独立，这回法令再规定东京高师及女子高师皆为国立，直隶于文部省。师范学校，则删去“寻常”两字，归各府县公立，而每府县至少要有男女师范各一校。师范学校学生名额，亦规定其最少限额，即对于辖境内学龄儿童总数2/3，按70名1学级，算出学级总数之1/20，就与师范学校每年毕业生最少名额相等。师范学校每届招生，要预计每年毕业生至少要有这个人数，这是着实地使师范毕业生足供全国小学教员之用。再过几年，广岛男高师、奈良女高师相继成立，全国四个国立高师，两男、两女，十足学了法国。以国立高师支配全国师范学校，而师范学校支配全国小学，同时国立高师又支配全国中等学校。这样的若网在纲，文部省当局与高师当局计定了一种教育方针，立刻就可以通行全国的中小学校，的确是帝国主义教育的一种利器。

日本自甲午以后，国家主义极盛，按思想进化的历程，国民的自觉，自然会引起个人自我的自觉，他们明治三十四、三十五年（1901、1902）以后，因尼采学说之输入，言论界亦注意及人生问题、社会问题，渐怀疑国家主义之抹杀个性，而扬起个人主义的、社会主义的反动的波澜，然卒未能撼动国家主义的本流。明治三十七、明治三十八年（1904、1905）（民国纪元前八年②）日俄战争，他们又大成功，一跃而进为世界列强之一。明治四十年（1907），延长义务教育

① 实指《师范教育令》。——编者注

② 指1904年。详见高良佑的《孙中山先生传》，2006年版，第292页。——编者注

为六年，再修改师范学校制度，其系统大略如下：

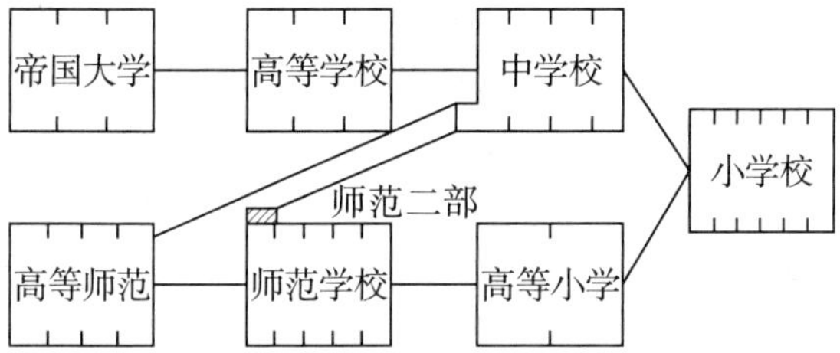

这个制度，其高师一级完全仿自法国。必要经过两年的高等小学，才有入师范学校的资格，这也是仿效法国。唯师范二部收容五年的中学毕业生，而加以一年的专业训练，这里有几分仿美国。这个制度，直行至欧战以后始略有变更。欧战以后，他们要延长义务教育为八年，就要提高各府县的师范生的学力，而修改制度。以前师范学校五年毕业，其第一年是预科，不啻是重习高等小学的课程，这回废除了预科，把五年的时间都作师范本科用，省却了课程上无益的圆周，以增加效率，再于师范本科毕业后增加研究科一年，以求更深造。又旧制高师本科毕业之后，再有两年之研究科，或三年之专攻科，今因为国内新设了不少七年制的中学，所以于东京和广岛两高师之内设文理科大学部以招收七年制的中学毕业生。制度及课程编制方面虽屡有改订，而精神方面始终一贯。我们看明治四十年（1907）颁布的师范生教养要旨：

（1）富于忠君爱国之志气，在为教员者，殊属重要，故须使生徒平素明忠孝之大义，以振起为国民之志操。

（2）锻炼精神，磨砺德操，在为教员者，殊属重要，故须使生徒平素用意于是。

（3）守规律，保秩序，具师表之威仪，在为教员者，殊属重要，故须使生徒平素服从长上之命令训诲，正其起居言行。

（4）教授须适切于为教员者，而合乎小学校令及小学校令施行规则之旨趣。

（5）教授务必常注意其方法，使生徒于受业之际，会得教授方法。

（6）学习之方法，非只凭教授，故务须使生徒养成自进学识、自研技艺之习惯。

于此可见国家主义的教育，在日本师范学校，自森有礼以来，系一贯的传统的方针。最近30来年世界各派新哲学输入日本，他们也研究宣传得很起劲，解释整理得很有系统，以飨他们的青年，然而不能撼动得了他们的传统的国家主义。例如康德派哲学，日本学者研究的功夫真不少，也确有成绩。康德的哲学，尤其是教育学说，是明白地和国家主义不相容的，可是一应用到日本师范学校里面，便与他们忠君爱国的思想毫无妨害。康德那种严肃的道德说，最合用来陶冶师范生的自重心、义务心。康德说教育不可做国王的工具，他们就说那是指欧洲式的国家而言，断不能拿来说像日本这样万世“系君民”体的国家。同时又可引用黑格尔的学说来证明国家是绝对的精神之具体的表现，而且日本帝国就是一个典型，西洋却有其说而无其事。其他如英、美派实用主义的哲学，倭铿的新理想主义的哲学，柏克森的生命哲学等等，在日本已流行了二三十年，教育界也尽量应用，可是都变成了他们国家主义的滋养品。总而言之，国家主义是他们思想的骨干，哲学新说只能替他们长肌肉，而不能破坏他们的骨骼。他们真会应用康德认识论的原则——认识是主观的法则之所构成，他们先造好了一个国家主义的先验范畴，这回所有一切学说都可以作认识的资料了。文坛方面，如自然派、浪漫派等等，固然有许多和国家主义、保守思想不相容，可是这种作品对于青年，尤其是师范生，不过像点心、冰激凌似的，偶然尝尝，爽爽口，并不把它当作饭吃。至于教育研究，在教育哲学方面，日本是最好趋新的，什么实验派、人格派、文化派、现象派、儿童本位、个性尊重等学说，早已研究介绍得十分热闹，他们决不怕这些学说对国家主义成反动思想。教育新方法，什么分团式、自学式、设计法、劳作法、自治制、道尔顿制、公民教育、生产教育、天才教育、低能儿教育、顽儿教育，等等，在他们的师范学校里，早已尽量试验，努力考究，做出来的成绩也不少，然而都变成实现国家主义的好工具。国家主义本身的好坏是另外一个问题，而日本教育界本着国家主义，就大量地、大胆地吸收消化一切新学说、新方法，就这一点，我们不能不佩服他们的聪明和巧妙。重复地说，他们的师范教育，是法国制度、德国精神、美国方法，三合土的。

日本人能够维持一贯的国家主义教育，几十年不变，固然是他们教育家的聪明，然而事实的原因也不少。头一个原因自然是对中国、对俄国这两次战胜。自日俄战役以后，一面因为民众自我的觉悟提高，又一面因为与国家主义相反的文学、哲学及社会思想输入，也曾在青年思想界起过动摇，然而不过 10 年，欧战爆发，世界列国那样的拼命，自然助长爱国思想，而叫个人主义自然消沉。德国当日那样的战绩，尤令日本人钦羡军国主义。当时日本和德国是站在敌对的地位，而差不多人人心中都要佩服德国，所以军国主义一时又大流行。欧战告终，俄德革命，德谟克拉西空气弥漫全球，威尔逊的民族自决论高唱入云，加之以马克思学说之盛行，罗素哲学之勃起，日本的国家主义受一大打击，青年思想动摇不少，新派学者及教育家也改变态度，忠君爱国的教育宗旨，遇着未曾有的大难关。然而不过三四年，华盛顿会议、非战公约、国际联盟、军缩会议等等把戏，都是一步一步表明所谓人道尊严、世界正义，是外罩和平的长袍而里面衷甲①的，这样的环境，哪能动摇日本人新旧传统的帝国主义呢！社会改造的哲学思想是最着实的显明的和帝国主义不相容，不同于别种抽象的哲学之容易消化运用，这是日本国家主义的教育家之所最忌。而近年世界各国剑拔弩张的实况，恰好给他们一针强心剂，所以帝国主义的教育仍然健康。

现在我要给日本师范教育下个总批评，先说它的长处：

（1）全国制度统一，系统整齐，规程周密，数量充足，极便于运用教育政策。

（2）有一贯的主义，以吸收消化教育的新说、新法。

（3）注重师范生德性之训练，养成质朴、勤劳、守法、效忠的校风。日本的教育界，校长或教员杀身殉职的事，数见不鲜。

（4）师范学校能自觉地负改进教育之责，而又能体认国家的教育方针。

再说它的短处：

①学制虽不是像欧洲的那样显然双轨，分清阶级，而师范学校与中学校仍不免为平行分途，所以师范学校事实上仍然是寒门学校。②高等师范若招收师范学校毕业生，则毕业年期较帝国大学长一年，若招收五年毕业的中学生，则较帝大却短一年，故事实上高师的地位较低于帝大。现在设了文理大学部，已经相等，但这样的毕业生，其教育者的资格是否较优于帝大毕业生尚属疑问。③军队式严格训练，培养师范生服从效忠的品性则有余，而发扬踔厉、自由生发的气概则不足。④文部省支配师范学校太过严格，师范校长及教员自由意志的余地甚少。例如这回劫掠东三省，帝大的横田教授就敢公然发指摘之论，若系高师教授，则虽有此心，亦不敢发此言。所以往往有高师教授若不堪思想不自由的苦，便自行告退，以度其私家学者的生活。⑤国家主义太狭隘，不容易使聪慧的青年满足，而会渐渐流为教育宗旨与青年心理相去日远之弊。我见过一个师范生质问教师，若遇着本国与外国冲突，而自己发现本国理亏的时候，应采什么态度。教师答道仍然应该拥护本国奋斗，因为国际上没有绝对的是非，而本国的生存却高于一切。这一段话露骨地表现国家主义的真相，照这样说，俄国、德国的革命都不对了。日本人以国家主义运用师范教育成功确不少，而捧着这样一个绝对硬化的教育理想，对外可以破坏世界和平，对内则妨碍民智、民德之生长。我们为人道计，为日本民族计，都要望他们改变方针，可是只凭教育思想力是办不到的，只有等着他们的社会改造。杜威在他近著《苏俄的诸印象》里面曾说过，在拥着自私自

---

① 衷甲，谓“甲在衣中”。

利的组织制度之社会中，要实现教育新理想，是不可能彻底的。我们可以说，在日本那样的社会组织，实施新教育，最大的成功，不过像今日这个程度。若要进一步求彻底成功，就要他们先自行改造社会组织。然而要他们社会改造，必须使他们的帝国主义受一场大挫折，这个只好回头问问我们中国人！

（《教育研究》第 32 期，1931 年 12 月，有改动）

师范教育独立及师范学校与大学联络

我们中国的师范学校，以清末以迄今日，老是和中学平等，在行政上也常把它列入中等教育一类。国内教育界人士对于这一点，好似也认为毫无疑义似的，自民国十一年（1922）学制改造以后，国内各高等师范学校，除北京及成都两校之外，皆先后并入大学，各省师范学校亦有许多并入高级中学的。于是师范教育应否独立，遂成了教育界聚讼的一个问题。至民国十八年（1929）4月26日，公布《中华民国教育宗旨及其实施方针》，其第五条："师范教育为实现三民主义的国民教育之本源，必须以最适宜之科学教育及最严格之身心训练，养成一般国民道德上学术上最健全之师资为主要之任务，于可能的范围内，使其独立设置，并尽量发展乡村师范教育。"全国之方针既定，故以前之聚讼亦销。然为阐明真理起见，此问题似仍须蠲除一切主观的成见，纯然按教育的立场讨论一番，因为教育绝不是徒然奉行法令就可以办得了的。

"独立"之第一义，应是训练方针和方法之独立。良师必具有其特殊的性格，典型的良师，固多赖乎天赋，然择其个性之近于典型者，加以适宜的训练，自可多得胜任的良师，这就是师范教育。师范教育既有其具体目的——培养良师，那自然不是陶冶一般国民之普通教育，更与预备升学之普通高级中学不同。所谓师资，是训导幼少国民之师资，则师范学校之地位，应高过中等教育而属于高等教育机关。由此观之，师范教育，应属于高等职业教育。按高等职业教育之功用，在养成社会需要的各项人才。例如需要工业人才，则有工业学校；需要农业人才，则有农业学校；需要艺术人才，则有艺术学校；需要专门研究学问之人才，则有文理科大学。负责教导幼少国民之教师，社会需要之既如此迫切，故以师范学校培养之，其功用与医学校之培养医师，工业学校之培养工程师正同。于此可见师范教育系培养教化的人才之高等职业教育。唯农工商等职业教育，一面固为社会养成需用人才，而同时亦为个人养成谋生能力；而师范学校但择个性之宜于任教师者，加以训练，以备服务社会，至于师范生个人之生计，国家另行设法供给之。故师范教育之目的，完全为社会之公，而不计及个人之私。师范学校要求师范生“以身许国”之态度，极似军官学校。师范教育既具有其特性，自应用特殊的训练方法和程序，以求达其专业之目的。优良教师，其人格、学识及技能，皆须经过适宜的训练。而各种师资又各殊其效用，则其训练自应分别各有所注重。因此，师范教育固非普通教育之所可混同，亦与他种高等职业教育迥异。

“独立”之第二义，应为教育行政之独立。师范教育之目的是为国家养成足用的、优良的教化人才，其实施之方法及步骤，时时都是为国家民族之生存发展计，统筹全局，以求适合需要，而师范生人数又当使其与需用教员人数供求相符。别种教育，虽亦为国家社会之公，而同时也为受教者个人之私，唯师范教育决不含有半点私的性质。因此，中央教育当局与地方教育当局，应联络协商，有一贯的方针、整个的计划，以期收效；即师范学校之当局者亦须十分认识全国及本地方师资训练之全计划，彼此合作，方能决定其一校之设施。总而言之，全国师资训练应成一种独立的政策，而决定及实施此项政策者，便是教育行政领袖及师范教育的专家。

“独立”之第三义，是师资训练机关独立设置。10 年以来，师范学校失其独立，而并为高中师范科，即以中学校兼营师资训练事业。我们既认定师范教育是高等职业教育之一种，受此项训练者，应在其普通教育充足完成之后，然则以中学校兼充师资训练机关，便不合理。中学教育，一面是完成普通陶冶，他一面又分化发展各种个性；而师范教育，要选定适宜的个性，以求达教育的专业目的。高级中学毕业的法定年龄是 18 岁，正当青春期的中间。青年此时喜怒欲望想象皆变化不定，时而野心勃勃，时而烦闷悲伤，这时候的精神状态，心理学家譬之于狂风骤雨，变化莫测。而慎密地观察儿童，虚心坦怀地反省自己，这是小学教员所必需的品性，然而非年事稍长的人断办不到，无论如何天才。一个高级中学里面有普通科，也有师范科，两种学生聚在一校，普通科学生就会视师范科学生如异类，旁枝，庶出，而师范生也就会胆怯，自己看不起自己，这是我曾经验的事实。因为十六七岁青年的性情是偏于以自己为中心的，而普通科为将来升学，师范科为当教员，彼此相形之下，这边觉得自己前程远大，就会自尊，那边师范生觉得将来为他人作嫁，所以不只是不自觉尊严，倒会觉得寒村可耻。在这样见轻于朋侪而自嗟命薄的状况当中，养成羞涩的、没志气的性格，将来哪能有担负国民教育的勇气？师范学校的校长教员，要有特殊的经验才学，专心从事，方可达到专业训练的目标，若使中学校长教员兼办，当作是一种副业，就殊难有效。由此观之，10 年来以中学代办师范之失败，确非无因。而中国教育界之所以有此谬举者，又实因误信师范学校属于中等教育之故。

至于中学师资之训练机关，应独立设置，或应并于大学，这又有讨论之余地。现在世界各国，设独立高师者是中国、法国及日本，其余大抵付托之于大学。而独立设置高师之国家，同时承认大学毕业生之充中学教员。反之，委托大学训练中学师资之国家，却于大学教育之外，要有严格的专业训练，德国是一个显著的代表。按原则上说，中学教员应有大学毕业的学力，再加之以适当的专业训练。于是主张高师独立者说，大学生自由学习所得的学力，未必尽适于中学教员之用，不如另组高师以求适合于训练中学教员之目的。专业训练应有特殊的环境，富有经验的教授人才，全副集中于是，方可有效；而此在高师则易成功，若在大学则难望有成。而主张合并于大学者说，学力之彻底深造，在大学则易为力，若在高师则限于人才与经济，不易有成，专业训练中之教育理论的研究，亦以在大学为便。以上两说均各有其理由，至此，已涉及师范学校与大学联络之问题。

这是近日的新问题，所要与大学联络之师范学校，并不是专指中学教员的训练机关，乃是包括一切的师资训练机关。现今的趋势，师资训练之实施，至早要在完足中学教育之后，则师范学校已立于大学教育之列。1919 年，德国宪法规定“教员之养成，应按高等教育一般实行之原则，全国有统一的制度”。则师范学校，不论其为训练小学师资的机关，或为训练幼稚师资的机关，皆与大学立于同等地位。师范学校专业训练之教育学理的研究，又为大学专门学术之一途。彼此之地位既相同，而其所研究者又多相同，则似无分离独立之必要。此外更有应注意者：教员的专业与别种专业有大不同之点。例如农业、工业或商业，其专门的学识，同时即为其专业训练；而教员则不然，于某一门——文学、科学、农业或工业等——专门学识之上，更需有教育的专业学识，此义于中学教员尤显。然则初等师资所需的教育学识及中学师资所需的两种专门学识，似皆可于大学训练之。这才是“师资训练与大学联络”问题之所由起。

英国的师资训练机关，有独立设置之训练院（Training Colleges）及大学附设之训练部（University Training Departments），其中有训练小学师资的，亦有训练中学师资的。受中学师资训练之资格，自1911年已改为大学毕业，而受小学师资训练之资格，近年亦趋向于完足中学教育之后，则师资训练机关与大学同列，遂发生与大学联络之议论。现在各师资训练机关与大学之关系，可区为四类：①成为大学组织中之一部；②为大学的一个附属机关；③其教员及学科均经某大学认为适于预备受该大学的考试者；④大学因参与师范训练院学科之视察及其考试之监督，而与之发生多少关系者。第一第二两类之学生实际与该大学之学生无异，例如牛津、剑桥、伦敦、伯明翰诸大学之训练部。第三类之学生在师范训练院修业合格者欲考取大学学位可得许多便宜。第四类则无甚利益，但因受大学指导而渐渐提高其学科程度。欧战以后，全国改良师范教育之意见，趋向于求师范训练院与大学之切实联络。1923年师范训练院校长板葛会议（Bangar Conference of Training College Principals and Lecturers①）麦瑟女士（Miss Mercier）主张以两年班训练幼小儿童的教师，而他种教师则于大学学科完足之后继以专业训练。训练院应与大学联络，但非隶属，乃是合作，以求训练工作之改良，其行政管辖仍须操之于教育部及训练院当局。至于四年班学生毕业后之专业训练，则宜注重于各种实际经验。1921年伦敦大学评议会发表改良训练院计划，主张训练院与大学联络，则于课程编制及指导考试均较有利于受教育部指挥。其办法是组织训练院委员会负责核定课程、认可教授及监督毕业考试，此委员会由大学评议会推举，其分子是大学评议员，与训练院的学科有关之学科部代表及训练院代表。至于教育部代表，亦须常请其列席委员会。我们参看两造的主张，在训练院方面，虽愿与大学合作，而不愿放弃其行政上之独立。其理由是教育的实际训练为训练院之所特长，应听其独立实施；小学师资尤宜于训练院培养。在大学方面，则主张训练院之课程及考试均应受大学指挥监督，其理由是唯大学始操有学术的权威。如果训练院的教授能提高资格，则大学所持的理由可失却力量；如果大学能做实际的研究中小学教育的工作，则训练院的理由亦不能固持。但这两件俱是不易办到的事。Lance Jones② 参考各方面的意见，提出一种折中的主张如下。①师范训练院与大学合作分工，大学实施学力训练，而训练院实施专业训练。②训练教导幼小儿童——11岁以下的——之师资，应由训练院负责。教导年长学

① 此处可译为师范训练院校长和教师板葛会议。——编者注

② 中译名为兰斯·琼斯。——编者注

生——11岁以上的——之师资，应以四年科训练之，前三年在大学修业，最后一年在训练院受专业训练。③训练小学师资之训练院应与大学代表协商，而制定其训练方案。训练中学师资之训练院应为大学之一院。

德国自新宪法第一百四十三条公布之后，应如何实施，各方面意见分歧，中央政府亦未敢据定全国一律的法制，于是各联邦自由进行其设施。据1927年12月，中央内政部通告各邦训练小学师资之实况，在其大学训练者，有Saxony①、Thuringia②、Hesse③、Hamburg④、Brunswick⑤、Anhalt⑥、Lippe⑦七邦，其中除Hesse外，其训练期间皆系三年。其独立设置训练机关者，有普鲁士，Baden⑧，Mecklenburg⑨，Schwerin⑩，Oldenbury⑪，Waldeck⑫，Bavaria⑬七邦，其训练期间皆系二年。普鲁士的师范学院叫作Padagogische Akademie，在九年制中学之上，地位与大学同等。唯其先普鲁士教员协会不赞成此种办法，曾于1925年，提出备忘录，请求于大学训练小学师资，愿充小学教员者，须在大学的教育学院研究教育的理论及实际，至少满三年，受考试及格后，再实习至少一年。唯普鲁士教育当局嫌此种主张太偏于理想而远于事实，故不采用。现在Saxony、Thuringia、Hamburg等邦之现行制度与普鲁士教员协会之主张极类似。例如萨克森之Dresden⑭教育学院创于1924年，联属于Dresden Technical University⑮，经该大学评议会通过，教育部认可，成为该大学之一部。教育院院长Professor R. Seyfert系大学之教育教授。该院之教授皆系学识佳而富于小学教育经验者，此班教授同时就可任附属学校之级任教员。

国师范学校制度，自前清以迄今日，始终与中学平等；那末，除去受专业训

① 萨克森。
② 绍林吉。
③ 黑森。
④ 汉堡。
⑤ 不伦瑞克。
⑥⑫ 不明。
⑦ 利珀。
⑧ 巴登。
⑨ 梅克伦堡。
⑩ 什米林。
⑪ 奥尔登堡。
⑬ 巴伐利亚。
⑭ 德累斯顿。
⑮ 德累斯顿技术学院。

练之时间，则师范毕业生之学力较中学毕业生低一年，此是决不能否认底事实。试看世界各国，德国旧制师范学校，原不能与正式中学平等，但战后已改定师范学校之入学资格为正式中学毕业，遂与大学之入学资格同。美国师范学校之入学资格近年渐一致趋向于完全中学毕业。英国师范生之入学资格，后来多系未曾毕业中学者，大战以后，教育界已一致主张师范之准备教育，最低限度为完全中学毕业，然后受专业训练。法国于大战后虽未曾改制，然亦努力改造高等小学师范预备科及师范学校之课程，务求师范毕业生之学力与正式中学 Lycee 毕业学生等。日本师范学校之入学资格为高等小学修业满二年，较中学校之入学资格高两年，故其师范毕业生之学力准备时间可与中学毕业相等。由此观之，师范生之学力准备至少应与中学毕业程度相等，这是现代世界一致的趋势。我们中国若不甘落后，我就主张师范学校之入学资格改为高级中学毕业。若因格于事实，现在要应小学师资之急需，则暂时做退一步的迁就，师范学校仍暂收初中毕业生，但修业年限应改为四年。

我国师范学校课程，向为普通学力准备与专业训练兼施，世界各国亦多如此。而近年改良的趋势大抵倾于专业训练与学力准备分别施行，而师范学校以全力实施专业训练。欧战以前，普鲁士之师范学校课程，纯然属于教育的专业训练，而在撒克逊尼则学力准备与专业训练并行。美国之师范学校多属于普鲁士式，日本之师范学校则属于撒克逊尼式，而我国之师范学校课程又仿自日本。此两种课程之优劣，早成了教育界之问题。德国有名的小学教育家 Dorpfeld（1824—1893）则主张两者应该分离。他说，德国的师范教育成绩，所以不能得十分优良，就因为课程里面二者混合。欲救此弊，最好是先完成普通学力，后进至专业训练。赫尔巴特派巨子莱因（Rein）亦说混合课程不佳，因为二者并进，结局都是半生半熟。故不如延长预备学校之修业年限，完足其普通学力，然后进师范学校受专业训练。欧战以后，德国算是实行这种主张了。向来两种训练兼施之师范学校，大抵因学生入学之程度太低——未受足中学教育——故不得不分大半时间以补充其普通学力。如此办法，学生在师范学校修业期间，一面要学习普通学科，他一面又受专业训练，势必至专业训练几等于有名无实，而学力补充亦未见充足。这是因为专业训练不佳，其弊只是教不好；而学力不足，势将不能教。所以只好忙于准备普通学力，而修业时间又被专业训练占去一部，结局就会两面均不佳，我国历来师范生之成绩多犯此病。间有留心研究教育之师范生，则又苦于虽知方法而学力不充，颇似虽谙战术而缺乏武器之军士。德国师范学校自大战后收容完全的中学毕业生，已完全实施专业训练。美国加奈基师范促进会制定之各项师资训练方案亦以专业训练为中心。英国近年教育界之有力的改良方案，亦系提高师范生之入学资格为中学毕业，而以师范学校实施专业训练。我国师范学校暂行课程，除党义、军事训练及选修科外，其必修科目127学分之中，属专业训练者55学分，普通学科占72学分，如此两面兼顾，殊不易收效。

现在我国师范学校仍与中学平等，自然谈不到与大学联络。然我们就师范教育的特性看，就课程编制底妥善看，都可知向来抑置师范学校于中等学校之列是不合理的。将来师范学校若改为招收高中毕业生，则可否委托大学办理？此事应审察实况，而不能空洞地解答。第一层要计量若委托大学训练小学师资，能否供给师资之量的需要。第二层要考察所欲委托之大学真否有训练师资之能力。那些有名无实、学风颓废的大学若再叫它负责训练师资，势必至于“贼夫人之子”，那是不消说；就假定是规模较整、设备较完的大学，而它若视师资训练为无关本身大计之副业，或从事架空的理论，而不求实际有效的训练，亦必无成功底希望。至于第一层，则中国现在离题尚远。例如德国小学教师之足用向来是世界无匹，而且他们一所大学所支配之区域往往比我们一个师范学校区还小，所以量的供给不会发生问题。我们现在一省还未必有一大学，自然不能靠大学来训练小学师资。现今计划中之勷勤大学，已决定设一个完备的师范学院，而且是把现在的市立师范来改组。我兼顾事实与理想两面，建议将来师范学院里面训练小学师资底师范科改为四年毕业，其入学资格仍是初中毕业生。广州市的小学师资，量的方面，近已渐臻充足，似应向质的方面提高一点。而且我们既明知旧制之不善，现在建设一个新式的师范学院，也就该做一点改良事业。一国内师范学校毕业年限彼此长短不一，也是不足怪的事，现在德国就是一个好榜样。一国的学制规定各级学校的修业年限，大抵是最短限，只不许再缩短，而没有不许加长的。

中学师资训练机关，现在只有北平师范大学一校，历史较悠久，规模较完备，此外若再添设独立的师范大学，恐事实上目前办不到。今后中学师资训练之责，势必由各大学分担，前面说过应顾虑的第二层，在这里也是一样的紧要。现在国内更有一种含糊朦胧的误解，就是误认大学教育学院便是中学师资训练机关。殊不知教育学院的使命是培养教育学术的专门人才，以及教育行政的实用人才。以之任师范学校的教育学科教员或中学的学校行政人员，自然合式，而任中等学校教员则实非所长。一个大学若负责训练中学师资，就必须全校动员！利用全校的人才与设备——另成一系统，以完成这个任务。教育学院固然做许多工作，而其他各学院应做的工作也很不少。纯然按科学的性质，分门别系，按学生的趣味，自由专攻，这是大学教育的一种特色，而这个于中学师资训练就很不合用。例如一位在大学理科地质学系的毕业生，若用他来当中学教员，就没法位置。中学师资的学力训练，宜按照其将来服务之所必需，而规定其必修的课程，所以往往不能拘泥科学底理论的分类。他们的学力需要高深的程度与大学毕业生差不多，而范围的广博则要远过之。一个大学国文系的学生，专攻修辞，或文字学，自然是可以的，而当中学国文教员就要于各种体裁，各派文艺思想，及声韵形态等，皆要有广博的准备。斯普朗格说得好：学者的生活，往往埋头于理论的价值，而忘却人生价值之全，故不宜做教育家。大学教授们，学识的造诣自然高深，而于中学教育的实际经验往往不足。所以大学若要训练中学某科师资，则该科的教授之中，至少要有一位富于中学教育研究者负指导师范生之专责。总括地说：大学要训练中学师资，第一课程要另组成一个系统，第二要有完备的附属学校及有效的实习指导者。

中学师资的学力训练，要兼顾“高”和“广”——精与通——两面，又要受有效的专业训练，所以受训练的期间要较一般大学毕业稍长，德国就是一个好榜样。我们的中学校，现分初高两级，初中程度较低而需要教员人数又多，我主张初中师资的训练期间四年，和大学一样，但约以三年时间准备学力，以一年受专业训练；高中师资的训练期间则改为五年，约准备学力四年，专业训练一年。

（《广州市教育月刊》第1期，1932年10月1日，有改动）

教育方法浅释

于教育上论及方法，往往被人误会为限于学科教授法，其实非也。教授法固亦为教育方法之一，而未能举其全。教育学既为人格陶冶之学，其特性在研究如何使人格发展至于价值之域，则方法之研究，实为教育学之要事。人格成长之历程既是整个的，身心一元的，则人陶冶之方法，当然不限于增益知识之一面。

英国哲学家汉密尔顿（Sir William Hamilton，1788—1856）说方法是合理的进行（rational process）。杜威说明方法之意义分三方面：第一，自运用方法之主人（agent）观之，方法是求达目的而使用材料之有效的途径。此所谓行为之主人，当然是智慧者；若无智慧，则不能用材料于有效之途。第二，自所用之材料观之，方法是使用得最有效之排列法。第三，自行为之主人与材料之关系观之，方法是使用材料以求得最有效的发展之进行样式。综合以上所述者，吾人可得方法之定义曰："智慧的行为主人，求达目的，而运用智慧，采用手段或工具之进行法。"

采用手段以求达目的，如此动作，于下等动物亦或能之，然其智慧甚低，其所采用之手段，大抵不外自身手足之力。唯人类智慧之发达日高，其所采用之方法或工具亦日加复杂而巧妙，故方法实为智慧之所产。今有重物，欲运之至高处，即以手挟之而升，此最简便之法也。然此所利用者，是吾人之有机的体力，以之而直接达目的，殆无须用及智慧。如斯之直接法，未足称为方法。若其物过重，非腕力所能胜，则不得不作种种设计，寻种种工具，如挺子或起重机等。是时工具之如何安置，如何使用，实为吾人所应考究之要事。换言之，便是应用增进效率之经济的原理，以求达目的，既是应用原理，便是有计划的、智慧的工作，迂回曲折，制御各种之自然力，使之趋于达目的之途，此便是间接的。合言之，方法之达目的，是应用制御自然力而得之，是智慧的，是间接的。农夫之种植，亦为方法之一。其最直接者，宋人之“揠苗助长”也，而亦天下之大愚也。农夫要求植物如何开花、如何结果、如何滋生，皆可谓之目的。此时若任其自然成长，则恐不能如农夫之所期望，故农夫必当运用其智慧以生产之，此即方法之所由生也，如何播种、如何移植、如何耕田、如何除草、如何灌溉、如何采日光、如何施肥料，凡此皆为求达目的之方法。质言之，巧妙统御植物本身内含之自然力，及其周围环境之自然力使之共同作用，迂回曲折，殊途同归，而趋于理想的成长之途，便是方法，然各项方法皆有其原理，例如耕土壤有毛细管引力之原理，施肥料有化学之原理，必一一洞悉之然后能得自由运用巧妙统御之效，然则此亦是间接的智慧的。由此观之，于机械的技术，及于生物之培养，所谓方法云者，皆有意地使用工具，采用手段，以统御自然之力而求达目的之工作也。

教育之为事，可取譬于植物培养。儿童固为精神之所有者，与植物有不尽同之处。然儿童与植物皆为生命之所有者。而其生命又皆为自然之所赋予，于此则二者有共同之性质，教育之目的在求产出人工的效果（文化的人格）于自然的生物（儿童）之中。教育所欲发展者是儿童之自然的生命，而此生命实为大自然之作品。于此大自然之作品之中，加入人工的力，使之如何发展，此便是教育。应用儿童身心自然生起之变化，或与之以刺激而引起某种变化，使之趋于价值的成长之途，此实与栽培植物无异。然则教育方法所凭借者，第一是儿童身心之天赋的自然力，第二是儿童环境之影响力。申言之，巧妙统御儿童身心内含之天赋力，及其周围之自然的或社会的环境之影响力，使之共同作用，迂回曲折，殊途而同归于人格发展之途，是为教育方法。然则此亦为间接的，智慧的，于是可见方法之要素有三：理想、自然、效率。今分别论之以明教育方法之意义。

第一，理想。此为动作所欲达到之目的，即行为之主人所期望之价值状态。苟无此，则动作尽可纷然任意而无所归宿。盖方法之正面为得法，而其反面为失策，若无理想为准，则所谓“得”“失”便无意义。例如运巨至高处，若腕力不能胜，则未尝不可碎之为多数小块而分别携之上升。然此法之所以不足道者，因其不合乎当初所期望之目的，即运整个巨石上升之理想也。是故苟无理想，则方法不能成立。唯在机械的技术，其理想仅为运用机械之主人之所怀抱，而非被引导之事物之所要需。如自来水之装置，水之分配于全市，不论高低皆可流通，此为吾人理想，而非水之要求也。至于生物之培养，固为培养者之理想，而同时亦可说是生物之所要需。农夫所期望于植物者，成长是也，而成长亦植物之所要求也。故生物培养法之理想，可说是培养者与生物之所共有。准此理想以统御各种自然力之工作，固为培养者之行动，而亦有许多属于生物自身之活动。然农夫期待植物如何成长之状态，是否即为植物自身之价值，诚属疑问。且人类以外之生物，但盲目的求生，而未尝有自觉，更不能要求如何生长。故生物之成长，毕竟是盲目的，机械的。能自由运用方法，伸缩自如，以求达培养之目的者，唯有农夫而已。至于教育方法，教育家所期待之理想，应即为儿童自身之最善的发展状态。理想固为教育家之所设定，而必可使儿童对此感到多少要求。理想之最高的评价，虽非儿童之所能辨，而儿童对理想价值之体认力，必随其长之进步而日益增进。故教育方法之理想，应为教育家与儿童之所共有。统御各种作用以期达到理想之工作，固为教育家之功，然毕竟要归之于儿童之自动。

第二，自然。自然是未成理想，同时亦可成理想。若自然即为理想，则无求方法之必要。若自然必不可成理想，则无方法之可言。吾人所处置之事物，其自身所有之性质，固谓之自然。而吾人因此而需用之材料或工具，亦属于自然。例如流动、水平，水之自然也，而铅管及各种应用器械，亦自然也。若悉听其自然，则必不能实现灌输水于全市各家之理想。然统御之，配置之，则成自来水之功效。若所输送者非水，而为固体之块末，则断非装置自来水方法之所能奏效矣。植物自身之天性，及土壤、肥料、日光、雨水、温度等皆自然也。若听其自然，固不能必如园艺者之所期。而园艺家欲得其理想的生产，则必须于此等自然中求之，亦必不可缘木而求鱼也。教育方法亦如是。儿童身心之自然状态及自然环境，社会环境所与之影响，若悉听其自然，固不能达陶冶之目的。而陶冶方法则必须于此等自然作用之中求之。彼自然派教育说之误点，在认自然即为理想。而玄虚的理想派之误点，则又在求理想而不顾自然。

第三，效率。制御自然而达乎理想之最经济的进行，便谓之有效。方法因何不可纯任自然？因其不能收产出理想之效也，又何故不可不求方法于自然之中？因必如是始能收效也。吾人期费力少而成功多，乃有方法之计划，故效率或经济实为方法之一要素。直接法之所以不足取者，因其无效也。处处顺乎自然，而一步一步合乎理想：渐渐愈显出理想，而仍不伤于自然。此是良方法，即最有效、最经济的进行。自然势力之可用者则用之，否则抑制之，改变之，或避免之，务使自然为实现理想之助，而不为其害。此为方法之经济。统御儿童身心内含之自然及其环境，自然及社会的影响，此为教育方法之所由成。故求方法之效率增大，则必须洞悉各项自然之原理，而后能制驭运用之。儿童学、教育心理、生理学、社会学等教育之辅助科学，即供给吾人以各项自然之原理者也。然此不过助吾人诊断自然，而供给构成方法之材料而已。有效方法之成立，仍凭借教育家之巧妙统御，自由运用。

据以上所论，吾人可列举教育方法之特点：

第一点，方法是教育者与被教育者所共同运用的。前述教育方法之第一要素——理想，曾说明此为教育家与弟子之所共有。若有理想但为教育家之所设定，而非弟子之所能领会，则将陷于权威的教育法之弊。运用材料，统驭自然力，而导之趋于实现理想之途，教育家固立于指导之地位，而同时弟子亦采能动的态度。在教育家则为指导发展，而在弟子则为自己发展。故教育家之所谓教育方法，同时即为弟子之学习方法。质言之，教育方法是使教师与弟子协同动作之方法。教师对于弟子之人格发展，固非袖手旁观，而弟子亦决非坐享其成。善良的教育方法，非唯可使教师满足，同时亦使弟子满足，施行方法时，弟子应有得如何结果之期待心，然后对于工作感趣味，于自己活动负责任。教育方法所求产出之效果，实为弟子之价值。而人之价值必为自身之所要求，所创造，而非他人所能代庖。教师不能用方法代弟子产出价值。

第二点，教育方法是间接的。教师立于指导之地位，顺乎弟子身心之自然，统御其环境之影响，而使弟子自己发展。良法无近功，欲速则不达。昔日自然派教育家之言曰："自然采迂远之道"，诚真理也。大抵方法愈善良，则直接行动之性质愈减。国际有争执，直诉之于干戈；社会上有不平，即起暴动。此皆方法之最直接，而亦最愚拙者。不愿子弟有某种行为，即临之以鞭挞；欲子弟有某种知识，即迫之强记。此亦教育法之最直接，而最拙者也。于此有应注意者，方法愈间接，则其达到最终目的之历程必迂且远。在此迂远的历程之中途，最易发生思想迷乱之弊，即忘却价值目的何在也。例如不以威迫子弟改过，而采亲切劝诱，徐徐感化之法，以冀其觉悟；或竟听其经历相当的失败挫折，以导其后悔。然若中途忘却最后之期待，则将误认姑息为得法矣。又如体育之目的，实在发展体力以上，更非熟练技术，尤非比赛优胜，博虚誉，得奖励。然此类历程上暂时的效果，最易令教师与弟子误认之为无上价值。苟如是，则因为方法迂远而陷于迷惑矣。且间接的行动，又易生空费时间与劳力之弊，即不顾经济之原则也。近日学习经济之研究，即于学科整顿，教授进行上，考求节省劳力之虚费，而收得最大效率之方法。夫教育方法之所以采间接的途径者，因必如是始可收效也。然则不重收效而但求经济，固不可也。徒作无益的迂回而不讲效率，亦不可也。吾人一面承认间接方法之价值，而同时又期不陷于思想迷乱及不经济之弊，则不可不注意教育方法之又一特性。

第三点，教育方法与生活是一事。近来杜威一派“教育就是生活”之说，大有倾听之价值。教育就是使生活全体一步一步变成有价值。目前生活之中，就有价值之目的存焉，就应当设法使之实现。决非将现在之生活供其他目的之牺牲。教育儿童，是使儿童营养丰富有味之生活。所谓教育即生活云者，不认儿童生活为成人生活之准备也。若误认之为准备，则其自身无价值，但供牺牲而已。故当认定儿童生活不是教育方法之牺牲，其中就有价值。儿童如此生活，一面是合法，同时就适于实现其自身之目的。必如是方可谓之教育方法。故费一定之时间，相当的劳力，其中就可得相当的价值。如此看法，大有意味。然则运用教育方法，决非虚费时间，乃是计划改良生活，使之享受有意义、有内容之时间，即务求时时刻刻之生活，其中自有价值、有意义、有内容，此是方法上最苦心孤诣之点。决不愿以寸阴供牺牲，而使现在之生活有意味。如是之方法，始为尽善。于此有应注意者，所谓求时时刻刻之生活有价值，非但求目前一时之满足，而忘却全部的满足之意。要之方法是间接的，而实践时心的态度却是专注的，直进的。杜威尝言一心直进（directness）是教育方法特征之一，所谓直进，即进行时运用全副精神（whole hearted）之意。此与方法之间接的特性毫无矛盾。最后之目的虽较远，而历程上间接之目的则近在现在。例如着手一件大工程，其完工之目的虽较远，而相地形、集材料、准备器械等，事事皆有其目的。吾人心中抱有全部之目的，故对于此等一步一步之目的皆感其兴趣，而尽心力以为之，如此之态度谓之一心直进。学者于此更应进一步，注意教育方法与目的之关系。

第四点，方法与目的是一气呵成的。教育目的与方法之关系，现今有力的教育学说之中有两种互异的见解。新康德派巨子纳托尔普说教育目的是人生之最高的形式的理想——善、真、美、圣，——一切陶冶方法，即以此为鹄的。换言之，教育方法是为实现目的而设者。唯心派巨子杜威说教育就是生活，因为改良生活，斯不可无较善的效果之预期。此便是教育目的。然则目的是相对的为指导方法之进行而构成的。此两派因哲学的立脚地不同，故其教育之目的观互异，然认定目的与方法成有机的关系，则又为两派之所同。教育既为发展人生之事业，则谓教育之最高目的即为人生之最高理想，固无容疑。然人生之最高目的，实为无穷无限者，所谓善、真、美、圣，不过是理论上当然的要求，在吾人之实际经验，所谓价值的要求，实为随时随地一步一步发展者。然则目的之上，更有目的，方法之中，又有方法，例如孟母三迁，其目的为择邻，而择邻之目的则又为善良的环境，而注重环境则为陶冶儿童之一方法。于此可见目的与方法不外相对的名词，较远较抽象者谓之目的，而较近较具体者则谓之方法，其间实成彼此衔接之无限的联关。任何目的，皆可谓之发现较高目的之方法，而任一步之方法，亦可谓之目的，若夫最终之目的，或固定之方法，皆不可得而有也。若误会一种方法只为实现某一目的之手段，此外便无价值。则教育之工作将流为断片，支离。实行一种方法，固可得较远大的良果，而同时此方法之实行便是价值，便有以全力从事之兴趣。教育家设一方法以陶冶儿童，固必抱有较远大之理想。然同时实现此理想之方法活动亦必须为有益于儿童生活者，须使儿童感其兴趣，然后可热心活动。然则从儿童看来，此活动之自身便是目的，便是价值，且实行此活动之结果，更可发现较高远之要求。教育家又由此而指导之向更高尚之价值而活动。如是，则教育方法之进行，在教师方面，及在弟子方面，皆为一步一步有机的、生发的，步步皆有价值，且有产出较高价值之可能。若凭教师独断一种方法，强迫儿童实行，以求彼辈所不能领会之理想，则将不免机械的教育之弊。若不明充实儿童生活价值之旨，而徒凭赏罚驱策学生做循例的课业或游戏比赛，便是目的迷乱。此类教育工作，距教育之义皆甚远。

（《广州市教育月刊》第 1 期，1932 年 10 月 1 日，有改动）

关于指导师范生进行教学实习的意见*

(1933年2月18日)

本届教生已经在附小观摩了两星期，今后就要开始试教。今日我们开教生实习指导委员会，目的在商量指导教生的方法，而诸位先生却把附小的实况详细加一番反省，足见诸位先生虚怀若谷，这才是指导他人的忠实态度，我听了诸位先生的议论，现在想简单地陈述几点意见：

附小校舍原来是一所常平仓改造的，自然是很不合适；其他各项设备，也很不全，这种缺陷决非立刻可以弥补得来的。然而设备不全的学校，也不是绝无办法，天下无难事，只怕有心人。精美的用具、大规模的装置，自然立刻做不到，然而尽可尽我们力之所及，求简易的代用品。例如课室内椅桌不良，可以把旧有的修理完整，如不足用，可一面挪用别的椅桌，一面设法补充，断不应该坐视学生站立在课室里。教具不足，也可设计制造简易的代用品，做小学教员就应有创造教具的才能，因为小学设备多半是不完备的，我们要随时留神设法补救，至于教学前的准备功夫，当然是愈充足、愈周知，愈佳。

---

* 此系作者在广州市师范学校教生实习指导委员会上的讲话，题目是编者加的。

我以为教学的本领，可分三层说。第一层先要自己能然。例如教国语，自己先要能读、能做、能说。第二层要知其所以然。这是把自己所要教给学生的，自己先得到彻底的、系统的认识。第三层是设法使他人亦能然。这是设法领导学生们去做，去领会。这三层功夫全做到，便可成良教学。若三层俱缺，固然不配说教学，就是只得第一层，而没有第二第三两层，或没有第一第二两层而空谈第三层，也都是自欺欺人。这回教生准备教学，我盼诸位先生领导他们尽力准备，也许他们因此才自觉学力有缺，急求补充，那么，他们却可因此一次试教，造成了一个补充学力的大设计，可算是教学相长。至于教学方法，我以为最要紧是认清教学目的。教学目的应该随着学科性质和教材性质而有变化。例如国语教材有的该注重领略思想的，有的该注重遣词造句的，其教学目的就彼此不同。目的认得清，方法往往就迎刃而解。刚才说到朗诵和默读问题，如果按定目的，就易解决。若是目的在求发音正确、句读不误，就该朗诵；若是要迅速了解意义，就该练习默读。倘若离开目的来说，就议论纷纷，莫衷一是。不过那一种合唱式朗诵，我认为无甚益处，因为学生们好容易随声附和，毫不用心，先生也难发现学生的错误加以矫正。

维持教室秩序，也是一件要事。养成儿童有纪律的习惯固然是要紧的工作，可是消极的严整，不若领导他们运用心思，津津有味，自然可收秩序之效。我们教学，不只是求儿童习得目前所学这一点东西，还要更注重训练他们运用心思的良好习惯。一面教学，同时就训练思考法、工作法，这才是教训合一。注入式的教学之所以不良，就因为很容易夺去儿童运用思考的机会。然而若是无意味的问答，也未尝不可以扰乱儿童心思。若能一层一层领导儿童心思深入，就是演讲也不坏。我们要记得运用心思时所生的趣味才是真趣味。

（《广州市立师范学校校刊》第6期，1933年3月25日，有改动）

中国师范教育之检讨

（1935 年 12 月 30 日）

中国师范教育，自光绪二十三年（1897）南洋公学之师范院以迄今日，已经 37 年了。现在不必详细报告史事，只追寻这 37 年来变化的路线，而看清师范教育这桩事受着中国这个社会的条件所规定而呈出来的现象，也许于研究师范教育有多少裨益！师范教育原来是近代世界上教育公众化的产物。试看近二百年来师范教育史，例如 1736 年普鲁士之普通学校令（General-School-Plan）和 1792 年法国孔多塞（Condorcet）之学制案，这都是极有力的证明。近代国家把教育揽归自身行政范围之内，教育已经不像以前那样地听私人自由办理，而成了国家的一种要政，且要普及于全民众，师范教育就应运而生。据说清季初办师范学堂时，曾经惹到一位老先生颇滑稽的讽刺。他说，如果要设师范学堂培养人们做先生，那么，又何不可设“父范学堂”培养人们做爸爸呢！这句讽刺话很可以表示新旧两种见解的鸿沟。在中国旧风俗——封建社会的古风——延师是家庭的私事，地主们讲究“能自得师”，大户人家希望子孙飞黄腾达，才延师课读。所谓师者也不过是笔耕砚田，谁敢抗颜，谁便执戒尺，看不出与国家社会有什么关系，自然梦想不到师资要什么训练。现在国家既要负起教育国民的全责，教员成了国家的一种公职，因此，才要设法训练。

甲午庚子以后，中国受了帝国主义大炮兵舰的威逼，不管是自觉也罢，还未自觉也罢，总不能不脱却古风的章甫逢掖而改扮时装。清季开办学堂，立刻感到师资缺乏，所以师资训练机关和新式学堂同时创设，南洋公学的师范院便是一个滥觞。迄今历37年，我看可划分三个段落：从清季至民国十年（1921）是第一期；从民国十一年（1922）至民国十八年（1929）是第二期；从民国十八年（1929）4月至今日是第三期。

第一期

这一期，我要叫它作模仿时期。清季变法、辛亥革命，都是要模仿现代国家，政治要模仿，教育也要模仿，师范教育自然是模仿的。革命后，学制虽经一度改变，然而骨子里还是模仿，不过就像由易服而至于剪辫罢了。这时期的师范教育，直接模仿日本，间接模仿法国。师范教育在世界上经过了百余二百年的演进，才达到较完备的规模，而我们中国毫不费力一笔把他人的成案抄过来，真算便宜极了。不管是有意识的抄袭也罢，无意识的抄袭也罢，总之我们抄过来之后，居然把师范教育的几个基本问题都接触着了，便成了中国师范教育的基础。很值得注意的有下面几点。

第一点，关于师资“有没有”的问题，即要师资足用。在古代教育私有的时候，无所谓教师够不够，这便不成问题。自路德改革宗教之后，他要借教育推行新教，就感到有训练师资的必要。耶稣会（Society of Jesus）又要凭教育复兴旧教势力，也就努力训练大批师资。至18世纪，普鲁士首先实施普及教育，师资的数量如何供给，便成了国家行政的问题。清末开办学校，也感到师资数量的重要。请看《奏定学堂章程》里面说：

> “学堂必须有师。此时大学堂、高等学堂、省城之普通学堂，犹可聘东西各国教员为师。若各州县小学堂及外府中学堂，安能聘许多之外国教员乎？此时惟有急设各师范学堂。”

当时开办学堂，最苦的是要请洋人当教员，所以急设优级师范、初级师范、简易师范科、师范传习所，都是要解决师资的数量问题，即所谓“以师不外求为成效”。可是清季立志太过远大，未曾计及经济力能否把计划实现。当时由小学一年级至优级师范毕业共要18年，较现在大学毕业还多两年；由小学至初级师范毕业共要 14 年，等于现在大学第二年级。程度既规定如此之高，而优级师范又要每省设一校，初级师范要以州县立为原则，这未免太难成功了。因此，民国元年（1912）改为由小学一年级至高等师范毕业共 15 年，而定高师为国立，预定全国设六校，师范学校则以省立为原则，由小学一年级至师范毕业共 12 年。这是切实求达到师资数量够用。

第二点，关于师资的调遣分配，这和足用很有关系，如果调遣不灵，分配不妥，便会数虽多也不够用。耶稣会当日训练师资，就很重视师资的统制。后来许多国家，如德、法、日本等，都有师资统制的办法。清季开办师范学校，学生概给公费，严定毕业后服务年限。这一点，师范学校好似军官学校，都是国家设校训练其自身所需用的人才。倘若军官学校毕业生，不被国家派遣服务，而听他们自由啸聚山林招兵买马，那岂非大笑话？清季又规定师范学校每年招生名额，应视该区内小学招生之班数而酌定。这用意是使师资的供求相应。

第三点，关于师资的人格训练。十六七世纪，欧洲师资训练事业，大抵操于宗教团体之手，他们很重视信仰敬虔自律，这便成了后来师范学校的校风。法国师范学校受耶稣会的影响很深，日本接受过来，师范生都带着好多分谨严服从气象。我们中国本着旧有的尊师重道之风，对于这点，恰好容易同化。于是乎土制的道学气、头巾气，化合了舶来的宗教气味，我们的师范学校便成了一种拘谨严肃之风。其实中国旧日那一种伪善的尊师重道，固然是封建社会的残骸，就是耶教修道院的习气，又何尝适合于今日教师人格的理想呢！不过中国的改革，终始还是被动的、勉强的，只要有一点儿机会，我们中国人便要“舒怀旧之蓄念，发思古之幽情”，恰遇着外国师范学校还未脱修道院气味，我们的固有头巾气便要死灰复燃。辛亥革命后，中小学虽废止了读经，而师范学校读经一科依然保留。可见得就是民国元年（1912）革命先辈也承认师范生应有头巾气的。这种学风直延至五四运动时。

第四点，关于师范生的学力。中国师范学校在学制上地位还不算低。清季师范学堂的入学资格和毕业年限都和中学堂一样；民元制师范学校的毕业年限却比较中学校多一年。于此可见中国自始就很重视师范生的学力。而世界各国一般的习惯，师范学校都比不上中学校。尤其是双轨制的国家，如德国、法国，师范学校是属于小学系统的，不能和中学比肩。欧洲教育家对于这种习惯都深致不满，可是不满意尽管不满意，事实依然还是事实，结果也无可如何。直至 1924 年德国教育制度革命，才打破了这种不良旧习。而我们中国自始就不把师范学校看低过中学，在制度上这总算是优点。

第五点，关于师范生的专业训练。中国创办师范教育，恰当赫尔巴特派教育学风靡于全世界之后，所以师范学校课程，自始就有必修的教育学科。规定师范学堂必须有附属学校，以研究普通教学方法，以图教育进步，为各普通学堂之模范，且以资本学堂生之实地练习。这一点简直是款式完备过欧洲的。优级师范须附设教育博物馆，搜罗陈列中外学堂之建筑模型图式、学校用品、教授用具、学生成绩、学事统计规则、教育图书，这是明白认定师范学校负有策划研究普通教育之责。

第六点，关于职业教育师资的训练。清季规定农工商科大学，或高等农工商业学堂，俱应附设实业教员讲习所，以养成实业学堂、实业补习学堂及艺徒学堂之教员。民国元年（1912）以后，改名实业教员养成所，其办法与清季同。原来职业学校师资，除了职业技术之外，还要受相当的教育训练，这是近数十年来世界最新的教育思潮，而我们中国居然也一笔把它抄过来了。

在这个时期当中，整个办法是从人家抄袭得来的，总算是抄得很可观。假使以后能着实做下去，行而后知，未尝不可占很大的便宜。可惜抄袭所得毕竟是不受用！当日抄袭者根本未必了解，交给别人去执行，而执行者更不了解，再加之以社会背景不许可，第一期的师范教育就弄到貌似而神非，再下去就连面貌也快保不住了！

第二期

这一期由民国十一年（1922）变更学制而至民国十八年（1929），我想叫它作纷更时期。纷更之机酝酿于民国七八年（1918—1919）之间。第一期师范教育的成绩甚少得人满意，甚至当时负责办理师范教育的人们自己也不敢说有成绩。民国八年（1919）以后，每届全国教育会议对于师范教育几乎指摘到体无完肤。其实据我看来，中国第一期师范教育失败的有力的原因，是在社会背景。上文说过，师范教育是现代国家负责历行全民教育的产物，而中国自民国元年（1912）以后已成军阀割据之局。各省军阀日以招兵买马，操纵政客，巩固地盘，饱充私囊为事，哪里有心顾及教育?！全国在军阀们铁蹄之下，民不聊生，又哪能还有力求教育?！各省立师范学校，固不能扩充增设，即已成者也奄奄一息。中央政府为各省军阀所挟制，已成守府，教育部之法规命令渐等于具文。

师范教育之实施必须政府励精图治，政制统一，而那时候恰是一个分裂割据之局，师资训练原发生于普及教育，而适值教育无人过问。政治和经济两个条件都不成，便难怪师范教育之失败。那时候多数办理师范学校者在军阀和官僚支配之下，旅进旅退，兢兢自保，自然没有研究教育的精神。间中有人做点宣传工作，而也不外口谈教育，而心在名利。要寻几个于教育有深切的认识而又富有诚意者，难之又难。当时教育论者，竟忽视这个社会背景，而硬要归咎于学制，真不能不谓之误解。欧战告终，中国教育界受世界新潮所刺激，曾经睁过一睁眼。刚巧杜威来华讲学，大批留美学生归国，美国的教育正是新货上市，中国人对于外来思潮恰如对于洋货，新到的总要买点儿，因此备受欢迎。那时教育界人士趋时者乘机向原有师范制度大加攻击，谨愿者亦将借口于制度不良而卸责，师范学校几乎成了众矢之的。当时有许多人指责师范生程度太低，然而毕竟程度怎样低呢，是普通学力不足呀，还是专业训练不足呢？这却未曾明白指点出来。至于程度低落之原因是在教师不良呀，是在校长溺职呢，抑或在官僚恶势力影响学校腐化呢，这也未曾明白诊断。只是笼统地批评师范学校不良，要改变学制。原来美国师范学校大抵收容中学毕业生，而加以一二年的专业训练，有点像我们的旧制师范的二部，这是属于普鲁士式，而我们的旧制师范学校收容高小毕业生，入学后，普通学识训练与专业训练并重，这是属于撒克逊尼式。当时那班人也许是因看惯了美国师范学校，回来看见中国师范学校没有那样多教育科目，所以说中国师范学校程度太低，教育的空气稀薄。他们的观察判断如果是这样，那未免太皮相了。

民国十一年（1922）改制，打起旗号要提高师范学校程度，以为改行了“六三三”制，师范学校的毕业年限增加了一年，便是提高了一年程度。其实这种见解是不揣本而齐末。旧制七年小学，加上五年师范，共十二年；新制六年小学加六年师范，还不是十二年么？旧制小学分初小和高小，师范又分预科和本科，于是课程分成四个圆周，不免有重复，可以说是时间用得不经济。而新制小学也分前期和后期，师范六年间又分初高两级，可不又是四个段落四个圆周么？所以新制师范六年时间若不善于利用，程度便不见可能提高。民国十三年（1924）我曾把这番意见贡献于全国教育联合会之师范课程起草委员会。民国十一年（1922）以后，各地方有分办前期师范和后期师范的。前期师范的程度可不是降低到初中一样了么？后来全国教育联合会拟订出那一套高中师范课程草案，更不能说是高明。该案订定公共必修科目：国语、外国语、人生哲学、社会问题、世界文化史、科学概论、体育、音乐，共 68 学分。以一班初中毕业生学了这 68 学分就算充实而且提高了当小学教员所应有的普通学力么？此外师范必修科目：心理学入门、教育心理、普通教学法、各科教学法、小学各科教材研究、教育测验与统计、小学行政、教育原理、实习，共 48 学分。这样增多教育学科的分量，无疑的是要效法于美国师范学校，可是多则多矣，试问这个拉杂堆果能提高专业训练么？又此外选修科目分为三组：语文及社会科学一组，数学及自然科学一组，艺术及体育又一组，听师范生任选一组。试问各地方小学有几校能分科聘请专任教员呢？因此，这一回改革，我不承认是有计划有见识的改进，只好叫它作纷更。

纷更的结果，首先破坏了民国元年（1912）全国设六高师计划——训练中学师资的制度。这一场破坏直到今日还是疮痍未复。其次又破坏了师范学校的独立。民国十一年（1922）颁布新学制，一则说高级中学分普通、农、工、商、师范、家事等科，再则说师范学校得单设后两或三年收受初级中学毕业生。各省被军阀官僚剥削，教育经费正是支绌，就乘机纷纷把师范学校归并于中学。于是旧有的公费待遇、派遣服务种种成规，都跟着无形地消失。各高级中学既视师范科若无关轻重之附庸，而毕业又无特定的出路，师范科便几乎等于虚设。民国十一年（1922）以后，教育界渐悟前非，屡有恢复师范学校之议。民国十八年（1929）4月26日，国民政府颁布《中华民国教育宗旨及其实施方针》，其第五条说："全国师范学校于可能范围内，令其独立。"师范教育至此好像枯木逢春，渐渐有点生机。

第三期

自1929年以来，我想叫作复兴时期。这回复兴，固然是因为受了第二期失败的教训，而于政治上也有一大原因。从国民革命统一之后，标明要建设三民主义的新中国，于是发展教育、实施义务教育，无论如何，总不好意思不做。既然说要进行义务教育，那么，师资训练自然是呼之欲出。这个政治的条件虽未完成，而总要渐成，且没人肯说不成，所以师范教育不再至于被人忘却。这一点很值得研究师范教育者注意。1930年第二次全国教育会议修正通过之《改进全国教育方案》，1932年12月15日三中全会①之关于教育议决案，1932年12月17日国民政府公布《师范学校法》，1933年3月教育部公布《师范学校规程》，这样一气做下来，便把师范教育复活了。这次复活，有值得注意的七点。

第一点，师范教育独立。三中全会议决案："师范学校应脱离中学而单独设立。"国民政府即依据此议决案而单独公布《师范学校法》。这是明白矫正第二期的错误。

第二点，师资训练机关限于公立。三中全会议决案："中等师范教育机关，分简易师范学校，师范学校等，均由政府办理。"《师范学校法》第四条"师范

① "三中全会"，系指国民党的三届三中全会，下同。——编者注

学校，由省或直隶于行政院县市设立之，但依地方之需要，亦得由县市设立，或两县以上联合设立之。”这是十分表示决心由政府负全责训练师资。民元制只是高等师范全由国立，而师范学校仍准有私立。现在完全由政府负责，固然是赶上世界新趋势，而按理说也该如是。

第三点，区分师资训练机关之种类。改进全国教育方案分为中等学校师资训练所和小学以下师资训练所两级。上一级是师范大学、大学有关训练师资的学院、大学教育学院、乡师学院、师范专修科。下一级是师范学校和乡村师范学校。按三中全会议决案，初等学校师资训练机关是师范学校和简易师范学校；中等学校师资训练机关是师范大学和大学设立之师资训练班——收大学毕业生加修教育功课一年。而现行《师范学校法》，只规定初等师资训练机关，至于中等学校师资应由何种机关训练及应如何训练，尚未有明确的法律规定。

第四点，法定师范学校课程，而特加注意小学师资之学力训练。自民国十一年（1922）改制，全国师范学校就没有一定标准的课程。全国教育联合会所拟订的草案成了各校的蓝本。而上文曾经说过，那草案实在芜杂不堪，照那个草案训练小学师资，就难怪他们学力不足。所以民国十一年（1922）改制，虽号称提高师范生程度，而结果适得其反。民国十九年（1930）11 月，教育部公布师范学校暂行课程，已经加以一番矫正。民国二十三年（1934）9 月，教育部颁布现行师范学校课程标准，便更不同了。我们若把现行课程和民国十九年（1930）部颁课程及民国十一年（1922）全国教联会所拟的草案比较一看，便知现行课程特别注意训练师范生的普通学力——关于国语、算学、社会、自然、体育、艺术等小学教员应有的学力。再看《师范学校规程》，师范生若有一科不及格，便不得升级，也不能毕业，于此可见很注意师范生学力之均衡的发展。

第五点，注意小学师资的量的供给。改进全国教育方案预定自民国二十年（1931）起至民国三十九年（1950）止，这廿个年头之内，养成小学师资 140 万人。中国自兴学以来，造就师资的计划，唯这一回最具体而最积极。这计划 140 万小学师资中，预计约 20 万人由都市师范学校养成，其余 120 万全由乡村师范学校养成，所以五年之内——由民国二十年（1931）至民国二十四年（1935）——全国须成立县立乡村师范学校 1 500 所。按《师范学校规程》，师范学校应视地方情形，分设于城市或乡村，于可能范围内应多设在乡村地方。又为急造义务教育师资起见，设简易师范学校。又师范学校收高中毕业生加以一年训练，名为特别师范科。这都是要急造够用。据《第一次中国教育年鉴》，民国十九年（1930）全国师范学校达 846 校，学生达 82 809 人。这恐怕不可靠！

第六点，注意师资的统制。三中全会议决案，师范学校及师范大学，概不收学费。师范学校学生并以由政府供给膳宿制服为原则。师范学校及师范大学学生修业完毕后，由教育部或省教育厅、市教育局指定地点，派往服务，期满，始发给毕业证书，始得自由应聘或升学。其有规避服务，或服务不尽力者，取消资格，并追缴费用。按《师范学校规程》，师范学校学生一律免收学费，并得免收膳费之一部或全部；师范学校毕业生，由省市县教育行政机关派遣服务，其服务年限照修业年限加倍计算。

第七点，注重师范学校的师资。师资的师资，是师范教育中间一件要事。师范学校要训练师范生当好教员，那么，师范学校自身就先要有好教员。例如师范学校教员自身先要对于小学教育有经验、有心得，才能训练师范生怎样准备当小学校的好教员。再就数量方面说，师范学校既须设立如此之多，则师范学校的教员人数也要足用。中国开办师范教育以来，对于师范学校的师资问题，以前却未曾注意到。1930 年改进全国教育方案，因为计划五年内全国增设师资训练机关 1 500 所，才同时计划到这 1 500 所师范学校的师资怎样培养造就。现行《师范学校规程》第 120 条规定："师范学校教员须品格健全，其所任教科，为其所专习之学科，并于初等教育具有研究。"这个原则自然是很妥当的，只要讲究如何培养造就罢了。

这一期师范教育的复活，固然是救济第二期的失策，表面上有好多像是恢复第一期的旧观，而其实不只是复古，就计划和法规看来，都比较第一期更为具体彻底好多。原来师范教育自身就是一种进步的、积极的政治，它只能产生于有秩序上轨道的社会。民国十七年（1928）国民革命统一全国以来，政治总比旧北洋军阀时代好了一点，总打算有点办法建设新国家，所以师范教育跟着就复活。然而计划和法规毕竟未能彻底地实施，也就因为社会政治都还没有真上了轨道之故。这样社会的政治的背景和师范教育的密切关系，很值得我们注意。

这 37 年来，中国师范教育的收获是什么？怎样？讲到收获，自然要从民族文化和民族生活上找寻，看看究竟有没有什么影响贡献。可是文化和生活根本就很难分析它哪一点是从哪一种教育得来。因此，师范教育的效果，事实上很难断定。只好就表面上见得到的说话，其势难免是浅薄的主观的观察。

师范教育的使命，是训练师资足供国家之用，假使全国的师资供求相应，使"量"的供给有着，可以说是一种收获。可是 37 年来造就的师资，在数量上没有统计，即偶然有点零碎统计，而它的可靠程度也甚低。在"量"的方面既然没有精确可靠的统计做根据，只好说一个大概推算罢了。

清季推行师范教育，不过 10 年，便到了革命。那时期师资训练的结果，没有精确的数目可查。当时学制定的程度较高，从小学到初级师范毕业要十四年，到优级师范毕业要十八年。当时苦于没有相当资格的学生入学，招生的标准，不能悉照相当程度，只好迁就年龄。招到新生年龄虽满十七八岁，可是简单的科学常识还是一点没有修养，为了程度衔接起见，事实上不能不从低一级办起。例如要办初级师范，须得先办高小。所以当时师范学校名义上虽推行了多年，其实正式成立的甚少，所以毕业生也不多。在未办优级师范之前，全国只有独一无二的京师大学堂师范馆，毕业生只有过两批。优级师范成立后，毕业的多半是二年制选科。初级师范毕业的多是简易科，本科到底毕业了多少，无从查考。总而言之，终清之世，师范毕业生甚少，说不上足用。

据《第一次中国教育年鉴》，民国元年（1912），全国师范学校共有 253 校，师范生 28 605 人；民国二年（1913），314 校，师范生 34 826 人；民国三四年（1914—1915）间，学校数相差不远，学生人数约 3 万人；1922 年改制时，全国师范学校共有 385 校，学生 43 846 人。由这点看来，从 1912—1920 年或 1912—1921 年间，师范学校的校数不过三百来间，学生人数不过三万余人，以改制时候为最高。民国十一年（1922）以后，受改制的影响，国内政治亦日趋纷乱，教育经费支绌，学校停办或归并，而入学人数亦减少。从 1922—1928 年，师范教育日日衰落，1928 年全国师范学校只有 236 校，和 1922 年比较，减少了百余校；学生只有29 470 人，和 1922 年比较，减少了一万余人。1929 年，国民政府公布教育实施方针，复兴师范教育，校数增到 667 校，学生人数增至65 695人，校数和学生数都差不多增到以前的两倍了，1930 年的数量尤其突飞猛进，但恐怕统计有错误。不过大体说来，1912—1922 年，校数和学生数都有增加，可是增进度却不大，1922—1928 年是缩减；1929 年以后又较急速地增加，这大概是可信罢！再就广东一省看，也可大略证明 1929 年以后数量是有进展。据中华教育改进社调查统计，1923 年广东全省师范学校有 18 校，学生 1 992 人。据近年教育厅报告，1928 年增至 32 校，学生有了 4 757 人；1930 年增至 48 校，学生增至6 656人；1934 年增至 60 校，学生增至12 417 人。至于全国历年师范毕业生人数，也没有确数可查，只好从历年在学人数推算，大约当有二十余万人。这二十余万人中，要除去一部分死亡者和改业者，其余能够在教育界服务的，最高额当不能超出 20 万人之数。据《第一次中国教育年鉴》，1930 年，全国——有一二省不曾报告——的小学教师，其中曾在师范学校毕业者，共有 188 756 人，那么，大胆说历年师范毕业生共有 20 万人现在教育界服务，也许不至于大误。然而全国小学教员总数 467 290 人之中，师范学校毕业的约占 40%，那么，对于现在全国小学教育之效力，不可谓不小。又据改进全国教育方案，若普及四年的义务教育，全国至少需要小学教员 140 万人，而已往的三十余年间只造就 20 万，相差的数目不可谓不大。照这样说，现在师范教育还未足供给全国小学教员之需要，是无疑义了。然而据近年所见所闻，师范毕业生之失业者，在在皆有，那么，全国有的地方师范毕业生无处服务，而同时又有的地方找不着师范毕业生当小学教员，这也是必有的现象了。失业的师范毕业生未必都是能力劣等，而有职的师范毕业生和非师范毕业而任小学教员者也未必学力优长，这恐怕也是不可免的事罢！然则所以有这类现象之原因，自然是政府对于师范毕业生之任免未能适当统制。

关于中等学校师资的造就，在清朝时数量很少，正式的高师毕业生，记得好像是到了民国元年（1912）以后才有。民国元年（1912），教育部计划全国分为六个高师区：①北京，②南京，③广州，④武昌，⑤成都，⑥西安。实际设立的只有北京、南京、广州、武昌、成都五校，西安不曾设立，至民国七年（1918）改在沈阳设一校。其中历史最长、规模最大的要推北京那一所，即现在的北平师范大学，其次便是南京、广州、武昌三校了。其后不久各校都改了大学，现在硕果仅存的只有北平一校。就北平一校说，总计毕业生有 4 000 人，但有图、工、体、乐等专修科和初级师范班合计在内，其实正式高师及师范大学本科毕业者约不过 3 400 人。沈阳一校是最后起，而寿命又最短，似只毕业一批便改为东北大学了，现在已随领土一块儿丧失，更不必说了！广东高师截至民国十三年（1924）改为大学时止，据说有毕业生约七百余人。从此推测其他三校，可以说每校不过毕业几百人罢！那么，从 1912 年至现在，全国高等师范及师范大学毕业生，大约不能超过 6 000 人之数！近年有大学教育学院或教育学系分负训练中等师资的责任，当然也有相当数量的毕业生，至多想也不过 2 000 人罢！总括地说，现在全国受过教育训练的中学师资谅不过 8 000 人之数！据民国十九年（1930）统计，全国中等学校教职员，在普通中学有四万二千余人，在师范学校有万余人，两项合计为五万二千余人。除职员外，教员全数有 3 800 人。但事实上这个数目不免有点不忠实，因为它所据的是各校报告，其中有一部分跨校的教员，数目免不掉重复，若按六折算，约不过四万余人。今假定受过教育专业训练的中学师资 8 000 人全在教育界服务，所占的成数，至多也不过 25%，我们不得不承认是过少。

总括地说：37 年来培养师资的数量，在中等师资方面，相差尚远；在小学师资方面，则去足用更远。若实施四年的义务教育，需要小学教员一百余万，数目和国防军额约略相等。中等学校师资需要虽不若此之多，而现有受过师范训练的人数又实在过少。所以师资的数量供给，37 年来虽有点进步，不过进得很慢，效用很微。

至于师资“品质”的效果，更难说了。只好大概推论罢！请先从师范生德性说起。中国师范生的德性训练，上文曾说过，大概取材于两方面：一方面是舶来的，带有修道院的风气；又一面是土产的“师严道尊”旧习惯，传统的头巾气。此二气混合，便成了师范学校的校风。师范学校校风较严肃，久为一般人士所公认，这不能说没有相当的效果。近年来社会上精神和物质两方面的旧习惯都急遽地崩溃，各界人士受影响而丧失操守者肩背相望，而教育界人士似乎比较安静点，尤其是出身师范学校的先生们总比较诚实安分，不那么样容易被诱惑。常常听有办学经验的人们说，同一校的教职员中，非师范生和师范生有显然的分野，师范生总比较恬淡、老实，少野心。这大概是师范校风的结果罢！可是这样消极的操守，虽有多少好处，而毕竟不是现代教育家理想的性格，且亦不足恃。现代理想的教师，须有为有守，是入世的，有积极的服务心、浓厚的社会性。若只是消极的无大志，便不算佳。而且这样消极的操守实在不足应变，不足抵抗诱惑，不过腐化略有迟早罢了。近来教育界的笑话也渐渐多了，可见消极的恬淡之风毕竟也靠不住。往往有人浩叹“人心不古”，其实人心何尝不古，只因“社会不古”，就把那顶旧头巾撕破罢了！在旧社会里，阶级的界线比较严峻，工商业幼稚，交通又困难，所以物质的诱惑力殊不易普遍，头巾的伪善的面目也就容易维持。现在个人主义已经抬头，物质的诱惑凭着工商业和交通而普遍地发挥威力，加之以社会的政治的变动大而且频仍，就不是消极的安分守己所能抵抗。在社会组织方面，要有条理、有秩序，使各人的生活得合理的满足和保障，而在思想行为方面，要善导已经睁眼的个人主义，认明个人与社会之联带，而养成贤明的责任心，这才是办法。

再讲到师范生的学力，更难得客观的批评，只好从其由来看一看罢！民国元年（1912）至今，师范生的毕业年限都和中学生一样，没有长短之差。而师范生要多习教育科目，多受专业训练，他们习普通科目的时间自然较少于中学生。师范生照章虽可不习外国语，而各校因毕业生的出路未必可靠，所以实际都设英文一科以备他们无处服务仍可升学。因此，师范生的普通学力就很难和中学生平等了。与师范生的学力最有密切关系的，当然是师范学校的师资，而关于这一项，向来没有特殊的规定，更没有一定的培养法，因此，就难责备了。更有关系密切的，是师范生阅读用和小学教员进修用的书籍，属于这一类的出版物，近年虽不能说全无善本，而实在是甚少甚少。师范毕业生之求得职业，和小学教员在职之保障，都未必全凭他们的学力，这也是廿余年来社会上不可讳言的事实。综合以上几种社会的条件，我们要求师范毕业生学力优长，就未免太过奢望。现在国内各小学教员，虽不能有确实的视察比较，而也可以说大多数能依照教科书讲解，便算合式的了，至若能讲究教材安排得有见地，运用得灵妙，实在殊不易得。在外国历史上急于造就多量师资的时候，师资的“质”往往不免低落，而中国经历了37年之久，造就的又如此的少数，而学力还不过如是，就难得人满意了。然而纵观这37年的经过，就说后起的少壮的师范毕业生较胜于以前的，也不是过当。十年二十年前的师范生，所谓优秀分子，不过多熟几篇古文观止，能作两篇策论调子的酸文章罢了，其实和小学教育毫不相干。近年少壮者如果学业优秀，常识总较丰，朝气总较足，这大概不是过言罢！总而言之，37年来，师范生学力不能说没有进步，不过进步太慢罢了。而这样太慢的原因，大半在整个社会文化进得太慢。

至于中学师资的学力，只好向全国中学教学成绩观察。记得民国十一年(1922)，美国教育家孟禄来调查中国各省教育，回到北京对人说，中学教学状况大抵不良，其中间有少数教学有方的，差不多都是高师出身者。这句话未必尽是应酬话，然而我绝不敢偏袒高师毕业生。民国初年设办六高师，而教授人才难得，经费支绌，设备简陋，都不能讳言。大抵国内中学教员，所谓任职较长久的优秀者，都很难免有个通病，就是：安于熟练而没志气进修以追上学术界的新潮流。所以往往毕业后任职几年，不知不觉自己的学问已落伍了，还死抱着那一套熟练的东西，而不知道已成高头讲章了。这个所以然，虽有不少社会的原因在，而自身没有求深造的能力和工具，赶不上学术界的前线，确是原因之一。再讲到教育研究的成绩，更不敢恭维了。办了37年师范教育，还未有一所师范学校得人公认为全国教育的权威者，这样安敢说是有了收获?！至于中小学校的教材教法等问题，迄今还未有自主的解决，还不外搬运外国人的余唾。甚至于本国语言文字，在中小学校里到底该教什么、怎样教，也还未有具体的解决法，这不能不说是师资训练机关工作无成绩。

总而言之，37年来中国师范教育虽有多少成绩，但可惜太少了！

我们讨论师范教育，要注意把握着“质”和“量”两方面。“量”重在“足”，“质”重在“良”，而“质”和“量”两面又是交互影响的。普通事物也不乏此例。如亚砒酸是有毒的，而用极少量却可变为补剂。米饭是有益的，而多吃却又可生病。人造黄金在学术上成功了，而未能施之于工业，因为不能多量制造。请把小学生体罚问题做一例罢！对儿童实施体罚，不敢说绝对无益，不过假使可以有益的话，必须在心和气平之时。然而此事岂易办到？我们若不发怒，便难有打人的动机。而且为得要引起受罚者恐惧的情绪，至少也要假装生气才有威势，而怒是假装不得的，装就会成真，所以心和气平地施行体罚，真是不容易。父母对子女有天然的情爱做调节，都还要平时极有涵养，才可免处罚过当。当小学教师盛怒要处罚儿童的时候，若立刻能把怒气消清，心和气平，以便慎重处罚，这教师便是“从心所欲不逾矩”的圣人了。中国几千年只得一位孔子，而孔子还要70才达这境地，而现在要得百余万青年小学教师都有老圣人的涵养，岂是可能？所以体罚在法则上应一律禁止。由这例可知讲“质”须顾及“量”的条件。

先从师范生学力方面讲起罢！中国师范教育，第一期注重学艺训练，第二期偏重专业训练，现在又要侧重学艺训练。学艺训练和专业训练二者孰重呢？可不可以调和呢？怎样调和呢？学艺自然是做教师的基础，如果这根基薄弱，便是施教无具，还说什么教育方法教育修养呢？那么，只要学艺训练而不管专业训练，行不行呢？这未尝绝对不行。古来几多教育大家并没学过教育学，然而他自身就是一部活的教育学。但这班教育大家虽未必都是间世一出，而同时要有百万十万就必不可能。教育科学的研究，为日虽尚浅，而已经得到相当的原则，这里的真理不容人无视。中材的人受过专业训练，便可遵循着教育原则，施教可不至陷于谬误。因此，师资的专业训练决不可偏废。本来，从学问的立场看，任何一种学问的研究要达到了“登峰造极”的境地，自然而然可与教育的观点汇合。因为任何学问的最后问题都是我们人类对于该范域的认识构成的法则，而认识的发展和构成就是一种重要的教育原理，这里便是学术与教育的汇流点。把一种学问做到了淹博精通，要取材来教学的时候，就要向现代文化社会的需要找出一个选择标准，而社会文化和个人经验长成的关系，又是一种极重要的教育原理。因此，假使每个教师学问都到了登峰造极的境地，那当然合乎教育。然而要训练十万百万教师学问都能登峰造极，自然而然地汇合于教育原理，事实上是不可能的。这又是受了“量”的限制了。若是两方面同时并进，在训练期间，师范生兼受学艺和专业两种训练，所得的学艺内容，同时就教他们用教育观点去熔化它，就可不必等到学问登峰造极，也可成为合式的教师。记得去年有一个高中毕业生，自称他喜欢中国文学，据说是喜欢词。拿词来代表整个的中国文学，已经有点可笑。问他喜欢什么词，据说是李后主的菩萨蛮，尤其是“侬为出来难，教君恣意怜”两句。我因此立刻想到中学国文教员的责任。本来这种香艳颓靡的词，在纯文学方面虽不能说全无价值，可是中学国文选到词就不能多，而选词也可不必选这一首。倘若学生自己已经阅读到了，也不应把这香艳句子去迎合甚至于撩拨青年那种猥亵心理。我想优良教师若遇着这类读物，尽可领导学生从历史的社会的立场去理会它。例如“恣意怜”三个字，十分表露中国男女不平等和君民不平等的旧社会组织。因为中国旧习，女子是男子的玩物，尤其是皇帝的玩物，后主是男子而兼皇帝，所以无论如何蹂躏轻薄，在女子方面还要说是“承恩”“邀宠”。“恣意怜”这三字是中国旧社会的产物，有了那样的社会，就产出那样的文学。如果能够照这样领导学生阅读，这段教材却又不十分坏了。教学生用历史的社会的眼光去理会本国古文艺，正不必限于有很高深学力登峰造极的文学专家，就是普通中学教师，只要受过教育的洗礼，就未尝办不到。这是教育和学艺应同时修得的例证。这样学问造诣和教育观点的融合，不独国文一科应如是，任何学科都不例外，且都可以在师资训练期间训练成功。因此，我以为师范生受专业训练，正不必太注重那些偏门的教育技术，而须致力培养正确稳健的教育观点，使他们能凭着这个去鉴别教材、运用教材。

关于师范生受训练期间之长短久暂问题，若只就“质”一面说，当然以期间较长为佳。再就师范训练机关之性质看，应属于高等的职业教育，那么，不管是训练小学师资或中学师资，都应位于普通中学之上而列于高等教育一段。现在德国便是如此。然而又一方面因为急求师资足用，且要顾及国家及地方的经济能力，换句话说，受了“量”的条件牵制着，便须有伸缩活动的余地。按现行制，小学师资训练机关分三种：其一是师范学校，其二是特别师范科，其三是简易师范。头一种自然是正轨，而二三两种是求速成而应数量之急需的。我以为应斟酌各地方情形，如小学师资太缺乏而经济力又薄弱的，应多设二三两种以应急需。若大都市之师资人数比较足用，而经济力又属充裕，则应以设立正轨的师范学校为主，且修业年限可渐进地延长为四年或五年，以提高师范生程度。中国幅员如此之大，各地方情形相差甚远，总应为文化比较发达的地方留有自由进步之余地。

中学师资训练机关，自各地高师先后改为大学之后，现在已无法定的负责机关。民国二十一年（1932）12 月，三中全会有一个关于教育的议决案，议决中等学校教师，除由师范大学训练外，其他各大学毕业生愿充中学教员者，得呈准教育部于大学内特设师资训练班，加修教育功课一年，以备中等师资之选。而各大学师资训练班之学生，其待遇与师范大学学生同。这个议决案用意甚善，可是直到现在还没有具体的实施办法。中等学校师资于专门学艺之外，必须有教育的修养，这个原则已无疑义。然而专设高师或师范大学，好处在有负专责的训练机关，而短处则在设科殊不易完备，不能完全供给中等学校所需之各种师资。例如公民科师资在普通中学及中等职业学校皆属必需，而在高师或师范大学设一个公民学系，则殊不易。若在设有文法科之大学，利用其教授人才及图书设备，特别编订一种课程专为训练中学公民师资的，却无难事。至于中等职业学校师资则更不能由师范大学训练，而利用设有农工商科之大学，则便利甚大。由大学负责训练中等学校师资，好处则在教授人才及图书仪器实习场所等设备皆已完备可以利用，但必须另行编订课程，而且须有负专责之组织。大学通常分科设系之目的，或在纯学术的研究，或在其他高等职业之应用，而于预备中等师资则非尽适宜。故在大学内训练中等师资，不能沿用大学原有各院系之编制，若编成合于训练中等师资之用者，则一种课堂或须兼采及大学原有几学系或两学院所有之科目。然则所谓利用大学训练中等师资者，只利用其教授人才及设备罢了。既须有特殊的训练方案及特殊合用之课程，故负责训练中等师资之大学，必须有师范学院——或迁就现行大学规程而称为教育学院亦可——肩此大任，这个学院须有权使用各学院所有之设备，能随时调用各学院教授协力合作。今后中等师资之训练机关，除北平师范大学之外，应由教育部择定公立大学十校或八校，委托其开设师范学院。受委托之大学，某校须训练哪几种师资，每年须训练若干人数，均须由教育部依据各省中等学校之需要，预先计定，然后分别付托。好似要这样办才算有全盘计划。

再讲到教师人格的训练问题：若按理想说，我们勉励师范生，该盼望他们都以特立独行移风易俗之士自命。然而全国需用中等学校教员一二十万人，小学教员百余万人，若不着手改善社会生活条件，而冀全国同时产出二百万磨不磷涅不缁的圣贤，又岂可能？在师资训练机关里面的训练，自然应涵养其情操志趣，磨炼其操守，鼓舞其忠诚，求其堪充师表。而由社会的立场看，要二百万中材的青年造就好学勤教的教师，就该使他们生活有常轨可循，于求学尽职之外，别无须顾虑，方能安心向上。师范生在学时之公费待遇，毕业时之派遣服务，受职后之保障，这都是使他们安心向上之条件。这几个条件若能联成一贯认真施行，那么，师范生入学之后，即自觉以身许国，此后只要自己努力敦品励学，尽忠职务，虽不会有什么意外的富贵荣华，而自己的生活总可踏上一片坦途，自然渐渐可以于教育事业中寻出乐趣。倘若社会上多开邪僻诱惑之门，而他们生活问题又必须靠投机钻营才可解决，而只在学校里天天讲圣经贤传以期他们做圣贤，恐怕适足以养成伪善罢！例如公费制度，清末至民国初年曾实行十几年，现在又说要恢复，然而毕业后之派遣服务及就职后之任免升迁，若不以学问成绩为标准，不依法规做保障，则在学时一份公费，就可以等于科举时代之康忾，适足以养成秀才们贪鄙酸庸的习气罢了。

现在师范毕业生集中于大都市，而多数不愿往乡村服务，以至人才分配不均，确是可忧之象。然而此事也不能一味责怪他们慕繁华、爱虚荣。乡村生活孤陋寡闻，他们若住下三年五年，就难保学问不落伍。他们若因此而不愿往乡村去，倒值得我们表几分敬意。现在师范生就职都凭自己的运动力，就要平时讲交际、多人缘，而乡村生活最缺乏这个，若一旦失业，则前途可虑。他们若因此而不愿往乡村去，我们也该表同情罢！如果这两点是有力的原因，教育行政机关就该负起法律上和道义上的责任去救济他们。教师任免调遣悉依法规，且必以劳绩为标准，为在职教师多设便利的进修机会，这还不是教育行政机关应做的事么?归结还是那一句话：要给教师们以为善的生活条件，不可空口拿一顶道德的大帽子给他们戴上!

总括地说，中国37年来师范教育，成功少，失败多，而失败的原因，固然有的是办理不善，而多半是在社会的条件不备。今后谋改进，在办法上固应审择，而假令今后办法不差，我以为还应注视几种社会现象。

第一，家族主义的个人主义与民族主义之对立。个人主义有一个劣点是自利，有一个优点是人格独立。而中国家族主义的个人主义偏偏有了个人主义的劣点而无其优点。中国人最看重身家利益而同时家族中又不承认个人人格之独立。现代社会主义，不管它以民族为社会单位或以人类为社会单位，都一面看重社会联带合作，一面又承认个人的独立。而中国人对于现代生活原理，一面以自利心回避了社会联带，一面又以宗法观念无视了个人之独立。中国人吃了这个大亏，所以始终还走不上现代生活之路，一切政治教育之失败，病根就在乎此。师范教育是现代生活的产物，教育成了社会公共事业，教职成了效劳于社会之公职，才配说师范教育。而中国人凭着传统的生活理想，几乎不知道什么是“公”，对抽象的社会服劳效忠，这桩事在中国人心里几乎不能想象。师范生受训练，原来是准备服务，而中国人心里是图资格猎取地位；受公费待遇原来是毕业后服务之保证条件，而在中国人看来是“食饩”，受豢养。教育行政机关统制师范生之服务任免调遣，原来是为全社会调剂服务人才，而中国人看来是裂土分茅位置亲戚徒党。在这样社会条件之下，师范教育实难收效。所以预测今后师范教育之成败，首先要看民族主义能否克服固有的家族主义的自利主义。

第二，旧式生产与新式生产之对立。师范教育起因于近代全民教育，而全民教育又是产业革命后的产物。产业革命之后，生产方法科学化了，生产组织集团化了，不管其产出的财富果何所属，而社会的富力总是增加了。富而后教，全民教育是建筑于社会富力增加之上的。吃饭是动物生活，教化是人格生活，要做得了动物，才能要求做人。若救死而恐不赡，奚暇治礼义?!国家实施全民教育，便要大宗款项支出，而羊毛出在羊身上，如果是一群精光的羊，就剥皮抽筋也剪不了毛。在生产幼稚的社会，正所谓天地生财只有此数，那么，唯有少数拥有财产的士大夫家才可受教育，因此，教育必然是士大夫的，而非平民的。师资也必然是士大夫家的雇佣，而不是社会的公务人员。现在各省教育机关不是多数与苛捐杂税相依为命么?!政府若要取消苛捐杂税，各县市中学小学便要相率停闭。若要维持教育经费，就要教人民忍痛受抽。甚至于学校经费要仰仗花捐赌捐鸦片捐。这种矛盾的现象，不是透露了个中消息么？全国要实施义务教育，这宗经费将安出？就令遍设学校，也恐怕请不到贫家子女都来入学。那么，多数师资的训练又从何说起?！所以今后师范教育之成败，又要看新式生产能否克服旧式生产。这个现象和前头那个也有密切关系，新式生产是消灭宗法观念的利器呀！

第三，古代语文与现代语文之对立。平民教育、师范教育与国语运动是三位一体的。请看路德是平民教育和师范教育的鼓吹者，而同时又是国语运动的首倡者。古代语文是封建时代贵族的工具，不适用于今日平民教育，全世界皆已证明。尤以中国文字，不管是从文字学看或从文学修辞看，都是君王士大夫消遣之具，决不能供全国民众通用。中国人受着这套笨拙文字的束缚，其害比不平等条约还大十百倍。然而迄今还未有解除桎梏之法，而且改革的障碍力还是很大。在这个社会条件之下，还谈什么平民教育、师范教育呢?！我们哪能训练成200万通晓古文辞而又富于新知识的师资呢？我们又哪能要求5 000万儿童都费十年八年时光专求通本国文章呢？中国的国语运动，成功比较外国要难十倍，因为我们连文字的形态都要改造。希望国语改造成功，必须于固有文字文学有深刻的研究，而于国文有了相当造诣的某些先生们，往往立刻摇头摆脑大发其士大夫瘾，这还有什么希望?！好比研究传染病菌的医学者，若都受传染而致死，还敢望于医界有贡献么？所以今后师范教育的成败，又要看国语改造能否成功。

第四，旧教育观与新教育观之对立。中国人向来读书，为的是猎功名，图富贵，即令黾勉学问，也不过看它是换取锦袍金印的工具。因此中国人固有的教育观，是士大夫的，不是平民的；是重知的——换取功名富贵的知识，这是中国的唯知主义——是生活的；是片面的，不是人格的；是墨守传统，不是启发生长的。因此俱没有特别训练师资的需要。古来说师之职责是传道授业解惑。他身边挟带有一块道，可以整块给人，自然无须讲究什么方法。所谓业是做士大夫做有暇阶级的业，这本是极少数人的幸运，谁若学不成，便是不够运，还要讲什么教学效率，还谈什么为民众效劳？所谓惑便是离经叛道，怀疑传统，唯一的解法便是不许你疑，要你默识强记，还要讲什么选择教材，计划教案呢？这样的旧教育观在中国人心目中牢不可破，直到现在，教育界人士还不少抱着这见解的，遑论其他？师资训练是新教育的产物，经裴斯泰洛齐实行教育革命之后，才得有识者信服。而中国固有的教育观，充其量不过是“固定的知识技能之授受”，换句话说，是以知教不知，以能教不能，以如此的成见哪能理解师资训练之功能呢?！清末兴学堂时，因为向来是举人教秀才、秀才教童生，谁料学堂里的功课，进士举人秀才们都教不了，要请到洋鬼子，所以急要训练师资，其实并未曾理解师资训练之真意。到近年洋学堂出身的洋进士洋举人洋秀才都有多了，而教科书又一册一册都编定了，谁还知道有师资训练之必要呢!？若不怕得罪，我敢说“固定的知识技能之传授”这样的教育观在今日教育界还有甚大威力，师资训练就难免被看作无用长物了。所以预卜今后师范教育之成败，又要看新教育观能否克服旧教育观。

（《勷勤大学季刊》第1卷第2期，1936年1月，有改动）

师范学校的学艺、专业和校风*

师范教育自身问题

假定上述条件①已经有了办法，则师范教育本身也有问题。在这方面，至少有三几个问题尚待解决，第一个我们所要研究的，便是师范生的学历问题。在这方面，我们又可以分作下列几项小问题：

（1）师范生的学艺训练（academic training）与专业训练（professional training），孰为重要？

（2）这两种训练能调和否？

（3）如果能调和的话，如何可以调和呢？

（4）如果能调和的话，师资学艺的特点在哪里？

（5）专业训练应当注意些什么？

据过去三十多年的历史来看这个问题，仿佛有点像循环式。民国八年（1919）以前，大抵最注重学艺训练，把教育科目看作可有可无，至民国十一年（1922）改行新学制以后，加进不少的教育科

---

* 此系《中国师范教育问题》一文的第二部分，题目为编者所加。

① 系指办师范教育的先决条件，即社会条件：家族主义、生产状况、言语文字、教育见地。

目，及至最近——民国二十一年（1932）——又侧重学艺了。当局对于这个问题，仿佛并没有一些见解，只是随着时代转移，就是教育言论界，真有见地的也并不多。我以为这两种训练如果论轻重，当然学艺比较重要。比方一个人要有思想，也要有消化力，如果只能有一种，二者不可得兼，便当然要舍思想而取消化力了。试问假如消化力早已没有了，快要死了，你还在那里说思想，岂不是笑话吗？同样，如果说没有学问而可以言专业训练，这也必然是假的。再如学拳的人，先要他有了气力才能学什么蔡家、洪家；假如他手无缚鸡之力，而整天在那里嚷蔡家、洪家，又岂不是笑话吗？我们学教育的人，又不能专卖自己的膏药，而且教育科学的历史亦很浅，至多不过100年的历史；不过教育科学却有不少不容我们违背的原则存乎其间。既然有了这种原则，我们又为什么不去应用呢？所以教育又是不能完全抛弃的。

因此，无师资问题则已，否则师资训练当中的这两种训练一定要调和。师资训练得好不好，要看其两方面的训练能不能在师范生的脑中融会一气；倘若能够融会一气，便是可以成功。尽管在过去的师资训练，已经两种都有，但是这两种训练却正如外面放着那个功课表一样，在师范生的脑中仍然是一块一块地排列着，并未融会起来。要融会起来，我以为先就学问出发，要各种专门学问都能与教育融和，则有一条路可以走，就是在各部门的专门学问都做到登峰造极。试以国文为例。一个人如果整天只在那里吟诗、弄句，这个人未必就是一个通国文的人，如果有一个人不一定用这种态度及方法，他却运用进化的眼光，社会学的见地，……去研究，到他登峰造极的时候，便一定会归到教育上去。可是这种调和是理想的。希望这种调和能在师范学校实现，也是梦想。所以又只能用人工的方法了。用人工调和的时候，受教育者可以不必如上面所述的一样，要登峰造极，做到学者，只要在他学习时，教者予以方法，使其在获得材料之后，再用教育的见地去审查一下已有学问。这才是师资训练机关所当做的事情。如果能够施行得法，必有相当的效果。再以国文为例，吾们倘能在教学国文之外，予以教育的方法，使其能从教育的见地，审查一下国文所得的材料，便自然可以成功了。可惜我们历来并没有这种融合的能力。教师范国文的尽管在那里教诗词歌赋，不必理会小学需要否，而教教育科目的，也只有整天在那里讲教育，可以完全不必理会国文。这种情形以后必须改革，必须使教育的责任，不专在教育科目的教师的身上。这是师资的师资问题。因此，以后对于负有训练中等师资责任的大学必须大大改革，不能再用以前那种“为学问而学问”的科目。这不特是师资的改革，实在是世界文化的改造。现在我们实在不能再用从前那种死的学术疆界来把整个大学划分成什么文学院、理学院……这场笔墨官司要打起来，便要与最高的哲学——认识范畴——有关。假定学问范畴当与社会职业界相应，则必当有一次新的分法。所以师范生研究国文、历史……，皆应以教育职业的观点来从事。这样才可以使其学艺有用，否则又蹈以前的覆辙了。

其次，校风也被认为师范教育的一件重要事项。历来师范学校，仿佛都要特别注重德性训练，这种注重训练，混言之当然没有问题。不过依据我们的新见地看来，欧洲现在的校风实在是从中世纪的修道院学校（Monastic Schools）的禁欲主义的风气而来。我国以前本来也有传统的“师严道尊”的观念，所以许多人都以为这是中外同一的；其实我国的“师严道尊”是不灵验的，而外国的却是十分灵验的。为什么呢？道律训练固然要对每个师范生的训练注意，并不是只戴上了道德的帽子便可了事；我们一定要唤醒师范生能认识新社会的趋势及意识才能有办法。只要学生在校内好是不济事的；只作禁制的工作，而不干积极的工作也是不对的。我们要引导学生去做积极的工作，如社会服务等等。但是这还不一定就很好。学生的习惯、行为，学校当局应当尽责想方法诱导其往好处走；但其重要的效力仍要靠社会：假使社会能有方法安定教育职业者，则中才的师范生，也可以有作好教员的可能；不然的话，那师范生纵然是个中上的人，也会被社会同化的。比如学校里，他是一个很安分守己的人，功课也好，但是结果，如果他不像别人那样的去投机、巴结，便会失业！所以我们要使师范学校的校风向好的方面去则社会条件必须向合理的方面去才易收效。所以师范教员与其每每以圣贤古训去压迫学生做好，不如下些功夫去整理学校环境。

话再说过来，上面已经说过，师范教育统制毕业生，自由调遣毕业生，是很应当的。例如下乡。现在许多人说毕业生不愿下乡，贪恋都市繁华，老说这班毕业生无用，可是他们不知道，事实上在乡下教学一二年以后，思想一定落后；现在青年，如果因为这个缘故而不愿下乡，我们认为是不应责备的。其次，有一部分的毕业生，则恐怕下乡一二年后，缺乏交际，变成了一个十足的“老乡”，一旦失业，则必致不能维持。假使在都市，则此路不通，或许还有彼路：这也是实际情形，也是我们所应表同情的。所以我们不能闭上眼睛去责备一般青年人，事实上，没有向上的心则已，如果有的话，则谋求学问增进，实在是青年人一种权利。所以我以为要实行统制，则必须政府对于保障、考绩、任用、调遣等等，能够详密规定，而又能光明正大地去执行才可。

总而言之，师范教育本身是一种社会事业，因此处处与社会经济、文化，有密切关系。

马鸿述记录

（《教育研究》第70期，1936年10月，有改动）

话说新师范生

师范教育原来是后起的教育事业，在中国只有40多年底历史，在欧洲也只有300多年。照这样说，师范生原来是一种比较新的名称。然而我这回要说的“新师范生”，却不是指时间的新，而要说性质的新。

近来全国各省都感到师资缺乏，而各师范学校招生又都得不到青年们踊跃投考，这确是一个严重问题。于是乎从精神方面，鼓励青年们委身于教育工作；从物质方面，改善师范生奖学金和中小学教师待遇。这自然都不失为一种救济办法。然而有许多教育问题，要寻求它底解决途径，最好还是从历史的社会的观点看清楚那问题底发生来由，便容易找着头绪。师范教育问题也是这样。

师范教育在欧洲是发生于宗教革命之后。原来初等教育是教会里一种慈善事业。到了宗教革命之后，新教和旧教两派对立，大家都要多得信徒，用现代话来说，便是争取民众。因此而推广教育，增设学校，自然需要大批师资，师资训练事业便从此发生了。宗教革命之后，人们底思想比较自由了，有一班优秀的教育工作者不满意于历来的成法，而另有新的教育主张。他们要实现自己底教育新法，便从新训练一批青年同志来帮忙，好比广西建设近来的口号：“做新事，用新人”。这又是推进师范教育底一个原因。那时的教育事业还是教会底副业，充当师范生的又是一班平民出身底教徒，他们委身于教育事业，在心理上当然是仰体天主底仁慈、博爱、怜悯，而救济一班贫儿底灵魂；从此教育精神便和宗教精神结了不解之缘。从中世纪以来，基督教会早成了封建领主底统治工具，在领主贵族们剥削之下，说仁慈博爱，好比儒家在君侯统治下讲仁政，实在不过是一种伪善。然而我们若不配合着那时的历史社会底背景去观察，而只从抽象的概念上解释，就未尝不可说教育精神和宗教心有许多相通之点。

到了19世纪，现代国家勃兴，把教育事业从教会手里收归国家统制，师资训练便成了现代国家底一种教育要政。教育精神渐渐脱掉宗教的外衣，而换上哲学的装束。说得最鞭辟入里的，可推德国大教育家凯兴斯泰纳（Kerschensteiner）所标举的“教育爱”。他说，教育家底理想性格是属于斯普朗格（Spranger）所列举的“社会的类型”。属于这类型底生活，以爱为中心，而以服务、效劳为最高理想。教育爱是施与的爱，大异乎平常男女间之爱。恋爱是羡慕欣赏对方所实现的价值——如才貌等——而接受它，甚至于占有它，总不免有几分自利性。教育爱则不然。教育家之爱儿童，不是爱他们既成的价值，倒是因为他们还未成价值，还欠缺价值，所以要把自己底浑身力量送给他们，帮助他们长成价值。因此，对方越丑、越愚、越不成熟，而教育家越爱他们。如果不脱少爷小姐底习气，爱清闲、爱干净，而讨厌儿童们底啰唆、不洁、调皮、无知，那便不配做师范生。教育家底一副“情眼”，要从无盐看出西施，从阿斗看出诸葛亮。为什么能够如此，就因为他爱的是未来的、可能的价值。换句话说，他爱的是人类要生长底价值，他底生活理想便是舍己献身而为他人、为人类。这是理想的社会的类型，也就是教育家底类型。

凯兴斯泰纳这套理论是我们教育工作者底圣经、大悲咒，如果您当教员当得烦腻了，办学校办到头痛了，最好是暂时摇身一变做阿Q，把这套理论在心中一番玩味，可以解除不少的烦恼，收住您的心猿意马。我试用了10多年，倒收了相当的效果，到了现在还依然一介穷教书匠，未曾失身。可是要把这套理论去解决现在全国底师资恐慌，能不能呢？不！决不能！好比修仙的捡几个山芋生果来吃，运气打坐，虽未尝不可止一时肚饿，然而决不能用这妙法去救济百万饥民。现代国家要鼓励人民服务教育，还不敢只应用凯先生这一套“精神讲话”，而不得不乞灵于大人先生们“阳为不睬而阴实爱之”底金钱，这便是优待师范生办法，教员待遇办法。优待师范生是一种预约法，预先约定他们将来任教师，现在读书时期便由公家负担他们底衣食住等费用。教师待遇是一种社会保险法，国家把教员们平时底生活费用和子女教育、疾病死亡等额外费用都负责保证他们后顾无忧。世界各国规定得最周密的是德国，如教师底住宅费、医药费、儿女教育费、养老金、恤金等都有详细的规定。这类办法都是要用钱，是庸俗的、物质的、形而下的，而不是清高的、精神的，可是却可收效。然而这办法是不是彻底有效而再没有问题了呢？不！还有问题！如果优待了师范生，优待了教员，便可完全解决师资问题，那末，欧美各先进国便该没有问题了。然而萧伯纳曾经讽刺地说过："能者做，不能者教。"引申一句，便是"不能教者教人教"。由此观之，欧美底有钱国家，虽然在优待师范生和教员，而愿意当教师的还是一班没出息的孩子，而当师范学校教员的更是没出息的，像老夫之流是也！

这回可真困难了！要人们当教师，用精神训话既不得，用金钱买收又不能，可不要"吾道穷矣"吗？要是把全国儿童青年委托于一班"不能者"底手里受教育，而这班"不能者"又是从那班"不能教者"底手里教出来的，则国家民族底前途，岂不危乎险哉！然而我们想尽方法，圣人既失其智，而财神又失其灵，到底如之何而可呢？师范生和教员底待遇办法，在原则上是很公平，很合理，然而为什么还不能彻底解决师资问题？我们要晓得这层道理，最好是去坐几趟火车，入戏院看几回电影。——请勿误会！我不是在说什么巡回教育车，电化教育——我们坐火车，凭票入站，对号找床铺；看电影也是挨次买票，对号找座，那都是最公平的办法，谁也不能也不必作非分之求。然而倘若有力者可以免费坐车，或先包定卧车，看电影可以先给钱茶房们预留后排座位，那就很难责备大众安分守法了。又如看电影前排的可以站起来看，而责备后排的君子自重，勿乱秩序，也就难得很了。记得 30 年前，日本一位教育行政专家，松浦镇次郎，说德国底教师待遇办法是局部的试用社会主义。这句话确十分中肯。教师待遇底标准是民生主义的生活理想，是各尽所能、各取所需。如果整个社会都实践这样的生活，当然是最公平不过的。而坏就坏在"局部的试用"这五个字。全社会机构是奖励人们自私自利的，智勇辩力者流若能往高处爬，办银行，管工厂，盘踞要津，便得高官厚禄，洋其房而汽其车，摩登旗袍高跟鞋面白而唇红者列屋而闲居，交臂而逍遥；在这样环境之下，敢问老夫子亦动心否乎？则将应之曰：动！动！动！而别方面独责备教师们鼓起他们底"教育爱"，挨束修，养妻子，穷奢极欲，连篮也只买来豆腐 3 斤，还算是受了优待，国恩家爱。自非阿 Q，其孰能甘之！在欧洲社会，原来阶级分明，师范教育是属于初等教育系统的，一班师范生都是平民，按他们底身份财产，只能受几年义务教育，一旦准他们进师范学校，预备当教员，已经算是升了一级，喜出望外，所以优待法还有几分效力。而在中国则不然。人们要吗索性不读书，既读书便忘不了"将相本无种男儿当自强"那个信条。他们读书就希冀立谈之间取得卿相之位，珠玉锦绣。而偏预约他们吃豆腐，又岂可得哉！彼亦宁愿槁项黄馘以终老耳！欧美底验方，拿到中国来便无灵。

好在我们中国却另有办法，现在却是大好机会，便是抗战建国，努力加紧造成三民主义的社会机构。在三民主义的社会里，“人生以服务为目的，而不以夺取为目的”。那里没有剥削阶级和被剥削阶级，没有赵乡绅，也不需要阿 Q。在那里，人人都可各尽所能、各取所需，人们择业便只求自己性之所适、兴之所钟，而无须老想爬上高枝，因为就没有高低。在那里，“教育爱”是可以兑现的教育哲学，而不是阿 Q 哲学，新师范生可能一批一批长出来。这是我们中国解决师资问题底路线，也只有这路线。说到这里，便到达了教育底边疆，师范教育便要从狭义的教育问题而转入政治问题、社会问题。这样才可得圆满的解决。若想只凭改善教师待遇，则财力将有时而或穷。若想捧一顶“尊师重道”底高帽子而引诱人们当教师，便要等于请阿 Q 当导师，许他穿上训导袍，戴上训导冠，而高唱手执教鞭把您打！

写于曲江

（《教育新时代》第 3 卷第 11 期，1942 年 2 月 5 日，有改动）

关于培养师资再说几句老实话

(1945 年 4 月 1 日)

在国民教育开始实施之年——1930 年——关于师资的严重问题，我曾经提出一个原则，是：

在实施国民教育这个实践过程中，也就是在抗战建国这个实践过程中，训练师资，以求质和量两方面的困难得到综合的解决。

一般教育行政底言论家，对于师资底量底补充和质底改进这个矛盾对立的难题，大抵吐些隔靴搔痒的折中论，说几句什么“质量兼顾，不可偏废”。做文章总算交了卷。近年来教育行政当局所酌量采择施行的，如：扩充师范学校，增设各种速成的训练班、进修班、讲习班，改良待遇，实施辅导之类，从纯粹教育行政底观点说，也不能认为错误。然而凡此种种计划，到如今，都给下面底事实粉碎了：师范学校招不了学生，中小学校请不到教师，在职教师纷纷改业，或无精打采，身在教室而心在市场。

这 5 年间，关于师资训练，我曾经陆续发表好几篇短文，每一篇都握紧这个原则——在实施国民教育这个实践过程中，训练师资。然而好像还未引起人们十分注意，也许是因为话说得还未十分明朗，这却非我的话说得欠老实，乃是不便十分违背“言逊”底圣训。好在现在已经“天不言，以行与事示之”了。上面列举的那些事实现象还不够明朗么？

教师们底教育工作，当然是社会劳动力之一种。现代社会学告诉我们：关于劳动力，必须从其技术方面和社会方面双方去考察。劳动力是因为其技术熟练及专门化底程度而显出其特征的，这些都是劳动技术底内容。但劳动力底技术方面只是抽象的，而不是具体的。具体的劳动力寄存于特定的社会底再生产过程中，劳动者人格活动之中，有其社会的方面，即质的方面。生产关系，不单是技术过程中底劳动组织，其最主要的关系是特定社会中以生产手段之所有为中心的人们相互的关系。所以劳动力的质，实际上是表现于后者的生产关系之中。劳动者促进生产往前发展而实行的团结，也是一个生产力。人类的劳动力是在一定的社会形态之中存在的。劳动力之转化为劳动，为现实的生产力，也是在一定社会形态之中进行的。决定各个历史阶段上的生产力之发展的东西，不单是技术方面，并且是社会方面，是社会的劳动组织之性质。技术虽然是社会生产力底一个动因，而当研究技术之时，决不可忘记技术与特定社会经济条件的关系以及劳动者对于劳动手段的关系。从这一点看，技术同是历史的范畴。技术之有意识地科学地应用，是不能在社会形态所造出的条件之外实现的。技术与科学底发展，能促进社会生产力底发展，具有进步的意义。但各特定的社会底生产过程，各有其一定的技术底基础，而这基础又引起科学底发现与理论。而且科学与技术底成果在实际上被利用于生产过程之时，都因不同的经济构造而显出不同的社会的结果。

我们理解得上述的社会学的原理，便可理解现在的师资问题。若把师资问题抽象地孤立地看作技术和训练问题，便不符合这问题底生动的具体的真相。须知决定师资底优劣的，不只是技术方面，乃是社会方面，而后者才是决定的动因。通称为教师人格或德性的，不是从天而降的神秘启示，也不是教师内心的灵犀一点，乃是受社会关系底影响而表现出来的工作者底工作态度和趣味。那末，我们还回到上面提出的“在实施国民教育这个实践过程中”这句话。我们这个实施国民教育底实践过程，是否配合了整个“抗战建国”底实践，而实现了改变整个社会关系，成为可以促进师资进步底教育环境呢？换句话说，我们整个抗战建国底实践是否改进了我们的社会关系，而不只是一场战争而已呢？这是问题底关键所在。

于平越

（《林砺儒文集》，广东教育出版社，1994 年 7 月，有改动）

世界师范教育运动史之战斗性

(1946年3月30日)

师范教育的任务是在培养一班教书先生。看去好像是很温和与安定的事，但从历史上来考察，每一趟师范教育运动的进展，必有伟大的社会斗争为之前导。大话怕算账，现在让我们试来算算账：

师范教育，400年以前还没有，它是近四百年来在民众争自由争民主的斗争中产出来的。

现在从1517年欧洲宗教革命讲起。基督教自529年起统治欧洲，至宗教革命，为时近1 000年。这一时期是欧洲最腐化、最黑暗、最反动的时期。罗马教皇统治下的教会这帮人是贪官污吏，荒淫无耻，无所不为的。本来基督教刚进罗马的时候是以革命的姿态出现，但取得统治权以后就如是地坏透了。16世纪开始宗教革命爆发，然而这不是反宗教，也不是反耶稣，乃是反罗马教会。新教领袖马丁·路德，他是从事教育工作的，他要打倒教会，打倒教会凭耶稣来的统治，打倒教会所说的我即耶稣、我说的话即耶稣的话那种武断。到这时候，民众要直接听耶稣的话，这就要读圣经。然而圣经是古文的，读不懂，因之国语运动遂应时而起。用国语唤起民众的师范教育小学教育等等也就从此开始。当时最重要的文献即为路德的《告德国各市长及市参事会书》（1524）和《告家长为儿童就学义务书》（1530）。这一方面是义务教育、国民教育最早的文献，一方面也是师范教育文献的最早者，现就后者来说说。

我们晓得，欧洲的教书先生不像中国的教书先生那样的尊贵，是工人、泥水匠、老兵及补靴匠这些人干的，不过教教小孩祈祷，唱唱赞美歌罢了，向来为人所瞧不起。路德一反这种传统，倡言教书是神圣而重要的事业：教师教育小孩是本着耶稣的意旨，其事业之神圣正像上帝造人一样，并非一般庸人所想象的那样下贱，非有高深的学问修养不可。这是破天荒头一趟提起教育的重要与教师的修养的。为什么会这样呢？这乃是新教在革旧教的命使然。宗教战争闹了200年，旧教会遇着新教徒就杀，但杀来杀去，杀不光，反而越杀越多起来。于是结果就讲和，不打——并非不打，乃是由打武的转到打文的，在学校在教育上来争——争民众。新教是如此做，旧教受了教训，也觉得不这样做不行，自知前非，来检讨改良自己了。从这方面来着手斗争，培养师资，向民众宣传，这就是师范教育的由来。

回头说旧教致力的师范教育运动。当时最有名的旧教团体是从西班牙法国这边开始成立的耶稣会。这是为挽救旧教的厄运而组织的。创办者是西班牙人Ignatius Loyola①（1491—1556），于1534年开始组织，至1540年得到罗马教皇批准。该会试验学制，至1586年确定成立，1599年修订，其师资训练特别严格而有精神，成为一种特色。民族国家成立以后，甚至现在很多教育法规即脱胎于此，而且有很多精神还赶不上这个。入会者先被察明为不贪污的，并须宣誓独身、安贫、节操及绝对服从本会。准备充教师的须受初级教育六年，达16至18岁，始算第一步入了会。这回作为新参者（novice），经过两年见习生活，以试验他品性的长处及弱点，有许多被发现品性不合而被革除的。见习期满，无过，得保留，再宣誓愿服务教育，入哲学科学习。这期间是21至23岁完成课业，得充初级教师。如欲充高级教师，则任初级教师两三年之后，再经考试入大学神学科，受训练四年的得充教师，六年的得充教授。学业完成，最后宣誓，这时期大约29至32岁。严密训练师资即由这里开始。1565年令各教区办理师资训练，以训练初级教师。当其极盛之时，师资训练的学校有107所。时至现在耶稣会势力虽衰，但仍遍布全世界。

经过新旧教唱对台戏，彼此比赛以后，十六七世纪即有较进步的师范教育理

---

① 罗耀拉。

论问世。英教育家 Richard Mulcaster① （1531—1611） 于 1581 年发表教育巨著 *Positions*②，讨论的范围很广，其中有两章说明师范教育，即第三十五章力说初级教师之重要，第四十一章论师资训练——小学师资及中学师资之才能及修养。他计划七个学院，训练各种专业人员——语文、数学、哲学、师范、医生、律师及牧师，师范学院之学科包含四类——政治学科、数学、专业陶冶、学科研究及教学法。今之师范学院即由此脱胎而出。然而这只是相当进步的理论，英国在实际上还没有见诸实行。

世界上首次成立正式师资训练所，为一般教育史所承认的是在 1672 年法国里昂之神父 Demik③ 创办的一个地方师资训练所。而第一个师范学校是在法国的 Reims④，为法旧教领袖沙烈（La Salle）于 1685 年设立的。沙烈于 1684 年设基督教兄弟会，集不甘腐化的基督教兄弟在一起，共同生活，推广教育事业，为工人阶级设免费小学，办理平民教育，用现代语教宗教。他尽力于小学教育好比耶稣会尽力于中学教育。沙烈的《学校管理》（出版于 1720 年）的办法，好比耶稣会的学制，这是法国免费小学国语教育之始。小学之上，更有半日制之补习教育，以便使工人商人学习。他们需要有良好训练的师资，故先在 Reims 后再在巴黎开办独具规模的师范学校。且认为师范生实习是很重要的，师范生受足教育之后，须在附校受富有经验的教师指导实习教学。

1695 年德国教育家 Hermann Francke⑤ （1663—1727） 在 Halle⑥ 实验其教育理想——组织（institutions），实施平民教育。1697 年附设教员养成所以训练理想的师资。这是德国头一个师资训练机关。

如上就是宗教革命以来，为着争取信仰自由读书自由而起的师范教育运动，直至 17 世纪末期，这期间可说是师范教育的开创期，而宗教革命为其背景。

第二时期即将上一时期所酝酿的师范教育思想与理论去做全国性的推行，这就是 18 世纪的事。普鲁士在 17 世纪还是个小邦，真正成为国家是在 18 世纪开始，弗里德里希·威廉一世即为建国而利用新教育——师范教育为武器，厉行普及教育。1736 年颁布普通学校令——小学法令，其中规定教员之修养、资格、俸给及待遇。德有名的弗兰克早在 1695 年于 Halle 推行他的教育理想，以纯洁信

① 马尔卡斯特。
② 《位置》。
③ 戴米克。
④ 兰斯，法国东北部城市。
⑤ 弗兰克。
⑥ 哈勒，德国东部城市。

仰为中心，注重工作教育，学生是在实验室、在农场、在工场做工的，为着需要新教员，于是附设师资养成所。帮他忙的是他的两个弟子 Semler① 及 Hecker②，皆为新教育专家。到这时候两氏被弗里德里希大王聘为教育设计家，来推行普鲁士的新教育，建设师资训练。1732 年 Semler 于 Sttetin③ 州之贫儿教养院，曾附设教师养成所。弗里德里希大王力求改良师资，乃补助这养成所，后至 1812 年遂首先成为州立师范学校，小学师资训练机关成为公立的这是头一次。1747 年 Hecker 在柏林设经济实科学校，这是德国第二派中学（实科）的来源——在这学校里亦附设教师养成所。弗里德里希大王认柏林师范学校为全国的模范，并为全境小学师资之来源，尽力予以补助，其后又陆续分设师资学校于各处，推行至于全国。18 世纪校数有 10 多了，学生达 3 万人。

再呢，说到现代——自 19 世纪开始，这是师范教育的成熟时期。而现在的师范教育也不过是 19 世纪的产物。从法国大革命开始到现在，所争的是民主。民主革命就是这一时期的背景，师范教育是成熟于民主革命时代！

法国革命政府于国民会议及教育委员会中，一面提倡普及教育，一面计划师资训练。1792 年 Condorcet④ 之教育法案，于初等、中等及高等教育之外，便是教师养成所，预计全国须设百余所。这是革命政府的教育方案。可是政府内部斗争进行得很剧烈，至 1795 年革命即趋于下坡，致这方案未得推行。1794 年临时国会曾下令设巴黎师范学校，至 1808 年拿破仑定为巴黎高师。

德国被拿破仑击溃之后，力求民族复兴。教育家 Fichte⑤ 在法军占领柏林之时，作历史上著名的演讲，大呼教育救国，展开民族复兴运动。这时适有举世共仰的教育圣人裴斯泰洛齐在瑞士轰轰烈烈地空前地做其革命的教育工作。裴翁为小学教育之父，亦为师范教育之父，他青年时为瑞士革命党员，曾被捕下狱，在监禁中得读卢梭的《爱弥儿》，深受感动。后革命爆发，出狱，搜罗战地孤儿来教养。不久革命成功，很多革命朋友邀他做官去，他说他还是做他的教养贫儿的工作。他倾家荡产连太太的妆奁也卖掉了，在他的家乡 Yverdon⑥ 办教育，另一方面也兼办师资训练。这样固得到瑞士政府的帮助，就连俄皇及法皇拿破仑也要

① 塞姆勒。
② 赫克。
③ 斯台丁。
④ 孔多塞。
⑤ 费希特。
⑥ 伊弗东，瑞士西部城市。

去看看他。欧洲各地皆遣少壮教育家往 Yverdon 留学，德国尤为积极。Zeller① 从瑞士学成回国后，创办新式师范学校于 Konigsberg② 及 Braunschweig③。在教育方法上，以过去义务教育宗教性很深，故纯为注入式；受裴翁教育影响后，则转重启发智慧心灵的原则，心理的教育方法乃在这里开其端，德国的师范生从此不论在质或量上均得有长足进步。至 1840 年统计普鲁士有师范学校 45 间，国民学校 3 万间。后普鲁士攻陷巴黎，很多人说是小校教师攻陷的，然而他们并非持刀枪去攻陷，乃是他们的教育工作唤起了普鲁士民族的复兴所致。

19 世纪于普鲁士师范教育之改良大著勋劳的 Diesterweg④，他 1820 年任 Mors⑤ 师范学校校长，1832 年特任柏林师范学校校长，成为全国师范教育之领导。其主张三点：①提高师范生学力——从初等教育阶段提高到与普通中学生相等；②涵养教育兴趣与技术，设附小；③在职小学教师时时补充学力，出席高等教育机关之讲习会。

当时德国师范学校有预备校，作为师范生的先修班，同时又当作附小，让师范生实习。这样一种两栖性的东西，Diesterweg 加以反对。1872 年师范学校令制定之后，预备校与师范学校之关系，成为重要问题。1901 年法令改订，始规定预备校课程三年，师范课程三年，共六年。

法国，1808 年计划每大学区设师范学校一所或数所。1811 年斯特拉斯堡大学区始成立师范学校一校。1833 年王政复古 Guizot⑥ 长教育时期，令每州设男子师范学校一所，至 1837 年全国有 74 间。1879 年——第三共和——令各州于 4 年之内，必须筹设男女师范各一校。以后全国有 179 间，其中女校 88 间，说来法国革命最早，但因为内部闹乱子以至教育不发达。然而，法国的师范生的训练是很严格的，须经三次考试：入高小有师范预备班 1～3 年，学业完成，由国家举行考试，及格得初级毕业之文凭；再入师范学校至二年级，结束后考试及格得高级毕业文凭；再入三年级受专业训练，期满考试及格，即取得师范学校毕业资格。法国原来耶稣会势力很大，这种严格考试的风气即其影响使然。

英国，产业进步为世界之冠，但文化教育上却呈现得相当落后：在 1800 年

① 载勒。
② 柯尼斯堡，后为苏联（今俄罗斯）加里宁格勒。
③ 不伦瑞克，德国中部城市。
④ 第斯多惠。
⑤ 梅尔斯，德国地名。
⑥ 基佐。

以前还没有师资训练。19 世纪开始以后，国家才开始过问教育，这是从劳工运动来的。因为当时英国产业革命成功了，社会贫富更为悬殊，工人大众过着非人的生活，痛苦不堪，从而奋起为争生活而斗争、流血，结果造成有名的宪章运动。慈善家为劳工说说话，于是在卫生各方面补助补助，教育也要稍事推广。教育推广，就需要大批的教师，由是 Bell① 和 Lancaster② 两人试行导生制（monitorial system），选年纪比较大的小孩来帮助教师施教。当时一个教师教二三百个学生，导生制即为价廉物美的补充办法。这个用现在中国话来说就是小先生制，然而在英国只是一种敷衍劳工的省钱办法。后来 Kay-Shuttleworth③ 创见习生制（pupil-teacher system），选拔十三四岁的教生，由校长训练，五年之后经考试合格即充教师，此制至 1842 年之后，渐与导生制融合。见习生补充学力的学校称为中心学校，办理得很不好，内容也很贫乏，引起各方面议论纷纷。1903 年法定凡见习生至 16 岁时须曾受中学教育。1905 年，教育部批准预备师范生教生制（bursar-student-teacher system），这是一个大转机。小学师资之候补者不选于小学生而选于中学生。预备师范生一面受津贴，一面在中学受教育，至十六七岁经考试及格，派往小学实习一年，始得进师范学校。英国师范学校称为训练院（training college），始于 1840 年，大抵是教会设立。1890 年政府始认为师范学院。1902 年，经国会赞成，政府始允许各地方设立师范学院，伦敦首先成立。英国师范学院有三种：大学附设、地方公立和私立的，修业年限二年、三年或四年。反观英国 19 世纪以来在师范教育上的进步也是由劳工运动逼出来打出来的。

再说到美国，美在 19 世纪初期，公立学校运动才开始。教育家Franklin④ 1750 年在费城（Philadelphia）所办之中学（学院）虽也曾办师资训练，但那是附设的还不是专设的。Samuel Hall⑤1822 年在 Concord⑥ 之私立师范学校是美国的头一个，继而 Carter⑦1827 年在麻省之 Lancaster⑧ 设立第二个师范学校。一般的小学师资训练大抵还是由中学（学院）兼办。至南北战争成功，民主政治得

① 倍尔。

② 兰开斯特。

③ 凯－沙图华兹。

④ 富兰克林。

⑤ 霍尔。

⑥ 康科德，美国新罕布什尔州首府。

⑦ 卡特。

⑧ 兰开斯特，疑为宾夕法尼亚州城市，不在马萨诸塞州。

到新的解释，美公立教育运动遂蓬勃而起。这运动进至于高潮，师范教育也就推进一步：1839 年第一个省立师范办于 Lexington①，修业由一年展至三年，并附模范附小，当时颇遭学院之忌。1860 年全国有省立师范 12 校，1865 年有 20 间，是时美国公立学校运动最为紧张，裴翁的教育思想也由大西洋的那一边传至美国。1861 年 Sheldon② 任有名于世的 Oswego③ 师范学校校长，首先聘英国女教育家 M. E. M. Jones④，又聘裴翁弟子 Hermann⑤ Krusi 来讲学教育，宣传于全国，名为奥斯威格运动（Oswego Movement）。由上面看来可知美国南北战争带来了美国的教育运动，这也还是打出来的。

一大堆的流水账，我们考察了以后可得到如下的结论，即宗教革命以后，民众争取自由平等，争取生活解放，教育家也争取优良的训练，这样，师范教育成为近世新教育之产物。每当争得剧烈的时候，师范教育就获得一步的进展，也就推进了新教育！新教育一方面是平民化，一方面是学术化。平民化的教育必通用现代国语，平民化的教育需要大量有学术的师资。所以现代国语运动与小学教育、师范教育运动是一件事，而学术化是随着平民化而来的。同时我们晓得，教育学术之研究以教育民主为必要条件。19 世纪以来之民主未能彻底，从而师范教育仍属于初等教育系统——不是学习阶段上的“初等”，乃是阶级地位的“初等”，即是平民阶级的。民主是半真半假的，民众也还是低一级，所以为民众设立的学校也还是低一等，这是很自然的事！1919 年德国《魏玛宪法》曾经规定：“教师之养成应按高等教育一般实行之原则，全国有统一的制度。”因而德国师资训练机关改称教育学院（Padagogische Akademie）或教育大学（Padagogisches Institut），在九年中学之上。这可算是德国人所做的破天荒事，也是第一次欧战结束德国革命以后，社会民主党当政的产物。他们政治的主张虽不免倾向妥协，而教育主张却是进步的。但不久革命失败，希特勒执政，教育学院虽还存在，也没有什么发展了！

要师范教育改造，就须要改造全世界全人类社会！人类社会差一点平等，师范教育也还是差一点进步！人类的平等是一般平民大众争来的，师范教育也是平民大众争自由平等之大潮流中为教育家所争出来的。上面一连串的历史事实，确确实实地证明了：民众解放与师范教育都是在酷烈的斗争中争来而非等待所能得

① 列克星敦，美国肯塔基州中部城市。

② 谢尔登。

③ 奥斯威戈，美国纽约州中北部港口城市。

④ 琼斯。

⑤ 赫尔曼。

到的！小学教师是否尊重自己，也与社会有密切关联，社会在要求自由平等，则教师必以民众之朋友的姿态出而工作！在落后的社会里，小学教师往往陷为民众的敌人或骗子，这到底是痛心的事！我们今日的小学教师，一方面是要配合人民大众去争取社会的民主解放，一方面也要决心立志为人民大众永久的朋友！这样地干下去，则社会前途越为光明，师范教育前途更是无量。

（《林砺儒文集》，广东教育出版社，1994 年 7 月，有改动）

说“新师大”，讼旧教育

新中国与新师大

师大是有了几乎半个世纪的历史的大学，为什么忽然变新了呢？显然的是由于新中国诞生了。中国人民受着毛主席和中国共产党的英明领导，胜利地进行革命斗争，把一个半殖民地半封建的旧中国转变为新民主主义的中国——人民的新中国，从而旧师大也转变为人民的新师大。

师大任务的政治性

师大的任务是培养中学师资，可是中学教育一向是统治阶级的教育，从而师大必不可免是为统治阶级培养师资。尽管以前有许多人幻想教育超轶政治，而客观的事实俱在，不由我们不认账。过去半个世纪，我们师大在教育思想上，在学术研究上，虽也曾下过功夫，造出了若干成就，然而那些成就，不管我们是否愿意，都自然必然地被过去的统治阶级所攘夺。也可以说是因为过去的统治阶级是腐化昏暴快要没落的阶级，才会桎梏着我们师大的工作，发挥不出我们所应有的成绩。近30多年来，我们师大的同志们，由于厌恶那桎梏着压迫着我们工作的恶势力，屡次奋起抗争，表现在五四、三一八、一二·九、四九诸次运动，然而由于全国人民的革命力量尚未达到胜利，我们也只能在30年来学潮史上添些悲壮的史料，在黑雾中保持一点正气，而还未能造成新师大。直到今天，人民革命的基本胜利告成，而我们的新师大就应运而兴，这就够说明了师大任务的政治性多么确实。

由特权教育到人民路线

今天新师大无疑是要努力服务于新民主主义的人民民主专政的新中国，培养人民所需要的中等学校新师资，然而这样服务对象的转变，是不是跟历代胜朝士大夫勉事新主的故事相同呢？不是的，绝不是的。中国历代封建王朝的更替，固然是专制独夫的易姓，在性质上毫无变化，就是辛亥革命后的北洋军阀统治及1927年以后的国民党统治，也都是一脉相承的封建、买办及法西斯专政的朝代，都是一群少数的剥削阶级奴役全国人民，因而教育便无法变质。19世纪欧美资本主义的革命告成，政权虽由领主地主转移到资产阶级，而也还是一种剥削代替了另一种剥削，从而前世纪欧美教育所号称的现代化，也只添了些现代工业的及自然科学的内容，而服务于少数剥削阶级的这一点特性毕竟未曾变动，不过适应于资本主义的剥削方式，而教育表现为另一种姿态罢了。50年来，我们的所谓现代教育，是以半封建半殖民地的社会基础，而效颦于帝国主义阶段的资本主义，这样地“邯郸学步”，所以“未得国能，而又失其故行”，直至近年在蒋介石的特务统治下，学校进步的师生之迭被摧残，简直要“匍匐而归”，四九惨案，余痛犹新，还不是有目共睹的事实吗？已往师大四十多年的历史正在中国教育的“邯郸学步”时期，直到去年北京解放，师大才由“匍匐而归”一跃而挺起胸膛，高视阔步，走上人民的路线。新师大之所以为新，就新在这里。

从50年来教育发展中看新师大诞生

师大创始于1902年壬寅学制，这学制原是戊戌百日维新所未能完成的改良主义的幻梦，用意在回避革命而希冀姑息的改良。到《辛丑条约》之后，西太后乃把曾经她自己一脚踢翻的改良政策重拾起来粉饰垂死的封建政权，以取悦于帝国主义者；从这时候起，改良主义的新式教育便正式成为反动政权自欺欺人的工具。这分衣钵从清朝传到北洋军阀，再传至蒋介石，每况愈下，未尝稍变。所谓师范教育是给这样的教育造师资，所以从事师范教育工作者主观上尽管费了不少气力，高等师范尽管高悬着“教育本源”的匾额，可是既然是那样的教育，便不能不是那样的本源。这是历史的社会的必然，而不是出自谁的自由意志。五四运动之后，革命的左翼进步发展而为中国共产党，只剩下温和派的右翼藉文化运动之名而沾沾自喜。适值杜威、罗素先后来华讲学，于是一向失败于政治的改良主义者再退一步回避政治而高谈教育文化，这样便提出所谓新教育运动，其实就是一种没批判地模仿美国教育的运动。资产阶级及小资产阶级出身的改良主义者，在辛亥前后，只回避革命而还未回避政治，到了五四之后，竟再退一步回避政治而幻想从教育中寻求避难所、安乐窝，于是中国的教育便双重中了改良主义的毒素，所谓超然的教育、清高的教育，其本相原来如此。一般教育家不识历史的发展，不明世界大势，不敢也不能正视中国的现实，徒然想把美国的“六三三”学制、设计教学法、道尔顿制搬过来替换辛亥前后流行的日本六法全书，满以为此法一行，便万事大吉。他们号称研究教育，只埋头于求智商、算中数、制量表，而一旦学潮突起，又觉得设计乏术，量表失灵。教育家们只好把富于政治性的学潮看作天外飞来的邪魔，便瞑目束手，无可奈何，存之而不论，熟视之而若无睹。再到后来，学潮老是起伏不息，再接再厉，教育家有的不耐烦了，竟不惜假借特务的屠刀，权作示威的夏楚，这样便一声不响地靠拢反动阵营，甘作帮凶了。由空想虚幻的改良主义，再变而为伪装避世的清高者，三变而为甘作爪牙的帮凶，这是50年来旧中国教育的运动路线。我们师大在这样的环境中生长，虽也有不少的进步分子前仆后继地挣扎，而直到去年才得解脱桎梏，到今天还能不“实迷途其未远，觉今是而昨非”吗？

成为新中国的革命武器

说到这里，我必须指出：在中国，公然把教育用为革命的武器，建设新国家的武器，是自今日起。我们新师大为这样的政治而服务，是最正大而极光荣的。教育为政治服务，是历史的社会的必然事实，倘若不能自觉地为进步的政治服务，便必不免不自觉地为反动的政治服务，这里断没有中立的余地。尤其是师范教育，这种教育的自身就是一种政治，办师范教育而又想避免政治干系，是千古的笑话。因此，学习政治必须是新师大今后的工作重点之一。我们为政治服务，既然不是屈服于权力，那么，学习政治便是认识自己的工作理想，辨明自己的工作路线。在历来反动政权之下，所谓政治其实就是权谋术数，是阴险奸诈的，其总的目的在对人民大众进行贪婪的掠夺与残酷的镇压。而今天人民的政权下，政治就是最伟大最复杂而丰富的大众共同生活的组织法、管理法。大众在这里生活，在这里学习，也在这里才能得到进步发展。因而政治也就是教育，学习政治是理想教育的基本条件。马列主义是世界上破天荒首次出现的最正确的政治理论、革命理论，也就是指导教育的理论。毛泽东思想是毛主席英明地领导中国共产党，发动全国人民从事革命斗争，在20多年艰苦奋斗中应用马列主义于中国，积累经验心得的结晶。我们人民革命的丰功伟绩，其实也就是广大人民在中国共产党领导下从事于革命实践中的学习成绩，即是教育成绩。新民主主义的革命实践处处都充满着教育意味，今后转入积极建设，也必然是教育意味极深且长。所以我们对于这方面的学习是极重要的，决不能误解为分外的负担。我们教育工作者若不接受这样历久弥新的政治理论——也就是指导教育的理论，便会犯莫大的错误。

用阶级观点研究教育科学

教育研究当然也是新师大工作重点之一，可是我们了解的教育，绝不是披上道袍，貌作伪善，超然象外的教育，乃是坚决站在无产阶级的立场，有计划有步骤地进行文化革命斗争的教育。谁都应该知道：文化革命只有在人民政权的领导之下才有可能。前世纪资产阶级所号称的文化启蒙反映了资产阶级的利益和要求，从而由资产阶级专政的社会产出来的教育理论和方法都会有或多或少的歪曲和谬误。我们的教育理论是要从人民革命、社会转型的环境中，通过阶级斗争的社会实践过程中，探究我们的儿童青年身心发展的规律。我们要以唯物的辩证的观点，批判已往的文化，而评定其教育的功用。我们要从阶级斗争史的过程中认识教育形态的转变。我们要把教育制度、教育方法作为文化革命的武器来讨论，来研究。因此，已往在世界上流行的各派教育学说，各种教育制度、教育方法，都必须经过严格的批判、扬弃，而决不能像旧时那样盲目地模仿抄袭。简单的一句话：新师大研究教育的任务是要把教育学提高到名副其实的科学——真确的社会科学——的地位。

精通为大众的学术

各种专门学术的研究更是师大所不能忽视的任务，然而我们研究专门学术有极明显的目的，就是要从那里提供精神的食粮，以滋养中学生的身心，而造成他们人格发展的良好根基。而我们的中学生又是受无产阶级领导着的广大人民的儿女，他们要接受无产阶级的精神，继承人类的文化遗产，而构成新民主主义社会的中坚。这样便可以说明新师大对学术的态度。我们不是隐身于象牙宝塔，把学术来消遣，也不是夸耀自己渊博，以自别于大众，乃是为大众服务，提供大众以精神食粮。大众当然不需要各种专门学术的全部，可是他们都要吸其精华。然而作为一个学术精华的提供者——中学教师，就必须在某一专门学术的领域内，达到博大精深的造诣，否则你就会误拾陈言糟粕而欺骗大众。大众当然不是人人都是专门学者，可是历史上早已证明：喜欢歪曲真理，爱听那邪说谬论的都只是那班剥削人民、钳制大众的反动的统治阶级，而人民所需的学术精华必然是最进步的最真确的。历史上摧残进步的科学，迫害杰出的科学家的都是那班反动的统治阶级，而不是人民大众。由此我们可以确信只有人民大众翻了身，当了权，才有勇气欢迎科学进步，才有雅量接纳科学的真理。好了，这就是新师大对于学术研究的任务，就是说：我们要精通学术，赶上学术的最前线，才配做人民的中学教师。

“一以贯之——为人民服务”

总括地说，新师大的任务是：学好政治，研究教育和精通学术。新师大的任务只有一个，就是把政治、教育与学术合一。这个一以贯之的“一”是什么？是为人民服务。

（《新师大》第1期，1950年5月1日，有改动）

师范教育问题随笔（节选）*

（1960 年 10 月 15 日）

师范教育，也好似民主政治，它是西欧资产阶级取得统治权时代的产物，遍体都有资产阶级打下的烙印。今天讨论师范教育，必须从这个角度细心诊断，才可以给它医治创伤、矫正歪曲。

高等师范与师范学校应否分成两级?

在资本主义国家里，高师与师范学校分为两级，是天经地义似的，不成问题。但从我们今天看来，确成为问题，要好好讨论。

他们把高师与师范分立的原因，主要是高师与师范学校两种教育分属两个阶级，其次是他们的小学修业年限长而程度低劣。

资本主义国家的小学教育是为劳动人民而设的，年限尽管可以延长至八九年，但程度低劣，绝达不到中学程度。所以初级教育就是普罗阶级的教育。师范学校培养小学师资，是为小学服务的，即是为普罗阶级服务的，所以亦属于初等教育一类。

至于中学，他们公认为高等教育，因为那是为统治阶级而设的，

* 此为作者遗稿。

所以培养中学师资的高等师范当然属于高等教育。例如法国巴黎高师及 Sèvres 女高师都是培养中学师资的，当然被公认为属于高等教育。而 Fontenay-aux-Roses 女高师及 Saint Cloud 男高师因为是培养师范学校师资的，有好些研究师资训练的专书，就把这两校列入初等教育类。由此可见资本主义社会里的师范教育，其阶级烙印何等鲜明。

这些原因，今天我们的社会都不该让它存在，必须推翻。今天我们小学和中学的界说应该是：

小学给儿童学习读、写、算等基本知识技能。教师一人可以包办一班的教学。学童的年龄大抵是 6～10 岁，修业年限四年左右。

中学给少年们学习文学和科学的基本知识技能。教师分科任教，引导学生逐步接近学问的大门。学生于现代语文之外要学习古典语文，于本国语之外，要学习外国语。中学是普通教育的最高阶段，一般开始于学生十足岁而毕业于十七八岁。

那么，我们试寻两级师范分设的理由：

（1）中学教师与小学教师所需要的知识水平有高低之别。这点理由只适用于语文和数学两个学科。如实行十年或九年一贯的普通教育制度，从一年级直至十年级的语文和数学两科确是逐年提高水平，这两科的教师可以有程度高低之差。但其他如历史、地理、生物、物理、化学等科便不能有程度高下，都是中学的重要学科，这项师资都该由高等师范来培养。就是高师的语文系和数学系的毕业生也应该任教小学。如果一位教师从学生第一年级起直教他们升至十年级，这位教师了解学生的个性必十分透彻，施教可能十分适宜。学校如能这样安排工作，应该说是十分好的办法。那么，语文和数学两科的师资最好也由高师来培养。

（2）小学师资所需的人数比中学师资多。这是就旧情况而言。今后若实行十年一贯的普通教育，而且逐年普及，则中学师资的人员数必多于小学师资。

（3）小学师资的人选宜取材于本乡本土，教师热爱乡土，热爱儿童，都可自然而然。而且教师的家在本乡，是公社的一个社员，所有一切生活待遇等问题都容易解决。那么，师范学校设在各县各乡，划定各校的服务半径，从而构成师范网，十分便利。这点理由很值得重视。

师范学校学生的入学资格问题

这在今天以前也是不成问题的，但今天看来要成为问题。在资本主义国家里，师范学校的入学资格是小学生，多数是高级小学毕业，资本主义国家就这样把师范学校地位压抑在中学之下。

1919 年，德国《魏玛宪法》第四章 143 条第二项规定：“教员的养成，应该按高等教育一般实行的原则，全国有统一的制度。”自此以后，德国培养小学师资的教育学院 Padagogische Akademie 始招收九年制高级中学毕业生入学。在资本主义世界，这是破天荒的创举。可以说是绝无仅有的。资本主义世界把小学教师的文化水平看作应该比中学毕业生低一等。但从我们今天看来，中学毕业仅仅是完成普通教育，小学教师负责给儿童以普通教育之初基，则他们自身首先要完成普通教育。这好比小学教师必须是成年者一样的道理。一个青年人中学毕业也只能说是“精神上的成年者”罢了。《魏玛宪法》的精神是公允合理的，资本主义社会的陋习必须打破。如果我们实行十年或九年一贯制的普通教育，则师范学校必须争取到招收完全中学毕业生入学。其趋势也将如此。那么，应考虑的问题是：

（1）若师范学校与高等师范仍然分别设立，而师范学校也同样招收完全中学毕业生入学，则师范生入学后应该学习些什么？修业年限要多长？

（2）师范学校若仍招初级中学毕业生（七年的或八年的），则师范生入学后，其知识水平必须补足使达到与完全中学毕业同等的程度，还须加上充当小学教师所必需的专业训练。这样的课程如何安排？要几年毕业？

九年制的完全中学毕业生，其修业年限与旧的初级中学同，而文化知识水平却可高过“六三三”制的高中，至少也可同等，则在九年学校之上，加上一年的师范训练，而成乡村的师范学校，同时也担负起农村文化中心的任务，将是佳事。

师范教育的特征何在？

师范教育是规模庞大而又甚属重要的专业教育，当然有其特征。但特征何在？试提出如下三点：

（1）政治性特别强。我们现在各级各类的教育事业当然都是为政治服务，无一例外。但教师这项专业不是只凭所做出的事或物来服务于政治，而是直接培养后一代的新人。灵魂工程师的职责在造人，而人是政治的主体。师范教育是为国家培养出最可靠的教育工作者，接受教育后一代的光荣任务，应该说这种设施的本身就是政治。其性质与军官学校极相似，毕业生应该是政治上最可靠的人物。

（2）知识要特别丰富，要保证毕业生饱学而有识。师范学校的知识教育要比同级学校高出一头地。

（3）要有教育的专业训练，保证毕业生成为内行的教育工作者。

这三方面彼此相关，密切结合而形成师范教育的特征，这才是“师范性”，缺一不可。以前有人过分强调师范学校的教育课，认为这就代表了“师范性”，那是不妥当的。一向由于这种误解，从而削弱了科学知识教育，降低了文化水平，今后应该矫正。但若从而轻视教育的专业训练，认为可有可无，也不妥当。

师范学校的教育内容——教学计划，应当体现着师范教育的特征。但若机械地采取平均主义，而认为三方面应各占 1/3，从而又把某一学科归属于某一方面，而计较各学科所占的比重，俱非妥当。

教育的专业训练是什么？

有人认为教育学科就是专业训练，那是误解。师范学校的专业训练应包括教育学科，教育的参观、实习、试教，而且“师范性”也还应体现于各科的教材选择及教法运用之中，绝不应把教育专业训练只看作开几门教育课。

师范学校的教育课，一向是教育学、心理学、教学法等。近来有人建议精简一下，把它混合为一个学科。可不可以精简，可不可以混合，应该取决于教材如何选择、如何安排组织、如何与其他学科分工合作。

教育学给师范生的最大功用是端正对教育的认识、观点、立场。这方面的知识与政治课有很大的相关。教育本质论、目的论，均应以马列主义为根据。如果学好了辩证唯物论、历史唯物论，掌握了正确的世界观与人生观，则于教育本质论及目的论将思过半矣。理解祖国的教育政策、法令以及辅导团队的知识，也与政治课有很多相关之处。教育方法论固然要以心理学的知识为基础，而哲学的认识论实为其最高的指导原理。如果学好了辩证法、实践论，则于教育方法论也将思过半矣。如要精简教育学课，就应与政治课共同商讨如何合作。

师范生学习教学方法，应重视掌握其原理，而不可过分迷信教法的形式。墨守形式而忽视原理是思想懒汉的通病，而我们的一些教师一向易犯此病。在五四以前，有人学习赫尔巴特派的五段教学法，弄得有形无神，笑话百出。五四以后，受美国教育思潮的影响，放弃了五段教学的形式，竟又信口开河，漫无理路。中华人民共和国成立后，学习苏维埃教育学，重视课堂教学，教师们认真备课，预拟教案，用心讲授，学风有了好转。但又拘泥几个教学环节，不敢越雷池一步，竟将再蹈昔日五段教学法之覆辙。既不精通教材，又未能掌握教育原理，而徒欲乞灵于方法的形式，那是思想懒汉的手法。

师范生的教育实习工作，若做得好，可以发挥师范教育三方面的特征。附校教师与师范生互助协作，这是一种政治训练；为预备教案而复习自己平日所学，将加深体会，提高一步原有的学识；经过实行试教，可取得教育工作的初步经验，这些都是实习可能的收获。但实习不宜占用时间过多，最好在毕业之前一年或半年举行，以便总结经验，补救缺点。师范本校教师与附校教师均应尽力辅导教生试教，保证他们不发生错误以免贻误附校学生课业。这好比医科学生在医院实习，必须保证不误病人。

1953 年，苏联普希金专家来北京师大，恢复了对教生实习的重视，是一件好事。但后来强调过分，又出了毛病。若因此而又要废除实习，将不免矫枉过正。

教育课在幼儿师范学校，其用途略异乎在一般的师范学校。教养员的工作是全面教导幼儿的生活，保育儿童们的身心发展，必须学好全面教导幼儿的生活；保育儿童们的身心发展，必须学好全面的专业知识，才可以做好教育工作。她们无须教学，所需的文化知识，只是提高她们的修养，间接地帮助工作罢了。这是幼儿师范学校与一般师范学校之区别，在拟定课程时应予注意。文化课与教育课在两种师范学校的作用有所不同。

（《教育研究》1979 年第 1 期，有改动）

高等师范的性质与任务*

高师的任务当然是培养中学师资。其性质若用算术公式来表示，就是：师范大学 = 大学 + 师范。如何实现这个公式，正是今天高等师范所面临的课题。

古来中学教师都是取才于大学毕业生。直到今天，大多数国家仍不设高等师范，中学教师概由大学毕业生担任。设有高师的国家，其中学师资仍由大学毕业生担任大约一半。我们的高师力量尚属薄弱，所以大学也应负责供应一部分中学师资。

设高师的首先倡议者是 16 世纪英国一个著名的中学校长马尔卡斯特 Richard Mulcaster（1531—1611），他于 1581 年发表一篇论文 *Positions*，认为由大学毕业生任中学教师还不够好，建议设师范大学负责培养。他这番议论直至 19 世纪始有人响应。19 世纪西方产生两种新办法：其一，在大学内设研究所 Seminary，把大学毕业生加工训练大约 1 年以上，才许可充中学教师。其二，专设高师，头一校是巴黎高等师范学校。这两种办法虽不同，但有同一的前提，认为大学毕业生充中学教师还不够好。头一种办法保证了中学教师的知识水平不低于大学毕业。第二种办法，除巴黎高师之外，一般的都

* 此原为上一篇《师范教育问题随笔》的一部分内容。——编者注

较低于大学。再加上在资本主义国家里，教师这项职业是被轻视的，从而高师低于大学，几乎成为百年来传统的成见。

高师的特点何在？如何实现“高师 = 大学 + 师范”的公式？迄今尚未有定论。历来高师除多学一些教育学科之外，很难看出“师范”的特点。若依据上面“师范教育特征问题”之分析，高师的特征就不该只表现于教育课，也应表现于各系科的课程设置及教学内容。比照在大学内设研究所以培养中学师资的办法，则高师的修业年限比一般大学多 1 年是理所当然的。要如此，才可以保证毕业生不低于大学毕业水平。

高师各系的教学计划应如何改革，那是专家应负责研究的问题，我不便随便说话。但有一点必须注意，优秀的中学教师，其专门学识必须达到一定的深度（大学毕业）而又有较渊博的广度。用句成语来说，便是：学有专长，而又多才多艺。换言之，高师毕业生应有与大学毕业同等的科学水平，而又有更渊博的学识修养。这是今天谋高师改革所面临的问题。

试为高师各系教学计划提出一个通则。高师的教学计划，要保证：学生毕业后精通某一门科学的全面知识；要掌握某门科学的正确有效的研究法；要知道这门科学发展的来历（科学史）；要熟悉它的目前进步发展的新成就、新趋势。

狭隘的专家即所谓一孔之儒，决不能成为优良教师。所以教师的科学知识必须全面，而且对于相接壤的科学知识还须有一定的造诣，才能适应今天科学进步的新趋势。优良的中学教师应该是一个“由博返约”的专家。

高师既然是一所大学，就必须担起学术研究的责任。培养师范生必须有独立研究增殖学识的能力，才不至于流为庸俗的教书匠。自己能“学而不厌”，才能“诲人不倦”。学术研究与做好教学工作这两种本领决非相妨，而是相成。知之深，才能取之精而用之妙。“师范性”绝不是“不学无术”。

研究教学法应以科学史及科学研究法为根据。科学史是人类认识这一类事物的经历，而科学研究法正是对这类事物的最有效的认识方法。那么，教学法当然要从此导引出来，方有理由。舍此将流为空谈。

高师毕业生充中学教师不只是凭一种专门学问与学生相讲习，而同时为少年学生的导师，所以须多才多艺，才可以受少年们爱戴。而且要贯彻教育为政治服务，教育与生产劳动相结合的方针，教师更要才华焕发，多才多艺。要晓得为教人而教书，且能由教书而教人。

根据以上的分析，高师修业年限延为五年是必要的。

教育系问题

教育系的目的任务是什么？大有讨论的余地。远在30多年前（1923）北京师范大学要开设教育系，当时我就很怀疑应否开设，因为目的任务难明确。中华人民共和国成立后，1951年，教育部部务会议讨论北京师大的改革，教育系成为当时重大问题之一。经过再三讨论，又征求了苏联顾问们的意见，才暂定为培养师范学校教育学科的师资。

教育系一向自称其任务之一为培养教育行政干部。1951年部务会议把它否定了。当时会议上公认教育行政干部应从教师队伍中提拔其经验丰富者，不是教育系所能培养。

教育系能否担负教育研究的任务呢？似也不能。学校的教学问题，涉及许多科学范围，要罗致各科专家分工协作，才有办法。苏联教育科学院正是一个榜样。1年来，国内酝酿普通学校各科教学改革运动，北京师范大学提出一些有意义的方案，是出自数学系及其他文理科各系之手，而教育系做的工作却甚少。这也是一个证明。

教育是普遍存在的社会现象。研究经济现象的既然有经济学，则研究教育现象的也必须有教育学。今天的教育学是19世纪资本主义时代产生的，为日尚浅，科学性很不够，而且又受了资产阶级思想的歪曲，所以教育学今天还是一门未成熟的科学。今天研究教育学的工作诚属十分必要，但此事应委之于学识丰富的人，应该是大学研究院的工作。若要在师范大学本科设系来培养大学毕业生，似为时尚早。若在师范大学研究部里，收容一班文理科毕业而从事教师工作若干年，有了教学经验的青年或壮年的知识分子来从事研究教育科学，希望可能较大。

我国流行的大学教育系，是发生于五四运动之后，杜威来华，带来了哥伦比亚大学教育学院的风气。其弊在空疏肤浅，只在制度、方法上做一些剽窃功夫。今后应大力矫正。我们的教育科学应建设于深稳丰厚的科学基础之上。

正确师范学校与短期训练相结合问题

国家为普通教育事业胜利推行，必须有教师，更要有好教师。换言之，数量要够，质量要秀。数量和质量是有一些矛盾的，照顾一面，往往忘却他一面。

我国在中华人民共和国成立前办师范教育已历50余年，开始10多年，只求有教师，苟有之后，便忘却应求良师。1922年以后曾有一个时期，各省许多师范学校变为中学；全国高师除北京一校之外，俱改为大学，造成师范教育一时的厄运。中华人民共和国成立以来，普通教育迅速发展，师资供不应求，数量与质量双方的矛盾，更为显著。今天我们不应该把这矛盾看作发展的障碍，若措施得法，就可把矛盾变为进步发展的推动力。

我们提出正规培养与短期训练相结合——用两条腿走路的方针是十分正确的，对此应有正确的理解。

正规培养是保证合标准的师资，这标准绝不该有折扣。短期训练出来师资当然未达此标准，但绝不是就听他们长此充数，而必须有一定的制度，保证他们经过若干阶段的进修（在职学习或离职学习）达到和正规培养出来的同样的标准。此事需在教育行政上善为安排，如保证在职教师有业余学习的时间，及更番抽调离职学习等，才可以做到，也必须做到。地方政府教育行政部门，斟酌地方情况，容易做出妥善安排。

总而言之，短期训练不是一时权宜之计，滥造一批充数的师资，乃是另一种培养办法，可以保证他们仍能够合标准。其培养过程是：学习，工作，再学习，再工作……最后达到标准，“及其成功，一也”。换言之，是把正规师范的培养过程化整为零，分析成若干段，而在中间插入若干段的工作实践，使教师们既可取得教学实践的经验，而学校又赖他们来补充缺员，如此学习与工作实践更迭进行，便构成一种良好的师资培养办法。其结果应该能达到正规师范毕业同样的标准，而由于经过若干段的工作实践，经验十分丰富，质量便可能更优。照这样说来，精密地规定进修制度是十分必要的。须知进修也不是应急的补充，乃是妥善的训练计划的若干重要环节。两条腿走路的精神应作如此的理解。

有了妥善的进修制度，使受短期训练的师范生知道自己的前途光明，提高有保证，就会精神焕发，力求进步。这就可以鼓励有志的青年来受训练。

又应有教员检定制度与进修制度相辅而行。经过若干期进修者，即受检定，一经及格，即取得与正规师范学校毕业同样的资格。

我们所有的全部师资也不必只限于师范毕业之一途。社会上青、壮年知识分子，虽未经那一级师范学校毕业，甚至也未经那一级学校毕业，倘能通过教师检定的考试，也该准许他们充任教师。所以详细制定检定办法是有必要的。

将来实行十年或九年一贯的普通教育制度之后，师资需要将更大，善于运用两条腿走路的师资培养办法将更为必要。

进修制度妥善制订，于教师安心专业将大有帮助。青年教师希望提高自己，那是十分正当的欲望。国家有制度给他们满足，他们将意气风发，努力服务。

（《教育研究》1979 年第 1 期，有改动）

办好师范学校的几个问题*

(1962年2月22日)

我很幸运地有机会参加全省师范教育会议，是十分愉快的事，今天想跟同志们谈的是办好师范学校的几个问题，找几个我认为重要的问题跟同志们谈谈。

师范学校的特点

办好师范这件事，是国家非常重要的大事。我们要把教育事业建设好，决定性的关键是教师，教师队伍不行，什么都会落空，无论规章制度、教材教法，都通过教师的手来实行。所以说，师范教育是教育事业建设中具有决定性的一环，普通教育好不好，成功不成功，首先看师范教育办得好不好。师范的成败，决定了普通教育的成败，而普通教育又是高等、中等专业教育的基础。拿个譬喻来说，好比工业建设中的重工业，重工业不行，谈什么工业建设都是假的。师范教育不成功，整个教育也都不会成功。

新中国成立12年来，师范教育有很大发展，无论从全国来说，

* 此系作者在广东省师范教育会议上讲话的第一、第四、第五部分。

还是从广东来说，都比 1949 年以前增加多少倍，成绩很大。要不是解放这是做不到的，这成绩是肯定的。但是，是不是够了呢？还差得很远。因为我们国家发展很快，师范教育的发展，还是赶不上目前的要求。现在全国各地小学教师，按 1960 年不很准确的统计，共有 269 万多，就算 270 万了，与中华人民共和国成立前比较是多得可观的，是很大的队伍。我们的小学生人数是 9 300 万左右。平均起来，一个教师要教三十多个学生。这个比例很大。无论在什么地方都觉得小学教师的编制是很紧的，就因为教师不够。至于质量，全国小学教师，师范毕业的还不到 30%，非师范毕业的占 70% 多。这样看来，无论从数量还是从质量来说，我们师范教育还是落后于形势发展的需要。这是一桩很重要的事，要把我们教师队伍建设起来，成个样子，还要 10 年以上的奋斗。中央初步打算在 10 年之内争取小学教师都达到师范毕业的水平。这若是做到了，人数之多，在世界上是破天荒的事。预计到 1969 年，全国学龄儿童都可上学，那个时候，我们全国小学生将有 1 亿 1 千万。如平均按 25 个学生配一个教师的话，就要 440 万。人类有历史以来，无论哪个国家，都没有那么庞大的教师队伍。这个 400 万以上教师队伍，现在单从人数来说还差 100 多万。而且在现有的 200 多万小学教师中，还有许多不合格的，要提高。假如 10 年后 1972 年，小学教师都达到师范毕业水平，每年要培养几十万才行。这是一个非常艰巨的工作，也是非常光荣的任务。同志们要想到，这是打破世界纪录的事啊！师范学校要培养小学教师，它的特点，就要在小学教师的专业中来找。小学教师的专业特点是什么呢？首先要注意的就是工作对象是小孩，是身体精神各方面都发育非常快的小孩子，这是小学教师的工作对象的特点，与其他任何职业的工作对象都不同。譬如农业、工业的各种生产工作，它们生产的对象是东西、是物，不是人；交通财经贸易的对象是事，也不是人。我们教育工作对象是人，不是物也不是事。政治工作的对象是人，大学教育工作的对象也是人，但他们的对象是成年人。儿科医生的对象是小孩，但只限于生病的那一面。把小孩的身体精神全面地当作工作对象的只有一行，就是小学教师。难怪有些学校把工厂、农场的工作方法搬到学校来做不通，是什么道理？对象不一样嘛！小学教师的工作对象，是可以全面发展的儿童。

小孩子必须通过社会生活、文化生活才能发展，绝不是纯粹生物学的过程，它是社会的过程、文化的过程，有些文学家把小孩子描写作祖国可爱的花朵，又往往把佳子弟比喻作芝兰玉树。但不能说，对小孩的教育，就等于种花养鸟。人的生长不通过社会、文化是不可能的，这道理在 2 000 多年前，曾经我们中国哲学家荀卿道破。荀子《劝学篇》就说过："干越夷貉之子，生而同声，长而异俗，教使之然也。"小孩子生出来哭的声音是一样的，但是长大了说话就不一样。

为什么？因为必须通过说话的文化环境才能讲出来，所以荀子说：“教使之然也。”离开了文化，人就没有办法生长。文化这东西，是人类社会实践的产物，但一经产生出来，就成为人类生长少不了的东西。没有这个东西，人就跟猴子差不多。小学教师培养小孩子就是引导他们逐步地参加社会生活，接受他所能理解的文化，这样来发展他的身心，就不能只凭单纯的技术。

儿童成长必须经过学习，而学习必须自觉自愿的活动，这就与动植物的生长过程大有不同。马克思在《资本论》第一卷里分析人的劳动与蜜蜂做窝、蜘蛛结网的区别，指出建筑师造房子是有目的有意识的活动，而蜜蜂做窝、蜘蛛结网都是盲目的冲动，尽管看来也似很巧妙，儿童学习是一种有目的有意识的劳动，而且学习越有效，其中含有自觉自愿的成分越增多。因而，我们可以说：学习正是一个自觉的人格逐步形成的过程，这是人类之所以异乎禽兽，也是自由人所以异乎奴隶。动植物生长，由于它是盲目的自然过程，可以由人来按一定的要求来安排控制，而教师教导儿童则必须唤起他们自觉自愿的学习，而且随着儿童发展的步步提高，在学习中，自觉自愿的心理作用愈强有力，换言之，教育成效愈高，则儿童愈不容易任凭教师摆布，从而教学工作逐步变成师生的合作，虽然教师常处在主导的地位。所以《学记》说：“教学相长。”又说：“学教半。”

根据以上的简单说明，便可看出要胜任小学教师这一专业必须是在一定程度上“学养俱到”的人物，而不是只凭一些技术熟练。虽然教育也是一种技术，但它是造灵魂的技术。师范毕业生首先应该是一个成熟的人物，对人生要有正确而成熟的认识，还要有坚定的立场、操守。人生观和立场、操守，固然是属于政治、道德方面的事，而同时也是明智的生活态度，所以要有足够的学识和历练。不学无术的人，或少不更事之辈，都谈不上什么政治立场道德操守。世间可能有少年天才的艺术家，但不可能有少年天才的小学教师，就因为他还没有足够的历练。所以往往有未成年的小先生和小学生闹在一起，笑话百出。他自己还是一个小孩子，他当然无法领导小孩。吕新吾（明代人）的“呻吟语”有这样的话，“两家动气，一对小人”，如果把“小人”解释为“小孩子”，也是对的。小孩子因为还幼稚，容易发脾气胡闹，而少不更事的教师，也不耐烦，也大发脾气，可不是“一对小人”了吗？由于儿童成长离不开社会文化，师范毕业生自身必须有足够的文化修养。虽然不能要求他们有很高深的学问，但知识要相当丰富，多才多艺。儿童是社会文化生活的新参者，他们模仿力强，好奇心盛，对于社会上一切事物都感觉新鲜有趣，因而每事要问，经常求知，教师就要有足够知识，随时随地满足孩子们的询问。教师自身的生活习惯、言语行动也要足够充当儿童的学习模范。培养师范生的学识修养必须重视这一点。由于儿童成长是一个自觉的人格形成的过程，充当小学教师的师范生对于这个过程必须有科学的认识，才能耐心了解儿童，而给以适当的教导，这便是教育专业的修养。师范生必须知道儿童在发展过程中难免有缺点，要有耐心探索这些缺点发生的原因何在，弄清楚之后，才讲求办法。这一番工夫叫作向儿童学习，师范毕业生要学会耐心地了解儿童的情况，虚心向儿童学习，以充实自己的工作能力。师范生的这番修养，也可以称为政治修养或道德修养。其中的原理是一个，即是善于领导别人，同时就善于向别人学习。这一原则，在教育、政治、道德三方面都通用。师范生学会这样做教育工作，才能感到教育工作的乐趣，这叫作“专业思想”。教育的专业思想，或工作兴趣，是产生于细心工作，不懈地研究，不息地求进步。专业思想不可能从念佛祈祷得来。只有知道门径，会做工作的人才能产生工作乐趣。会做工作的人，能在工作中细心研究，从而步步发现问题，工作步步深入，达到新的境界，感受到新的趣味：这样连续发展下去，就养成深厚的专业思想、浓厚的工作兴趣。师范毕业生必须懂得这个工作门路，往后坚持走这条门路。

综括地说，师范毕业生第一要站定无产阶级的立场，愿意为人民贡献出浑身力量；第二要有慈母般的心肠，耐心为孩子们效劳，从中感到满意；第三要有科学家的头脑，能冷静沉着地研究问题，探明真理；第四要有艺术家的手法，灵敏地掌握施教的良机，巧妙地运用教育适用的资料。

师范学校的教学工作

我们的师范学校教学计划，一向都是普通文化教育和教育的专业训练同时进行，这是一种方式、一种类型。世界上，师范学校教育计划有两种类型：一种类型像我们这样；另一种类型则是以专业训练为主。到底哪一种好？须另行讨论。目前我们只招收初中毕业生就只能这样做。将来若招收高中毕业生，当然要改课程。但文化知识还不能欠缺，只是要从另一个角度来安排罢了。回顾100多年来世界师范教育的发生和发展，可以看出这种教育事业是由无产阶级的革命运动斗争逼出来的。我们是无产阶级领导的国家，办师范教育就要饮水思源，依靠无产阶级的领导，站稳无产阶级的立场。这是发展师范教育最可靠的保证。随着我们的社会政治、经济的发展、文化的高涨，劳动人民要求师范教育的水平一天天的提高，这一点应该看得很清楚，不容有丝毫怀疑。上个月，我去萝岗洞人民公社参观访问，看见一位生产队长，问问小学情况，他说很好，萝岗洞的小孩都升学了。问他有什么意见，他说只有一个意见，就是小孩爱讲粗话，希望教孩子们不说粗话就好了。从前种地的讲粗话是家常便饭，现在不喜欢讲粗话，要改正恶习，确是一个很大的进步。由此可见政治经济的发展，文化的要求就跟着提高。所以我们不要怕劳动人民不重视师范教育，他们会一天天重视的，而且会重视得很快，就怕我们跟不上。我们做这个工作，要自己看得起自己，要坚信事业的前途。目前三年制师范学校，时间是紧一些，课程安排有困难，但并不是不可安排。好比盖房子，地基大有地基大的盖法，地基小有地基小的盖法，只要自己有打算就有办法。只要把三年制办好，将来就可成为进一步提高的根基，我们确信今后无产阶级领导的新中国，对师范学校有两个要求是不会改变的：第一，要求教师的学问逐步提高，这是必然的趋势；第二，要求教师的学问知识一定是理论结合实际的，一定不是概念游戏。我们要根据这两个原则做好课程安排。还有一点要注意，前面说过，师范教学的特点应该贯彻在师范教育工作的各个方面，不限于教育学科。固然教育学科很重要，但不能说师范学校就等于中学加教育学科。师范教育的特点，不论哪个学科都要体现出来。中学生有了知识就够了，师范生还要能够去教人。这是两个水平，掌握知识是一个水平，所掌握的知识能运用去教人又是一个水平，两个水平有高低之分。师范学校的教学工作，不论是语文，是数学或其他都要注意，每门课不仅是充实师范生的知识，同时还要他们能把知识去教人。整个教学计划处处都要体现这个精神。

语文课十分重要，必须提高到高中的水平以上，这是完全对的。小学是小孩学习语言的学校，又可以叫作祖国语文学校。小孩子学习语文，应该在小学把根基打好。这方面搞不好，就会影响到中学、大学。因此，作为小学教师，语文水平一定要高。语文基本训练十分重要，如说话、识字、阅读、写作、听话、讲话，这些基本训练必须做好，要正确、熟练，还要明白它的所以然。不正确、不熟练，固然不行，仅知其然，而不知其所以然，作为小学教师还是不够。文字学、语言学、修辞、语法、逻辑等基本的常识，对于小学教师是不可少的。要掌握这些知识，才懂得语文规范之所以然。师范生要有足够的读书能力和浓厚的读书兴趣，毕业出去能够继续学习，知识才有来源，不易枯涸。孔子说："学而不厌，诲人不倦。"这两句是相关的，自己要学而不厌才能诲人不倦。还有，当小学教师，要能说通俗话，能说儿童话，才能把孩子教好。对孩子说政治大报告的话，会把孩子越说越糊涂。深入浅出的教学就是老师能用儿童话，把孩子心地说得透亮。儿童语多不完整，当教师的就要领导孩子们由片断的不完整的儿童语，逐步提炼到有条理的完整的水平。小学教师的任务是在孩子现有的水平上提高一步。不能接拢他们的水平，你就没有办法提高他们。因此，师范生的语文训练要精、要通、要灵，要笔下口头俱佳，所以要比高中学生高一步。

再一个主要学科是数学。数学是师范学校第二个重要学科。当然小学教师教的是算术，但是要把算术教好，必须要学过代数、几何、三角这些高一级的数学，才能把算术懂透，这样才能教好算术。仅仅懂得算术教算术就不成，一个小学教师所需要的教学能力总要比他教的教材高过十倍八倍。打个比喻，关公的大刀 82 斤，你要要得动，就要有千八百斤的力气。若只有 82 斤力气，只能举起罢了。数学这一门课为什么叫作基础课呢？因为它包含的内容甚丰富，可以跟许多方面的知识内容相结合。因此，教数学的老师常识要丰富，才能教好各种各样的应用题，使其变为有血有肉的数学，而不是概念游戏。人们往往把数学看作没有内容的空洞学科，那是误解。其实数学向来与生产、与自然科学是密切结合着的。从科学史看，数学的发展与天文、水利、工业一向是分不开的。尤其是我国古代数学家，从先秦、两汉以迄明、清，如张苍、张衡、祖冲之、郭守敬、徐光启等，哪一个不是天文历法专家和水利工程家呢？旧中国由于工业不发达，数学只能与天文、历法、水利相结合，为农业生产服务。我们今天正在加速工业化，数学更不该再算鸡兔同笼、父子年龄，而该与物理学、力学、工程尽量结合起来学习。这样学数学才不会成为观念游戏。小学生虽然只习算术，也应尽量使孩子们知道算术在日常生活上的应用和简单的机械工程中的应用。数学和语文都是基础学科，包含内容都十分丰富，所以这两科的教师都不宜知识贫乏。

此外谈谈历史、地理。很多同志主张，师范学校不能轻视历史、地理，这我同意。但是时间有限，要安排很多教学时数是办不到的。这就应在教材教法上想办法。师范生若在小学教自然社会常识，还要随时回答小孩的每事问，因而自然和社会科学常识都要充足。随便小孩看到天上的星星，问这个是什么星，教师就要能够回答。这就要有一点天文知识。从这个意义上说，高中的教学计划还有很多缺点。一个高中毕业生往往应付不了小孩子的询问，如涉及地质的、土壤的，以及天文气象的，历史故事的，师范生就不该有这样的缺点。这些自然科学、社会科学常识如何更丰富，固然教学计划要作安排，但如何供给师范生这些读物，也是一个关键。不能把青年所需要的知识都要在学校设一门课。这就要靠课外阅读。读物丰富，对青年的教育会有很大帮助，培养小学教师更是这样。历史、地理的补充读物，不可以只有骨头没有肉，变成一俱骷髅，没有血没有肉，看着要打瞌睡。若要收到政治训练的效果，要学生读得有兴趣，就要写得生动丰富。教材和学生的补充读物问题，要大力解决。

各单科的学习分量的区别，表现在教学时数上，要多学的就在教学时数上多排几节，可以少学的就少排几节。但课时多少不能表示学科性质是否重要。哪怕是一个课时，排在教学计划中的就是少不得的，就是非常重要。就一定要教好，不能借口是非重点学科就不教好，图画、音乐、体育，当然不能和语文一样排同样的时数，但不能因此而失却其重要性。越是时数少，越是要教好，有本领的教师就能用很短的时间取得很大的教学效果。我同意大家的意见，图画、音乐很重要，当一个教师，不能跟小孩一道去玩，干巴巴的，教学效果会减去一半。农村小学教师，更该是全能的，什么都教，这样有好处，教好图画、音乐、体育这些学科，无论从美育方面讲或从教学方面讲，从领导学生文娱活动方面讲都是有好处的。

还要谈谈外国语。外国语是师范生应有的知识。尽管小学教师不要教外国语，但懂得有好处，懂得外国语的人，对本国语会懂得更透。小学教师要长知识，知识不长进，不能成为好的小学教师，自己要能长进才成，懂得外国语就多一条路来长知识，所以应肯定小学教师学外国语有用。但是目前要在师范学校普遍开设外国语有困难，而且困难很大。第一，教师不够，很多中学外语教师还不够；第二，初中外国语停了多年，现在要补救过来也得有一个过程。现在还有很多初中没有学外国语。因此，升到师范学校，外国语的基础简直是一张白纸。就是学过的也不成。这样一来，开设外国语，在师范来说就得从头学起。现在高中也是从头学起。要从头学起，教学时数又不多，时间又紧，学外国语就成为学本国语的妨碍。这方面的实情，我们应该承认。学好外国语对学好本国语是有帮助的，这是真的，但是本国语的根基不好，外国语又是新学，就会互相妨碍。因此，今后师范学校开设外国语，原则上应承认是需要，但目前有困难，还要费一番工夫，创造条件。不能因为目前有困难，就认为不需要，做不到，就创造条件，将来要做的。一定要今天马上做到，是不对的；今天做不到，就放弃了，也是不对的。再过几年，初中毕业生学外国语还学得，有一点基础，进入师范学校就应该让他继续学下去，在初中学了几年，给他机会再学下去，对他大有好处。将来要升学或自修，都有很大方便。再者，师资条件够的，目前已经开外语课的，也不应该停掉，如四年制师范，时间较长，已经开了，就不应停掉。至于教小学外语的外语老师，还是专科来训练较好，小学学外语，就要学得正确，小孩子读音错了，将来纠正就困难了。一般的师范毕业生教外语不容易，倒不如设专修班来训练。

此外，谈谈教育课，教育课也有问题。1958 年以前，把教育课看得过分重要，认为代表整个师范教育的特点，这是不妥当的。1958 年以后又看得太轻，也不妥当。教育课代表不了师范教育的特点。师范教育的特点应贯彻在各科教学里面，教育课不能代表师范教育特点的全面，也不能代表专业训练的全面，因为专业训练不仅是教育课，还有教育实习等。但是它是很重要的学科，师范生必须学好。上面讲过，师范生的工作对象是小孩，必须和小孩相处，要领导他。那么如何掌握了解儿童教育的途径，如何掌握了解儿童教育的法门，就非得读教育学！连这个都不懂，就无从下手。哪怕你很热情，满腔热情，但是摸不着门路就无法下手，就往往吃力不讨好，用了好大的好心好意，出了很多错误，就是由于摸不着门路。到底如何了解儿童并与之相处？有几个原则是必须遵守的。教育学就是帮助我们做这些工作，给我们门路、方向，帮助我们知道应该如何下手。具体的办法，教育学不能解决，要师范生根据教育学的原则亲身体验学生的年龄特点，了解各种情况，自己去创造。教育学好比逻辑学，讲话写文章不能违背它，违背了，讲话写文章就不通。但是一篇文章全部合逻辑，而文章不通还是不通。教育学的原则也是这样，如违背它，就会出错，但是熟读教育学也不见得就行。有用有效的方法，还要靠老师仔细观察儿童。如何观察情况，要创造性找出方法。若我们把教育学看成天书，教育学不可能把教师所需的教育方法都一一列出，打开一看就可用。教育是把可能性转变为现实，而可能转变为现实，在人类生活中最重要的是实践。教育方面的实践是什么？就是教师如何教，学生如何学。这里没有必然的万应的规律。教育的规律都是可能的，但不是万应的。到底能不能解决问题，还要看你怎样做。因此，教育学就是指导实践的方向，它不是教条，不是天书。1958 年以来，有人很悲观，说教育学没有出路。我说不要悲观，教育学是死不了的。但是我们学教育学的态度则必须改变。应该认识，理论科学基本的原理则要掌握，来指导行动，作为行动的指南，但不能作为束缚行动的教条。因此今天要为教育学恢复名誉，就要改变学习态度。

教育实习和附属小学

教育实习是师范学校很重要的工作。一个师范生不经过实习是不成的，跟医生一样，必须在附属医院实习，它的用途有二：①给他们经验，也就是历练；②给他们总的考验。历练什么？历练如何领导小孩，如何跟小孩相处，如何用各种教育工具进行教育工作。还得考验在师范学校学的东西够不够，能用不能用。这考验是全部的考验，不是只考验教育学。当然教育学也在考验之列。而语文、数学、音乐、图画、历史、地理全部都得到考验，能不能教人？懂了没有？懂透了没有？有没有缺陷？经过一番历练就有好处。考验出哪些学得不够，就得重新再学，这两方面都很重要。到底师范生学的知识够了没有，有什么缺陷，经过一个时期的实习，大致可以看出来；经历一个时期的历练，就懂得教小孩，懂得做教育工作必须注意的地方，这工作很重要。假如师范学校学习时间长，实习时间长一些是好的，最好有半年功夫来实习。目前时间不够，再占半年就太多，会削弱文化科学知识的学习。因此，实习十周八周就可以了，再少就考验不出来，历练也会不够。三年制，八周左右可以；四年制则可长一点，十周左右也就够了。还可分两段：一、二年级参观见习，三年级则开始试教，安排时间，不要集中在最末一年。实习是考验所学的知识够不够，有没有缺陷，早一点发现还有时间补救，集中在最后一个学期是不太好的。还要注意到附属小学的实习，准备工作要做得充分，不能把附小小孩的课业作为试验的牺牲品，像医生在附属医院实习那样，人命关天，要好好地看，处方要给老医生看过，不然医死了怎么办？如果说灵魂比肉体重要的话，教育人比给人治病还重要，不能把人家耽误了。因此准备工作很重要，备课、作教案，要全力以赴，学生的全部本领要拿出来，师范老师、附小老师也要全力帮助。没有试教以前，要审查教案，还要问他准备怎样教，要有把握，不至于大错。因此，负责指导学生做准备工作，必须全力以赴。师范学校的全部老师和附小的老师都要全力以赴，不能只推给教育学的老师。数学课，以数学老师出马为主，语文课以语文老师出马为主，教育学老师也要帮助。这是一件大事，要注意。这样对附小有利，不致耽误孩子的功课，对师范生也有利，这和搞好师范与附小的感情也有关系。教育试验跟农业、工业不同，只许成功不许失败。农业、工业试验失败是糟蹋了材料，教育试验失败，糟蹋的是小孩。做教育工作必须严格遵守保证不糟蹋小孩，不能拿人家来做试验品。材料可做试验品，人不可以。没有把握，就不该打无准备之仗。

附小是师范学校少不了的组成部分。师范少了附小就是五官不全。师范生不只由本校来训练，附小同样负有训练师范生的责任。这和医学院的附属医院、农校的附属农场一样。附小任务跟一般小学有区别，一般的小学只是对本校的小孩负责，教育的效果只影响本校的孩子。可是附小则影响到师范生。师范生将来出去到小学教书，必将在附小学到的一套带出去，师范生所到之处所服务的小学，都会受到附小的影响。附小带有示范的性质。因此附小的人员配备要讲究一些。另外，师范学校和附小关系必须搞好。根据我的经验，许多师范学校这一点都没有做好。没有搞好就影响工作。师范和附小的关系，应成为血肉相连的关系，要在工作中造成共同的利益基础，这个基础造成了，关系就可搞好。怎样做法？师范学校本科教师要经常关心附小教学，帮助附小教师搞好教学，帮助他们总结经验。附小教师的知识水平比师范教师低，有许多地方还要师范教师帮助。教科书、参考书上不懂的地方，就帮助他们解决，提高他们的业务水平。附小教师教了多年有很多经验，但是有经验未必会总结。总结经验要有更高的水平。总结经验不是把经验罗列起来开成一张流水账，而是应有分析，成功失败要找出所以然。总结要有科学性、学术性。这正是附小教师的困难，师范教师给予帮助，就能解决了。帮助了附小教师，师范教师也取得了实践经验，对自己也有好处。这是两方面有利。互相有利就造成共同的利益基础。这个基础使师范和附小的关系成为血肉相连的关系，这个关系不是靠规章制度的结合，而是靠工作的结合，这才是真正的结合。根据我们的经验，不少师范学校在这方面做得不够。希望同志们认真做！这样做当然有点麻烦，师范学校老师要教课，要帮助师范生实习，又要帮助附小教师总结经验，帮助他们提高，这都是麻烦事。但麻烦事才是好事。一个人做事就要挑选麻烦事来做，麻烦事才见本领。砍骨头要用刀，切豆腐用竹片就成，何必用刀。建设6亿5千万人口的社会主义社会，就是麻烦事，我们就要不怕困难。1921年中国共产党在上海成立，要革命就要找麻烦，没有那个麻烦，就没有今天。把几千年的老大帝国推翻，多麻烦，都做出来了。现在要建立几百万的教师队伍，当然是麻烦，这是破天荒的事，没有别的国家做过的。但是，麻烦有麻烦的趣味。要想到现在大家参加的工作正是人类历史上没有做过的事。而且一定能做得成功，这样想以后，师范教师让去教中学就愿去了。要是这样想，就会感到这是很有趣味的事情了，就会坚定不移地从事这个职业。

（《林砺儒文集》，广东教育出版社，1994年7月，有改动）

语文教师是经师，也是人师

(1962年4月12日)*

语文课在中学、小学是富有实践性的学科，它是知识，而同时又是技能。学习的时候要耳、目、口、手并用。换言之，要通过知行合一的方法来学习语文。这是在缔造基础，要练好基本功，而不是纯粹求知。中、小学语文课就凭这点而与大学的中文系显然不同。大学生应该是在阅读写作都有了成熟的根基之上进行学习。他们着重于科学的分析，学习系统的理论，做一番探本求源的功夫，以阐明其所以然。而中、小学生正在做阅读写作——运用祖国语文——的基本功夫。从理解的角度看，是基础知识；从运用的角度看，是基本技能，或者说是基本训练。两码事实在是一码事。基础知识大抵分属于文字学、语言学、语法、修辞、文章分析、逻辑规律等范围，这些都是作为培养阅读、写作、说话的能力之所必需的东西来学习，所以叫作基础知识或基本训练，而不是纯理论的系统的探讨。当然，做教师的，尤其是中学教师，必须系统地掌握这些科学知识，但他们指导中、小学生学习的就绝不能一样。若不明确认识这点区别，而过分热衷地把教师所该掌握的系统知识一股脑儿教给中学生，

* 此系在《文汇报》发表的时间，1964年12月，作者改写了最后一段。

那就非徒无益，而又害之。

学习如何遣词、如何造句，固然要掌握语文规律，也还要自己心地明白，思路清楚，能考虑用恰当的语、句表达出来。所以《文心雕龙》开首就说："道沿圣以垂文，圣因文而明道。"形式与内容是分不开的。不可以言之无文，也不可以言之无物。高谈阔论，把语文课教成政治课，固然要不得；而只分析形式，不理会思想内容，也不成其为语文教学。往时有一段讽刺塾师的笑话，塾师只给学生作逐字解释之后，让学生串讲"子曰：学而时习之"一句，学生就照样说："孔夫子、说话、念书、虚字、时时刻刻、念书、虚字"。假如只管解释字句，而不问思想内容，就会闹同样的笑话。

阅读教学和写作、说话教学也不可以截然割裂开来。学习写作、说话，是学习如何有效地表达自己的思想感情。而阅读正是追踪地体会作者如何表达他的思想感情。教写作必须教学生写出他自己心里所要说的话，而教阅读是教学生设身处地体会作者说出心里要说的话。一是自己立言，一是体会别人立言，都是知行合一的功夫，其间就不该有不可逾越的鸿沟。一个人胸中若没有积理，就不能写作，也不能阅读。教阅读是指点学生在阅读中积理——批判地接受作者的思想感情以及他如何表达的方法。教写作是指点学生把自己心里所存在的好好地整理一番，而用恰当的语句表达出来。经过写作之后，他们心里所存在的东西将更加明晰有条理，所以写作、说话也是一番积理的功夫。当然，教师本人应该是一个积理的老手，倘若自己肚里空空如也，便无法教人。教阅读时，要考虑到学生的写作能力，而如意指点他们学习所欠缺的东西。教写作时，也要考虑学生平时的阅读能力，而力求在教学中把他们从现有的水平上提高一步。这样做，才配叫作有的放矢的教学。

每课的教学目的，不能千篇一律，要因教材的性质而异，也要因学生的水平而有所不同。目的是要求学生从这一课学到些什么。哪些该要，哪些可以不要，就该有个选择。不能不分大小、轻重、缓急，而要从教材中选出最宝贵的东西教给学生。记事文、抒情文、议论文各有其宝。具体到每一篇课文也各有其宝，有的宝在文辞章句，有的宝在思想内容；教学当然要随宝之不同而各异其重点。另一方面，也不该逢宝必取，而必须考虑学生的能力和需要，让他们学习其所能理解而又确实需要的东西。如果是学生力所未逮或还不需要的东西，哪怕是宝，也只好暂缓。教学要让学生学习课文的好处，正是要弥补他们之所短。如学生常患思路不清、作文层次不分明，那么，讲读时就要特别指导他们学习范文的思路如何进行、文章里的逻辑性何在。如学生常患遣词造句欠妥当，在教学时就该多加这方面的指点。

备课计划是根据每课的教学目的做出来的。教学目的既定，便可知道备课该如何下手。教学目的是备课的方向，也是备课的范围。备课是实现教学目的的准备工作，在《学记》里把这步功夫叫作“预”，因为是事前预定的。既然是预定的，就未必百分之百全用得上。在教学进行中，随着情况的发展，会要有所变更，有一些准备好了的东西要放弃，又有些未准备到的要临时补上，这就要依靠教师的灵感和机智。百分之百依照预拟的教案是行不通的。教案虽然很有用，这步功夫是要做的，但教师绝不可让自己制定的教案成为自缚的蚕茧。

为什么教学方案不能百分之百照预定进行呢？因为教学是教师和学生的共同活动，不是教师单方面的表演，就不能全凭教师来预制。好的教案只能设想学生将会有什么反应，但未必全估计得对。教学是相长的，课堂上学生能做的工作，应尽量让学生去做，而教师只给以必要的提携与指点，所以说“学教半”。在教学中，老师固然起着主导作用，但学生也不是全被动的，更不是默默的旁观者。学生是来学习的，不是观众，静听教师演唱。学习是自觉的有目的的劳动，学习语文更该如是。教学之中应含有练习，让学生运用他们所已知的既能的，来理解其所未知，学会其所未能，这才是有生长性的学习。学生能做的，都不该由教师包办，侵占了学生动脑筋的机会是不应该的。遇着必须教师指点之处，就要郑重地讲明白、讲透，而且针对着学生的弱点，促进他熟读深思，体会课文的佳处，以补救自己的缺陷。这才是有的放矢的教学。

命题是作文教学最重要的开端，这一着若有错误，将难免输掉全局。上面谈过，写作是教学生写出他们心里要说的话，把他们自己的经验整理一番，作有条理的表达，从而发展他们胸中的积理。那么，命题必须能启发学生心中所要说、所能说的话。倘若命题跟学生的经验相距十万八千里，毫不相干，那可能逼着学生说假话或作无病的呻吟。教师若不知道给命题以足够的重视，那就谈不上教学。批改是要把学生从现有的水平提高一步，而不是教师表演手法。“批”和“改”应有所区别。批是指出学生的缺点，改是纠正。有些缺点，估计学生自己可能改正的，就该让学生自己改，经过他自己动手，收益就大，教师只给批明，可不必改。有些必须由教师改的，改了之后，必须给学生讲明所以然，让他好好地体会。一句话，批改也应是有的放矢。

要提高语文教学质量，归根结底首先要提高教师的学识修养。语文是基础学科，就是说它无所不包，相关的，用得着的知识甚广。教师必须是一位知识渊博，学养俱到的人。“鼓天下之动者存乎辞”，语文的一个重要作用在它的鼓动性。那么，向好的，还是向坏的方面鼓动呢？这就是语文教学的政治性、思想性。要教好语文，教师对于人生必须有丰富而深入的体验，政治立场要进步而坚定，对是非能明辨，观察事物要敏锐，更要能透彻地了解学生，能抓着活思想、新情况来趁热打铁，对症下药。教语文绝不止于咬文嚼字，玩弄章句，用一句古老话说，语文教师是经师，也是人师。“只教书，不教人”，是十分错误的一句遁辞！

（《林砺儒文集》，广东教育出版社，1994 年 7 月，有改动）

北京师范大学校史拾穗

中国师范教育制度的建立，始自1902年壬寅学制《钦定学堂章程》的公布。（1897年上海南洋公学虽曾附设师范院，那只是一校的试验性的措施，未成为制度。）北京师范大学的前身——京师大学堂师范馆——是同年（壬寅）12月成立的。所以北京师范大学60年来的发展史，代表着60年间中国师范教育的发展，尤其是高等师范教育的发展。我们今天可以通过北京师范大学校史来窥见全国高等师范教育的面貌。60年来，北京师范大学的发展规模、总的趋势，确可以说是逐步发展、日益壮大，但真正的发展是在中华人民共和国成立之后。记得1950年，我承乏师大校长的时候，有一次毛主席问及师大历届毕业生的总数。我答道还不及1万人。主席说，快50年了，而毕业生还不及万，太少了，今后应争取5年或10年之内有毕业生万人。最近看师大校史稿，知道中华人民共和国成立后12年间，毕业生共有9 800余人，那是将及万人了。从这一点，就可证明中华人民共和国成立后是飞跃发展的。这情况是符合教育史规律的。师范教育是人民的教育事业，只有在人民政权领导之下，才得到胜利地发展。

中华人民共和国成立前那47年间，北京师大是在崎岖艰险的道路上渡过，虽也有一些寸进，其实只是维持着国内高等师范的一个仅存的硕果罢了。60 年校史的资料当然是丰富的，编纂之责在师大校史编辑室，无须外人代庖。这篇稿子，只就我个人见闻所及，举其二、三事，并提出自己的看法，聊供参考，故标题为拾穗。

一

从京师大学堂师范馆到北京师范大学的经过。

1903 年，癸卯学制公布之后，清政府把京师大学堂师范馆独立设置为北京优级师范学堂，各省会也先后开办优级师范。可是按当时的人力物力，企图每省兴办一所优级师范，有很大的困难。所以当时开办的，实际是速成师范、简易师范乃至师范专修科之类，而办成优级师范本科的为数不多。辛亥革命之后，采取比较实事求是的态度，制定全国开设六所高等师范的政策。当时拟定的分布地点是北京、南京、武昌、广州、成都、西安六个城市。后来西安未曾开办，而沈阳高等师范于 1918 年建成，算是够了六高师之数。北京高师在民国初年有了国文、史地、英语、数学、理化、博物共六个学部，学生几百人，在当年算是规模完备的。

优级师范学堂与高等师范学校名称虽不同，而实质无别。其修业年限都是比大学短了两年，而毕业生只能充当中学教师（当时中学是在大学预科之下的）。按当时制度，高师可以设研究科，学生在本科毕业后，再经研究科两年，其学力便与大学毕业相等。五四运动之后，北京高师着手改革，提高程度，首先设教育研究科，继设数学及化学两个研究科。又把原来学部的名称改为学系。1921 年秋季招生，六学系都设四年科及六年科，这样便具备了大学的实质。到了 1922 年秋季，随着学制改革，北京高师改为北京师范大学，各方面都公认为实至名归，没有异议。

从 1902 年至 1922 年，20 年间发展成为北京师范大学，似可称为顺利，而学校的“校步”艰难也从此开始。当时军阀统治下的北京教育部只是一座冷衙门，教育经费只是军阀们的残羹余沥，而且年年积欠。到 1921 年春季，北京国立八校（北大、北京高师、女高师、法政专门、工业专门、农业专门、医学专门、美术专门）教师们忍无可忍，爆发了轰动全国的大罢课；师生与军阀政府相持了半年，到了秋季开学，问题才勉强解决，学校领到了本月份经费。这是军阀统治时期，教师们领到本月工资的仅有的一次。由于罢课半年，许多应有的开支节省下来，又适逢仅有一次的积欠清发，北京高师居然有了几万元的节余，以供开办研究科添购图书、仪器、药品及建筑一座图书馆之用。这一次罢课，对于北京高师，可以说是塞翁失马，有助于高师扩充成为师范大学。过了这一次之后，学校马上又陷入巧妇无米的状态了。

必须指出，北京高师改组为师范大学，是师生们努力争取得来的，不是出自反动政府的计划。当时的军阀政府对教育事业的唯一政策是置之不理，听其自生自灭，绝不会有任何改进提高的计划。1922 年秋季，学制会议的召开，对军阀政府来说，是一件被动的工作。他们通过了“六三三”学制方案；又决定了改北京高师为北京师范大学。任命了范源廉为校长之后，他们的例行手续便算告成了。不只是没有提到师范大学的新预算，而且原有的高师经费又积欠了好几个月。校长范源廉远在美国未返，甫告成立的北京师范大学只好由评议会暂时维持。1923 年 12 月范源廉回国，到校就职，1924 年暑假便辞职了，原因是当时的曹锟政府自食其诺言，骗他就职之后，不给决定师大预算。自此以后，直到北洋军阀统治告终，北京师大是处于一息奄奄的状态。

二

国民党勒令师大停止招生的真相。

1928 年夏季，奉系军阀退出北平，北伐军进来。八校师生们痛恨奉系军阀一年的暴力劫持，至此，自动地宣告各校恢复独立，热烈欢迎革命。而国民党赏给北平八校的是半年的经济封锁，分文不给。由于国民党官僚在南京分赃未决，北平八校这个地盘未知谁属，八校的师生员工只得挨饿受冻直到初冬。师大学生们忍不住了，以学生自治会名义宣告开学，请教师上课，电告南京。其余七校陆续响应，电报连三接二飞往南京。老爷们大概有点急了，才勉强停止争吵，把北平八校地盘划归李石曾名下，改组为北平大学。师大成为北平大学的一个师范院，预算经费比原日高师更少了。

国民党对付教育事业，不像北洋军阀那样置之不理，倒是很关心的。不过他们关心的是把学校划分地盘，师生变为喽啰仆从。如其不然，他们便要祭起大棒，显示力量。在这样政权之下，教育已无从谈起，更谈不到师范教育。

国民党内部有彼此对立的许多派系集团，争权夺利，向不相让。1928 年，被李石曾独占北平大学，就为敌对派系所很不甘心，北平大学的合成，原是十分勉强的。所以不到一年，北京大学便脱离北平大学而独立，北平大学所拥有华北教育行政职权，也随大学区的废止而消失。这样，在国民党心目中，北平师大便不是等闲的地盘了。因此，师大也同时恢复独立，李石曾任校长，而由李蒸代理，这是一种煞费苦心的再分割。可以说师大这一次独立，是由于划归李石曾名下而取得的。

自1930年起，北平师大在国民党统治下，是属于李石曾的，师大开始了朝中有人。然而那时国民党法西斯化已经开始了。元老派渐退处于无权，李石曾当然不能例外。1931年，男女两师大合并为一，地盘扩大了，李的敌对派系难免感到不快。刚巧九一八事变和一·二八淞沪抗日战争之后，师大学生竟大声呼吁抗日，而校内又要添设社会系，学习科学的社会学，于是朱家骅为首的南京教育部认为打击师大的时机已到，便迅雷不及掩耳地勒令停止招生，继而提议停办。这是朱家骅一派搞垮李石曾地盘的一种厉害策略，因为不许抗日，禁止“左”倾思想，在国民党内部是天经地义，李石曾也是庇护不了的。这是朱家骅打击北平师大的真相，绝不是由于他反对高等师范教育制度。什么国联教育调查团的报告书，那不过是烟幕罢了。然而李石曾一派也不甘向朱家骅缴械，由李蒸在南京迅速投靠国民党法西斯而取得了“整理师大校风”的特殊使命，朱家骅便不得不住手了。因而国民党的三中全会便议决师范教育独立，同时又决定北平师大要严加整理，仍停止招生一年。这样，国民党的内部矛盾便得到了统一。自此以后，国民党统治期间，师大与国民党教育部所发生的摩擦，都应该作如是观，是国民党内部派系势力的消长、矛盾。若误解为国民党也关心师范教育制度的研究讨论，那未免太天真了。

三

国民党法西斯势力占据北京师大，为什么那样容易，而后来竟又遇着越来越强烈的抵抗呢？这个问题值得说明。在国民党统治之前，师大校内的政治气氛非常稀薄，可以说是在政治的真空状态。在旧中国，师范学校的学生一般是属于寒门子弟，这个阶层是没有政治权力的。他们毕业后大多数当教师，不可能居高位，从而很少有政治野心。五四运动时，北京高师学生虽然成为当时北京学生运动的一支主力，但他们只表现着青年们天真的爱国热情，为学生团体努力工作，而很少挟此为政治资本，变成学生政客，这一点正是这个阶层的特征。此外，教育超越政治的思想，也还支配着北京高师，教师们大抵是不问政治的书生。在五四运动前后，北京高师流行一种“新教育思想”，称为自动主义、理想主义。在方法论方面，提倡启发个性，以反对往日权威束缚；在目的论方面，高唱理想的社会，以表示不满现实。这当然是吸收了20世纪初期西方资产阶级的教育思潮，是以进化论为根据的。在当年军阀横行、政客奔走权门的情况下，这种思想有其进步的一面，可以保持教育界一定的干净。但他们企图以教育促成社会的改良，这就显出改良主义的空想性。他们对暴政忍受，而对革命却旁观，更暴露了小资产阶级的软弱懦怯。在北洋军阀政府时代，军阀官僚们对教育是不问不闻的，书生们还可以关起校门自命清高。而遇着国民党法西斯，便御侮乏术，只得饮恨吞声，无可奈何。况又有人因势乘时，卖身投靠，国民党便唾手而把师大置于他们铁蹄之下。

九一八事变之后，国民党的卖国面目已暴露无遗，政治上的大是大非将大白于天下。对这点的认识，知识分子是比较容易的，尤其是青年。因此，师大的政治真空却不被国民党法西斯恶势力所完全占据，而竟激起政治的新生。这股进步力量，至此竟找着了方向，得到了依靠，而形成新的力量。师大学生自治会竟在国民党厉行“整理工作”的时候，成为中流砥柱，毅然反抗压迫。一二·九运动的前后，北平师范大学是北平学界的反革命势力中心，而师大的学生自治会同时却成为北平学生运动的一支主力，而且参加进去的教师也不少。

总括地说，自 1931 年至 1937 年之间，师大在国民党法西斯统治下，是处在极黑暗的时代，而师大的进步力量却在此时期形成，而且日益壮大，一二·九学生运动便是明证。魔高一丈而道也高一尺，便有了抵抗。师大学生自治会是值得一提的，它组成于五四运动后半年，是全国头一个学生自治会。这点五四精神一直连绵不绝。至 1932 年，国民党下令整理北平师范大学时，曾指责“学校的一切都是学生自治会把持着”，可见反动政府对师大的学生自治会是十分厌恶的。

1937 年，抗日战争爆发，国民党把北平师大和北平大学迁往西安，组成西北联合大学。不久，又令师大单独西移，成为西北师范学院，最后安置于兰州。这显然是要把师大孤立于西北，以便驯服。国民党这番策略是相对地成功了，全面抗战 8 年间，西北师院始终是无声无息，与国内一切学生运动绝缘，学风之“纯洁”，得到陈立夫嘉奖，而为当时关心师大的人士所叹息。

日寇投降后，北平各校陆续复员，唯师大被迫要留置兰州。这一着不只是遭到学生们反对，而当时的师大当局也决不甘心，因为硬要他放弃原有的北平地盘，这就构成了国民党内部的派系的矛盾。经过一场激烈的争吵，师大利用国民党内部矛盾，取得了胜利，回到北平；更进一步又争得师范大学名义的恢复。自 1939 年以来，陈立夫在国内办起了大批师范学院，作为他的地盘，到此时，朱家骅要打击师大，就比十多年前更难了。如果竟有人误认朱家骅是反对师范教育的话，难道陈立夫竟是师范教育的爱护者么？其实，不管朱也罢，陈也罢，都与师范教育不相干，他们所争的只是扩大地盘，多树爪牙，绝不会有原则之争、政策之争的。当时的师大当局也未尝不知道回来北平之后，学生将难于钳制，但他们无论如何也不甘愿放弃北平这个地盘。师大就利用这点矛盾而免掉流放于西北。从这一点也可看出这个时期的历史发展是必然趋于对革命有利，反动当局对此无可奈何。

我们从这一段师大校史，可以认识师范教育的政治性。师范教育的自身就是政治，因为国家要有计划地培养自己认为最可信任的师资，才产生师范教育。师范教育只有依靠革命的进步政治，才可抗拒反动政权的玷污。妄想超然象外，一定做不到。革命时机将到，反动政权无论多么凶暴，使尽阴谋诡计，用尽威迫利诱，要控制师范教育为己用，其结局也必然失败。"寒门"出身的师范生，大多数容易接受革命的锻炼，中国那一句老话——秀才造反，三年不成——却不适用于他们。

四

北京师范大学尚须努力解答的课题是什么？师大是我们中国师范教育的一座鲁灵光殿，60 年来对全国普通教育的贡献是很大的。然而也还有一个尚待解答的课题——如何才可以保证培养出优良的中学师资。这是世界上高等师范教育还未十分完满地解答的课题，北京师大当然也不能例外。原来大学毕业生教中学，这是自古已然的世界惯例，但到了 19 世纪开始有了转变，发现大学毕业生教中学不甚妥当了。这是由于中学教育的内容和性质都有了变化。19 世纪，西方各国先后完成了产业革命，自然科学大发展，现代语文代替了古典语文，这类新事情，都给了中学教育以影响，他们西方叫作中学教育现代化。西方教育界因此接受了一个教育建议，中学师资应由特设的大学来培养，这个建议是早在 200 多年前一个英国的中学校长提出的，是一个进步的主张。从此以后，西方培养中学师资便出现两种新办法：其一，在大学内设研究所，把大学毕业生加工训练一两年，才准充中学教师；其二，专设高等师范院校训练中学师资。这两种办法虽不同，而前提却是一个，承认大学毕业生教中学是不够理想的。可是经过一百多年还未得到一种十分可靠的具体训练方案，因而如何训练理想的中学师资，直到今天在他们还是一个尚未完满解答的课题。

中国的高等师范教育，是在 1902 年与中学教育制度同时创建的。一穷二白的半封建半殖民地的旧中国，模仿资本主义社会的教育制度，当然说不上中学教育现代化，只能说是有意"洋化"罢了。当时要办洋学堂，而又苦于还未有洋学堂出身的师资，所以感到师范教育的必要。《奏定学堂章程》这样说："学堂必须有师。此时大学堂、高等学堂……犹可聘东西各国教员为师。若各州县小学堂及外府中学堂，安能聘许多之外国教员乎？此时惟有急设各师范学堂。"从此可以看出，当时办师范教育就是要有教师，还不知道讲究要好教师。1922 年学制改革，取消了大学预科，设立高级中学，训练中学师资的高等师范便水涨船高，被提升为师范大学，当时的认识也只此而已。就是说，只知道要有比中学高一级的大学毕业生才合教中学，至于中学的优良师资应有什么样的学识修养，此事还未引人注意。因此，同时也发生另一种现象，好多地方的高等师范陆续改为一般大学，只剩下北京师大一个硕果。由此可证明我们经过了 20 多年之后，对师范教育的理解，还是和清末时代差不多。在大学生甚少时，感到需要高师，一旦大学生多了些，便觉得高师无甚必需，这就证明了对师范教育的认识未曾迈进一步。

高等师范教育是为中学服务的。中学又常随着社会的政治、经济、科学文化的变化发展而改变其性质。19 世纪西方资本主义国家中学教育的现代化，是资本主义革命成功的结果，也和他们的民主政治相似，是进步的，可是有局限性的、很不彻底的，因而无法解答如何培养中学优良师资这个课题。高等师范教育只能由资产阶级提出，但不能在他们手里完成。此事从历史发展的观点说，是应该如此。今天，社会主义国家出现，中学教育才开始成为人民的普通教育，从而如何培养优良的中学师资这个关键性的问题，就必须从社会主义社会的中学教育的性质来寻求答案。在旧中国，我们还说不上中学教育现代化，而到今天新中国，中学教育的现代化又必须是社会主义的，而不是资本主义的。好比在政治上，我们只能讲求无产阶级的民主，决不能要资产阶级的民主。因此，解答培养优良中学师资这个课题，是我们的权利，也是我们的责任。资产阶级的经验只有一点值得我们采取的，那就是中学师资必须受专业的训练，不应该仅仅是一个大学毕业生。1917 年十月革命成功，世界上出现了第一个无产阶级专政的社会主义国家，不久就在苏联出现了规模空前宏大的高等师范教育教育网，这当然不是偶然的。中华人民共和国成立后 10 年间，高等师范院校曾发展到 160 余所，这更说明中学师资的培养是人民教育事业中十分重要的一着。我们要建设一个具有现代工业、现代农业、现代科学文化的新中国，就必须有一支强大的中学教师队伍。我们的中学教师必须是科学知识湛深而渊博、政治立场正确而坚定、教育技术熟练而灵活的人物。这样优良的师资，为数应以数十万乃至百万计，当然不可能指望在一些大学内附设一些研究所来培养。独立设置师范大学、师范学院是不可动摇的政策。那么，把培养新中学师资的理想，转化为现实的高等师范教育方案，从而解答过去尚未解答的这个课题，应该是北京师范大学的新任务。

末了，谈几句我对于师范教育的理解。师范教育发展于 19 世纪资产阶级革命成功之后，它是后起的新鲜事物，是为大众教育服务的，因而有进步性。但它是资产阶级政权经手的，就难免偷工减料，所以今天存在不少问题，我们要加以大力改造。改造的方向是：①质量应尽量提高，以实现其进步性；②规模将逐步扩大，以应人民教育的需要。当然，师范教育的发展也必然是跟随着社会经济的发展前进的。

"不提高人民教师的地位，就谈不上任何文化，既谈不上无产阶级文化，甚至也谈不上资产阶级文化。""应当把我国人民教师提高到从未有过的，在资产阶级社会里没有也不可能有的崇高的地位。这是用不着证明的真理。"① 我们把列宁这番话引申一下，便可以说：我们也必须把中学师资的学识修养提高到资本主义社会里没有也不可能有的崇高的水平。

（《全国政协文史资料选辑》第31辑，1962年10月出版，有改动）

① 作者注，《列宁全集》1955年版第33卷，第418－419页。

中学教育

如此中学教育

清季中学之开端

“中学”是一个译名，原不是中国所固有。“古者八岁入小学，十五而入大学”中国古代只有“小学”“大学”而没有“中学”底名目。然而古代统治阶级子弟们15岁时所进的大学，其实就是中学，因为在古代大学和中学原无区别，好比欧洲中世的大学是从主教学校（bishop’s school or cathedral school）发展出来的。中国古来的学校教育，不管它名称是大学、太学、国学、乡学、州学或书院，都不外是士大夫阶层的青年们讲道、学文、读经、习礼底场所，从教育史的观点说，都是中学；就是所谓“八岁入小学”那种小学，也不过像欧洲中学底预备班，还是统治阶级的儿童教育底场所，也还是中学。总而言之，中学教育之实，中国古已有之，且由来甚久。然则中国为什么到了清季忽然仿效西欧式的中学呢？这是因为吃了帝国主义者的大亏，中国受了教训，要发愤图强。戊戌变政维新是中国首次要改装，是年（1898）4月，军机大臣，总理衙门王大臣复奏拟定学堂章程，分学生为两班，其治普通学已毕业者为头班，现治普通学者为二班。所谓“普通学”即中学之意，那时规定修业年限三年，所谓学科是：经学、理学、中国掌故、诸子、初级算学、初级格致、初级政治、初级地理、文学、体操、外国语。同年5月22日清帝开办中小学上谕，这样说：改省会书院为高等学堂，郡城书院为中学堂，州县书院为小学堂。皆颁发京师大学堂章程令其仿照办理。

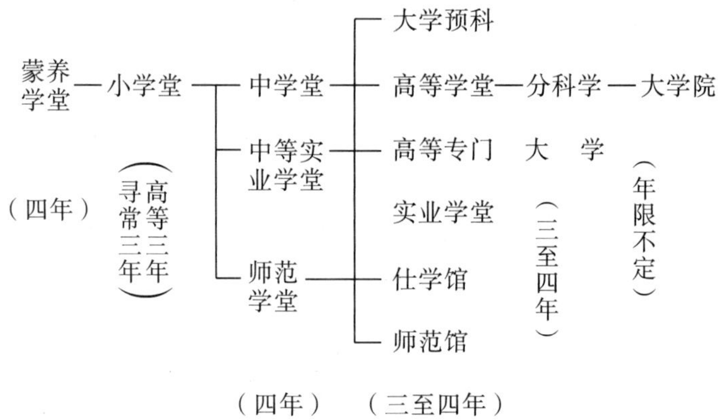

戊戌百日维新，昙花一现，这制度未及实行，然清季兴学方针大体在这时定了；即是中学以每府，或直隶州、直隶厅设一所为原则，而中学教育是官绅阶层底训练。后来的《奏定学堂章程》仍依照这个方针。

清光绪二十七年（1901）“辛丑和约”告成后，山东巡抚袁世凯奏请将小学堂毕业生考试合格的选入中学堂，毕业后考试合格再选入大学堂，由是明定大学、中学、小学三级。这年十二月初一，上谕张百熙裁定学堂章程，拟定后，翌年，经清帝批准的，叫作《钦定学堂章程》，现在通称为“壬寅学制”。

高等学堂是中学毕业升学底途径，又是大学入学底预备，与京师大学预科底性质相同，课程也分为“政”“艺”两科。又于高等学堂之外，各省得设农、工、商、医高等实业学堂，以应各地方之需要。

中学堂是高小毕业生升学底途径，又是升学高等学堂底预备。中学堂之外，并设中等农、工、商实业学堂，令高等小学毕业而不愿治普通学者入之。中学堂第三年以后，得设实业科目，听学生修习，以备毕业后可升入各种高等实业学堂。我们由此可以看出“壬寅学制”里底中等教育一段，已经规定得应有尽有，跟现在的办法也大致相同了。那时规定的中学课程是：修身、读经、算学、词章、历史、地理、外国文、图画、博物、化学、物理、体操。

这学制到光绪二十九年［（癸卯），1903］经张之洞修改，再由张之洞、荣庆及张百熙三人会衔奏请清帝颁布，便叫作《奏定学堂章程》，现在通称为“癸卯学制”。

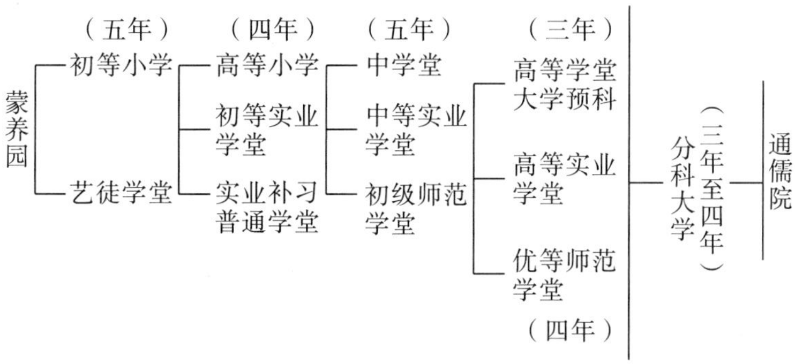

《奏定学堂章程》底首篇《学务纲要》，其中有一则“大小各学堂各有取义”，这样说：“高等小学堂，普通中学堂，意在使入此学者通晓四民皆应必知之要端，仕进者有进学之阶梯，改业者有谋生之智能。”其中学堂章程，立学总义，又这样说：“设普通中学堂，令高等小学堂毕业者入焉，以施较深之普通教育，俾毕业后不仕进者从事于各项实业，进取者升入各高等专门学堂均有根柢为宗旨。以实业日多，国力增长，即不习专门者亦不至于暗陋偏谬为成效。”这分明是说中学教育兼负有普通教育、升学准备及职业训练各项使命。其所规定的课程是：修身、读经、中国文学、外国语、历史、地理、算学、博物、物理化学、法制理财、图画、体操。

清季仿效欧美现代式的中学教育，从形式看，像是新鲜，而其实还不脱科学时代官绅教育的精神。这点精神是中国封建社会底固有文化，当时统治者是一个腐化的专制皇朝，所以毫不掩饰地暴露出来。那时中学毕业生，照章奖予贡生出身，即仕进底最初阶，而且迷信经学特甚，每周读经九小时，达官贵人们得知道欧洲的中学也注重希腊文、拉丁文，他们更坚信必须尊经了。可是一方面既要尊经，而另一方面又要学习现代科学，现代外国语，不久便感觉到学生负担过重了。到了宣统三年（1911）正月，便规定变通办法，界仿德国制，分中学为文实两科：文科以经学、国文、英文、历史、地理为主课，而以修身、算学、博物、理化、法制理财、图画、体操为通习；实科以英文、算学、物理、化学、博物为主课，而以修身、经学、国文、历史、地理、图画、手工、法制理财、体操为通习。这样便开端了后来选科及分组选习底办法。但不及一年，辛亥革命爆发，这办法未及实行，而清廷颠覆。

清制中学以每府或每直隶州，厅设置一校为原则，而亦有县立一校者。当时全国中学底校数及学生总数，现在虽不能详确考查，然大概到了民国前12年时，可能有了30 000人以上。各省设立最早之校，也要到了光绪三十四年（1908）后才有毕业生。至辛亥革命时止，清季中学毕业生，大概估计，不过3 000乃至4 000人，这数目与全国各省两科底乡试举人名额也许约略相等。清末停止了两科乡试，缺少了这些举子，就由中学毕业生来填补，社会便不会觉得绅士太多了。而且当时中学毕业生是极新式的出身资格，所以升学或就业都无困难。因而中学教育是否有效，当时还未成为问题。可是最后文实分科之被提出，也渐渐有了讲求效率之意。

民国改制

辛亥革命摧毁了几千年君主专制政治，总算给这古老的封建社会施了一次手术，教育底改革自然是意中事。关于中学教育，民国元年（1912），有了几点重大的变更：第一，整个学制缩短了修业年限，中学一段也缩短了。清制由初级小学至大学毕业共需21年，民元制改为18年，而中学定为四年毕业，连接于七年小学之上。第二，明定中学以省立为原则，由省行政长官规定校数及设立地点，报告中央教育部分别设立，而以县立或私立辅之。第三，颁布女子中学章程，与男子中学相等。第四，废止读经及出身奖励。明定中学教育宗旨是："完足普通教育，造成健全国民。"第五，文实分科作罢，而恢复划一的课程。这回制定的学制系统大略如下：

中学课程规定是：修身、国文、外国语、历史、地理、数学、博物、物理、化学、法制、经济、图画、手工、乐歌、体操。女子中学则加课家事、园艺、缝纫。这里的大改革是取消了读经，而加入手工、家事等实用技能。

到了民国五年（1916），全国教育联合会又嫌中学课程过于划一，建议于教育部，分中学后两年为第一部及第二部。清末文实分科之议，至此似又复活。

		乙种实业学校	甲种实业学校（四年）	专门学校（四年）
蒙养园——	初级小学（四年）——	高等小学——	中学——	预科——大学本科 （二年）（四至五年）
		实业补习学校	师范学校（五年）	高等师范学校（四年）

民国六年（1917）3月，教育部令规定办法如下：①中学二年生志愿于毕业后从事职业者得入第二部；②第二部自第三学年起；③减少普通学科时间，加习农业或工商业；④办法及科目由各校订定，呈主管官厅核准备案。

这一回变更底动因，在职业教育说一时得势。民国三年（1914）第一次欧战爆发，自1914—1918这几年间，欧洲各帝国主义正在埋头作残酷的战争，无力顾及远东市场。中国市场底空隙虽大部分由日本及美国底商品来填补，而在中国自身的民族资本也得到了些少机会抬一抬头，扬子江下游及沿海各都市便陆续开办了些工厂。工商业既呈现几分活气，从而职业教育思潮便容易得中国教育界人士接受。中国职业教育社是在这时期发起的。同时普通中学生人数也实在增多了，便很容易被人们发觉他们无用，而虑及中学生出路问题。按《第一次中国教育年鉴》内载自民国元年（1912）至民国十一年（1922）全国中等教育概况之比较，大致如下：

年份	校数/所	学生数/人
1912年	832	98 045
1913年	1 039	117 333
1914年	1 097	119 057
1915年	1 110	126 455
1916年	932	111 078
1922年	1 096	182 804

这里所谓中等学校是兼包职业及师范的，而且所列数目也未必很正确，只可信为约数。民国二年（1913）11万余学生，到了民国五年（1916），除少数退学的或留级的不得毕业之外，其余大多数均应毕业了。民国五年（1916）11万余学生到了民国十年（1921）也该是如此。据此大约估计，自民国元年（1912）至民国十年（1921），全国中学毕业生应该不下20万人，这数目总多过前清时代10年内全国录取的秀才名额，如此大量地造士，在这依然故我的封建社会，便会引人注意。按中国传统习惯，士为四民之首，读书便是一业，谓之“业儒”。士的出路，第一途是做官，最理想的。第二途是在乡间做绅士，受乡里族党人们供养。就是做官的退休之后，也还是做大绅，才是成家计贻子孙底大道。第三途是教书，这是既不能官而又不能绅的，只好凭所学以舌耕糊口。然而稍有能力的还是兼做绅，有些红人便掌教书院，好比现在做校长，亦绅亦学而几乎近于官。总而言之，读书人目的本来要凭自己的资格而取得“食于人”底地位，读书就是产业，书中自有黄金屋。“劳心者治人，治人者食于人”，这是封建社会底“通义”。然而“食于人”的却不能过多，多了便养不起。若到了“农之家一，而食粟之家六，工之家一，而用器之家六”底状况，就会出乱子。韩愈老先生之反对佛老，就是从这样严正的政治经济立场，而与信仰主义无关。从前的秀才举

人大都是无用之辈，不知生产为何事。顾亭林《日知录》说："举人"底联语是"废物"。可见举人秀才之无用。远在明代早得人们公认。然而往日不发生秀才举人底出路问题。现在中学生出路问题独如此日趋严重，就因为不从事生产的读书人日多，已经不是封建式的农业社会所能养得起了。姑且假定民国元年（1912）至民国十年（1921）全国造出的中学毕业生20万人，其中师范生约四万人还可往小学去执教鞭，此外16万人之中，升学的还不过10%，其余十四五万现代秀才在社会上惶惶然求食，怎能不惹人注目呢？这便怪不得职业教育之迫切地被提出。而按民国八年（1919）北京教育部的统计，全国普通中学与甲种实业学校之比较如下：

项目	普通中学	甲种实业学校
校数/所	495	125
教员数/人	6 214	1 797
学生数/人	80 333	15 519
毕业生数/人	11 900	2 271

由此可见习职业的仅及习普通的19%有奇，还不到1/5。中等职业教育为什么如此不振呢？大约可归纳为以下几点：①入学的青年们还保守着旧日重士底观念，读书只求资格，求上进，而不求生活实用。②一般实业学校因师资不良，设备不足，教育成绩却比不上普通中学，因而失却社会信用。③实业学校因师资和设备都不易得，也不容易开办。④产业落后，生产技术大抵还墨守旧法，未感到有技术人员底需要，因而实业学校毕业生还难得有出路。⑤根本是由于外受帝国主义压迫，内被封建势力桎梏，产业不能走上现代化的路线。

采用"六三三"制以后之纷更

自民国六年（1917）以后，中学教育逐渐暴露其弱点——职业教育不振而普通教育无效——大多数中学生仍不得不走向已经走不通的儒士路线。当时教育界人士却不理解这是社会条件使然，而集矢于学制之未善。民国八年（1919），欧战告终，和平恢复，中国思想界受世界潮流所激荡，亦曾起一大波澜。世界各国参考大战之经验，而改革其教育，于是中国改革学制之议亦日益有力。是时美国教育思潮输入中国特别占优势，遂造成一种竭力模仿美国教育底流行倾向。民国九年（1920）学制改革之议已经具体化，主张废止大学预科，也不另立甲种实业学校，把这两项悉纳入中等教育，而修业年限定为六年，分为初高两级。露骨地说，就是要把美国自1905年以来所计划试行的“六三三”制完全抄袭过来。到了民国十年（1921），全国教育联合会集会于广州，议决改革学制，中学一段要采用“六三三”制，建议于教育部。这一年就有几校实施“六三三”制的，例如广州执信女子中学，南京高师附中和北京高师附中。民国十一年（1922）秋季，北京教育部召集学制改革会议，旋用大总统令公布学制系统如下：

据民国十一年（1922）11月1日教育部公布学制系统改革案之标准共七项：①适应社会进化之需要；②发挥平民教育之精神；③谋个性之发展；④注意国民经济力；⑤注意生活教育；⑥使教育易于普及；⑦多留各地方伸缩余地。

其关于中等教育之说明如下：

（1）中学校修业年限六年，分为初高两级，初级三年，高级三年。但依设科性质得定为初级四年，高级二年，或初级二年，高级四年。

（2）初级中学得单设之。

（3）高级中学应与初级中学并设；但有特别情形时，得单设之。

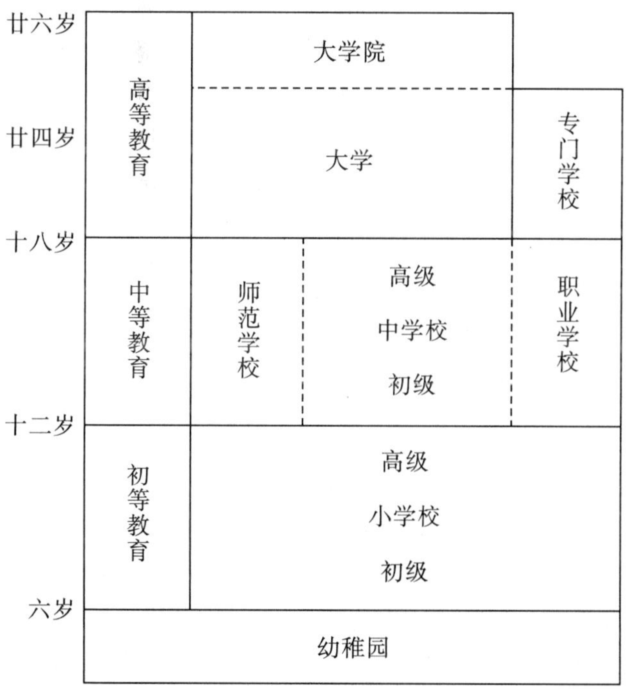

（4）初级中学施行普通教育；但得视地方需要，兼设各种职业科。

（5）高级中学分普通、农、工、商、师范、家事等科；但得酌量地方情形，单设一科或兼设数科。依旧制设立之甲种实业学校，酌改为职业学校，或高级中学之农、工、商等科。

（6）中学教育得用选科制。

（7）各地方得设中等程度之补习学校或补习科，其补习之种类及年限，视地方情形定之。

（8）职业学校之期限及程度，得酌量各地方实际需要情形定之。依旧制设立之乙种实业学校，酌改为职业学校，收受高级小学毕业生；但得依地方情形，亦得收受相当年龄之修了初级小学学生。

（9）为推广职业教育计，得于相当学校内酌设职业教员养成所。

（10）师范学校修业年限六年。

（11）师范学校得单设后二年或后三年，收受初级中学毕业生。

（12）师范学校后三年得酌行分组选修制。

（13）为补充初级小学教员之不足，得酌设相当年期之师范学校或师范讲习所。

由此可见这次政制底目的在中等教育一段，特别强调职业教育，且修业年限和程度都给各地方以伸缩自由，以便于增设。可是后来实施结果，请看民国八年（1919）与民国十八年（1929）之实况比较，可见一斑。

年份	1919	1929
普通中学校数与中等职业校数之比	100：25	100：17
普通中学生与中等职业学生数量之比	100：19.3	100：10.7
普通中学经费与中等职业学校经费之比	100：36.6	100：16.6

据此，可知自1919年至1929年这10年之间，中等职业教育并不发达，只有退步，换句话说，民国十一年（1922）采用“六三三”制底目的落空了。至于普通中学之增多，是否由于升学人数激增呢？按民国二十一年（1932）教育部公布民国十八年（1929）全国各级学校教育概况，初级中学生人数总计141 767人，而完全中学——初高两级完备的——学生人数总计106 901人。如假定完全中学学生有半数是高级的，则应为53 450人，只占普通中学生全数——248 668——21%有奇。又按该年度全国大学及专门学校学生总计47 378人，只占普通中学生全数19%有奇。而按民国五年（1916）统计全国大学专门学校之本科及预科学生总数为19 921人，假定是年之普通中学生为8万人，则大学及专门学校学生数约为普通中学生总数底21%有奇。据此，则这10年间普通中学生升学的百分比也不加多。至于中学生的学业程度怎样呢？这虽不能寻出确实的数字的证据，但据所闻各大学及各省教育厅升学考试之成绩报告，差不多都说是每况愈

下。民国二十年（1931）及民国二十一年（1932）广东省教育厅举行联合初中升高中的升学考试，其取标准降至各科平均30分之下，仍取不足预定名额，可见落第不是额满见遗，乃是程度太劣。教育界人士异口同声地叹息中学程度低落，十多年来如生一日，往往有中学毕业而本国语文还写不通顺的，这也是不可讳的事实。

自民国十一年（1922）改制之后，各省中学仍注全力于普通中学，求升学，而各大学又皆仍留预科。于是“四二”制的初中毕业生，优秀的多数考升大学预科去了；“三三”制的高中第一年修了的学生的急于投考大学预科，往往至第二年级秋季开学时，一班学生减学半数。如此情形，各地方高级中学势不得不收容下驷，而品质更难免低落。民国十九年（1930）3月，教育部令各大学不得再招预科生，但得酌量地方情形，另办附属高级中学。是年7月，又令各大学附属高中学生毕业者不得无试验直升本大学。这都是为得要救济各地方高级中学。

国民革命完成之后，民国十七年（1928）3月，大学院公布中学暂行条例，其第二条规定：“中学分为初级中学及高级中学，修业年限各三年；但依设计性质，得定为初级四年，高级二年。”于但书内删去了“二四制”。后来民国二十一年（1932）11月12日立法院通过现行《中学法》，则并“四二制”也取消了。十七年条例①，除第二条外，其余各条与十一年学制②无出入。

民国二十年（1931）3月，教育部804号指令各省教育厅劝勉创办中等学校者应注意职业教育。4月教育部第536号训令各省区限制设立普通中学，增设职业学校；在普通中学应设职业科，或职业科目，县立初级中学应附设或改设乡村师范或职业科。是时国内舆论，大抵倾向于提倡职业教育，教育界向固如此，而在政界人士此项论调，尤见积极。于是教育部迎合“潮流”，对于大学教育，也曾实施限制，或缩减文法科，而提倡奖励理、工、农科底政策。这种政策表面上披上提倡职业教育讲求实用底外衣，而其实是反动政治底流露，推统治者之用心，盖欲利用大多数青年只习一技一能，埋头于职业工作俾便于统治。这跟帝国主义者统治殖民地底教育政策，用心如出一辙。殊不知帝国主义者拥有雄厚资本可以开发殖民地的资源，而半封建的买办官僚只会贪赃舞弊以实施其超经济的剥削，生产日受摧残，民生日形凋敝，职业教育，从何说起？适足以暴露其无知罢了！

民国二十一年（1932）行政院公布《中学法》；民国二十二年（1933）3月教育部公布《中学规程》共13章，120条。这回变更的要点是：①中学只限于“六三三”制；②普通中学与职业学校及师范学校分为三轨，各有其法规；③取

---

① 即民国十七年（1928）3月1日分会条例。——编者注

② 指1922年实行的“六三三”制。——编者注

消了选科制，高初中的教学科目及教学时数均划一固定，甚至于学生每周在校自习的总时数都有规定；④实行毕业会考。“六三三”制虽然定了一尊，而选科制取消了，职业和师范都分轨了，“六三三”制至此已经宣告名存而实亡了。在民国二十年（1931），国际联盟派出中国教育考察团来华调查教育，这团员是以欧洲大陆各国的教育家为主干的。调查结果民国二十一年（1932）发表一册报告书，《中国教育之改进》，内中对于中等教育，指摘特多，大抵强调欧洲中学教育底文化教育的传统，而批评中国模仿美国中学之不当。中国教育当局者大受了这报告书的影响，便觉得欧洲式的中学又像是一宗可羡的法宝了。民国十九年（1930）部令停办大学预科之后，各大学开始招考本科一年级新生，便发觉各地方高中毕业生底学力多不够水准，从而埋怨高中程度过低，大学教育将受其牵累。世界各国的中学教育原都难免被大学入学考试所左右，中国的中学当然更甚。这回各大学对高中毕业生的升学程度不足既有许多怨言，中央教育当局者自然受了颇大的刺激。中学用选科制之行于美国，原为适应产业发达的社会生活的复杂的需要。而中国社会对于中学教育的需要，本来只是“造士”，单纯得很。因而自模仿选科制以来，只把课程弄得杂乱无章，支离灭裂，徒然便利了，无心读书的纨绔子弟滥凑学分，而滥竽充数的教师尸位素餐，弊端毕露，便为社会人士所诟病。恰巧那个时候，复古，强调文化，尤其是民族固有文化，这类口号又正适合当时的政治倾向，综合以上种种原因，中央教育当局便把中学教育一面仍披着“六三三”制的外衣，而里面却打算袭取欧陆文化教育的精神，质言之，干脆把中学限于升学预备底一条路。于是硬性地规定课程，规定授课时数和自习时数，严定考试规程，再加上科考试的毕业会考，满以为这样办下去，中学教育便可以适合统治阶级的胃口了。殊不知硬性的课程固然免不掉摧残许多的个性，而颓废的统治阶级的子弟们进中学原为猎取资格，而大多数不是真要下苦功埋头读书；况且旧日宁静的封建社会早已沦为次殖民地，一方面是红尘十丈、洋货充斥的市场，纵横捭阖、钻营奔兢的宦海，另一方面是日趋枯竭、奄奄待毙的农村，遥遥地两相对照，这边是威胁压迫，那边是刺激诱惑，若要中产阶级乃至小资产阶级的青年们再像以前那样十年寒窗，挨尽三更灯火五更鸡以冀博得个把功名出身，那也是决不可再见的唐虞三代盛世的事了。于是就有比较软心肠的教育专家们挺身而出要为中学生请命，而事实上如果真的硬办下去，结果也只会合格毕业的中学生难得百分之一二。民国二十四年（1935）教育部又召集一个课程委员会，修订结果，民国二十五年（1936）2月公布。在初中：①取消了自习时数之规定；②减少了每周教学总时数；③修改劳作课程减少其每周教学时数；④依据《中学法》第六条，初中第三年级得酌设职业科目四小时。在高中：①减少每周教学总时数；②自第二学年起，算学为甲乙两组，甲组多习，乙组少习；③第三年级得酌设简易职业科目；④为女生设家事科。这样一来，昔年文实分科之议事实上已复活，只是避名用实，叫作甲乙分组，而且把多习算学的一组定名为甲组，以示重实轻文之意。专家们真煞费苦心了！

彷 徨

抗战开始，全国各阶层一致抗敌，这确是中国的一个大转机，国民二十七年（1938）4 月，通过了《中国国民党抗战建国纲领》。其中关于中学教育的是："改订教育制度及教材，推进战时教程，注重于国民道德之修养，提高科学的研究，与扩充其设备。""训练各种专门技术人员，与以适当之分配，以应抗战需要。""训练青年，俾能服务于战区及农村。""训练妇女，俾能服务于社会事业，以增进抗战力量。"根据这纲领，中学教育原可以来一次崭新的改革。可是到了通过"战时各级教育实施方案"，其关于中学的竟列举下六条：①对于各级学校教科教材，应彻底加以整理，使之成为一贯之体系，而应抗战与建国之需要，尤宜编辑中小学公民、国父、史地等教科书及各地乡土教材，以坚定爱国爱乡之观念。②对于中小学教学科目应加以整理，毋使过于繁重，致损及学生身心之健康。③订定各级学校训育标准，并切实施行导师制，使各个学生在品格修养及生活指导与公民道德之训练上，均有导师为之负责，同时可重立师道之尊严。④对于学校及社会体育，应普遍设施。整理体育教材，使与军训、童训取得连贯，以矫正过去之缺点。强迫课外运动，以锻炼在学青年之体魄，并注意学生卫生方法之指导及食物营养之充足。⑤对于管理，应采严格主义，尤注重于中学阶段之严格管理。中等以上学校一律采军事管理方法，养成清洁整齐确实敏捷之美德，劳动服务之习惯，与负责任守纪律之团体生活。⑥中小学中之女生，应使之注重女子家事教育，并设法使学校教育与家庭教育相辅推行。这几条若只从文字辞令看来，虽不能说要不得，可是空洞虚泛，并不能把抗战建国纲领的精神更具体地鲜明地指示出来，而相反地更觉得含糊暧昧了。试问若不使青年们从"服务于战区及农村"底实践生活中，发觉自己对于历史、地理、国际形势等科学的知识底需要，而徒然想在教本中以文字灌输些空洞的爱国爱乡观念，有什么用？至于强调"品格修养""严格管理"，显然还是要求青年们在全国炮火连天中，在学校里循规蹈矩、恭顺服从罢了。纲领里明明提出"训练妇女，俾能服务于社会事业，以增加抗战力量"，而到了纲要却又强调中学女生家事教育，真令人莫名其妙。后来谬误满篇而令中学教师们啼笑皆非底国定教本，笑话百出而令校长们无法处理之军训及军事管理，以及有名无实之“战时后方服务训练”和女生家事科，就是这一套“纲要”的成果。

民国二十七年（1938）7月教育部又颁布了《各级教育实施方案》，对于中学教育这样说：“中等教育应为继续小学施行国民基础教育，以造就社会一般事业之中坚分子，及准备进修专门学术为二大目的。县为政治经济之自治单位，故初级中学之一切设施，应以一县之所需为其计划之根据，由省统筹次第平均普遍设立于各县，其教学除一般规定外，应特别注重公民常识之灌输，生产劳动之训练，以及本县乡土教材之讲授，使其爱国而同时爱乡；其招收之学生，应以本县各地小学之优秀儿童为对象，并使贫苦者亦得有免费入学之机会，以养成地方自治及从事农村事业之初级干部人才。高级中学应以一省中数县之所需为施教计划之根据，由省分区设立，为初中毕业生之能升学者入之，以养成地方自治及建设事业之中级干部人才；并预备一部份升入专科学校及大学继续训练。”这套“方案”比上面“纲要”又来得更含糊暧昧了。其中最具体的规定只是“初中给小学优秀儿童升学，毕业后升高中，而高中毕业的升专科学校及大学”。此外另一目的，只说是一县或数县之所需，而所需的什么又是一套不着边际的爱国爱乡、生产劳动、公民常识。在初中，则“养成地方自治及从事农村事业之初级干部”，在高中，则“养成地方自治及建设事业之中级干部”，这两句子的修辞对仗还算工整，当作八股文章还过得去，而当作教育实施方案便莫测高深了。显然地这方案指示“升学准备”是极明白了，而所谓“造就社会一般事业之中坚分子”却含糊得很。可是两块牌子总算挂出来了，从而开始彷徨了。

为什么这回居然像煞有介事地提出造就“地方干部”这口号来呢？是由于广西省的“国民中学”底出现。“九一八”之后，广西省当局要“建设广西，复兴中国”，在教育方面，“为便于继续国民基础教育，提高民族文化水准，及准备基层建设之干部人员，适应本省四大建设之需要，特设国民中学”。这是破天荒要来一次中学教育的革命。广西全省建设，那时要以教养为一体的乡村，为基层组织而力求实现其遍传全国的“三自”——自治、自卫、自给——政策。全省共有二万余村街，二千余乡镇，此项干部工作人员至少需要五六万人。从而指定国民中学造就此项干部，这是题中应有之义。可是国民中学之诞生，在教育部看来，确有点妨害了学制的“统一”。然而抗战军兴，广西省不动声色，动员了百数十万壮丁赴前线抗敌，这模范省的声名洋溢一时，他们的新设施在当时是无人敢加以非议的。因此，教育部便不得不把国民中学的色彩渲染到高初级中学上面。其实那时国民中学在广西已经要走向下坡了，据说就因为毕业生升不了学。好比《聊斋志异》记载的那一位女鬼借尸还魂之后，得到一双大脚，忽然发觉再穿不进旧时那一对三寸弓鞋，便掩袂痛哭。由此也可证明了封建的社会机构若根本不变动，则中学教育，不管用什么名称，什么制度，也必然只求作升学晋身之阶，而决不会适应什么步虚的“建设”。

民国二十八年（1939）3月，第三次全国教育会议集会于陪都，我也曾躬逢其盛。会里面只见大家讨价还价地斟酌中学某科减些钟点，某科添多些，而从未听见有人提到“抗战建国纲领”。到了民国二十九年（1940）2月，经过教育部苦心调和折中之后，终于公布了“修正初高中教学科目及各学期每周各科教学时数表”，其要表如下：

（1）每周教学总时数减少了。初中各学年每周均为31小时，高中亦均为31小时。

（2）课外活动，生产劳动训练，及战时后方服务训练等项时间，均有统整的规定。

（3）特别规定高初中女生都要注重家事训练。

（4）初中自第一学年起即分为甲乙两组，甲组注重国文、历史及公民职业训练，乙组才习英语。

（5）高中底甲乙分组，除国文、英语、数学三科仍旧分组之外，并把物理、化学两科也分组了。

（6）高中添矿物及家事看护二科，而军训延长为三年。

这一回好似忘记了“造就干部”那一块牌子。到了1941年，又规定初中第三学年得酌量设置，关于师资训练科目，以应国民教育师资之“迫切”需要。1942年，又为适应地方自治并顾及将来不升学学生之需要，规定初中自第二学年起得酌设地方自治科目，高中自第二学年起得酌设业务管理科目。

1945年，由于大批美军来华帮助我们抗战建国，于是慎重考虑之后，终于决定把初中英语一科恢复为必修，而且每周教学增加为六小时了。胜利之后，更要欢迎美军和美国商人来华长期而且大量地援助我们“建国”，初中高中都要特注重英语教学，更会成为铁定的国是了。

五年一贯制的中学，于1937年曾一度被提出，用意在专准备升学而且可得时间经济，教育部令各省市择定中学试行。后来因为抗日战争全面爆发，未及试办便中止了。至1940年，乃于原有“三三”制之外，再试行六年一贯制。这种中学，专为升学准备，注重基本训练，课程不分组，并免除初高中课程之两重圆周，采直径一贯之编配，期能达到中学规定之程度。试行的范围很小，只指定国立中学数校与若干成绩优良之公私立中学附设一二班试办。但抗日战争期间，各家庭殊难作安居于一定地点底计划，若学生一旦随家庭迁徙，便几乎无法转学。且“三三”制中学毕业也一样升学，而六年一贯制底师资、设备，甚至教科书等条件俱准备不够，结果当然失败，简直办不成功，到了抗日战争结束，便也等于完全取消了。

最近10年来，中学在数量方面居然得到惊人的发展，据教育部统计如下：

年度	校数/所	学生数/人
1936年	1 956	420 522
1937年	1 240	309 563
1938年	1 246	389 000
1939年	1 652	524 395
1940年	1 900	642 688
1941年	2 060	703 756
1942年	2 373	831 216
1943年	2 573	902 163
1944年	2 759	929 297
1945年	3 351	1 122 222

抗日战争期间，沿江沿海底膏腴富庶之区，完全沦陷，所谓大后方实在是偏安于西北及西南之高原山地。然而中学校数比战前将多一倍，学生数则增多一倍以上。尤以1944年度，抗日战争最艰苦，粤北及湘桂两省完全沦陷，敌骑曾一度入黔，陪都震动，而中学校数及中学生数独较前一年有增无减。中国人在战乱，破败中竟能如此发展教育，尤其是中学教育，真可惊人，似可称为奇绩。然而我们若念及一千多年前三国时代，天下纷争，而青年为求免力役、兵役，洛阳大学生，也还有几千人，便可晓得这是中国固有的传统。社会的存在规定人们的意识，古今资产者的青年如出一辙，原不足为奇，只是中学教育愈“发达”，愈对不起《中国国民党抗战建国纲领》罢了。

自“壬寅学制”颁布以迄今日①，我们的中学教育实施已经46年，而还往返兜圈子，彷徨无路。这46年间，20世纪快过一半，人家正要由资本主义社会转变到社会主义社会，有些国家已经走上路了，有些也还在那里闹阵痛，或寻觅安胎药，而我们独还未能挣脱半封建半殖民地的桎梏，丧心病狂的又还想仗着这道桎梏自卫，从而反映于统治阶级的中学教育，便歧途滋多。圈子虽循环反复，而终不外乎下面几套。

第一，文化教育与职业教育之对立：这是姑且借用欧美人通用的术语。这问题在欧美闹了100年，直到现在还未能彻底解决，这当然是他们的阶级社会底反

① 系1948年。——编者注。

映。可是在资本产业发达的国家，职业教育确是社会需要，从而容易推行，只是和文化教育底对立不易泯除罢了。我们生产落后的中国，士农工商向来贵贱悬殊，而读书原是士子的勾当，一旦抄袭现代的中学教育，当然这种对立即刻尖锐地显现。可是我们的教育家偏就无视，至少也轻视这社会条件。从《奏定学堂章程》颁布之日起，就想用“……欲就实业者俾卒业后可入……”“意在使入此学者通晓四民皆应必知之要端，仕进者有进学之阶梯，改业者有谋生之智能”这一类折中、含混，面面俱到，冠冕堂皇的条文来抹杀弥缝这种对立。民国以来，每次改革方案都不外这一套手法，只是民国的辞令——发展青年身心，培养健全国民，并为研究高深学术及从事各种职业之预备——比较前清的更来的时髦摩登罢了。更有热心过度的想用职业学校讲习些现代生产技术来发展中国产业，于是大胆把美国“六三三”制综合式的中学抄袭过来，满以为穿上洋装便是洋人了，怎知道还是不行。又想用法令来压抑普通中学扶植职业学校，结局还是徒劳。他们不晓得客观的社会条件，不管你辞令如何巧妙摩登，法令如何严肃堂皇，它还是俨然存在。四十多年的事实证明了，职业教育固难推进，也还不是什么文化教育，乃是地道的科举教育，抗日战争时期简直变为避兵役的教育，还是“仕进者有进学之阶梯”那句是老实话。抗日战争时期的国立中学，原为收容从战区撤退入后方来的中学教师及学生而设，原可以利用他们壮士思归的敌忾心，实现《中国国民党抗战建国纲领》——训练青年俾能服务于战区及农村，他们天然地富有爱乡爱国的热诚，再好也没有的。怎知道一转瞬间，国立中学变为专作升学准备的试验场，而其实成了中等学校的“国子监”，教师及学生享受较为优待的特权罢了。为什么？就因为抗战精神早已灰飞烟灭，而只剩得民族固有的养士精神而已！

第二，升学与非升学的对立：我们的学制，开始就把中学与职业学校分离，照抄欧洲和日本的办法，职业教育另备一格，而在法令上、形式上，是和中学平等看待的，满以为这样便可解决了。谁知道在中学里又遇着升学与非升学的对立。在清末那10年间，中学毕业生还很少，人数只大略填补了停止科举期间的举贡名额；换句话说，当时一批青年士子不出身于贡举而出身于中学，所以不觉其多。而且当时高等学堂、大学堂招生正愁招不着合格人员，所以那时中学毕业生不论在“仕进进学之阶梯”也罢，在士林乡党也罢，都恢恢然游刃有余地。民元（1911）以后，中学生人数日增，而升学的比率日小，就发生严重问题：不升学的往哪里去？虽然在法令上有“通晓四民皆应必知之要端”“完足普通教育，造成健全国民”“适应社会生活”诸如此类的冠冕堂皇的辞令，而社会上客观的事实毫不受影响。就因为中国的固有的社会生活，读书只求上进，若只是做

"民"，不管是四民也罢，国民也罢，只是"出粟米麻丝以事其上"①，何必读书，更何必入中学？可是我们的中学生越来越多，"其将槁项黄馘以老死于布褐乎？抑将辍耕太息以俟时乎？"便不"适应"这"社会生活"了。四十多年来，中学与职业学校由分而合，合了又分，始终避不了这歧途。反复地在普通中学里酌设职业科目，或简易职业科目，可是职业学校地道的毕业生还难找出路，而选习点儿职业科目的中学生又往哪里去？

第三，文实分科问题：普通中学无论怎样裁减，也少不到刚够升学的学生数，那一条歧途好似无法避免。于是我们的教育家只好索性不管它，而老实来做预备升学的工作。这倒"适应"了"社会生活"，中国教育向来是培养能跳龙门的俊秀，谁有闲心管那班暴鳃门前的落第者的死活！可是偏又逢着文实分科这可恼问题。这问题发生于1911年，直到现在甲乙分组还俨然存在，这里实暗藏着古典与现代的对立，只是"中国化"了。民元以后的教育家大概熟读了欧美教育思潮，知道了"中学教育自身应有目的"这口漂亮话，又知道普通陶冶、文化陶冶底价值是要承认的，因而不肯公然把中学变成大学预科——这旧制度似未使听其复活。以前由于师资不良，设备不足，文科高中生未必见得国文通顺而只是数理不懂，理科高中生又不见得数理优长而只是国文不通，这些事实更加强了课程划一化的理由。可是想起中学生算学理化程度低落时，便觉得数理应该注重；想起他们文理欠通，参考书看不懂时，又觉得国文、英文难于割爱。他方面又有人替中学生请命，而少爷小姐们功课负担过重，成绩也更难合格，于是乎又避名用实地来一套甲乙分组。然而高中分组毕业之后，到了大学一年级，却又来一关叫作公共必修的基本科目——国文、英文、数学——中国产的文化科目，以资弥补。这样一年，大学教授们却要纡尊降贵，来替中学教员做修整工作了。这一幕彷徨的喜剧，虽只限于升学的"俊秀"，然而这实在才是中国教育固有的"生命线"，就在这"生命线"上，我们的教育家也够彷徨了！

（《林砺儒文集》，广东教育出版社，1994年7月，有改动）

① 此句出自《原道》。韩愈云："民者，出粟米麻丝，作器皿，通货财，以事其上者也。"——编者注。

我的中等教育见解*

砺儒固未尝有中等教育之实际经验，但平时读书，略有多少见解，不知道对不对，今天想说来请诸位指教。从来对于学校系统的见解，大别有两种：一种是认定大学专门教育是教育之最高点，要达到此顶点，则不得不经过中小学教育。于是美其名曰中坚的，或基础的教育，其实既认定大学专门是目的地，则普通教育毕竟不过是渡到目的地的一道桥。譬如盖房子，预定第三层的楼面是要二丈高的，则第二层非高至二丈，就接不上。总之这种见解承认中等教育是大学专门的准备，故以大学教育之起点为中学之终点。我想叫他作教育之建筑观。又一种见解认定教育是助儿童身心发展的。在幼年期，给以适当的初等教育，则身心发育至某种状态，接着又给以适当的中等教育。到了十八九岁，则身心又发育至某种状态，接着再给以大学专门教育。那么，受初等教育之自然的结果，就是中等教育起点，受中等教育之自然结果，就是大学教育之起点。大学应该承接中学，中学应接小学，而决非攀引大学的。譬如一株树，成长到某程度，就自然而然的分枝，决非预定到某尺高非分枝不可才长到某尺高的。这种见解我叫他作教育之成长观，是我所赞成的

* 此系作者任北京高师附中主任（即校长）时的就职演说。

第一种建筑观认大学专门教育是目的，中等教育是他的准备。假使不是因为要学习专门知识技能呢，则中学就可以不要。结局是单认成人的职业生活是生活，而少年的生活不是生活。第二种成长观认中等教育是最适于少年生活之教育，其自身就是目的，决非为将来某种专门之准备。到了个性显明时，少年的趣味自然不免有所注重，可是这种现象是成长过程之自然的分化绝不是预先有所为的。

我以为中等教育应着眼于少年期之生活，把所谓“准备专门职业”的观念暂置诸脑后。“教育是生活”这一句话，许多人误会为谋生的职业，遂以职业为教育之最上乘。其实不然。在受高等教育时期，修得专门技术，一面为应社会需要，而他一面实为受完全教育之成果。至于在应受普通陶冶之少年期，而授以职业教育，我认为现社会之缺憾。因为社会之现制不良，不能给各人以平等教育，各人贫富不均，大多数无受完全教育之财力，遂不得已中途迁就，勉强执一艺以应社会之需要而自谋生计。实在为社会而以个人供牺牲，是人类一宗伤心事。譬如做买卖的，有一件货实价是十元，而因为急需钱用，不得已减作六元亏本也要卖掉。又譬如耕田的穷人，当旧谷既没，新谷未升的时候，而室如悬磬，不得已往田中挑些半青半黄的禾割回来充饥。你道可怜不可怜呢？所谓中等教育之职业教育，是和这一类事实相似的，扣折的，半熟的，非人格不人道的教育。

须知未成年的劳工，文明国皆有厉禁，而少年期的职业教育，哪里能说是理想？把人格供吃饭的牺牲，供贫富不均的牺牲，在社会制度未改良以前，我们虽不得已隐忍做去，但要知道实在是忍心害理的事。我以为生活是全人格的活动。谈生活就联想到物质的衣食住，谈人格便联想到道学式的规行矩步，这都是误会。我们人类天生有一副活动能力，时时要向外扩张，与周围发生关系，人格的活力扩张及之周围，这就是生活范围。少年生活是少年人格之活动范围。这个范围，近日教育家称之曰环境。环境不单是周围，乃是与人格活力生关系之周围。因为与活力发生关系，所以觉得有趣味。因为有趣味，所以活力愈要扩张。我以为所谓整理环境，和多方兴味，都应作如是解释。春机发动后，少年身心之发育甚盛，人格活动之范围日加扩张，几乎对于人类所有之经验都要发生趣味，所以中等教育的任务就是引导少年人格之放射线到各方面去。例如文学的陶冶，并非要把少年立刻造成一位名家，也不是准备将来卖文讨饭，乃是要引导他的人格的活力往文学方面去。科学的陶冶也不是要养成科学家或准备做农工，乃是要引导人格的活力往科学方面去。艺术的陶冶也是一样的理由。譬如一株树要它十分发育，就要让它的根四面八方蔓延。若堵住几向，单让一向给它伸张，就不能完全发育。所以我认定理想的中等教育，是全人格的教育，绝非何种职业之准备。要全人格的陶冶受得圆满，那么将来个性的分化才算是自然的。若有人问我中学毕业生做什么，我就说也不为士，也不为农，也不为工，也不为商，是为人；也可为士，也可为农，也可为工，也可为商；而且为士而士，为农而农，为工而工，为商而商，若不认定全人格的陶冶，而老早赶紧把未熟的少年铸入于一定职业之型，以充社会之工具，作吃饭的机器，是误认社会为目的，人格为手段，且误会人生目的就是吃饭。这种短视的教育主张，我老实不赞成。须知并非上天预先限定许多人的运命要在十五六岁就该学做职工徒弟，实在是受贫富不均的社会制度所限逼得他们没有法子。所以全人格的教育时期愈长，愈是人类之幸福，愈短，愈不人道。现在速成急造的职业教育，在理想的社会，是不应该有的。新学制草案的图表，中等教育之职业部分，都用斜线表示之。我觉得这几根斜线很可以表示社会之黑暗方面。冤屈了恒河沙数的人格，结局不过得几碗饭吃，还不是黑暗吗？我们要希望这种黑暗一天一天减少。

近日有许多人说：高师的附属学校是贵族学校，附中尤为其然。本校所以得这一种徽号，大概为的是学生家庭状况都过得去的，不是为急于讨饭才来念书的，我想在阶级社会所谓贵族，就是当作人看待的，所谓平民，就是不当作人看待的。社会由阶级变成平等，是把原来不当作人看待的也变成当作人看待。那么，就是平民之贵族化，并非贵族之平民化。所谓平民教育，就是把原来贵族所独享之全人格的，非讨饭的教育，普及于人人，这都是贵族教育之平民化。照这样看来，贵族学校的尊号，我却乐得受。原来人类社会之发生教育事业，大抵在不患饥寒之后。故曰“逸居而无教则近于禽兽”，盖人类要不为饥寒所迫，人格的活动力才有向外扩充之余暇，所以才有教育之需要。由此观之，教育何尝是单为讨饭呢？古代教育，大抵是限于余裕阶级。Leisure Class（有闲阶级）所施的教育，就是全人格的陶冶，就是今日中等教育之元祖。及后社会生活日加复杂，教育事业往下伸张，把原来家庭所担任之一部分教育事业拿过来学校办，这就是初等教育，又因为人格活动力发展之结果，造出许多科学技术，要人来专门研究，于是教育事业又往上伸张，顺乎各个人格之特别趣味，而成大学专门教育。所以我们千万不要忘记了中等教育是老牌的全人格教育。

全人格的教育，是使学生活用其人格的活动力，来实地经验各种高尚有价值的生活。书本子的教育是死教育，近日许多人知道了。可是所谓活动的教育到底应该怎么样呢？我看国内近日学生活动，实在觉得很可怜。大抵是因为外交问题或政治问题，于是乎结社，集会，游行，请愿，发表宣言，就算了一次。又或对校内有什么问题。于是乎提议，通过，派代表，开交涉，也就算了一次。这种活动，大都是模仿国内现社会政治式的运动。他的毛病也就是不认少年生活是生活，所以必模仿现社会。经过一次两次，好分子觉得干燥无味，就生厌了，坏的或竟堕落了。我以为这种模仿现社会的活动，不单是使少年早熟，简直是使他们早腐。所以活动的结果，连书也不念了，结局动也不成，静也不成。须知奖励学生活动，是教育上一种主张。而山东问题，曹章陆问题，是中国之偶发事项。假使社会上毫无政治外交问题，校内也无事故，则学生就不要活动了吗？可见得学生活动之正轨不是在此。我以为学生活动，要直接经验道德生活、科学生活、艺术生活、宗教生活，换句话，就是善、真、美、圣的生活，而且尤要紧的是发挥天真烂漫，为趣味而活动之少年精神。我希望校内教授训练均以此为目标。我们要实现这种理想，费工夫就不少。也没有一定的方法，总要事事留神，随处研究。须知教育是人格与人格之交感。要发展少年之人格在极平常事里面，有极玄妙的作用。深望诸位先生协力指教。

（《教育丛刊》第3卷第5集，1922年9月，有改动）

从批评中学新法令说到未来的改造

（1934 年 10 月 15 日）

一、 新法令之特点

自 1932 年 12 月政府公布了《中学法》，1933 年 3 月教育部颁布《中学规程》，1932 年 5 月教育部公布的《中学毕业生会考规程》这两年又严厉执行，我们显然看出三个特点：

（1）中学校和职业学校、师范学校分离独立；

（2）中学校课程硬化；

（3）中学校毕业要经过严格的会考。

我国的中学向来是和职业教育分离的。至 1917 年教育部规定中学校后两学年分第一部与第二部，才混入了多少职业教育意味。1922 年改行“六三三”制，初级中学施行普通教育，但得视地方需要兼设各种职业科；高级中学分普通、农、工、商、师范、家事等科，职业教育就公然混入中学的范围。现在的《中学法》《师范学校法》《职业学校法》鼎足三分，可以说是对 1922 年学制的一个反动。虽然说“……继续小学之基础训练，以发展青年身心，培养健全国民，并为研究高深学术及从事各种职业之预备”，那不过和清末学制中所说“俾毕业后，不仕进者，从事于各项实业”，一样附带地说一句罢了。

我们的中学课程原来也是固定划一的，清末之文实分科不过是昙花一现。至1917年教育部规定中学校第二部自第三学年起减少普通学科时间，加习农业或工商业，其办法及科目由各校订定后呈主管官厅核准，才有了多少活动的余地。1922年改制，说明中等教育得用选科制，这便给活动的课程立了一个基础。从此以后，可以学分制替代学年制，学生进级毕业都按修足学分计算；学科亦分为必修和选修。是年秋季，北京高师附中试行“三三”制，拟定初中毕业须修足173学分，其中必修科161学分，选修科12学分；高中毕业须修足150学分，其中选修科占1/3。高中普通科课程又分第一部及第二部，第一部侧重文科，第二部侧重理科。1923年2月中华教育改进社中等教育委员会在高师附中集会，将此案略加修订。是年，全国教育会联合会又据此而拟定中学课程标准纲要。总而言之，自1922年至1928年之间，政府未曾颁布一个中学课程标准。全国各中学虽大抵以全国教育会联合会所拟的为依据，但各学科的学分数目及必修科学分与选修科学分的比例，彼此总有多少出入，中学课程之富于弹性可以说是空前的了。1928年3月大学院①规定中学学分之标准数目，初中为180，高中为150。中学科目，分为必修及选修两种，这不过就实际最通行的现状加以法令的认可。1929年8月教育部公布中学课程暂行标准，初中学分总数为180，其中选修科占5学分或15学分；高中学分总数为150，其中选修占18学分。至此，全国才有一个比较确定的准则。然而教育部仍听各校研究或实验，还未有强制的划一性。至1932年11月公布高中初中教学及自习时数表，各科详细标准亦分别颁布，学分制和选科制完全废止，中学课程又较前划一起来了。这10年间全国各中学参差不齐的课程至是又定于一。而且教学及自习时数都有规定，真像日本森有礼文部大臣时代，在大臣公案上可知道全国中学某时间教授哪一课了！

前清时中学堂考试严格得很，每月有月考，半年有期考，一学年有年考，临毕业有毕业考。至宣统年间（1909—1911），在校中举行毕业考之后，还要到省会经提学使复试及格方得毕业。1912年之后，虽废止月考及毕业复试，而学期、学年及毕业考试仍照旧实行。1919年五四运动以后，各学校当局纪纲不振，考试制度遂突然倒塌下来。学年结束，若能够平稳地举行一次形式的考试，便已引为庆幸。这种情形虽不能说每校如是，然总可说是多数如此。这回《中学规程》

① 大学院：1927年国民政府成立的全国最高学术教育行政领导机关，翌年即改为教育部。

第八章共18条，关于考试、计分、进级、留级、毕业都有严格精密的规定。其严格超过民国初年的成绩考查法，而且更有毕业会考，所得成绩与学校毕业成绩按六四比例计算，这简直要赛过清末的复试而媲美于科举时代的乡试了！

总而言之，这新法令是对于1922年来放任政策的一种反动，政府要对全国中学教育加上一副羁勒。我们若不只是摇头叹一句“物极必反”，就应该研究一下这回改革的动机。

二、 新法令之目的何在

这回改革造端于1930年5月第二次全国教育会议。我们细看其《改进全国教育方案》第五章改进中等教育计划，便可看出两点精神：第一点，规定普通中学与职业中学二者校数之比例，而侧重于多设职业中学。例如关于中学设置，有：①全省普通高中校数超过三所以上者，在训政期内，三所以外的应分别改办农科或工科；②现在未设高中的十省应于训政时期，每省各设一所，内为普通高中四所，农科高中五所，工科一所；③全国1 900余县已有初中百余所，嗣后每年添设15所，初中及职业学校各半；④各省初中毕业生人数每年在500名以上者得设普通高中，而每年在400名以上者得设农工科高中。

第二点，用限制校数、严格考核为手段，以提高普通中学程度。例如：①一省已超过三校以上之普通高中酌改为职业高中；②普通高中之设备简陋、成绩较逊者改办为初中；③减少选修科目，集中主要科目，这是后来改订课程底张本；④厉行严格考试；⑤整顿私立中学。

自此以后，教育部依照此种精神颁布下面几道命令：1931年4月教育部通令各省区限制设立普通中学，增设职业学校；在普通中学应设职业科，或职业科目；县立初中应附设或改设乡村师范或职业科。

是年五月教育部又通令各省教育厅劝勉创办中等学校应注意职业教育，其大要如下：

（1）自1931年起，各省及行政院直辖各市所设之普通中学过多，职业学校过少者，应不添办高中普通科及初中，如该省市立高中普通科最近二三年招生情形，投考者超过取录者至数倍以上，各该高中普通科得酌量增设学级数。

（2）自1931年起，各省应酌量情形，添办高初中农工科职业学校。

（3）自1931年起，各县立中学应逐渐改组为职业学校或乡村师范学校。其办法：自1931年起，停招普通中学生，改招职业或乡师学生，以后逐年改招，俟原有普通中学生全数毕业，即改为纯粹之职业学校或乡村师范学校。如各县确有设立普通中学之必要，不能改办者，由教育厅斟酌情形，令其于普通中学内附设职业科及乡村师范科。

（4）自1931年起，各中学应一律添设职业科目，或附设职业科。

（5）各职业学校或中学附设职业科应宽筹经费，充实设备，切实养成学生之劳动习惯及生产技能，旧有之各级职业学校，应一并增加经费，予以扩充。

（6）自1931年起，各县市及私人呈请设立普通中学者，应分别督促或劝令改办农工等科职业学校，唯该县市距离省立中学地点确是过远，经核明实有必要时，亦得酌准设立。

国联教育考察团所著之《中国教育之改造》大概给我们的教育当局以不少的刺激。该书第二编，第二章，甲、第二节说："中等学校之使命，即系在初等教育之上，再供给一种本身完全的教育，使受过此等教育者，即刻可以得一安身立命之所。……此种教育不但可以分别办理；且亦必需分别办理，惟分别办理，然后全国有整齐划一之功，然后国家能造成一个协调的中间阶级。……但有一点必须认识清楚者，即中等教育之目的，其本身应供给完全之教育；若用学分制，以机械之方式，教授各种不相关联之科目，则必不能获得此种结果。……学分制对于某数项科目，易于使人得到知识，其长处固极显然；但此种长处系牺牲文化本身之整一性及普遍性而得之者。……吾人常以为此种知识活动上之整一性，其本身即为一种完全教育。但在中国现行中等教育制度下，殊不见有此种整一性之迹象。"其第三节建议应采取三种步骤："第一，除非教育部得有证明，知在某特别地方，确实需要一普通科高级中学，此后不得再设仅有普通科之高级中学。第二，所有足以发展中等教育之人力与财力，应集中于增设注重实际课程之中学。第三，教育部应限令一切高级中学，于一定期间内，证明其对于举办职业课程已有完善之设备，否则撤销其立案。"于此可见现在中学与职业学校之分离、中学校学分制之废止、课程之硬化，都是接受了他们的忠告，虽然他们所谓"整一性""自身完全"，是否指课程划一，尚属疑问。

1932年12月三中全会关于教育决议案之（丁）项更为具体："中学为预备人才之地，应提高程度，充实内容，并采取绝对严格训练主义。现有中学应加以整顿或淘汰。其请求新设中学者，应由教育部严定标准，切实考核限制。高中不分文理科，现有之工农等高中，均应改为职业学校"。

我们总括以上的叙述，可知这回改制之目的，第一是要发展职业学校，第二是要提高中学校程度。然而能否达到目的呢？

三、 能发展职业学校吗

近年要限制普通中学之设立，以促进职业学校之发展，就索性在学制系统上把中学校和职业学校分离。当民国六七年（1917、1918）时，我们因嫌职业学校与中学分离，至于被人看不起，所以尽力把职业教育包入中学范围，遂成了1922年学制之大混合。然而结果不能如愿，因此，现在又要恢复旧观。这真妙极了！以前认分离为不利于职业教育的发展，现在又认混合为不利了。1922年学制之混合，为的是要发展职业教育；现在的分离，为的也是要发展职业教育。记得1918年，全国中学校长会议，曾由教育部交议设法兼顾毕业后升学与从事职业之两种中学生。那时期的教育舆论大抵嫌中学和职业学校隔阂不通、中学课程太呆板。自1916年至1921年，历次全国教育会联合会都以改革中学及发展职业教育为讨论中心。至1922年改制，把职业教育一口吞入中学教育肚子里，便以为问题从此解决了。试翻看廖世承君著《中学教育》第五章，很可以代表当时教育界的论调，指摘旧制中学的缺点也很不错。然而号称纵横活动伸缩自如的新制中学能否达到发展职业教育的目的呢？试看这一个简单的统计比较，便可知自1916年至1930年之间，中学教育与中等职业教育的相差愈来愈远了（据《第一次中国教育年鉴》）：

年份	1916	1930
普通中学校数与中等职业校数之比	100：150	100：14
普通中学生与中等职业学生数量之比	100：49	100：7
普通中学经费与中等职业学校经费之比	100：51	100：14

照此看来，1912年制中学和职业学校分离，不能发展职业教育，这是事实；而1922年制之混合又不能促进职业教育，这也是事实。现在我们又把他们分开，难道不怕蹈1921年以前的覆辙么？原来职业教育断不能不顾到社会生产状况而悬空发展。这个问题，绝不是变更一下学制所能解决的。资章甫①而之越，而越人断发跣足，我们又将怎样呢？

细看近百年来世界教育史，便可知职业教育是产业发达的结果，我们不可妄想倒果为因！18世纪自然科学着着进步，至19世纪成功了产业革命，应用物理学、化学、生物学、细菌学等等学理到工业、农业、商业上头去，大规模

① 章甫，殷代的一种帽子。

的生产事业，就替代了家庭工业、小农业和封建式的商业。地主们代谢了，新兴的资产阶级抬起头来，民主的社会形成了。旧日寄托于工徒制度的职工训练变成职业学校，而各国学制也不能故步自封，而不能不让职业学校列入学制系统之内。不久职业教育和人文教育渐渐分庭抗礼了，后来竟要把人文教育压制了。在19世纪中叶，欧洲各国政府和教育当局不但不提倡职业教育，而且不愿意承认职业学校为正式教育，他们对职业教育采一种抑制、疏忽，最少也是不栽培的态度，然而职业教育自身却蓬蓬勃勃发达起来，教育当局和守旧派卒不能闭关自守。回顾我们中国，教育部三令五申，提倡职业教育，教育界中人也高呼口号，然而社会却寂然无声。彼我相对照，便可知社会背景之有无，关系甚大。简括地说，生产方法科学化、生产组织集团化，这才是职业教育发达的条件。

现在中国自然科学的进步，还比不上西洋的17世纪，至于治学的态度，恐怕还在16世纪以前。产业之落后，更是和思想界一样的古香古色。只有家庭工业和小农业的崩溃，这一点却和人家相同。然而这是被外国工商业压倒的，并不是自身产业进步的新陈代谢。若必要寻一点新气象，只好说国内人们消费确是新式的了，全是时髦洋货！现今学生大多数是士大夫家的子弟，他们是消费阶级的中坚。他们抱着传统观念，读书是“业儒”，目的在于求取功名，夸耀宗族，压迫乡里。一旦取得士大夫的资格，便可不劳而获，以供挥霍——消费。间有少数寒家子弟立志读书的，也不外是要脱离生产阶级，希望飞黄腾达，一跃而入士大夫之林，取得高等消费者的资格。若要叫这种人学习职业，岂不要叫他们吃一大惊！至于安心做农工商的人们，根本就没有受新式教育的要求。他们大多数保守着家庭手工业、家庭农业，组织族党亲朋合伙的商店。生产方法是传统的经验，做学徒的，只要接受父兄前辈的经验，便好了。对这样的生产阶级，高谈职业教育，岂非笑话。

劳心者治人，劳力者治于人；治于人者食人，治人者食于人，这是封建社会之通义。所谓“食于人”，便是坐享其成。在人类未能利用科学以“食于天”之前，立志读书者，都是立心要“食于人”。中国社会始终未曾超过“食于人”之域，而现代的职业教育是“食于天”的教育，无怪若枘凿之不相入了。职业学校与中学分离也好，混合也好，都毫不相干。如果把中学课程添些劳作或其他职业科，不过使学生考毕业时多作几种制艺。如果硬把普通中学裁减，而多设职业学校，结果不过中学应考生多于学额什百倍，而职业学校门可罗雀罢了！1922年以后，职业学校与中学混合，目的本在推行职业教育，而结果适得其反，这未必是办学者的不热心，而实在是因为社会没有这种需要。请看近十几年来的师范教育便可知个中消息。1922 年改制，表面上虽说提高师范学校程度，而阴实抑之。学制系统说明书里头，处处都阴含着师范学校没有独立存在的理由。因此当时有许多省份把师范学校并入中学，意思便是贬入冷宫。由 1922 年至 1930 年可以说是师范教育之厄运。可是毕竟社会上实在有小学教员之需要，所以师范教育虽陷于后母虐待之境，而卒能自保。至 1929 年 4 月，国民政府终于明令恢复师范学校之独立。师范学校这一段情形，好似 19 世纪中叶德国的理科中学和实科中学一样，当局虽不喜欢它们，而因为社会实在的需要，毕竟保有应得的地位。我们试看下面一个简单的统计比较（据《第一次中国教育年鉴》）：

年份	1916	1930
中学校数与师范校数之比	100：55	100：159
中学生与师范学生数量之比	100：40	100：129
中学经费与师范经费之比	100：82	100：137

十余年来被抑制的师范教育，居然还有相当的发展；而像宠子似的职业教育，竟反奄奄一息。便可见社会需要之有无，关系甚大。我们如果真要发展职业教育，便应向改进社会经济着手，使社会经济走上现代的轨道，生产方法科学化了，生产组织集团化了，才能有现代的职业教育。若徒在教育法规上纷更，或徒在纸面上谈什么计划，就要流为清季的“时务策”。再退几步说，如果即日添设许多职业学校，试问师资在哪里？设备在哪里？现在普通中学的师资尚且如此之缺乏，设备如此之简陋，已是误人不浅；倘又勉强多办职业学校，可不又要应了民国初年那句笑话，“实业学校便是失业学校”，学业与职业两无所得么？

四、 能提高中学程度吗

新定中学课程有几个特征：第一是工作繁重。初中每周授课 34 至 35 小时，比法国中学之第四级多 12 或 13 小时，比德国文理科中学之第三级多 5 或 6 小时。高中每周授课 31 至 34 小时，比法国中学之哲学级多 8 至 11 小时，数学级多 7 至 10 小时，比德国文理科中学之第一级多 2 至 5 小时。初中学生每周授课和在校自习合计 48 小时，高中学生合计每周 60 小时。德法两国中学之注重知识陶冶，世界称最。而我们中学生的工作竟比他们还要繁重。原来 8 小时劳作，8 小时游戏休息，8 小时睡眠是成人的生活规准，现在加之于 13 岁至 15 岁的初中童子，他们受得起么？高中学生每日工作 10 小时，他们的体质就非胜过成年人不可。这就怪不得廖世承君要为全国中学生请命了！照教育当局的理想，虽规定中学校都要有宿舍收容全数学生，然而实际并不如此，尤其是都市中的中学，大多数学生是通读的，住宅往往离开学校很远。试想每日在校 8 小时或 10 小时工作如何安排？假使照此硬干，程度能否提高还是问题，而神经衰弱、贫血、结核病的可能性真要大极了！我冒昧地揣测，还是教学上的“唯物主义”作怪，以为多多地注入，长时间地注入，便可提高程度！

第二特征是课程硬化而毫无通融的余地。1929 年暂行课程标准，初中尚有选修科目 5 学分至 15 学分，高中有 18 学分；而现行课程绝对没有选修的科目。按《中学规程》第 62 条及第 63 条之规定，如有一科学期成绩不及格，便应留级，如连留两次，便该退学，又按第 64 条及第 65 条，也是如有一科毕业成绩不及格，便不得毕业。这样求全责备可以说严格极了。中学时期的少年男女，个性逐渐分化，于各科学习各有所长短，这是不容否认的事实。设有一个中学生，有一学期音乐或图画不及格，而音乐在初高中都是每周一小时，图画在初中也是一小时，在高中只有四学期两小时。这个学生便不能不留级，把他一年内已经及格的学科重学一年。又设有一个学生于第一年因为图画不及格而留级，而第二年又因音乐不及格，便非退学不可。毕业时因一科音乐或图画不及格而不得毕业，这都是可能的事。美的陶冶自然不该看轻，但因此就必须留级或不准毕业，恐怕是太过！也许有人说，遇着这种情形，教员就会通融让他及格了，然而这是教育的态度么？中学生若能全能的发展，自然是最好不过的事，然而若有几分偏差，也在情理中，何必求全责备。即在职业学校，虽有较确定的目的，也只可规定最低的限度，留有个性发展的余地，而况是普通中学！按《中学法》第一条，中学教育目的是培养健全国民，预备研究高深学术和从事各种职业。试问有一个学期图画或音乐或劳作不及格，便是不健全的国民么？便不能研究任何高深学术不能从事任何职业么？这样硬化的课程，大概受国联教育考察团的暗示不少。然而平心而论，学分制、选科制在中国学校里发生的弊端，大抵是因为实施错误，与制度自身无干。这种硬化的课程，如果各中学真的严格奉行起来，势必逼得学生失望、懊丧、神经衰弱，时时提心弄胆，用尽法子求考试及格，终至养成了一班和《儒林外史》的秀才举贡一样的人物！倘若心中不忍或因别故而有所通融，则徒然造成掩耳盗铃的校风。据我所闻，各地方中学从前要煞费苦心制造报销格式，以免受审计院的批驳，现在又要苦于设法向教育厅报销学生成绩了。这种虚伪，谁实为之！

第三特征，现行课程是现今好几种流行的教育思潮的糅合。初中之国文、英文、数学、劳作四科中之任何二科，高中之国文、英文、数学、物理、化学五科中之任何二科若不及格，便不得进级或毕业；体育或军训若不及格，也不得进级或毕业。这里实兼含有文化教育、生产教育及军国民教育几种主义。原来这几种主义在教育理论上未尝不可以调和，但必须把任一个概念的外延放到极大而统摄其余。如果硬派定某几种科目专代表某几种功用，而集合好多学科来包括几种主义，那又不免陷于教学上的“唯物主义”。只知道各学科客观的价值，而不计及其对于各学生的主观的陶冶怎样。心中以为这一科很宝贵，那一科也未便割爱，课程就不免弄成一个大拼盘。“分化与统一”，这原理于客观的文化评价和主观的个性陶冶都适用。就价值说，要于分化之中显出统一，才是真价值；就陶冶说，文化财要成了陶冶财，成了某个主观的陶冶财，才是真陶冶。倘若不加别择的兼筹并顾起来，结果便会弄到贪多而一无所得。现行中学课程采用几种流行的教育思潮，弄到毫无分化活动的余地，这样要想获得中学教育的“质”的改进，真可谓南辕北辙了。现在中学既然和职业学校分了家，其性质自然居于德、法那一类的中学。法国于欧战之后，古典的人文主义一时得势，1923 年教育部长贝拉尔（Leon Berard）曾经废止旧日分两部四组制的中学课程，而颁布一型的——古典人文主义的——中学教育，然而不到一年就行不通了。1926 年颁布的现行课程，其中虽有共同课程，而自第六级起即分为第一部和第二部；至第四级，第一部又分甲乙两组，直分至第一级，最后一年仍分哲学级和数学级。此制与1902年制比较看来，分化的程度虽减少，但绝不是一型的课程。德国文科中学（Gymnasium）和理科中学（Realgymnasium）最初三学年的课程相同，由第四学年起便不同了；改良的理科中学（Reform Realgymnasium）、实科中学（Oberrealschule）和德意志高等学校（Deutsche Oberschule）也是头三学年课程相同，而自第四学年便分化了。由此看来，德、法两国的中学课程都是由第一学年起便分为两途，至第三或第四学年起更加分化。德国中学生满 10 岁始业，法国中学生 11 岁始业，他们的个性在课程上都得到承认。唯我国的中学生自始业至毕业都不许有个性分化的发展。徒然因为教育当局要迎合一时的潮流，采一种东迁西就的政策，造成一个百科辞书式的课程，硬要他们生吞活剥下去，难道这便是提高程度么？

老实说，我国中学生程度低下的原因，第一便是中学师资的缺乏。现在中学教员虽多，而实在胜任愉快的究有百分之几？用一班当差事式的教师来教中学生，成绩焉得不江河日下？第二是专门学术的太不讲求。教师只能做文化转运的工作，而不能负文化创造的责任。我们一定要先使社会上的学术文化有了相当的昌明发达，教师们才能把文化财化为陶冶财。如果根本上是一个文化落伍不学无术的社会，你叫教员们把什么去转运？倘若还要责备他们创造学术文化，那更未免太苛求了！例如国文一科，到底中国语言文字是一件什么东西，中学校国文教材的范围怎样？到如今许多专家就未曾弄得清楚。第三是学校受着教育以外的势力支配。纵有好教员也未能得其位，或不能安其位。原来好教员本罕见，大抵又不善于逢迎。而现在教育界之猎官化是一桩无可讳言的事实。第四，20 年来，社会给少年们一种深刻的无言之教，便是个人之穷通成败与学识绝不相干。刚才说过，中国人读书为得要飞黄腾达，而颜如玉和黄金屋现在都无须求之于读书。这是二十几年内社会上深切著名的事实。在这种情形之下，我们要板起面孔勉励少年们勤学，岂不是太不知趣么？所以我以为要提高中学生程度，应尽力把这几个恶因去掉，徒徒变更法令，一定劳而无功。

五、 毕业会考能收效么

中学毕业会考制，在教育当局，或许自信为一种得意之笔。记得前年这法令刚公布时，各省中学生因其不便于己，曾发生好几次反抗运动，然终因政府采着雷厉风行的态度，又得着社会人士的赞同，所以迄今彻底实行了两年。为什么这个办法会这样得人信任呢？第一，考试这桩事本来是极合中国人脾胃的。第二，国内学生近年实在太懒惰了，要有人说把一班学生严格考一下，差不多大家都要拍手赞同。第三，各中学实在有许多办得太敷衍，若由教育行政机关把学生们考验一下才准毕业，这好像有一个间接整顿学校的办法。因此，有许多人相信毕业会考可以逼得学生勤学、教员勤教、校长认真办学，而且可以淘汰不良的中学。我也承认学生懒学、教员懒教、校长懒办是现在中学的病象。可是毕业会考是否根本治病之方就大有疑问，凭着总结账的评判而想促进改良，这本来是一个笨法，所以孔老夫子说："道之以政，齐之以刑，民免而无耻。"何况教育事业呢？凡治病总要对着病根下手，学生们懒读书，前一段曾说过，病根大半在社会环境，这岂是严格考试所能救济？恐怕结果只是恐吓那班不甚乖巧的学生。教员教得糊涂，多半是因为学问不够，不得不含糊敷衍，另用方法以操纵学生，而社会环境又天天暗示着操纵群众是现代成功者的不二法门！校长懒办自然罪在不赦，可是现在做校长的如果认真做去，可保走得通么？老实不客气地说，今日在中国如果没有几套敷衍的把戏，恐怕就做不了校长！以上种种病根，试问凭会考可能治疗么？教育行政机关如果认真严格举行会考，势必至于学生十有七八不得毕业，学校大多数要勒令停办，正所谓不可胜诛。如果不愿来得这样凶，只好迁就点，顾全彼此的面子，那便是银样镴枪头。

会考的结果是否可靠，会考有没有流弊，也都大有讨论的余地。会考各学科，寥寥几个题目，要恰能测验中学生的学力，是一桩极难的事。随便凭着几个人的主观，出几个题目考试中学生几年间的学习结果，大抵不可靠。所以单就“命题欠妥”这一点而论，已可使会考成绩根本不可靠。又假定命题很妥，而试卷评阅能否公允，又是一个问题。一省中学生毕业会考，多到万人，少亦数千，各科试卷数以万计，在酷暑期间，教育厅临时约定阅卷委员，又要赶着放榜。在这种条件之下，所评定的成绩，谁敢信其可靠？由教育厅拟定试题，印好邮寄各区，使各区同题同时考试，以求标准划一。然而在这期间，谁敢保证没有泄漏试题等毛病？为举行一次会考，全省耗费公币不下十万八万，若拿这一笔钱去充实各地中学图书仪器，也许效果好得多！至于各学生之舟车跋涉，更不消说。所以我敢大胆说一句：中学生毕业会考是一桩劳民伤财的秕政！

毕业会考之影响于学校教育，我只见其坏，而想不到有什么好处。照现行计分法，会考成绩占60%，而在校毕业成绩占40%。那么，给分宽大的学校要比给分谨严的学校便宜。倘若因虑各校滥给分数，而全不计算各校的毕业成绩，那么只凭一场会考来定优劣，又恐怕靠不住。各校考核学生平时成绩若太认真，就会影响到学生的毕业；若要学生比较容易通过毕业会考，便不免滥给积分。教育当局既然悬起会考做正鹄，各中学师生自然向着这正鹄做去，大抵到了第三年级，各人注意都集中于会考的准备。学生所习，教员所教，最珍贵自然是“某科问答大观”这一类书籍。照这样下去，恐怕不过五年，学风就要丕变，成一部活现的《儒林外史》！“上以是求，下以是应”，这本是中国社会上一种习惯的运动。旧日学生的毕业，权操于校长和教员，虽可有冒滥之弊，但只要校长教员是中材的人，却可以因为有权，便自然生出几分责任心。现在学生能否毕业，权既操之于毕业会考，则校长教员和学生不难联成一条战线，想尽方法去求会考的通过，这流弊真不堪设想！假使各省中学校长、教员、学生和家长都联成一条战线，用尽投机、通关节等等妙计以求通过毕业会考，教育当局便无法防止。即使真有本领防弊，而那三年来各校“师生一德，励精作伪”的教育，也就可观了！

“学习之外，不可别有目的”，“学习的趣味就在学习历程之中”，这一个教育原理大有可以注意的价值。如果教员教学、学生学习，都为应付毕业会考，就是连科连中，还有什么价值？去年教育部曾发禁止各校准备会考工作的煌煌训令。然而一面严格会考，一面又禁止各校准备会考，岂不矛盾之至。我国兴学，于兹已30年，而国内学术界尚如此幼稚，就因为我们的读书人还不曾脱去老病根，把读书当作敲门砖，为换取文凭和学位的工具。现在为什么却竭力大扬其波呢？学校里平时考试，是教师要随时检查自己教学的结果，以作今后施教的参考，那是必须的，然而总以不定期的、非机械的、自然而然的随时举行为佳，倘若只凭着一种赏罚升降以鞭策学生，那就不是良法，尤不宜施之于中国学生。中国读书人禀着几千年的遗传，最容易颠倒于虚荣，屈服于利害，只要摆出一点小虚荣、小利害，便不难使天下读书人尽入彀中。可是这一种治法，好像用海洛英治鸦片瘾，愈有效而病愈深！教育事业贵能相见以诚，彼此互相信赖，而谋进步改良。如果纯凭赏罚利害来操纵，纵使可以收效于一时，那一种“效”便是中毒！厉行会考之后，假令学生都能埋头读书，而会考成绩过劣的学校也陆续遵令停办，所收的效果也不过多养成几批范举人、梅相公那样的人物。于教育改良，学术进步，有甚相干？

六、 我国中学教育之职责何在

中学教育的含义，本来是很复杂的，然而我们的中学校既然和职业学校分离，则职业训练一层自然可以除外。《中学法》第一条所说“从事各种职业之预备”，不过是一种实用的普通陶冶。就我国现在实况说，中学教育是连续小学教育之上而在职业训练范围之外的普通教育。

中学教育是中流以上阶级之教育，此义在欧洲各国有极悠久的历史，而在我们为尤真。因为读书原是中产以上人家的事。虽说教育平等是现代的理想，而世界无论哪一国中学教育都还未普及。所以我们应承认中学是社会中坚分子的教育。我们的小学教育还谈不到免费，中学更是要学生花钱。就现在估计，乡下人家送一个子女入中学，每年至少要花 100 元以上。所以中学教育是中产阶级以上的教育，这是不用讳言的事实。照最近统计，大约全国人口每一千人之中只有中学生一人，这还不该是社会中坚人物么？

我国在未兴办新式学校以前，士大夫家庭延师课读，所学的限于举业——博取功名的技术。至于身心陶冶，则唯家庭是赖。追随父兄之后处理家务；应接邻里亲族以习得治产、立身、处世之经验。女子的知识品性，更是纯由家庭生活习得。自新式学校教育施行之后，各家庭对于中学年龄的子女，几乎尽失其教育者的地位。中学生或终岁住校，或早出晚归，再要像旧时那样在家一面读书，一面随着父兄学习治家处世的道理，已不可复得了。当家塾时代，佳子弟往往出产于乡间较勤俭的地主，因为他们有暇而且有心教育子弟；若是富贵人家的子弟，就多放辟邪侈了，因为他们的父兄无暇管教，而教师又只管课读。在现今情形之下，中学校若仍然沿袭旧俗，学校只出售一些零碎的知识，预备考试用的知识，而不负起全责来陶冶学生的身心，流弊将不堪设想。近年中学生的坏习气，不已是很像旧日纨绔子弟了么？旧日家庭训练子女，所教的不外个人利己的处世术、封建式的家族道德，所以纵使他们仍可继续负这种责任，但去现代的公民标准还是远甚，断不是我们所希望的。在传统的礼教未失却权威之前，家长秉着那种半神道的家教、宗法，还可迫令子女服从。今日思想已经解放，已不能再奏效了。当礼教失灵，家长无权之今日，中学校若不能以现代的德性培养一般青年，他们就要横溃。现今有力供给子女进中学的家庭，大抵不外三种：一是旧世家，他们墨守的是旧礼教，希望的是求取功名，而他们的子女又早已暗中染得了现代的物质欲和虚荣心。新式的物欲和旧式的物欲往往化合发酵，演成不可思议的怪象。二是20年来因缘时会而起的富贵阶级。三是新兴资产阶级，多数是巨商大贾之类。这两种新起的家庭，既没有旧礼教的观念，亦没有什么现代的人生观。他们的缺乏常识而富于迷信，往往比旧家庭尤甚。至于德性家风方面，简直有点腐化，纵欲败度，几成常事。就上述情形看来，我们今天与其高谈教育无阶级，不如切实地设法教济改造中产以上阶级的教育。社会今日的腐化虽亦受经济的和政治的环境的影响，然而站在教育立场说，中学校实应负消毒的责任。这岂是注入一套硬化的应付考试的知识所能奏效?

中学是升大学的准备教育，此义在世界上也沿袭了甚久。我国自兴学以来，一般人都承认中学是大学的预科，进中学的人都想升大学，不管实际上能不能，站在教育的立场上，当然不能说中学就是大学的预科，因为若那样说，中学教育自身便无目的了。然而中学毕业生必有一部分升学，而且大学生必由中学毕业生里选拔，这不但是事实，而且是法令上所规定的。因此，预备升学确是中学职责之一。国内各大学成绩之不能满人意，许多人归咎于中学教育之不良，这也是不容否认的事实。试看近年各大学入学考试的结果，便可明白。各科平均满60分者往往不过应考人数百分之三或四。所谓“研究高深学术之预备”，不外是研究学术的工具和方法。而近年中学毕业生于国文、外国文、算学和科学，能合格者仅是极少数。这种学生升入大学之后，实在无法处置。大学教育失败的原因，虽有不少在大学的自身，然而收容大批没有基本知识的学生，亦就是其中的一个。大学毕业生日增，而专门人才日缺，这岂不要令人寒心？所以认真训练一批确有升学能力的少年，确是今日中学教育的一种急务。

公民训练和升学准备，在理论上虽未尝不可混为一谈，然而具体地实施起来，就不能没有分别。若勉强求其同一，便难免不经济。最显著的例是语言学——外国语和古语——在准备升学时是必要有较优的学力，而在公民训练上，便不是必要的条件。现行高中课程国文一科很注重读古文和古书，其实这种需要只限于准备升学的中学生。古文的形式体裁固然决不能复适用于今日，就是古人的思想内容，求其可作现代生活指导的，亦就不很多。我曾见一位小学教师教五年级学生读韩愈《进学解》，我问他这教材的价值何在，他说为得要孩子们懂得

"业精于勤，荒于嬉"那句古训，这种教育见解真匪夷所思！现代外国语确是求专门学问的工具，在今日学术落伍的中国尤为必须。大学生若不能读两个外国语的参考书，实在是求学无门。然而习外国语必须在少年时，现在国内中学生的年龄虽没有精密的调查和统计，然据我的经验推测，15 岁以上进初中，18 岁以上进高中的大约占大多数。年龄过长的中学生就很难学好外国语。到了大学，求学无工具，而物欲方日炽，只好与学问绝缘，而另谋毕业和进身的捷径。因此，各处兼任科员副官的大学生就数见不鲜。我们若把"学"和"识"这两个概念略加区别，便可晓得准备升学的中学生该注重"学"的训练，而不准备升学的中学生该注重"识"的训练。课程尽管同是国文、外国文、算学、自然科学，而一种要引导少年们入科学之门，另一种要充实他们适应现代生活的识力。若强用同一课程去准备升学，又作为普通训练，结果会两无所成。

辨别个性而给以适宜的教育，这又确是中学职责之一。由十二三岁至十八九岁的少年男女，个性步步分化，这时期的教育便不该硬化划一而限于一型。在产业发达的国家，最好是适应各学生的个性，而施以各种生产职业的训练。而我们的产业教育断不能离开社会产业实况而悬空发展。假如今日把普通中学缩减到极少额，结果徒然使许多有志受中学教育的中产人家子女失学罢了。所以今日我国中学教育之急务，是辨别学生个性，年龄未过长而资质聪颖的，就给以升学准备的教育，其余就切切实实地给以普通公民的训练。现在课程中有许多地方对于中学生是不适宜的，勉强他们学习，必无所成。要让他们退学吗？徒然剥夺他们受教育的机会。听他们混到毕业吗？又不过替社会多制造一批贪污和土劣。我想有中学教育经验的人们对此大概都有同感罢！

中国虽号称为革命的新国家，其实 30 年来的现象只有崩溃：政制崩溃，产业崩溃，信仰崩溃，学问思想、社会组织，无一不崩溃。换句话说，整个中国文化——教育的背景——都在崩溃。一部分人虽还梦想复古，然而终归是梦幻罢了。既不能复古，又不可坐视其崩溃，我们只好改造。着手改造教育的背景，同时改造教育，这才是正当的办法。倘若背景仍听它在那里继续崩溃，而徒然悬空改造教育，想只凭学校教育的力量去改造它自身的背景，恐怕是不可能！今日只有在"认真着手改造社会"这个假定之下，才可谈教育。如果希冀这个奄奄一息的民族复兴——切实点该说转世再生——第一至少须有几千百个有学有识的领袖人物，这种人物虽出产于大学，而根基却在中学。所以今日平均每省须有一所中学，能够给少年准备升学的，这种中学不必多，也不能多，一省能有一校也就很够了。第二需要一批有现代生活德性和常识的中坚人物——做公务人员不贪污，做地方自治人员不豪劣，做小学教员能鞠躬尽瘁，不以"大碗吃肉，大秤分银”为生活最高理想，知道信用科学真理，不迷信医卜星相，不肯装道学，充斯文——这种人物，愈多愈好，现有 39 万中学生都造成这样人物决不嫌多，至少也希望全国有十万八万。然而现在不知道实有几位。训练这样青年，中学责无旁贷。平心而论，中国崩败的原因，外来的自然是帝国主义的压力，而内部的罪魁确是中等以上的阶级，因为他们励精图乱，拼命地堕落。至于大多数不识不知的平民，只能说是消极的受罪，而不是积极的犯罪。现今中学教育既然势不能普遍化，就该切切实实厉行改造中等阶级的教育。凡是要做中坚人物的，就必须受一番改造的洗礼。至于中等生产技术人员，虽不能说不要，可是必须随着现代式生产事业走。具体地说，有了大工厂才要工业教育，有了大农场才要农业教育。而且还有一层要紧的，生产技术人员，也必须头脑改造。倘若以国粹盎然的人物练成一套新式生产技能，盘踞着生产机关，也许和全副新式武装的军阀一样可怕！

七、结　论

中学教育继续小学教育，定为六年或七年。中学校分甲乙两种：甲种准备升学，七年毕业；乙种训练公民，修业由三年至六年。

甲种中学以省立每省一校为原则，多也不可过两校。其实以现有的人才和经费，每省能办一校也就恭喜了。准备升学，课程虽可大致相同，而决不能像现行课程那样划一。由三四年级以上，应照升学志愿，渐渐分化。例如国文标准，在预备升学的文理法等科中，纯粹研究学术的，自然要能读古书！而预备升农工医科的，就可不必要了。又如算学和自然科学，预备升文法科的所需要的训练，和预备升理工农医的所需不必尽同。甲种中学的学生必须富于学习力，否则应速令其转入乙种。学生年龄也不可过长，应以 20 岁毕业为标准。若年龄过长，则在中学时固难习外国语，而年将 30 的大学生，私欲满腔，世故日深，已无心叩学术之门。废止毕业会考，而举行升学考试。由各省教育厅会同省内各大学教授组织升学考试委员会，志愿升大学的就必要考试及格，考试标准当然依据甲种中学毕业程度。此外，应有健康检查和智慧测验。取录人数，宁少毋滥。

甲种中学的必要条件，当然是设备完全，师资优秀。可是我以为并不十分难办。只要一位有识负责的校长和十几位学问充足教法优良的教员切实做去，就在现今腐化的社会里，也可希望成功。学校里面环境布置得好，可以使少年们欣然求学，他们后来升大学，因为已经尝到了学问的滋味，也可以继续有心研究。所可虑者，大学毕业后，若仍然投入一个腐化社会，则以前所得的训练，到底有几许免疫性，或要成问题。

乙种中学以各市、县、区立为原则。目的既然是训练中坚的公民，就必要一个先决条件：打算怎样训练学生，便怎样去改造这社会内生活方式和生活信条。照现行政制说，负这个责任的，应是县市政府和县市党部。倘若这条件不能成立，就根本没有办法。必要加紧改造这社会，而为要少年们适应这改造的生活，所以给他们那样的训练，这才合教育原则。

乙种中学课程当然以改造社会生活的需要为标准，虽不妨大体规定修业由三年至六年，然而是很活动的，每学期都应该能结束成一段落，以求适应各人的和时势的需要。就一般说，也可得几个普遍的最低标准：第一，语文训练，要能读现代国语的书报信件，能用国语写文章，古文自然是随意的，就少认得几个艰深的汉字也不妨，只要能用国语拼音字。如果学校所在地是一个通商口岸，和外国人接触的机会很多，也可兼习外国语。第二，卫生训练，要有信用现代医学的常识，诚心参与拥护公众卫生的常识。第三，科学训练，要能破除迷信，有科学的思考，认识现代生活所应用的科学原理。第四，社会训练，要认识地方自治的组织和运用，了解民国政治，尊重法律；要认识本国的和世界的历史、地理。第五，经济训练，要有参与社会经济新组织的能力——例如参与合作事业——和原理的认识，要能理解改良社会生产方法的科学原理。第六，艺术的训练，要能欣赏现代有价值的艺术，如文学、音乐、绘画、戏剧等。第七，贯彻以上六种训练的便是道德的训练，要尽自己的知识能力，效忠于社会；认自己不是家族的人，而是社会的人；努力走上科学的路，不堕落，不颓废，这便是现代的德性。于最小限度的必修课程之外，应有多样的选修课程，以适应各人的需要和兴趣，每日规定的授课时间，约以四小时为度，其余时间则以参与社会工作和自由研究。废除执照式的毕业证书，学生随时请求退学即给以证书，证明其在学期间，所学的性质和分量，以供职业介绍之用。这样的课程，如编配合宜，也可于最初一年或二年和甲种中学大致相同。倘于头一两年发觉宜于升学的学生，尽可保送他转入甲种中学。

乙种中学比较甲种难办多了。第一，必须有诚心改造社会的政治。第二，必要有极优良的教师，这种教师真要配做社会的导师。

乙种中学若能办成功，我们这民族才可望轮回再生于人道，否则予欲无言！

（《教育杂志》第24卷第4号，1934年12月10日，有改动）

对于中学课程中军事训练的一个建议

（1935 年 11 月 20 日）

在国难这样严重的年头，中学生受军训好像不成问题。况且我又是负有学校行政责任的一个人，除掉力求军训有效之外，好似更不必发生什么疑念。然而实践与思虑可以两不相妨，尤其是教育工作，一面做，又一面反省，却是进步的一个条件。中学军训，在 8 年前重新实施的时候，我就怀疑它的效果，经过 8 年来实施的事实阅历，好似快要证实我原先那一番怀疑是“不幸而言中”！因此，我就不得不戴起怀疑的眼镜再把它仔细看一看。

一、 我国中学军训之沿革

兵式训练，在前清光绪二十七年（1901）规定之中学课程，已列为正科。清季兴学的目的本来是图自强，加之以德日两国的影响，学校实施兵式操是当然事。然而实施的结果，所得的不过极简单的形式训练，这个现象一直延到民国初年。五四运动以后，德谟克拉西和国际和平之说，恰可迎合青年们厌恶兵式操的心理，因此就无形中止。民国十二三年（1923、1924）时，北京大学由学生自由志愿组成一个受军训团体，叫作“学生军”。至民国十五六年（1926、

1927），北京各大学学生，受革命风气激荡着，纷纷请求学校当局组织“学生军”，约请军官来校训练。推测他们的动机，大概是期望得点儿军事常识，以便参加革命工作。然而据我的经验，实在没有什么效果，学生们的兴致大抵一会就过了。民国十七年（1928）革命军统一全国，高中以上学生一律实施军训，这是一个新纪元。记得当时北平大学决定全校一律施军训，副校长李书华先生私下问我一句：预料军训能否收效呢？我说：大概不会收效，因为教官难，设备难，而学生容易生厌；也许附中学生比较天真一点，服从性大一点，可以认真操练一下，然而军训是否真有益于中学生又是一个问题。最近4年，政府当局惕于国难，厉行军训，而学生们竟提不起精神来，甚至于畏忌厌恶之象，处处都不可掩。我们好似不该轻率地归咎于青年们颓废，缺乏爱国心，老实须平心静气考虑一番！

二、 军训于军事的效果怎样呢

今日训练军队，最要紧的是新式武器的习用和新式战线情景的习惯，如战壕攻守、防毒气、避飞机轰炸等动作。旧日所恃的剽悍射击固然无用，就是托枪行进、左旋右转、列阵分队等形式的训练也是无用长物。《西部战线平静无事》那一位作者凭他自身的经验写得最透彻。真的，平时军营里费了很大工夫，熟习那些形式训练，等真到了前线，却毫无用处。如果是身心健全的青年，要实地学会新式战争所需用的知识技能，确非甚难事。欧战以前，德国教育界人士却不甚重视学校军训。他们以为普通学校只要养成身心健全的青年，然后送入军队，自然可得好结果。若在学校里半游戏地学些半生不熟的军事常识，非唯无益，而且有害。欧战当中，美国许多教育家和军事家都信得过身心健全的青年可以在极短期间——二三个月或几星期——学会需用的战术，而且他们也实施成功了。

现在我们中学实施军训，能否具备新式器械给学生使用呢？不可能。能否有实际的战线给学生练习呢？更不可能。因此，只好纸上谈兵，在教室里讲点军事学和在操场上做点模拟的动作罢了。托起一杆破步枪或木制机关枪模型，在操场反复立正！稍息！开步走！这样干燥无味毫无实用的动作，强迫青年们捱两年，而且又要花钱买课本、置服装，他们焉得不生厌而视为苛政呢！这也不能尽怪教官们敷衍。因为他们奉上官之命而来，既无工具，又非真实环境，除掉形式训练之外，还有什么方法？况且上官要监督起来，也就不外是检阅，因此，只好注重姿势、步伐、礼节、服装罢了。尤令人不可解的是女生救护训练，这所需的是生理卫生和医学常识，很可以附入生理卫生、家事等课程之内，而偏要派军官任训练，也不脱立正、稍息、开步走，真令人想象到吴宫教美人战，哪里请得来好多孙武子呢！

这样的军事训练，不能使学生们真得到军事知识和技能，徒然令他们生厌畏忌，激成大批青年们厌兵的心理，于民族前途，也属可忧。

三、 军训于体育的效果怎样呢

战争技术的训练是非体育的，其中有的动作练习往往是反体育的，尤其是对于身体正在发育当中的中学生，这一层道理经现代生理卫生学的研究，大概可信了罢！托枪、立正、正步前进、全副武装的严正姿势，由表面看，雄赳赳的煞是可观；然而这样机械的划一的动作，勉强一班身体发育参差不齐的中学生去反复练习，就很容易给筋肉、神经、骨骼、心脏、肺部等等以恶影响，或呈衰弱，或过度发展。这都是很有理的说明。按现行法令，高中毕业生的标准年龄是 18 足岁，刚到成年；一年级生 15 足岁，正是青年期开始发育的时候，为学生个人毕生的健康计，为民族前途计，都应该十分留意给以适宜的运动，使得到正当的调和的发育，而偏偏在第一二年级实施非体育的，甚至于反体育的军事技术训练，真不敢说是得策。标榜严格锻炼主义的器械体操和过激的运动比赛，实施于中学生，也应审慎斟酌体质的个人差，而况本非为体育而设的战术练习呢？身体劳动并不能恢复精神的疲劳，而却可以增加疲劳。体育也和智育一样的要适应个性，才可有益，这类已明的真理，我们决不可无视。军队里已经成年的兵士，他们专为受军训而来，此外没有什么学业方面的智的负担，然而训练起来，也不该使他们过度疲劳，也要注意卫生，也不可一味标榜严格训练。我看现在军界朋友们还有不少墨守着非科学的锻炼主义者，抱着这种主义去训练中学生，准得不着好结果。暑期集中军训，似乎可以免去学业负担的疲劳，然而酷暑当中，卫生设备又不易完备，若不迷信严格锻炼主义，也不敢说是好办法。实施军训以来和未实施之前，中学生的体质比较到底怎样，现在虽未有可靠的调查统计，然而据经验观察，近日学生多是委顿不堪之象，尤其是好学生。他们一面不肯放弃学业，而于军训也不肯含糊，所以至于心力皆疲。

四、 军训于德育的效果怎样呢

也许有人说：中学实施军训，目的本不在习得新式战术，也不是增进健康，乃是培养爱国、勇敢、纪律、服从等等德性。不错，“军训是道德的”这句话得许多人赞同，中学教育专家殷格里士好似也无疑义地肯定了这句话。青年心理学的名家 Stanley Hall① 也大赞美军事训练有益于青年修养。可是他老先生所说的是实行征兵制的国家，令已成丁的青年经历二三年军队生活很是有益，而不是说中学生可受军训。现在姑让一步，信军训可有益于道德训练，请问于军训之外能否培养同样的德性呢？谁敢说不受过军训的便不爱国？谁又敢说勇敢、纪律、服从、合作等等善良习惯不能于体育、运动、旅行、集会里面养成呢？老实说，真道德决不能少掉智慧的成分，而军队里的机械的训练却往往要人抛弃理智，减轻个人的责任感。由伦理的立场说，战争这桩事不免含有多少非人道的成分，哪能说军训是纯然道德的呢？至于现在各中学里的军训，实在有许多意外的不道德的成分。学生们心里实在不愿意，可是迫于部章不能不勉强受训练。教官们也不见得个个都确信军训的价值，可是奉着上官的命令，不能不遵令干下去。这样彼此交互敷衍的态度，还不算是不道德么？总括来说：军训所可能有的道德的训练，用别种方法都可以行。军训本身所含有的不甚道德的成分，在别种训练却可避免。如果军训不能免流于形式的敷衍，却又可发生意外的不道德的影响。

五、 从整个高中课程看军训

现行中学课程，不可讳言是填鸭式，于青年身心之发育，隐忧颇大，这是今日教育界有识者一致的见解。照《中学规程》，高中学生每周授课及在校自习至少 60 小时，即每日至少 10 小时工作。据我观察，一个中学生每日用膳、更衣、休息、集会、整理住室什物、社交等事至少需 8 小时，那么，睡眠时间岂不只得 6 小时么？我曾问过许多优良诚实的学生，据他们说，无论如何起居有节，每日睡眠也不能多过 7 小时。这还是就寄宿生而言，若是走读生，那就怕还不足 7 小时了。若遇着课业紧张时，睡眠时间就更要缩短了。使一班正在发育当中的十六七岁的少年每日睡眠不足，这岂不大可寒心么？无论怎样主张硬教育，也不该硬到这个程度罢！再看高中每周授课时数表，除军训外，其中必须有课外预备和温习的科目，有几许分量呢？第一学期，公民、国文、英语、算学、生物学、本国史、本国地理每周共计 27 小时；第二学期，公民、卫生、国文、英语、算学、生物学、本国史、本国地理每周共 27 小时；第三学期，公民、国文、英语、算学、化学、本国史、本国地理每周共 26 小时；第四学期，公民、国文、英语、算学、化学、外国史、外国地理每周共 25 小时。照这看来，对付这几种必须预

① 霍尔。

备和温习的课目，中材以上的学生，每日至少也要费四小时；如果学生资质稍钝，或因习题稍难，还怕四小时不行。那么，所谓“每周课外运动及在校自习26小时”，其实仅够自习——甚或不够——这几种课目罢了，“课外运动”还是有名无实。学生如果真要做点课外运动，若不牺牲自习时间，就只好向用膳、更衣、休息、集会、整理住室、社交那八小时里头想法子。身体运动也是会疲劳的，也要相当的休息时间。学生若遇着正课体育之后，或军训外场操练之后，或高兴做一场课外运动或参加球类比赛之后，便更要较长的休息时间。照这样计算，今日高中学生若照正规则工作下去，每日老实没法得到七小时睡眠时间。由教育的立场说，中学生应得愉快地、活泼地经过这人生危险最大而希望最富的青春期。除读书外，自治会、学艺会等等自由组织的团体生活和师生朋友间不拘形迹，怡然相得的游览、旅行、交谈，都要有相当时间，这类时间和授课一样的有价值、有意义。再就读书说，中学生正当个性分化的时期，于各种学科，各类书籍，必有各人所特别嗜好。那么，每日除自习正规功课之外，必须有相当时间得自由地各从所好学习阅览。例如好文学的一日间连续三四小时读文学名著，好算学的连续做三四小时习题，好艺术的费几小时写生或练习新曲谱；又或组织剧社，筹备书画会、辩论会，办理会务和搜集资料，动不动要费一日半日工夫。这类工作活动都是甚有益的，不可无的。所以无论就哪一面说，若逼到中学生每日只应付正规功课已经精疲力竭，确是莫大的损失。如最近政府实施现银集中政策，倘若有一位良好的公民科教员指导学生对此事做一个研究计划，于公民训练，学识修养，都是极有益之举。然而当学生们正在分头搜集参考书籍的时候，忽然想起今日算学习题不能不做，明早英语单字不能不先查字典，或遇着军训教官号令往野外操练，因此，研究计划就不能不中止，或从此再提不起趣味，您想多么扫兴，多么可怜呀！十六七岁的少年，整日过这样张皇失措，日不暇给的生活，您想于他们身体方面、精神方面，会得到什么样的影响呢！在现行高中课程，再加上军训，若认真干下去，还怕不是火上添油么？若敷衍功令，则又何苦来？

六、 军训毕竟是形式陶冶还是实质陶冶

谨按民国十八年（1929）《修正高中以上学校军事教育方案》第二条：“军事教育之目的，在锻炼学生身心，涵养纪律、服从、负责、耐劳诸观念，提高国民献身殉国之精神，以增进国防之能力。”这显然是形式陶冶。然而这一类陶冶目的都应该是整个学校训练所含有。如果这个学校训练是有效的，便无须军训，

也未尝不可达到；如果整个学校训练都达不到此类目的，那便是极坏的学校，恐怕虽实施军训于学生百忙之中亦无如之何！又案军事训练程度表，其中却又含有不少的实质陶冶，如技术、射击、阵中勤务、旗信号、距离测量、测图、军事讲话和军器之处理补修保存法等。这类实质训练，在上文已经讨论过，必须有实物及实际环境，方可收效。倘谓虽如现在这样假装的模拟的练习，也可转移其效果于国防，那又是信奉形式陶冶了。因此，可以得到一个相关体的结论如下：如果信奉形式陶冶说，则虽无军事训练，亦可于学生身心训练成良好军人的基础；如果信奉实质陶冶说，则现在实施中学生以模拟的儿戏的军事训练，就该徒劳而无功。

更有一点事实可使中学军事训练无效的，这便是适宜的教官极难得。按民国十八年（1929）全国中等学校统计，高级中学、师范学校和高级职业学校总数约 1 000 校有奇。若平均计每校至少用军官两位，便需 2 000 名校官或尉官。以今日军事人才缺乏的中国，哪里容易得来？训练中学生的军事教官，虽未必要十二分优秀的军事学识，然而头脑总要比较聪慧，人物总要比较出色。普通兵丁，识字无多，头脑简单，所以容易得他们服从机械的训练。而中学生有了相当的常识，头脑比较复杂，而青春期心理又易倾于怀疑，遇事喜欢穷诘理由，学校里又未便完全实施军法惩罚，因此，便要多仰仗教官的头脑和才能。教官思想要周到，处事要明敏得体，言行要能得学生敬服，然后能于体贴学生心理和斟酌事理之中申明军纪，使学生就范。照军事训练的目的，不是以纪律德性的陶冶为主么？那便要多多地仰仗教官人格了。关于这一点，军事教官，颇似体育教师。体育教师要得学生信服，不能净靠技术和校规，而必须凭自己的头脑、才能和言行。军事教官亦然，不能净凭技术和军律。然而那样的优秀将校人才岂可多得，军队里又岂肯轻易置之于闲散？这一个难点，我盼望当局者十二分考虑！

七、 一个建议

据以上讨论，中学军训之不能收效，恐怕是事实之必然！处外侮日亟之今日，谁敢说青年不该受军训呢！不过如果是徒劳而无功，好似便该改弦而更张！德国和日本都允许中学毕业生充一年为期的志愿兵，这也可说是中学毕业生的特权。这里大有理由：中学毕业生，身心两面都有了良好基础，为善用优秀的国民分子起见，不该把他们当普通兵丁看待，而特别缩短期间把他们训练成可以补充下级军官的资格，这是一年志愿兵制度的用意。因此，我的建议如下：

中学校不必实施军训，但须注全力养成身心发育健全的青年。

中学毕业生年满18足岁者，必须入营特别编队，正式受训练六个月，方得就业或升学。

负责此项训练的军官，须选特别优秀人才充之，务期此等中学毕业生受训练期满，能充中下级军官。

（《教育杂志》第26卷第1号，1936年1月10日，有改动）

谈学习方法*

(1935年9月30日)

我们学校的使命是依照国民政府公布之《中华民国教育宗旨及其实施方针》，以研究高深学术养成服务社会之专业人才。而本校就是“训练中等学校师资”，这是很浅显而易明的。同学们在这里读书，预备将来当中学教员。但同学别以为我们费了几年工夫，花了几许精力，难道毕业后去当个中学教员就算了吗？这样说来，未免过于“坐井观天”了。我们要知道外国人在大学毕业照例是不能充任中学教员的，只中国才是这样。多数进步的国家，大学毕业应该经过严格的考试，长期的陶冶，及具有相当的经验，始得为中学师资。故单单在大学混了四年，便去当中学教员是很便宜了的。中国现因制度的关系，也只得如此。所以同学们在这短促期间要加倍努力学习，且努力得到斐然的成功，真正收到优质的效果才行。然怎样算得行呢？你们离开中学到这里来，回想一下就可知道。当中学教员第一学问要有专长，对于自己所担任的学科必须有专门的研究。第二，除掉那专门学问弄好之外，要再从专门中估定哪些是必要，哪些不必要。这即“评价”，是很重要的。如果评价工夫弄不好，教

* 在广东省立勷勤大学教育学院纪念周的讲话，题目为编者所加。

人是不行的。因为中学的教材是从专门学问引出来的，虽然其本身自有价值，然并不是全搬它去应用。比方数学含有算术、代数、几何、三角，甚至高深的微积分等科，却不是把所学的专门学识完全拿出，须由教育的眼光、切实的判断，而择其必要且实际应用的去教人才是。拿个例说，我从前在北平时候见有一个高中国文教员，他教一篇王粲的《登楼赋》，这位先生拼命去考证“挟清章之通浦兮，倚曲沮之长洲”这两句的地理，他说了两个钟头还不够，这样若是作古文注释，或考证的工作是有用的，但在高中教学就很不必要。我在广州亦曾见过几位中小学教员自夸他的学生能做古诗。我老实说，像这种情形，很容易将孩子们教成妖怪了。因为在中小学时代，一切基本的知识和思考尚未长成，而教他们仿做古诗，可不是倒要妨害他们心思的发育吗？说到这里，我们又会想到教部定下了课程标准，不如跟它按部就班地做去。然而要知道部颁标准亦未必尽善。若有不予采用的，就要以评价的眼光来修正；就是它对了，也须知道它的所以然。也许有人说：我们所要教给中学生的既然不多，不如就学那些要教的东西罢了，其余教不到的可以不学。若这样想，又是错了。须知道要教的固然要学，而不要教的也要学，要把它学通学透了，才晓得它是否必要，他们误认不必要的为必要，往往犯了评价错误的毛病。为什么评价会有错？因为迷信、崇拜的缘故。要破除迷信，只凭真知。例如天文学者决不迷信日月食。我们若精通某一门学问，断不会对它迷信。请看那班迷信古文的人，多半因为不通古文。学得多，懂得透，才知所选择和去取。譬如衣服多的人，时时有得更换，若只有一两套衣服，就要天天都穿这一套而视若拱璧。所以我们懂得多，评价的工作才来得正确。总之，能够看得博大精细，才有真正的评价，这点功夫是超乎专门学问之上的。第三，中学教员的眼光要能够笼罩中学教育的全体。我们要知道中学生所学习的课程繁多，有国文、英语、数学等等。如果各科的工作过多，不能全做，就会有人把一两种自己不中意的学术搁下，而只学习自己所喜欢的功课，因此往往不能各科全及格。对于不及格学科便渐渐生厌，愈讨厌则愈不理它，因此学力成了畸形的发展，这自然是学生用功方法错误，而教师也有责任。各科教师往往只晓得自己所担任的学科的重要，尽量倾销，而给学生以过量的工作，不管他们能否消受。这样一来，学生便穷于应付。我们在中学教书，应该估计学生工作能力的总量，然后计算自己所担任的学科该要求学生用几许力量去学习，才不至于过分。譬如数学在一星期中占全课程 1/6，那末算学工作只可给它 1/6，万不可逾限，以免发生顾此失彼的弊病。我们还要晓得无论教哪一门学科，都要明白学生的思想、言行、智力、年龄等等发育程度，依其情形施教，方可有益于少年发育。用教育的术语来说，文化财要化为陶冶财，才能收效。比如国文先生说某学生的国文程度太差，这句话得要看什么标准。如果一个中学生不能用语体文发表自己应有的思想，叙述现代少年应有的经验，那真算是国文程度低劣了；若只是不能作古文古诗，不能用古典，那却毫不足怪。

依据以上所说，诸君现在读书，应有两个态度，一为科学的态度，一为教育的态度。研究专门学问，必须具有冷静的头脑，和精密分析的方法，把自己专门的学问，学得博大，研究得精微。就是研究国文、历史，也要这样做去。例如拿着一块石头，只可把它作是一种矿物来研究分析，决不可把它当为珍品来摩挲把玩。我们对于国文、历史也应把它当是一种材料去研究分析，寻出它的演进变化的真相，如果陷于拜物教（Fetishism）的态度，把古书误认为偶像，而醉心把玩，或崇拜，那便是玩物丧志，而不是研究科学，好比在化学实验室里研究，尽可化验鸦片，但决不可因此而上了烟瘾，矿山里也许有宝，可是科学家只看它是原料，冷静地去分析化验，决不萌贪心，尤不会崇拜金大王、银姑娘。我们中国的古文、历史，全是未经化验的矿石，未曾发掘的地层，现在亟须科学的采究整理。诸君研究自然科学固然要用科学方法，而研究国文、历史，更该严正地遵守科学方法。至于教育的态度却是一个综合的看法。我们由专门学术里选出教材，为得要营养学生们的心思发育。各学科是客观的文化财，而学生们的思想行为在乎他们的主观人格。以客观的文化财作为主观人格营养的料——陶冶财，这是一步的综合。学生们人格发育又离不开自然环境、社会环境，民族的、历史的环境，这是又一步的综合。因此，好教员要能够在全民族全社会的演进当中，看清少年学生的人格发育和自己所担任的学科的关系。这是极博大精微的综合的看法。以上所说两种态度：一是科学的态度，是分析的；二是教育的态度，是综合的。二者缺一不可。若只有第一态度，可以得到精深，而容易失于狭隘。若只有第二态度，可以高瞻远瞩，而容易流于空疏。譬如看纪念堂，必须两样看法：其一是进入去看里面的陈设布置构造，其二是站在观音山顶俯视纪念堂的全轮廓和它在全市的位置。若只看里面，而不知其轮廓与位置，自然不算知道；只站在观音山顶上指手画脚，而不得其门而入，也不能算懂了。这 点盼教育系同学注意！近日讲教育的学者好像渐渐得不着学术界人士的重视，就因为他们只站在观音山顶看纪念堂啊！

李国基、潘礼三记录

（《勷大旬刊》第1卷第5期，1935年10月11日）

怎样做中学校长

那一位斫轮老手轮扁对齐桓公说："斫轮，徐则甘而不固；疾则苦而不入。不徐不疾，得之于手而应于心，口不能言，有数存焉于其间。臣不能以喻臣之子，臣之子亦不能受之于臣。"这一段话固然反映出手工业时代的传统习惯——秘诀不传，而亦道破了一番的教学原理——经验只可凭实践工作体会，而不尽可以言语传授。大抵一个能拿得稳校长来做的人，必有他一套看家本领——尤其是在这年头——只是它不可说而他也不肯说罢了。我自然是没有看家本领的，可是也混了二十多年，要说没有也一定没人相信，倒不如干脆说那是不可说而又说不得的。现在写这一篇自然是可说而又说得的，这并非不忠实地把一块假金砖来骗人，实在我所有的止此而已。读者又何妨姑妄听之！

一、 现阶段中学教育的使命

济颠和尚突然地质问临安一位大医师："刚蒸出屉的馒头治什么病？"那位名医简直瞠目结舌不知所答，因为这味药是《本草纲目》所没有的。回头被济公一语道破："刚蒸出屉的馒头治肚饿。"这却是平淡无奇而人人知道的事。现在对中学校长问"现阶段中学教育的使命是什么?”，也许就是和“馒头治什么病”一样的无关宏旨的问题，可惜我却不懂得那些有关宏旨的“校长须知”，只好就这“无关宏旨”的来嚼嚼舌头。所以不言做大学校长又不言做小学校长者，正以现阶段中学教育应负特殊的使命也。这不只是开笔擒题的作文法，实在要这问题解决之后，才能知道中学教育工作的最高原则在哪里。中学教育是什么?从现代的中学教育的理论，颇不容易找出圆满确切的解答，然而大别可分为两面：从中学本身说，中学教育是紧接小学教育之上，正对着青春时期，给以更高度的普通教育；从社会方面说，中学教育是把中层社会的儿女，给以教育，使他们能负起社会中坚的责任。

现在再依据这两层概括地说一说：从第一层说，中学生在中国的法定年龄是13岁至18岁——世界各国也大抵如此——实际是15岁至20岁的居多数。人生最宝贵的时期差不多给中学时期占去了大半。青春时期的特点是什么?据现代心理学的综合研究，最显著的第一点就是自我意识的抬头。在小学时期，万事都听父母和先生安排，做什么事大抵出于无心，或半意识的。可是到了青年期，就有了自我意识，认识自己是一个人，自己有主张、有欲望、有要求，很盼望人家把自己当作有独立人格的人看待。反过来说，他有脾气，他会玩花样，会跟父母、先生闹意见。第二点就是自我与环境对立。他们对环境要试探它、批判它，甚至于反对它。第三点是由第一、第二两点来的，一方面由于自我意识的发展，一方面由于对社会文化试探的趣味长成，渐渐要在社会文化的各方面，找着自己的立脚点为自己发展的根据地。简单地说，青年期正是整个性格发育成长得最旺盛的时候，而中学教育就是对正这时期的教育。

从第二层说，我们也未尝不可以高唱人人都应有受中等教育的权利，中等教育机会要均等种种口号，然而这离开历史的实况太远了。若从历史的实况看，便可晓得中学教育虽可美其名曰“社会中坚的教育”，而实际自古迄今都是统治阶级的教育。欧洲中世纪统治阶级是封建领主和教会领袖，因而中学教育是他们的教育。十七八世纪以后，资产阶级代兴，因而十九世纪以来，所谓中学教育现代化，其实就是资产阶级取得政权之后，中学教育便不能不是他们的。最近二三十年来，欧洲的中学教育推广运动也就因为劳工运动的势力渐渐不可无视，所以中学教育不能不给第三阶级分沾多少。美国中学教育比较欧洲推广得多，就因为他们开始便是工商立国，没有好大的封建残余势力，所以中学教育当然是工商业者所共有。苏联的教育推广，这十多年来如此迅速，就因为它的统治阶层是劳工，所以跟着两三次五年计划的经济建设而扩张。“中学教育是统治阶层的教育”这个命题是事实的叙述，这里面并没有包涵什么褒贬的意思，只看我们怎样运用罢了。也许有人质问道：现在美国中学生总数快要等于全国人口1/20。苏联第三次五年计划预定10年学校的学生总数要达到4 000万，等于全人口1/5。若一旦中学教育全普及了，还能说是统治阶层的教育么？对于这个质问的解答是：到了那种状态，便是民权发达的极轨，全国人人都是统治者而同时也是被统治者，因而中学教育必然地普及了。

中国现在全国中等学校学生不过60万人，等于全国人口1/700。这60万青年男女的家庭都要有相当的财产和地位，换句话说，有相当的财产和地位的中层社会的儿女才能进中等学校。姑且假定每一个中学生代表一户，那么集合全国能送子女入中学的人家还不能达到六百乡镇。照普通人口分布计算，不过一二十县而已。若把60万中学生平均分配到全国各乡，还不到每保一人。实际情形如此，我们便不能不承认中学教育是中层社会的教育。也许有人要唱高调说：这样不平等的现象不能让它存在，中层社会应该打倒。殊不知中国现在中层社会正在崩溃中，恐怕要不打自倒。为什么？因为中国整个社会都在帝国的铁蹄之下，用不着社会内部发生什么急激的摩擦，而已经在崩溃。他们在经济上没法抵抗外力压迫，一天一天在崩溃下去；人精神上受了半殖民地文化，买办性文化的诱惑、同化，只提高了他们物质享受的欲望、习惯，养成对帝国主义的依存在，而固有的俭约、勤劳、自尊的美德日渐丧失。照这样情形下去，他们若不变成帝国主义者的扈从、工具，就必不免沦入贫苦之群。中国社会除掉这些少数中产阶级之外，绝大多数散漫的贫苦农民，现在要推行一二年的义务教育也还办不到。他们的文化水准几乎要等于零。还不如资本主义国家里受了长久的大工业洗礼的劳工；他们未曾觉醒，没有组织，决谈不到自动地负起革命大业的责任。在这样实况之下，中国唯一的活路，只是把正在崩溃中的中层阶级救回来，做大多数民众的领导、中坚，协力解决帝国主义的桎梏，这便是三民主义的革命路线。那么，中学教育的使命是把中层社会的青年，正当他们人格成长最旺盛的时候，给以更高度的教育，使他们负得起复兴民族和改造文化的责任。简单地说，养成三民主义的战士是现阶段中等教育的使命。我以为今日中学校长应该十分清楚地体认这一点，奉为自己工作的最高原则。

二、 工作实践与学问修养

通行的教育理论书籍，每提到校长教师问题，便说一大篇教育家应当如何修养。中学校长没有修养，自然不行——我曾提出一个最低限度的请求：校长须用读书人——不过修养和工作不是截然分开的，而是互为表里的。修养的目的不是要做名士、充学究，乃是为工作而修养。正如陆象山说的“道外无事，事外无道”。事是人做出来的，若离了人、离了事的修养，便谈不到什么意义。做校长的目的不是升官发财，也不是统治学校逞威风，而是教育青年、改造社会。这种工作不能空口说白话，而有赖学识去指导，用能力去实践，这就非有修养不可。我敢向校长先生提供两句话：“治事如治学，治学如治事。”原来治事和治学，对象只是一个，都是环境的现象。只是用处理的态度、行的态度去应付它，便是事。而用认识的态度去应付它，便是学。要处理它，必须认识它，所以说“知为行始”。处理得妥当，才认识得更清楚，所以说“行为知成”。进步的治学方法，不能只靠读书，也不能只凭冥想，而必须搜集、分类、观察、实验，因此“知”也就是行。若不能把书本翻译为环境的事实，或不能于书本之外找研究材料，就不问他所治的是自然科学或社会科学，都要等于八股文、试帖诗。所以治学须能如治事，才可叫作“通”。否则不通，是书呆子。治事要得阅历，求长进，透入现象的奥底，发现它的意义，若不应用学问，不运用心思，便是鲁莽、敷衍，不论经历多少，总要等于水过鸭背，涓滴不留。用治学的态度去治事，事就好比学问的资料，是一部活书。我们一面研究，一面处理，不问成功与否，都可得一番趣味，增长一步见识，而且须遇着相当复杂，相当困难，才饶有兴致。要在做事的过程中得到兴趣，抵偿劳碌，消灭烦恼，而不一定依靠成功的报酬，就唯有治事如治学。往往有的没涵养的先生们遇事还未观察清楚，便逞他虚骄的意气，凭偶然的联想，揣测是如何如何，应这样那样，不知道他自己的行动实在并不是反映事实，而只是反映他自己脑子里的幻象罢了。这样做事，简直等于酒醉、做梦，试想一个校长整天在醉乡、梦里，那学校还要得么？

治事当然要有理想，而往往有人强调自己的理想，就因为他要规避现实，无力分析事实，不能克服事实的难点，偏偏抬出理想来做烟幕，打算借此而轻视事实、掩蔽事实，以掩护自己之无能。理想不过是在某种事实情景之下，可能进一步的妥善，若不依据事实，只是自欺欺人的空想罢了。遇着十分困难的时候，心中最容易浮起所谓理想，我们立刻须晓得这是一种魔障，它要诱惑我们躲入幻境，逃避现实！埋没于事实里面而看不见理想，迷失了价值方向，固然不能治事。可是若高谈理想、不顾事实，又好比要离开水面而凌空游泳。校长律身要谨严、宅心要公正，这是起码的条件，然而若把道德太强调了，也会用自己的夸大的自尊心构成一个躲避现实的避难所。尤其是在今日的中国，一般人欲横流、操守腐化，于是偶有一二能洁身自好的先生，他便把自己那一点小道行看成高贵到了不得，幻想他有了无限的神秘的感化力，好保真是所过者化，所存者神，正气一到，百邪辟易。这可以叫作“道德的自信狂”。这实在是无力处理现实的变态的表现。您如果遇着一位校长，开口便正心诚意，闭口也斋庄中正，您就可晓得他老先生已经不济于事了。这好比秀才见了鬼，高声念“乾元亨利贞”，不过是自己壮壮胆子罢了。孟子说得好：“徒善不足以为政”，我们决不能借口修德化人而遁入空门！

三、 中学校长应做的工作

中学校长应做哪些工作？要把它列举是不可能的。为便于研究起见，现在把它分为两大类：一为对人工作；二为对事工作。对人的工作，又可分为：①对教职员；②对学生；③对社会各界人士。对事的工作，也可分为：①指导教学；②领导训育；③处理事务。

校长的工作不是事事直接经手的，多半是处在领导监督的地位。因而校长所做的事，一定含有对人的成分，把它分为对人和对事两大类，未免有点牵强。以下姑就做事方面，分几项来说一说。

（一） 怎样指导教员教学？

照现行规程，校长多少也教一点书，不过，直接去教书，总不是校长重要的职务，而事实上重要的职务是指导教员教学。这可分几点来讨论：

（1）辨别教员教学之优劣。学校与学生发生摩擦，往往因为教员问题，所以这第一步非做到不可，尤其是对于新教员更应该注意。这里有一点困难，就是校长要像一部百科大辞典，什么学科的知识，都要精通，做个百科博士是不可能的。然而这里有内容和方法的分别。关于内容，校长对于中学各学科，不能全都太外行，绝对门外汉。关于方法，校长非有相当把握不可。教员的缺点何在？优点何在？怎样去鼓励？怎样图补救？都要能辨别清楚。新到校的教员，或者缺乏经验，或者人地未习，更应当随时注意，善为指导，否则一个有学识的教员也容易受误会而被埋没了。刚由师范学院毕业出来的教员，校长更须把他当作教生看待，恳挚地辅导他成材。在这一点应分担一分训练师资的责任。

（2）使同科各教员教学彼此联络。除教学时数较少者之外，事实上不能一科只有一位教员。好比国语，一年级一个教员，二年级又一位教员，这样就需要彼此有联络，以免重复、冲突，而省掉不必要费的精神时间。尤其是社会学科，不比自然学科那样的界限分明，每级一位教员若不互相联络，至容易犯重复冲突的毛病。可是中国人的习惯，不肯管他人的事，教员们自动联络不大容易，须由校长提倡时常开会，使同科教员互相交换意见，以期得教学的联络。

（3）使异科教员教学互相关照。学科分类本来是抽象的，社会的和自然的现象，实在都是一个整体，不能划分哪块是史地范围，哪里是理化境界。不过为研究的便利，不能不分科。但分科之后，各科还是互相有关联的，学校各学科要能互相关联，学生们的头脑才能融会贯通，而获得学习的结果。所以，提倡异科各教员教学互相关照，也是一件要事。

（4）鼓励教员进修。这对于能力稍逊的教员，固属必要；而对于能力好的教员也很有益。能力好的教员每每有一种毛病，愈老练愈懒于改进，这是一种惰性。比方教数学，老练的教员每满不在乎地开口就讲，连课本也可不用。其实一切学科都日在进展中，教学法也日新月异，守旧每渐变为落伍，这是很可惜的事。做校长的应以身作则鼓励教员进修，造成浓厚的学术空气。

（5）研究教学方法之改良。在教学方法方面，中国有一种坏风气，学教育的人们研究教学法，而学其他学科的人们便忽视教学法。研究教学法的人们自己什么学科也教不好。因而文理科的先生更看不起教学法，所以前几年国联中国教育调查团到中国来，对中国的教学法曾这样地批评：他们的教学法是学美国的，他们只能教他人教他们自己所不能教的东西。教学法的研究须由中学各科教员负起责来做，才有实效。然而要教员们从事研究，也非校长提倡不可。

（6）提倡新教材之搜集。这也和第四点一样，愈是老练的教员，教熟了一套教材，就老是倚老卖老，不肯另找新鲜的。例如生物一科，生物种类，各处不尽同，而生物学的研究也时时有进步、有新发现。所以生物一科教材非随时随地搜集新材料不可。但多数生物学教员是把从大学所学的那一套来零卖。历史也是一样。据我所知道的，欧战以后的教材很少补入的。一本历史教科书由写完而至出版，应添的新材料就不少，如果不重新搜集，就不能把握时代。这种搜集的工作，也要校长提倡。

（7）救济劣等学生。一般教员对于学业或性格不良的学生，每每怀着轻视或讨厌的心理，不愿理会他们。站在教育立场，这种态度是不对的，校长应该矫正这缺点。对于劣等生，务必体察他们的个性，诊断他们的原因，予以合理的指导。

（二）校长怎样领导训育？

中学训育工作最需要而最困难。因为青年期的中学生有一个特点，他处处要人帮助，处处要人指导，可是他有了自我意识，又很要人们把他自己看作成人，很要人了解他，认识他的人格独立。然他却又喜欢画起一道防线，不肯把真象给人看。所以要费大功夫把他了解清楚，才能领导他，这是最困难的事。校长的训育工作大别可为两种，一是直接，二是间接。

先说直接的训育工作。

（1）训话。最普通的训育办法就是训话。纪念周、早会、临时训话、个别训话等都是。仿佛训话是校长的唯一法宝。不过，有一点要注意。对学生训话必须有事情，或有问题才行。不论是学校、社会，或国家的事情或问题，总要有一个，而且要能触类旁通，引申取喻，根据事实发挥，由具体说到抽象，从一般看出特殊，这样才能收效。拿句老话来说，便是要“言之有物”。否则好像讲修身教科书，或圣谕广训，那只有令学生生厌。

（2）惩奖。惩奖是校长的特权，也可以说是校长的专门买卖。不过，滥用起来，就会弄得一团糟。所谓惩奖，并不是报复或笼络的手段，而是改良进步的刺激。任何惩戒，要留有改良的余地，还要鼓励改良的勇气。否则便等于报复，对学生非徒无益，而且有害。所以对于学生，尤其是女学生，可保留体面便应保留，不可把他们的面皮全撕破。如果不关全校风纪秩序的过失，不必作公开的惩戒，以尊重其人格。至于奖励，“奖”字在说文里是将犬，是奖猎犬有功之谓。奖励学生决不能滥，尤其是物质之奖更要谨慎。奖励应在精神，不在物质，这是针对着中国民族性的办法。有利则趋，瞪眼便害怕，而甚至于利令智昏，这是中国士大夫的一大缺点。要改造民族性，在教育上惩奖的施行，要十分审慎，惩不伤其人格，奖不使成猎犬。

（3）处理团体事件。处理团体事件，态度是第一要紧。尤其是二十余年来，风云变幻的政治，青年所受的影响很大。遇有不如意的事，他们就会用外交家的态度，向父母先生交涉。所以我们决不能用政治手腕跟青年们斗法。自然，我们有经验、有手段，正所谓“老奸巨猾”，斗法的花样很多，但这不是教育者应采的态度。我们的态度应该开诚相见，以至诚感召。其次青年初期的中学生在一个大团体中，年龄、思想、经验各方面，都有很大的差别。初中生与高中生固然相差得很远，就是一年级二年级学生也往往趣味、经验及成熟的程度参差不齐。通常一个大团体的活动，被年长狡黠者少数人所操纵，年轻天真者却莫名其妙，爱读书的又多半不爱管闲事。要矫正这毛病，应依年龄经验见识相差不远的分为若干团体，使各有其事，各尽其力，各得其所，而竭力鼓励培植优良生服务于团体。

（4）处理个人事件。处理个人事件的基本原则，在了解个性，明了真相，而因势利导。否则单凭校规或校长权威来钳制，只是可暂而不可久，而且面服心不服，在教育上没有效果可言。对学生的行为，应从生理、心理及社会背景去追寻其远因近因，分析影响其行为的条件、因素，从而明了其真相，善为诱导。这样事情就容易处理。你要领导谁，必须了解谁！否则自己的儿女也难信服您做父母的。

（5）管制全校环境。管制着全校环境，使学生了解生活规则之意义，而得环境的好影响。这点应为校长训育工作的中心，比较任何训话还要有效。学校环境处处都是对着学生的一种刺激、一种暗示。如果学校环境处处都能给学生一种良好的刺激或暗示，训育的工作，可说是已解决过半。否则，学校环境处处都可惹起学生不良的感受或反响，就饶您整天训话，弄得舌敝唇焦，也没有效用。

上面说的都是校长直接的训育工作，这回再说到间接的：

（1）慎选训育人员。往往有人以为教书教不好的也可以做训育工作，过去的学监就类多如此。记得民国初年，我回到乡间，听到这样的故事：某校学监，不学无术，而好作威福，学生们想了一个对付他的办法，每逢学监来巡查，大家都拿一本书向他问难。后来学监就不敢再来了。所以千万不可以为教书不好的人也还能当训育人员。学问是取得学生信仰的一大条件。

（2）各训育人员须有共同一致的步骤和方法。无论用级主任制或导师制，要各人的方法都完全一致，这是不可能的事。但在相当范围内的一致是需要的。如果彼此步骤全不一致，方法各异，例如甲级许看这本书，而乙级则取缔；乙级可作这活动，而甲级则禁止，这样必引起学生之不平。有的导师受爱戴，有的导师则被抨击，训育的方法互相矛盾，这是大损失。

（3）各训育人员须时常互相讨论。训育比教学困难。训育工作虽可分组分级负责，但有时有些问题不是一个人所能思虑周全或单独解决，必须互相讨论，交换意见，才能收分工合作之效。前面说的齐一步骤，尤为重要。否则彼此不相谋，各自为政，许多小团体将成为许多小部落，甚至引起纠纷。所以训育人员互相讨论，校长应为之倡导。

（4）要先树信而后树威。做校长的大都知道树立威信的重要，这自然不错。不过，威生于信，不信便无威。无信之威那是假的、暂时的。反之，心地坦白，态度光明，处处得学生信仰，而心悦诚服，自然敬畏的心油然而生。没经验的教员多不明此理。

最后，对于训育工作，再提一个重要条件，就是心和气平。要这样才能了解学生心理，辨别事件真相。遇着学生犯规有过失，我们难免有火气，可是自己应马上救火。在盛怒之下，不可处理事件。必须心和气平，以避免主观武断之弊。吕新吾说得好“两家动气，一对小人”。

（三）校长怎样处理事务？

（1）处事的基本原则。校长处理事务，怎样算是好？怎样算是坏？这没有一定的界限。但基本的原则，就是事务的处理，须有教育的效果。任何大小事务，都以有否教育的效果为最高的评价标准。例如购买图书是好的，但买一批宋明版本，它的效果就很少，这就不合处理事务的原则。因为中学的图书馆不该以藏珍本为贵。

（2）守法与从权。处理事务，守法与从权都属重要。但两者的调整，做校长的须有把握。第一，对政府法令，绝对要遵守。第二，根据国家法令所定的校规，已经订定公布，也不能随便更动。经校务会议通过的议决案，也非遵守不可。就是最普通的办法细则，经过合法手续确定之后，也不容任意取消。这是一种守法的精神。可是，守法并非盲从，尤其是政府法令，多半是一般的、概括的，拘束力不很大，须理解其用意，有疑问则须请示，这样才能够运用不误。对学校自订的规程，也应勿忘其用意。这是就守法来说。至于从权，就是原有法规应付不了的当前事实，而参照原有法规，凭其原则精神，权宜从事，以补原有法规之不足。可不是随意推翻成法。

（3）会议与独断。按理说，个人独断不如集思广益的会议。不过，运用会议，有一个原则。会议并不是校长用以推诿责任，或掩护自己。如果那样，什么都推到会议，会议又随便通过，最后负责的还是校长。会议的要决，事前必须有一番准备，找出问点，搜集材料，根据事实，加以分析比较，开会时提出说明。这样才可从多数的意见中，获得贤明的判断和结论。这样领导会议，似乎近于独断，但事实与妄行独裁不同。要这样负责才可求得贤明的公断。

（4）案牍表册的运用。学校案牍表册很要完备精细，这是很值得研究的。但案牍表册之功用，一为便于检查，一目了然；一为引起注意，促进工作。可是往往有人误会，以工具为目的，以为整饰好了表册就算有了成绩，仿佛贴了标语，就算打倒了日本帝国主义。甚至于全校职员镇日忙造表册，而实际事务废弛，真是使他们感到“临表涕泣，不知所云”。

（5）领导职员。学校职员读书较少，修养往往不足，大抵凭专长的技术从公，很容易有两种缺点：第一，用惯了的一套技术，往往成了机械化，不容易改良求进步。有时且只知其然而不知其所以然。校长须注意鼓励其求改进。第二，有一种习惯以为在学校做小职员，无能力教书，便看低自己身份，言行不检，而被教员鄙弃，学生轻视。校长应指导他们进修，鼓励他们自尊自重，勿自暴自弃。

总括以上所说都是校长怎样做事，而对人也含在其中。至于对人方面，应付社会各界人士，也关系重大，再简单地提几点：

（1）对主管机关，应注意两点：第一，奉命守法，虽然必要，但对法令或命令有疑问，就不必客气，须随时请示。第二，受主管机关委任负全校之责，办的不只是例行公事，同时须以专业者的地位，随时向主管机关贡献意见。

（2）对学生家长。我们对学生家长必须改换掉从前西宾对东家的态度，东家是一家之主，他有权支配西宾——塾师——的工作。而我们的东家是中华民国，而不是张家、李家把他们家里的少爷、小姐委托我们教导。所以校长可代表国家为主，学生是国家委托我们教导的公民，家长无权指挥校长的教育工作。倘若家庭环境不良可给学生以不良影响，我们还该设法矫正，更不可谄媚富有家长而欺负寒门。

（3）对地方人士。我们办教育，不是抱出世的态度去修道做和尚，也不是充绅士用威权去包揽地方事，而用教育者的地位，在可能范围内领导社会，想贤明的方法，谋地方的改进。对地方人士自然开诚相见，领导群伦，通力合作，但不阿谀迁就，趋权附势。因为我们的责任，是改造文化，复兴民族，不能不认真工作。

写了一大篇，末了，郑重声明一句：这都是“馒头治肚饿的理论”，和“看家本领”决无关。

（《教育新时代》第3卷第11期，1942年2月15日，有改动）

国民中学与中国教育之出路*

(1942 年 4 月 12 日)

一、 中学教育改革与全盘教育改革之联系

中国教育从头一次学制颁布——《钦定学堂章程》——迄今 42 年，大小改革凡十多次，每次改革都把中学教育作为重要的对象。姑且提一提几次底重大改革罢：由《钦定学堂章程》变为《奏定学堂章程》，中学堂便由四年毕业变为五年。民国元年（1912）改制，中学变为四年毕业而且废止了读经，这桩事直到现在还累得一班立志力挽狂澜底先生们心里犹有余痛。壬戌①大改制，全国教育专家聚精会神为得要穿上一套华美的洋装——“六三三”制。民国二十一年（1932）公布《中学法》，虽然还是初高中各三年，而职业学校分离独立，选科办法废止，“六三三”制已经名存实亡了。综观 1912 年、1922 年、1932 年三次改革，好像中国学制在这“三壬

* 作者曾写到，写作本文及《四十年来中学教育之彷徨》（1940 年）时，为躲避国民党特务的干涉，都做了一些曲笔。

① 此处指 1922 年。——编者注

运”，中学一段都犯了“伤官”似的。最近10年来，什么甲乙分组、五年一贯、六年一贯，花样时时推陈出新，足征中学一段之彷徨不安，今年又交上壬年，引古证今，这流年真难保又没有事！别谈八字，还是谈教育！中国教育每次改革都这样脱不了中学教育底干系，也可以说是为改革中学而改学制，那末，也未尝不可以这样说：假如中学问题能得到彻底解决，大概全盘教育也没有多大问题了；现今就因为中学教育还在彷徨，所以全盘教育也没有找着出路。为什么中学一段在全盘教育里面占如此重要的地位呢？试追溯历史上学校教育底演进，便可想见中学是最老牌的学校教育。中国传说古人15而入大学，假令西周时代真有那样的所谓大学，她底内容性质也应该和近世底中学相当，她是支配阶级底青年子弟教育机关，要他们能继承文化遗产；而古代学术还未有分门的发展，因而由此以上不再需要什么专门学府了。欧洲古代希腊罗马那些学校和中世、近世欧洲底学校教育虽断了姻缘，然也可以说她们和中国古代传说所谓大学约略相同，也都是支配阶级底青年教育。用今日底称呼，也还是中学。欧洲近代的中学和大学，都起源于六七世纪时期底主教学校（The Bishop's School），在那里学习点儿希腊罗马底学术余绪，以养成教会底干部人物。这类学校到了八九世纪，得了查尔曼大帝提倡，就发达起来了。从此以后，第一个结果是学习古典与否成了区别上流社会与下流社会底标志；第二个结果是随着学术底分化地发展，大学便从中学里长出来。而中学竟成了大学底预备教育机关。例如巴黎大学底前身原是Notre Dame①附属的主教学校，至12世纪初期，得名学者Abelard在那里讲学，招致学生几千人，后来便成大学。由此可想见古来的支配阶级要他们底子弟继承文化遗产，而永久支配社会，就必然留意他们底教育，这便是中学底来源；因而中学和大学在欧美是同属于高等教育系统的，德国和美国底中学底通称，若直译过来，便是高等学校。至于初等教育，对于一般庶民底教育，欧洲原来是教会底慈善的副业，可有可无，直至19世纪资产阶级革命成了功之后，才分给这一点余惠到平民。中学教育既然如此重要地位，而我们中国底中学教育快经过了半世纪而得不到很合适称体的，哪能不焦急呢？其实40年来中国中学教育之频频改制，也未尝不是反映着中国底支配阶级在转变。随便举一例罢：壬子②废止了读经，30年间虽出了好几批卫道之士，而读经终不可复；而近来中学要废止英文，却又感到窒碍难行。这是表示了现代的中国底士大夫已经不需要读经说古代的鬼话，而却需要懂得多少洋鬼话。“新鬼大而故鬼小”，其斯之谓欤！

① 圣母院。

② 此处指1912年。——编者注

二、 近来对于教育之主要的非难

提起40年来中国底教育，也实在可怜，在如此穷而且乱底社会条件之下进行着，捉襟见肘，扶东西倒，而国家民族出了倒霉事件又要教育任咎。例如“九一八”东三省给倭寇一夜之间明火劫去了，当时就有人埋怨教育，说是因为女学生披发太长而裙子太短。那一类心血来潮而未曾屈指一算底谩骂本来值不得重视，而实有几分搔着痒处底非难，若归纳起来，大别有两种：一种是说，中国教育太贵族化了，是少爷小姐底教育，和生产劳作脱节底教育，只造就一批高等消费者。这种论调由来已久，不过每逢时局有了变化底时候，言论表现底方式稍为有点儿不同罢了。又一种是说，中国教育是闭户造车，甚至于孤芳自赏，和政治完全脱节。这种论调大概在民国十六年（1927）北伐成功之后才发生，以前倒很少见。到了最近抗战爆发以来，这种非难似乎更有力量。这两种非难在舆论界是很流行而有力的，教育工作者对于这两种非难，也似乎认为不能不接受。据我看来，要说绝对不接受固然不可，可是无条件地接受也不见得妥当。我们既然要讨论中国教育之出路，先要将这两个问题弄清楚。

三、 先决问题

关于第一个问题，却比较简单。民国五六年（1916、1917）时，第一次欧战还未结束，西方帝国主义对中国底经济底压力暂时松一下子，我们底民族工业曾一度景气，那时便感到职业教育底需要，同时便感到从来的教育和产业关联不起来。因而职业教育底呼声，尤其是在密迩上海底江浙一带，一时甚嚣尘上。从此以后，又输入了许多美国底职业教育思潮，便成了一种言论，指摘中国教育是非生产的。壬戌改制，就希冀抄袭美国那一套中等职业教育过来作“六三三”制底骨干，可是结局毫不发生效力。现在先要问一句：是产业发达造成职业教育，还是职业教育造成产业发达呢？中国教育诚然是和生产劳作脱节，自古已然，非自今日始，而把产业落后归咎于教育，就有点儿当不起。只希望学校造就大批生产技术人员以逼成产业发达，就未免近于幻想。请看近百年来欧洲教育史，便可晓得现代职业教育是从徒弟制度发展出来的。产生革命之后，大规模的机器工厂代替了手工业，旧日徒弟制度不能供应新需要，因而现代的职业教育应运而生。不是职业教育造成社会产业，乃是社会产业规定职业教育。中国教育向来只养成士大夫乃是生产落后底必然的现象，这种病像当另求治疗之方而不可妄想乞灵于区区职业教育。近来这问题快大白于天下了，四年半民族解放底血战正在打开民生建设势不容缓的新形势，只要我们不在革命之前战栗畏缩，民生主义的生产教育是必须列入议事日程的。

第二个问题比较严重，指摘教育与政治脱节，这种论调从抗战以来格外有力。然而最近忽然复活一种刚刚相反的论调，便是教育超越论，主张教育超越政治。在两三年前，这种议论没人敢说，而自去年以来，说的渐多，而且得到不少人同情，当指摘教育和政治脱节底议论还占优势底时候，对于这种教育超越论，应该一笑置之呢，还是应该同情地理解它所以发生底原因呢？指摘教育和政治脱节，反过正面来说，便是主张教育和政治配合。请看近来流行的议论，大抵认定教育是上层建筑，什么社会，什么时代，便有什么教育，教育总离不开某时某地底政治。这番说明若是真确，教育配合政治便是历史的社会的事实，便用不着我们再来要求，再作主张。好比女人产小孩是生物学的事实，我们若因此而主张孩子必须由女人产出，那真是干卿底事。假如教育从来果是清高，果是孤芳自赏，不沾政治，现在我们发觉那是错误了，因而主张改正，要和政治配合，当然说得过去。可是历史只给我们以相反的证明，教育就未曾和政治绝缘，从这一点说，教育超越论倒还像一种勇敢的主张。我们细察历史的演变，教育虽从未曾脱离政治，而她所关联的政治却不是固定不易的，好比女子必和男子相配，可是她不一定从一而终。当旧的政治快要没落，新政治要代兴底时候，站在新政治底立场的往往要求教育和旧政治脱离而和新政治配合。可是教育向来是倾向于保守的，在这时候，教育大抵还是和旧政治要好，不轻容易迎新弃旧。于是站在新政治立场的便可以指摘教育和政治脱节，然而也未尝不可怂恿她超越旧政治以便向他自己送秋波。由此观之，配合也罢，超越也罢，都不是教育自身底主张，而只是新政治和旧政治之间争风底话，或是吃醋底话罢了。我们若要把教育配合政治看作一种主张、一种要求、一种理想，便要先看准是哪一种政治。好比男子要和女子结婚是自然的要求，不管他是翩翩美少年，或是癞蛤蟆，是卖油郎，甚至于是阿Q，只看这位好姑娘该找哪个如意郎君罢了。关于这个问题，现代教育哲学有了大体一致的解答。例如德国教育哲学底巨子纳托尔普（Natorp）说“理想底社会生活底教育条件，同时就是理想的教育底社会条件”。他认为理想的社会生活，不问其内容是经济，是政治，或是狭义的教育制度，都应该是为人间性陶冶而设的一大组织；那样的社会生活——政治和经济等——是人生无限的课题，当然也是教育底理想。杜威在他底名著《民主主义与教育》里面曾给教育提出选择如意的政治郎君底标准：①这群内分子有意识参与的利益有多少种类？②一群与别种团体底相互作用、互相联络，至若何圆满与自由底程度。若把杜威所谓民主主义的理想翻译为今天的话，便是对内消灭阶级间底剥削而对外消灭国际底侵略，那样的政治才是教育底理想。简单地说，按现代教育哲学底指示，教育化了的政治才有和教育正式结婚底权利。

四、 中国教育须把握中国文化底落后性和三民主义革命的跃进性

我们讨论过了上面两个先决问题，知道了指摘中国教育和生产脱节，和政治脱节，虽事出有因，情有可原，然而都不能笼统地没批评地接受。我们要看明白如何发展中国产业，才能要求教育和产业配合；又要看明白如何建设中国政治，才能要求教育和政治配合。中国底教育要配合中国所可能的而且应当的产业建设和政治建设，这才是中国教育底出路。中国底建设路线，我们已经有了很显明的指路标，就是三民主义。我们天天念三民主义，到底只是口中念念有词呢，还是认识清楚了呢？假如认识清楚了，我们应该承认今天以前的教育是失败了。40年来底教育，始而效法日本，继而模仿美国，后又妄想步武德法，东抄西袭，都是妄想袭用已经成熟了的资本主义国家底教育。我们是产业落后因而整个文化落后底国家，距资本主义尚远而且不可追踪，而却用尽力抄袭他们底教育，那能受用呢！除非教育真可以超越经济和政治而孤独地发展起来。也许有人这样想：我们现在就加紧追踪资本主义底产业和政治；可是现代的历史学社会学早答复了我们：此路不通。中国早成了帝国主义者群底推销商品底大市场和他们底原料底供给地，名义上虽为独立国，其实已沦为次殖民地。在帝国主义重重压迫之下，想学会他们那套功夫再去打他们，绝不会有那样便宜的事。帝国主义者表面上对我所谓友谊的提携援助，充其量也有一个限度，就是不妨碍他们底商品推销和资源劳力底榨取。若超过这限度，他们决不答应。因此，中国唯一的生路是三民主义的革命路线——打倒帝国主义，肃清封建残余。我们这条路线，不只是不步武资本主义，而且要跃进地超过他们。只有立志超过他们，才可以打倒他们。以一个被压迫的落后民族，采用革命路线，能不能超越先进的资本主义国家呢？能！一定能！资本主义帝国主义已经烂熟而快要没落，在他们体内已经孕育成一种否定他们自身底伟大力量，这造成了被压迫民族底解放良机。到了今日，我们被压迫民族若还不敢毅然决然踏上革命的路线，便是自暴自弃。全世界人类文化进步到了今日，我们这一部分被压迫民族之所谓“落后”，可以用教育底观点解释为“未熟”。由教育看，“未熟”便是大有生长底可能，充满着可塑性，而且未熟者自有其独特的生长进程，决不必反复重演他底前辈底过程。用个譬喻来说罢！现在十二三岁底初中学生底国文程度当然比我们中年人落后，他们是未熟。然而他

们学习若得法，五六年之后，他们便可成为一位新作家，远胜过我们。这就因为他们处在新环境，走上新的学习路线，省掉了好多我们从前所不免的失败和错误，所以他们能够从比较我们落后而跃进地超过我们。可是我屡听见有人这样说：胡适之白话文做得好，因为他读过不少古文，所以青年学生还须多习古文以作根底。这种可笑的论调，若戴起教育的眼镜来批判它，便是误信了复演原理（The Law of Recapitulation），而忽视了或估低了新环境底教育力量。我又想起40年前底一段笑话：《辛丑条约》之后，我的家乡女子们都流行放脚，那时一班中年妇女都放了脚，可是她们仍把八九岁的小女儿底双脚照例缠裹，据说若简直让女孩子底脚长得和男子汉的一样大，颇不雅观，不如先缠几年然后解放。这个先缠后放底妙法，恰和先逼少年学生模仿东莱博议古文评注，然后改作语体文一样，都是要青年重蹈前辈底覆辙，这种办法和帝国主义者“诚心”援助弱小民族一样，都想人家袭踏他们自己底覆辙，就因为他们把自己看作绝对不易的标准，而不认识革命底力量。其实青年们自有其成长底路线，无须袭踏前辈底步武；被压迫民族也自有其复兴跃进底路线，也无须步资本主义先进国底后尘。初中学生习文学当然也从文学遗产中取材，然而通过他们特有的学习进程，自有他们特有的奥伏赫变①；被压迫民族解放建国当然也要大量取材于现代的科学和技术，然而通过我们底革命进程，自有我们底奥伏赫变。所谓民族底自信心便是指这一点而言，绝不是讴歌颂扬老古董。我们底教育要紧紧把握住这一点，严密配合三民主义底革命路线，才有出路。民国十五年（1926）国民政府教育委员会许崇清先生关于党化教育那一篇提案底文章，实在把这番原理看得透彻。我们须晓得所谓“落后”，是从既成熟的资本主义底观点说的；若从我们被压迫民族底立场说，只是未熟。这回世界大战屡次证明他们确是老大了，我们不过未熟罢了。我们被压迫民族由未熟而跃进于真正的文明，自有我们的路线。

五、青年知识分子在革命建国底过程中所处的地位

我们既然知道中国唯一的生路是三民主义底革命路线，而革命是“必须唤起民众”的，愚弄民众而高谈革命那是法西斯主义者底大言不惭。可是中国民众有85%以上是文盲，在几千年封建社会积威之下，他们愚昧懦怯散漫陋习甚深，据历史底先例，等到万分不聊生之时，不得已而暴动，也只是给草泽英雄做驱除底工作，用肝脑白骨给英主砌成大宝龙位罢了。怎样把这批绝大多数的蚩蚩者民变

① 扬弃，下文同。

成革命的民众，这是中国最迫切的问题。也许有人这样想：先努力民众教育工作，启发他们底知识，改良生活习惯，增进健康，扶植生计，等到民众教育功德完满之日，他们自然会负起建国大任。自五四运动以后，流行一时的平民教育运动，大概暗地里无意识地承认这是真理。然而我们仔细思考，便晓得此路不通。第一因为我们早被帝国主义者扼亢拊背，要等从容和平的平民教育功德完满，无异俟河之清，而且在帝国主义者底镣铐之下，也势不许这种工作能成功。第二这番理论是无意识地依据生活准备说，把平民教育看作准备将来不知何年何日底辽远的意外的革命建国，而现在只从容地做中性的准备工夫，这和教小孩准备充足了教育之后再生活一样的笑话。其实儿童底教育离不开儿童底生活，同样地中国民众底教育也离不开革命。要教育民众唤起民众必须在展开革命建国底工作自身之中，革命就是教育，才能成为教育。那末，我们要问：在革命过程中负起教育这 85% 的文盲大众的是谁？中国须有一个阶级，他们是革命建国底干部而同时又是革命的民众底教导者。这个阶级只能在那 15% 的非文盲的知识分子之中。我们能否依照欧美先进国底成例，把革命建国属望于资产阶级呢？不能！我们是产业落后的国家，资产阶级还未发展到想见革命底程度；至于新兴的买办阶级是在帝国主义和封建残余共同卵翼之下讨生活的，他们更不会同情革命。我们又能否依照苏俄底先例，把革命建国底大任属望于劳工阶级呢？也不能！近代工业革命成功之后，才有大资本家，有了大资本家才产出无产大众；我们既还没有可言革命底资本家，当然也没有可负革命大任底劳工。就因为如此，所以中国革命建国底大任只有降于青年知识分子身上。中国已往的知识分子对于民众的功罪怎样，我们且不去算旧账，而目前革命建国底大任，青年知识分子实在责无旁贷。中国知识分子有位居四民之首底传统的自信，向来自命为民众底大哥。自戊戌以来，每次革命维新运动，不问大小，都是由青年知识分子发动的。不论什么政党、什么政纲、什么主义，若除掉青年知识分子，便没人谈。历史的社会的条件规定了革命建国底大任不能不落在这班人身上。论中国教育，必须注视这桩事实。历史早给我们证明了青年们有革命进取的朝气，他们敢作敢为，不顾利害。远征诸东汉北宋底太学生，都一致以革命建国为鹄的，不畏缩，不迁就，不敷衍，便不难在学校里提起青年们以革命建国为己任底自觉。现在全国中等学校底学生总计不过 60 万人，而按新县制底区分全国可有 80 万保，每保还摊不到一个中学生，如果中学生还不能充革命建国底干部，而希望三民主义实现，岂非梦幻！现在的中学教育不聚精会神用全力于革命建国干部底陶冶，而徒然以资格出身诱惑青年，催老他们底青春，实在太无心肝。广西国民中学开办有年，是这回抗战底产物，今后能否如愿地成功，又当别论，而设校底宗旨我认为十分正确。

回忆清季的中学生因为是《辛丑条约》底产物，个个都有几分民族底自觉，以新中国主人自命，当时学校虽师资不行，设备简陋，课程内容也还充满着封建的科举的余臭，清政府也还十分期望学校稳健地保存国粹，而革命的暗潮正在滋润着每个青年底心坎，绝大多数希望前进。只管说小事为例：现在青年男女爱修饰不是为世人所诟病吗？清季中学生却以穿制服为前进，男生不愿穿长袍，女生更以抹脂粉为奇耻大辱，甚至于假期回家，男生不愿改穿长袍，女生不愿重施脂粉，因而招父母尊长大不高兴。这就因为那时社会里有一股革命的新力量在领导青年们前进。现在展开了全世界民族解放底大战斗，如此良机，岂可坐视其错过！试依我底浅见，为现阶段的中学教育提供几点：第一，培养耐苦任劳的健康身体。青年期底健康关系终身幸福，这早经科学证明，无须多说。近取诸戊戌变政直至于国民革命，都证明了青年们参与革命是热烈的真挚的。他们有天赋血性的民族意识，目击帝国主义底横暴，勇于反抗；农村底青年未受帝国主义底威力所震慑，固然有胆量，就是都市的甚至于租界的青年也比他们底父兄辈有血性、有骨头，不容易甘心依附帝国主义者讨生活。封建社会底残余势力只容易麻醉闭塞中年人底心灵，而青年们则容易感觉桎梏，力求挣脱。寒门底青年固然容易走上革命路线，而富贵家底青年因为习染未深，也可摆脱他们自身所属的阶级意识底牵累而从事革命。黄花岗之役，清廷底达官贵人知道了林文忠公底子孙也参加革命，皆大惊失色。其实每次革命秘密运动，都有富贵家青年在那里工作，而决非他们底父兄所能赞成的。革命建国只是于国家民族有大利，而不能担保于哪一阶级哪一家门没有目前的损害。因此干革命工作的必须有牺牲自己阶级底私利底决心，而这种事很难属望于中年以上的人们。青年们有这样的好素质，所以堪充革命建国底担当者。然而若受不到好的教育，一旦青春灰褪，火气渐熄，便不难堕落腐化，甚至出卖民众，出卖民族，历史上也有不少的实例。

六、 国民中学底使命

我向来坚决主张现阶段中国底中学教育底使命应该是造就革命建国底基层干部，现在广西底国民中学既专为此而设，便可以代表中国应有的中学。只要全国各方面底组织。现在我们需要的青年健康不只是无病，而且要耐苦任劳，适用于现代各种工作。近年航空人员招考，中学生应试的整千整万，而据说身体检查合格者甚少甚少，这种现象殊堪寒心。今后中学教育应以增进健康体能为第一要事。上面说过，青年是富于革命的朝气的，那不过是自然的素质，若不加以培养发展，那也容易衰退的。据我底经验，近来青年多患早熟，不是生理的早熟，乃是精神的早熟。20岁左右天真纯洁的青年，渐渐熟悉人情世故，曾几何时，便事事计较私人利害，对人对事敷衍应付，操纵擒拿，甚至于钻营投机，头头是道，比诸父兄辈竟直青出于蓝，真令人惊叹不止。这固然是近来社会大环境底“义方之训”，而学校教育未曾给他们炼成点防腐剂，也实在是教育和社会太过密切配合了。因此，我认为中学教育底第二要事是给青年们训练成批判现代文化底科学头脑。我们革命建国既然必须取道于跃进的路线，对于现代文化必须下一番严正的奥伏赫变底工作，我们底青年就必须有严谨的科学头脑。现代科学底最大成果是给人们造成了一种发现真理日新不已底技术。科学底头脑决不甘故步自封，决不轻易没批判地接受现成的理论，这就是青年头脑底防腐剂。中学青年不论在知识学习方面，或行动实践方面，都必须尽量自由运用思考，做分析，批判，检证，存疑探讨等等工作。附和、盲从、麻醉、压抑等勾当，不论其暂时的结果如何，必然是青年底催老剂，也就是民族底催命符。青年们自由独立地思考，有一个最好不过的定标，便是被压迫民族底观点。征诸历史，歪曲真理，颠倒是非的罪魁，必然是弄权得势的压迫者。他们干多了歪心事，心中有了许多不可告人之隐，因而怕正视事实，怕面对真理，于是乎压迫科学，迫害纯正的思想家，现在纳粹法西斯就是一个活例。我们被压迫的民族所要求的只是公平，正义，所反抗的只是横暴，此外一切无所贪恋，无所忌讳，因而容易接近真理，欢迎真理，在这一点，民族和个人十分相像，压迫他人的志得意满，又患得患失，所以最容易流为懦怯，无耻，虚伪，堕落；而被压迫的却淬砺了意志，清洁了胸怀，就容易奋斗前进。这回世界大战已经给了我们不少的例证。我们的青年现在固然必须坚持被压迫民族底观点，而尤须切记“联合世界上以平等待我之民族共同奋斗”，世界上人类若还有一个未得到真平等的，我们青年都应该同情地和他取同一的观点以进行一切工作；在这里可用得着一句古训，“一夫不获，是予之辜”，这原来是古代雄主底一句骗人话，然而现在青年不妨把它老实实践，却可使头脑永远清醒。我们底中学如能这样教导青年，则一切学习必然是集体的，互助的，共同讨论和自我批判必然可贯通学习全历程，而以前那些竞争作伪、取巧、嫉妒等弊端必可以廓清无遗。一切学习资料都该是抗战建国底大业所必需的，也就是青年所渴望的，不是为骗文凭、取资格、耀乡里、夸宗族，那末，课程问题，教学方面问题也容易解决了，现在教员、学生和家长都有一个应付会考升学底个人荣达底观念横亘胸际，一切教材教法可不问其于学生身心是否有益，而希图碰中考试（其实考试也碰不中），这样的教育便没法突破洋八股底范畴。这种陋习如不在抗战期间把它肃清，将不难误尽青年，断送民族，这实在不是故作危辞！

七、 新教育底展望

中学教育和整个教育系统关系如此密切，要改造中学而不牵动其他阶段几乎是不可想象的事。在这里当然不便详细论及全盘教育改造底具体方案，然亦不妨大体作一度隐约的展望。上面说过：革命就是教育；那末，教育必须在整个革命建国底进程中负起她底重大任务，发挥伟大的功能，此外不该再有别的目的。中央对于各级各种教育，只应制定全国一致的方针，提示实施的原则，至于具体办法，则应听各省政府咨询于专家，因应各地方之文化水准，经济状况及建设之进程，而精密地设计，时时都有自由伸缩修订底弹性。例如中学教育一段，大体说，应该从学生 13 岁至 18 岁，而毕竟中学修业是六年呢，四年呢，还是三年呢？各地方得酌量伸缩。至于课程内容，按原则说，当然先普通而后分化，然而毕竟怎样配合，也应按各地方需要而自由变动。不论是普通教育，或专门教育，学生入学应该是求真学问，真修养，学校应该供给青年们以文化食粮，供应他们实践应用底资源，而不是出卖文凭资格。那末，在校学生可以因社会服务底需要和个人底兴趣随时完成学业一段落便离校工作，而工作者也可以为充实工作底需要而随时入学进修。升学和进修都是为工作而求适合各人底能力，当然不应有贵贱高低之分。对于离校工作底青年，学校可以给他们证明修业成绩，或加以职业介绍底相当的评语。例如：可试充国民学校教师，任农场管理，或园艺工作等。至于学位称号，那是科举遗风和中世纪教会遗风底化合物，中西合璧的封建余毒，必须立予废止，方可希望有真正求学的青年。抗战建国的大时代绝不该保留如此不详的枯骨。中国读书人中科举毒一千多年，好比鸦片瘾甚深，非严予禁绝不可。铲除猎取资格图晋身底虚荣观念之后，对于那些资质聪颖的少年，社会需要他们受较高深的学问技术底训练，而派定他们从早受准备教育，也只可以说是能者多劳罢了。那末，准备升学底教育也不会有什么流弊。然而从事实际工作而未曾专做升学准备底青年当然也有随时进修求深造底权利和便利，决不应有什么资格限制。只要严正地把全盘教育配合于革命建国底实际需要，则大纲既立，而其余的修业年限、转学、升学、补习进修等枝节问题，只是办理底技术罢了。万一不幸中国没有前途，则新教育当然无从产出；然而中华民族有复兴之一日，新教育必然是严正遵循革命路线的，现有的科举式和买办式底余毒必在铲除之列。

于桂林独秀峰

（《教育危言》，香港文化供应社，1947 年 3 月，有改动）

今后中学教育往哪里走

（1946年2月10日）

二月初旬，在一个叙会席上，欧阳予倩先生说："我索性不再让小孩子上中学了，因为小孩子上了中学，精神会变傻，身体会变弱，现在的中学给孩子们益处实在太少，而坏处实在太多。"这番话给我一个刺激。欧阳先生是文化界一个先进，现在还努力工作，而对于现在中学教育如此失望，当然不是没有所见。设若长此下去，全国中学都变成贻害少年底机关，而开明的家长都忍痛不敢让子女上中学，可不是一个极重大的危机么？

我们中国教育之改革，迄今快闹了30年。有不少人发过各种议论，也有不少人下手做过工夫，而结果越改越糊涂，到如今，还是彷徨无路。我们再谈这问题，首先要避免以前种种改革论底错误。以前提起教育改革，就有人动不动主张改革学制，好像学制一旦变更，教育就可以变质似的。而事实却恰相反，学制尽管改换头面，而教育可以依然故我。中国抄袭美国的"六三三"制，而结局貌似神非，这是一个显著的例证。因为学制应该是历史的、社会的产物，若背景不同，而徒然模仿他人的制度，结局是"橘逾淮化为枳"，随便什么政客、官僚甚至军阀都可摭拾一知半解底陈言滥调，来侈言改革学制，那真是信口开河。虽然不能说学制对于教育实际毫无影响，然而实际教育作风底转变，绝不是由学制来规定的。至于学风底转变，也不是强调一两种流行口号——如厉行生产教育，提倡政治教育，加强军事训练等——所能做得到的。倘若强迫学生锄地种菜，便算生产教育，或排班列队，立正稍息，便算加强军训，那虽不是信口开河，也不过是无知妄动。教育底改革，应该从民族社会发展过程中，寻着可能的而且应有的转变而和它配合，才有根据。

中学教育是什么？干脆地说，是统治阶层的教育。这是历史的事实如此，无可讳言。欧美的中学是和大学同属于高等教育系统，而与小学及师范学校——初等教育系统相对待的。所谓高等、初等，乃是指受教育者所属的阶层而言，不是说教育程度的高低。有怎样的统治阶层，就有怎样的中学教育。例如欧洲中世。统治阶层是教会的僧侣，那时的中学是纯然的宗教教育。文艺复兴以后，统治阶层是贵族、大地主和大商人，因而中学教育是古典教育。至于近代，产业革命和民主革命成功，新兴的资产阶级已经代替旧封建的领主地主而取得了统治者的地位，从而中学教育不得不变质而为资产阶级的教育。欧洲各国资产阶级虽取得了领导的地位，而也还有少数贵族残留着和资本家联合形成一个统治阶层，所以他们的中学教育还保存几分高贵文雅的古风，而范围界限也来得谨严。美国是一个纯粹资本主义的国度，没有贵族的传统，所以他们的中学教育比较欧洲的更觉得平民化，其实，是彻底的资本主义化。最近苏联成功了空前的社会革命，工人和农民取得了统治权，因而中学教育变为工人和农人的教育。他们这个统治阶层占了人民的绝对大多数，是具有消灭阶级底功用底统治阶级，所以他们中学教育推广得非常之快，短短 20 年之间，中学人数增至三千多万。在苏联之前，中学教育推广得最快的是美国，而自 19 世纪以迄今日，经过一百多年，中学生人数只达到五六百万，就因为美国的统治阶层毕竟是资产者。

中学教育既然是统治阶层的教育，它便随统治阶层的需要而变化。19 世纪欧洲中学教育底现代化，便十分显现这番原理。初期是古典与现代语及科学之争。古典代表文雅而和现代语及科学对立着。其实就因为现代资产阶级需要现代语和科学，而同时又因他们既成了统治阶层，虽然改变了生产关系而在敌对的阶级社会里，他们还不能忘情于旧日统治阶级所惯用的装点身份的工具，从而不肯毅然完全抛弃古典，到了前世纪末叶及本世纪之初，古典与现代语的对立得到了相当解决，而现代语大体占优势了，又发生文化教育与职业教育的对立。这回代表文化的却又是现代语文和科学了。这是产业发达的结果，生产技术成为社会之所需要。然而资产阶级所需要的是高等的产业知识，要能够控制管理生产机关，却不必动手操作。换句话说，统治阶级所需要的还是头脑而不是身手。至于中级生产技术只听中产以下的人们去干，只需要他们有相当身手而却不要他们有头脑。因而职业教育还被摈于中学教育之外，顶多也只能作为中等教育的旁门而与文化教育对立着。训练身手而不培养头脑，这显然不是教育所应有的理想，此理很容易被教育家所理解。所以现代教育学者如凯兴斯泰纳（Kerschensteiner）就主张身手与头脑并重，而提出一个公民教育的概念，要求综合文化教育与职业的对立。这派理论自然不错，也很冠冕堂皇。然而统治阶层企望生产技术人员所有的这头脑是拥护资本主义社会秩序的公民头脑，和劳动大众自身所需要的头脑恰是两样。对立毕竟无法解决。美国中学自“六三三”制盛行之后，普通科与职业科早已综合。欧洲自第一次欧战之后，也相当地把中学教育开放到小资产者，希冀怀柔中间层的民众，然而文化教育与职业教育无论在欧洲或在美国仍然对立着。就因为这是社会阶级矛盾的反映，根源未解，影像便无法抹杀的。

中国教育向来受着封建社会的条件所规定，是地主官僚的教育，即培养士大夫。历史上之国学、乡学、书院，乃至今日从外国仿效来的中学，名目尽管不同，而始终跳不出这圈套。教育的内容以文章及礼教为中心，文章好比欧洲的古典，这是士大夫文身之具；礼教好比宗教，这是一种重要的统治工作——治术。假如没有欧美帝国主义来打破我们的大门，深入堂奥，也许现在我们的教育还是照旧不变。自帝国主义侵入之后，我们的统治阶层，由地主变而为次殖民地的地主，同时又产生了买办。这个统治阶层一面失掉旧日封建时代那一点美德——讲多少礼教、节操底自尊心和也利用闲暇讲求文章学问等等底读书人本色，而另一面又决不能有近代资产阶级的革命性。因为这个统治阶层是帝国主义者用皮靴踢翻了之后又一手扶起来充当代治次殖民地的工具的。统治阶层既然是如此，他们的需要当然是猎取资格及吹拍逢迎、钻营奔竞的技术。从而中学教育成为官僚出身必经的一道桥梁。学生可以国文不通、英文不懂、理化不行、史地不明，而必要的就是毕业文凭。封建社会崩溃了，而它的形骸还僵尸般保存着；现代的生产力根本没有，而现代物质的享乐却上了瘾，且学会了新的搜括术、投机术。这样的统治阶层规定了今日的中学教育。统治者可以因为不懂古典、不懂礼教而实行唾弃古典，反对礼教，也可以因自己不懂而口头提倡古典，拥护礼教；另一面又可以天天在压迫科学，摧残生产而鼓吹生产、颂扬科学。他们肠肥脑满，酒醉饭饱之余，随着心血来潮而信口开河。也许偶然发现自己的少爷不会对对子写贺帖而痛恨国文程度低落，也许因为小姐弄坏了收音机而乍感生产技术的需要，也许偶尔从洋楼窗户望见马路上的乞丐而觉得职业教育之应该提倡，回头又想起共产党可怕而觉得经书不可不读。有的不识趣或看风头的教育家便跟着大喊其重订课程、改造学制、改良教学、训练师资，甚至于要提倡卫生教育以治病，提倡职业教育以医穷，好比乡下人先讨个童养媳过门来逼自己的妻快养男孩。30 年来，这类怪象，真瞧够了！其实中学教育在这样的统治阶层支配之下，供他们使用，就必然腐化的是意中，而好的是例外，无论学校改用什么名称、采用什么学制。虽也力说提高程度而并不希望学生真读书，也主张严格管理而却不怕青年腐化，至于师资不良、设备不足，那更是事有必至，理有固然，毋足怪者。可以肯定地说一句：今天中学教育败坏底病根，在统治阶层之日趋崩溃，濒于没落。一个鸡蛋浑了就得要长成鸡，否则长期停留在浑蛋阶段，就连一个蛋也不是了。今日学校之所以比不上旧日书院，中学生之比不上旧日秀才，其理由就在乎此。

话要说回来了。中学教育是统治阶层的教育，我们又可以得到一个推论：若需要怎样的统治阶层，便可能而且应该有怎样的中学教育。中国由于 20 多年来全世界民族解放底巨流之所激动，又由于近八年来抗日的恶战苦斗，群众有许多觉醒，也有未同流合污的中产者和小资产者觉醒了。这两种人在长期的苦痛过程中，受了教育，有了觉悟，可能互相携手而形成一个进步的新统治阶层。

那末就看我们的中学教育，愿意照旧作为快要没落的统治阶层的教育呢，还是愿意作为进步的统治阶层的教育呢？这是中国人的出路，也就是中学教育的出路。按照中国社会经济的实况，受中学教育的除掉买办地主之外，至少也须是中产者，也间或有小资产者。这班人是现代社会学所谓动摇分子，随着时势的转移，可以前进，也可以后退。中国的中产者和小资产者尤其动摇得厉害，他们读书为的是上进，要爬高到人民大众的头顶上。自戊戌变政以迄今日，真不知有多少资产阶级的青年，意气轩昂，及后官做大了、财发多了，他们的人格，就像秋风下的落叶，一批一批坠入泥坑里去。因而今后中学教育必须预防这一着。现在未腐化的中产和小资产者，一面受着民族解放底潮流所激动，一面又受着 8 年来觉醒的民众所驱策，他们是可能前进的。国父遗嘱上说："深知欲达到此目的，必须唤起民众……"唤起民众，不只要他们来追随自己、受指挥，还要民众起来监督自己、鞭策自己，才管得住小资产者的心猿意马。所以说：脱离了民众，便无革命可言。现在未腐化而还有进步性的中产和小资产者既可能形成进步的统治阶层，而中学教育又恰是给他们的教育，在与广泛的国民教育合作之下，是可望有效的。青年人习染未深、天真尚存、朝气尚足，在社会条件适当地配合之下，中学教育可能培养他们成为进步的分子，忠实地和民众合作。这是今后中国中学教育的一线生路。

今后中学教育如敢毅然走上这条新路，则必须让青年男女渡一种自由自在的学习生活，让他们接受现代科学知识，运用它来认识世界、认识自己，自由地思考，自由地判断，而得到智慧的生长。决不强迫他们作喊口号贴标语的工具，也不要求他们变成没头脑没心肝的长工。科学的头脑、熟练的身手都必须从自由的欣悦的学习得来的。只有名副其实的学校才能培育人才，而集中营只能训练奴隶！

今日的中学，如果还迷思旧路，而又要妄想效颦法西斯，来一套什么训练，以自欺欺人，那末，意志薄弱的青年就会变成精神的或肉体的痨病鬼，而意志刚强的就会在内心充满着反抗或不信任的情绪。他们不得自由读书，头脑未受过科学的洗礼，只是满肚子反抗精神，那是极危险的。所以那班训练专家，天天在自夸防止危险思想，其实他们就是危险的制造者。他们口里天天说严格，其实心里宁愿青年腐化堕落，而不愿他们有知识有头脑。好比乡下地主愿意儿子抽上鸦片，变成“保家令子”。大人先生对付青年之心，早已路人皆见，骗谁呢？假如中国社会依旧不变，今后的中学都可以变成旧日各府州县的儒学，只有一个校长和一个注册部，期期收学费，给地主买办的子弟一批一批注册，三年期满，保送毕业会考，领受文凭，就万事大吉。可惜时代的巨轮前进着，势不容许中国落后，我们再不能寻百年前的好梦。现在的中学，纵令自甘暴弃，努力摧残青年，也未必能阻住中国前进，只是必不免经过长期悲惨的浩劫罢了！那末，将来浩劫的造成，现在这班教育能手实与有力焉！

于桂林独秀峰

（《教育危言》，香港文化供应社，1964 年 6 月 6 日，有改动）

了解少年儿童是教育工作的先决条件

新中国建国4年来，全国少年儿童入学的达到5 000万名以上，而参加少年先锋队的也已达到700万，这事实证明了我们的少年儿童在新社会是得到了爱护的，少年儿童教育事业是得到了发展的。学校和少年先锋队在进行新知识教育和爱国主义教育上，都做出了不少成绩，同时也涌现了一批模范的、进步的教育工作者。4年来我们培养新的一代是有成绩的。可是由于旧社会遗留下来的陋习还未清除，还有人轻视少年儿童教育工作，而误认为做教育工作没出息；又还有人轻率地用粗暴的方法，强迫命令甚至于斗争的方式来对待少年儿童，因而造成了工作上很大的损失，这也是不容讳言而今后必须努力改正的现象。

我们做哪一种工作，都必须清楚地了解自己的工作对象，这是自明的真理。汽车司机必须了解汽车，骑士必须了解马，园艺家必须了解植物，教育工作者当然必须了解少年儿童。其实了解少年儿童是比了解车、马、植物难得多的。若偏偏把教育少年儿童看作人人会做的事，值不得进行了解，更谈不到钻研，那是很大的错误。

少年儿童是人生发展极旺盛而迅速的时期，从婴儿期达到青年期这时间约占一个人寿命的1/4。发展的另一面意味着未成熟，儿童由于相当长期未成熟，就可能学会许多的本领，所以这又叫作少年儿童的可塑性，即是可受教育性。少年儿童们凭着这可塑性就能够在一二十年的时间基本上学会祖先们经过千万年积累下来的文化遗产。所以说儿童期——广义的——是人生之宝。例如小学程度的算术，那是人类积累了千万年的经验才归纳出来的科学知识，可是现代的儿童在小学里只花 1 200 小时左右就学会了，那是多么便宜啊！我们的孩子们能够这样发展成长，人类就因而能够无限地进步。

孩子们从出生以至于成熟，这个发展是极复杂而又极迅速的过程。关于儿童身心发展的研究，虽然还没有达到最高的成果，但已经找到了它的基本发展规律，这种规律性，是我们所应该掌握的。

儿童身心的各方面——各器官、各机能——不是平均地发展，而是有先后快慢的。试把一张五六岁孩子的相片放大到七八尺，也还是个孩子，因为他的脑瓜大而腿短，谁一看也知道那是孩子的相片。这就说明了脑瓜的发育和腿的发育不是平均的。到了十四五岁时，腿长得快，而脑瓜倒大不了多少了。这是最显著的例子，其他各机能也都如是。

身心各方面的发展变化又不是彼此隔绝孤立的，而是交互影响成为统一的个性的发展。在发展过程中部分的变化往往表现为全面的变化，这发展过程还是整个的。例如儿童由于心脏跳动得快，就容易疲劳，注意力也难持久，因而表现出多心而又不耐烦的孩子气。在发展的各时期中，幼儿、儿童、少年和青年，他们的姿态、神气、言语行动、脾气嗜好，都显示着各个时期的全面的面貌，这是我们所容易观察得到的。

由于身心各方面发展的不平衡，而又时时都形成统一的发展过程，我们就可以说儿童发展的过程是有阶段性的，每一个阶段都有那一阶段的特征。阶段和阶段之间有规律地交替着，前一阶段准备好后一阶段，到了一定时期才突然开始显出后一阶段的特征，例如思维，往往有人误认为要到了少年期才开始，童年期还没有思维。其实不然。八九岁的儿童也有思维作用，只是带有具体的感性的特征罢了。儿童在小学里学习语文，正是学习思维。就是说：他们了解语文课本所说明的事物，同时也学习运用语汇和句子语法来思维。假如小孩不会思维，那么，小学生怎能学习语文呢？我们的古老教本——《三字经》就说过：“口而诵，心而惟。”意思是说：口一面在念书，心一面在了解、在思维。不少教师的毛病正是不晓得语文教学是思维教育，而只要孩子们机械地认字背书。那样的语文教学便不能不失败。童年期的具体的、感性的思维，蓄积了一个时期，便准备了以后少年期、青年期进行抽象思维的条件。由此可见，儿童发展的过程是渐变和突变辩证地交织着、结合着的过程。

儿童身心发展的过程又绝不是像资产阶级的儿童学所说的那样纯生物学的过程。儿童发展是在人类社会环境、社会关系——阶级关系之中，在今天的文化环境中。如果离开社会的阶级关系、文化环境来考虑儿童发展，那便是大错特错。河北的孩子和岭南的孩子呱呱坠地时，声音是一样的，而长大了说话就两样，这就因为两个地方的言语环境不同。至于河北的狗和广东的狗吠声却是一样的，就因为它们没有言语环境。

儿童受社会环境的影响，又绝不是像动植物受自然环境影响的那样被动地无可奈何地接受，而是可能用积极的、能动的态度来迎接或抗拒的。环境不只是为人所接受，同时也可为人所改变。当儿童能积极地应付环境时，他们便可能改变环境对自己的影响。进步的、社会的教育正是有目的、有计划地领导儿童用积极的态度应付环境的作用。例如今天中国的孩子都知道美帝国主义者可恶可恨，而在国民党反动派统治时代就很少知道。难道美帝国主义是在最近4年才忽然变得可恶了的吗？不是的。是因为今天我们的教育是在工人阶级领导下的教育，所以才能帮助孩子们把美帝国主义的可恶的面目揭露出来。儿童是以社会成员的身份，在曾经人类祖先所缔造的环境中，用积极的能动的态度和现实环境接触，这样地发展自己。教育工作做得越有效，儿童的积极性和能动性便越提得高，因而越能有效地了解环境、批评环境，接受哪些影响，抗拒哪些影响。只有在人民的社会，儿童才可以受到这样的教育。因此，又该说：在人民的社会，环境给儿童的诸影响之中，教育是可以起主导作用的。

社会环境又不是一成不变的，而是经常地在变化发展，因而给儿童的影响也常在变化。在剥削阶级统治下的社会，尤其是在快要没落的阶级统治下的社会，虽也是有变化的，但由于统治阶级不承认变化存在，更用尽力量抗拒进步的东西而卫护腐朽的东西，因而那样的社会不可能有合理的教育，儿童们也很难得到正常的发展。只有人民真正掌握了政权的社会，人们才公认社会的变化，公认新的东西应该产生而陈旧的东西应该死亡，而且按照社会发展法则有计划、有步骤地把社会向着理想推进。这样的社会变化发展是丰富而迅速的，因而影响儿童的发展也是丰富而迅速的。这样的社会是社会主义的社会，我们今天正在逐步地过渡到社会主义社会。在这样的社会中，教育工作就可能朝着社会发展的正确方向，审查着儿童发展各阶段的水平，领导儿童了解他们可能而又应该了解的东西，接受那些可能而又应该接受的影响，批评或抗拒那些可能而又应该批评或抗拒的影响。在这里的教育工作者的工作任务是愉快而光荣的，同时又是十分艰巨的，所需用的学识是广博而丰富湛深的。今天的教育工作者若是还沿用旧时的强迫命令，讥笑怒骂，甚至于乱整乱斗或体罚等等荒谬而笨拙的方法来对待儿童，那就不免太失策了。

从以上简单的说明，可知我们教育工作的对象是各个具体的生气勃勃的新民主主义社会的儿童，将来要长成为社会主义社会的成员。他们每个人的发展都包含有各人的天资、禀赋、特征、知识和修养的总和，也含着各人在生活中所受到的一切社会、家庭、阶级、交游以及学校教育的影响，而我们的社会又正在逐步地过渡到社会主义社会，这里面是十分复杂的，而且也还是在变化着发展着的过程。因此，我们进行工作必须十分慎重、十分细心。以下要就我理解所及提出几点，以供参考：

第一，要十分重视儿童健康。儿童正在发育，好比植物的嫩芽，前途的发展固然很大，而同时也是很容易受伤害的。这时期若得顺利地发育，便是一生的幸福；蒙受了伤残，便会耽误终身，甚至于夭折。例如儿童容易感受脑炎病，传染性的皮肤病，各种结核病，又容易弯腰驼背、脱臼折骨、扁桃腺肿大等等，这都是医学已经证明了的。学校里儿童集体地生活着，卫生环境若不好好地布置，传染病便容易发生或蔓延。学校体育是为得要帮助儿童身体发育，若竟然造成伤害，那就大违背了体育的本旨。课业负担过重，造成经常的过度疲劳，也是有损无益。对于儿童的健康，体育教师和校医固然直接负更多的责任，而校长、班主任、少年先锋队辅导员也必须经常地注意。家长也有责任随时向学校和团队提供意见。儿童期、少年期，少男和少女都各有其应特别注意的特点，决不可忽略。身心两方的发展是密切地相关着的，精神的刺激可以影响身体健康，而身体的变化也可以影响精神，这都必须细心处理。健康固然要积极地锻炼，以增加抵抗力，然也要恰如其分，过分夸张锻炼而不顾发育的条件，当然是有害的。

第二，重视学习。上面说过，人类有特别长的儿童期，才能在社会文化的环境中得到发展，这是人类无穷地进步的一个原因。儿童在其发展的过程中学会了祖先所缔造的文化，掌握了人类社会的实践经验。他们学习使用他们周围的物质，掌握社会的物质的生产的基本方法。他们一步一步地进入社会关系日益广大的范围，了解这些关系而学会了和人们联系的各种行为方式。他们学会了语言，从而掌握人们所知道的周围世界的事物，领会人们怎样去想象它们，它们怎样被反应、怎样被认识。所以在儿童期，除健康第一之外，主要的任务是学习。也应该说，保卫健康，就为的是好好地学习。在资本主义社会，只知道使用儿童，剥削儿童的劳动力。他们为要更多地剥削儿童劳动，才给儿童们一点儿教育，这就是资本主义社会的义务教育的起源。我们人民的国家爱护儿童，要儿童好好地学习，以备将来长成后有效地为人民服务，因而在未成熟的儿童期，对他们的要求就以学习为主。学校的课外活动和少年先锋队的活动，其主要目的都还是学习。

儿童们参加各种活动虽也可能对于公共卫生、公安、生产等方面做出一些惊人的贡献，但还是环绕着学习，主要目的还是为学习得更好，而工作成绩只是学习的副产物罢了。这是我们人民的国家在对待儿童方面大异乎资本主义社会之一点，应予注意。学习既然是儿童们的主要任务，我们布置儿童们的学习——课堂教学、课外活动和社团活动等——都必须适合他们身心发展的条件，才能使他们学习得更好，在他们现有的发展基础上得到更进一步的发展。这些学习活动倘若无益于儿童的发展，或者有害，那便是要不得的。所以一面要看需要，一面要看儿童发展条件之所及，即儿童主观的可能。如果不是儿童能力之所及，从他们主观方面说，便还不需要这种学习。因此，以教育成人的办法对待儿童，硬灌一些儿童所不了解的东西是不对的。然而儿童发展若达到了有某种学习的可能，而我们还不指导他们学习，不启发他们的学习兴趣，也是妨害了儿童生长。例如逻辑的思考，随着儿童年龄和智慧的发展，其可能性便逐步增加，因而系统的科学的学习便成为需要；倘若还借口要等待儿童自发的兴趣，而不帮助他们动脑筋，也是不对的。所以布置一切学习活动都必须慎重地考虑儿童的年龄特点和个性特点。

第三，要重视研究儿童发展的科学成果。关于儿童发展的研究，今天虽还算是后起的科学，还未十分成熟，然而在生理和心理方面，尤其是在儿童医学方面，也得到了一些可信的成果，这些成果可以帮助我们进行教育工作，值得重视。当然，很多目前现成的科学原理都还未能算是最后的定则，而还有批判发展的余地，何况后起的儿童教育的理论呢？然而一种理论若在实践上有了相当充足的论证，在未曾有更好的发现以前，就可以用作我们进行工作的指针，至少也可供重要的参考。我们要批判它、要修正它，也只有在实践上更深入地检查，发现更充足的论据，才有可能。换句话说，要批判现成的科学，只能凭借更高一步的科学。我们教育工作者若轻视现成的教育科学、儿童教育的理论，甚或只凭主观的臆测，或片断的经验类推，而抹杀现成的科学理论，以自夸创造，那将难免轻率误事。须知在生产工作上轻率从事会糟蹋一些物质的资料，而在教育工作上轻率从事将会残害儿童的人格。苏联的教育理论是依据马克思列宁主义的观点和方法研究得来的，他们的论证是尽可能全面的，因而是值得我们学习的。学习苏联的先进的教育方法，必须注意他们那些方法所依据的科学理论，他们考虑所及的方面是很多的，包括儿童生理的发展和心理的发展的各方面。如果我们只搬用一些苏联教育方法的形式，而忽略了其中丰富的理论研究，那将会是有形而无神。近来有些学校采用苏联“准备劳动与卫国制”的体育而结果失败，其原因就在此。我们教育工作者虽很难人人成为儿童研究的专家，但为着我们工作的需要，经常地留意学习有关的科学理论，是必需的。

第四，深入地了解儿童。现代教育理论固然还未达到十分成熟的科学境界，即使今后更加进步发展，估计也不可能得到像工程学那样任便应用无讹的公式。这就因为工程学的对象是一些无生气的物质，而我们工作的对象是活的儿童。这里面包含着生理的变化，一切社会关系的历史文化的影响，以及今天以前儿童们所已接受的教育教养。由于这种发展过程是如此复杂丰富而变动不居，我们便不可能有何时何地都可通用的公式。往往一种教育方法对这个儿童有效，而对别一个就无效；同一个儿童今天适用这种方法，而到明天就未必适用。饶它是教育的验方，若运用起来，也还要存乎教育工作者的一心。我们教育工作者怎样能有如许玲珑的心呢？只凭着深入地了解。教育工作者的威信，就是你赢得孩子们的信服，你对他们才有权威，才能取得你所期待于他们的反应。所以你要热爱儿童，才能了解儿童。你了解他们越透彻，你便会更热爱他们。因而热爱和了解是互为因果，交互发展的。热爱绝不是姑息，你严正地对待孩子，也该是从热爱出发，才可有效。往往有教师批评儿童的错误而儿童毫无所动于中，而换一位教师来，孩子却感动得呜咽流泪，这里的区别就是在热爱够不够。你发现孩子的优点，你固然爱他，你发现他的劣点，甚至于要惩戒他，也只有你对他更加热爱，你才能想尽方法，坚决地要他改正；给学生惩罚，也不是报复，乃是一种矫正手段，他也只有在受到你热爱的感动时，才幡然悔悟。教育工作者热爱自己的祖国，热爱世界上爱好和平的人类，因而热爱新的一代；为得更好地教育儿童，就热爱一切有关的科学，以求自己的工作做得更好，这叫作“教育爱”。你要培养孩子们的五爱品德，你自身就先要充满着教育爱。有所爱当然也有所恨，可是你能爱好的东西，才会恨坏的东西。你发现儿童的缺点，同时又晓得他有学好的可能性，因而你就会坚持要他改正，决不容许缺点永久留存。孩子们为什么容易犯错误呢？上面说过，儿童发展的过程是含有矛盾的，这矛盾现象在少年期的行动上表现得更显著。他们自身含有矛盾，而自己又还无力控制，因而易犯过失。教育工作者就必须根据孩子们的心理，扶植他们的优点，鼓励他们走上正确的道路，以克服那些缺点。在指导儿童生活上固应如此，就是指导学习作业上也应如此。学习作业的错误也往往是由于儿童有自己难于克服的矛盾，或是思维上的矛盾，或是注意集中和分散的矛盾，小学的儿童更不易自力克服，因而必须依靠老师热情地正确地给以帮助。由此看来，指正孩子们学业的或行为的错误，都必须靠老师的热爱。倘若老师只会怒骂一顿或讥诮一番，都是有害而无益的。教育爱绝不是一副单纯的软心肠，而是为着祖国的前途，为着孩子的前途，为着科学的真理，而不惮烦地寻觅最有效的教育方法，不达目的决不罢手。这里面含有大慈悲，也含有大智慧和大果断。所以说：最良的教育方法存在于最优的教育家人格之中。

矛盾不只是存在于儿童生理的和心理的各种机能发展的过程中，而也有的是社会现实在儿童心理的反映。这种反映在童年期少有，而到少年期就有了，青年期会更多。例如少年青年时期的苦闷彷徨。青少年们和社会现实接触一天一天深入，知道的事情天天增多，他们就会发现哪里有些矛盾，不易解释；又把社会现实和他们所学到的一些理论知识相对照，也会发现有不尽相符之处，因而怀疑，因而苦闷。这种青少年苦闷现象，资产阶级心理学者认为是青年们无可奈何的宿命，叫它作心理的危机。其实大谬不然。资本主义社会所有的不合理现象，在他们自身是无法解除的，他们也决不肯让青少年们晓得个中真相，因而只好听他们苦闷下去，直到向现实屈服为止。而在我们人民的社会，发现青少年们有这类疑问，正好是我们进行政治思想教育的良好条件。我们应该给青年们指明：这些不合理的现实，其中哪些是旧社会留下来的残余，我们正在如何大力批判，进行清除；哪些是过渡时期所不可避免的事实，这里哪些还是好的一面，哪些是坏的一面，应如何发展好的克服坏的。只要教育工作者透彻了解人民国家的方针政策，就青少年们理解力之所能及，恳切地指示他们以正确的解决途径，就可使他们释疑，把认识提高一步。他们认识了新社会不怕揭露错误，不怕暴露缺点，但有勇气去批判，有办法去克服，哪还有什么不可避免的苦闷危机呢？然而这样地进行政治思想教育，也决不同于和思想敌人做斗争。教育工作者绝不该把自己和少年们对立起来，哪怕他们的认识上存在着一些错误，也只应同情地扶植他们正确理解的要求，而克服那一面的误解。要说是斗争的话，也只能说帮助他们认识上进步的一面和落后的一面做斗争。硬搬“三反”“五反”的形式来进行政治思想教育是不妥当的，不只是不能解决少年们的苦闷，倒会更加深苦闷。

教育工作者只要能深入地了解儿童，就会在儿童发展的过程中，看出活的生理学、活的心理学、活的政治经济学、活的社会史，从那里就会取得精良的教育理论和方法。那里的含义如此丰富，难道还不值得我们细心钻研吗？深入地了解儿童，也就是向儿童学习。我们的古训“教学相长”应作如是解。

教育工作者同志们！我们必须遵照党和人民政府的指示，要儿童们身体好、学习好、工作好，大力完成祖国交托我们的光荣任务！

（《人民日报》，1953 年 11 月 11 日，有改动）

教因材施，材也由教成

近来提出“因材施教”的主张，据说有些青年学生便过分地强调个人兴趣，不愿意学习所有规定的学科，或随便要求转科转系，使师长们感到很为难。有些人过去强调平均发展，要求每一门功课都达到五分；如今又有些人强调个性解放，把必要的课程学习贬称为“束缚个性”。这样从一极端走向另一极端，正是“扶得东来西又倒”，很难说是进步现象。

所谓“材”，可以解释为学习的可能性。教育方法要从这可能性出发，才切合实际，不然，就会落空。我们不能教盲人学写生，不能教哑人学唱歌，不可以让色盲者学驶船驾车，也不可以让小学生就去学习高等数学，就因为那可能性（材）不存在。因此，施教必须因材，毫无疑义。

然而，“材”仅仅是可能性，而不是已经完成的，更不是固定不移的东西。从可能转变为现实，其间有一个相当长的成长过程，而环境的种种影响，师友的帮助和自己努力学习实践，都是决定这个过程成败的因素，其中尤以学习实践为重要。换句话说，成材必须由教育、由观摩、由学习。

施教必须因材，而成材也必须由教育。“材”和“教”之间存在着辩证的关系。“材”可能发展的方面很多，尤其是在青少年时期，前途未可限量，所以说“后生可畏”。在许多发展方向之中，某人那一面倾向较强，某人那一面较弱，各人都不尽相同，这就构成各人的个性。对于个性，最好是因势利导，发挥其所长。然而一般地说，每人都不仅仅限于倾向一方面，也还有其他方面，而这些方面又在不断变化发展。要发现一个人的所长，要试探他的个性，最好还是通过学习，而不是凭他一时的主观的愿望或爱好。普通教育有一个重要的作用就是试探发现各人的个性。要多方面试探，才可能发现个性的真面貌。倘若未尝受教，未尝努力学习，便硬说自己不行，或借口不感兴趣而回避学习，或故意缩小学习范围，那么，在学习上便会造成很大的损失，把需要学习的科目和适宜于学习的时间轻轻放过，将来会后悔不及。须知个性要凭学习来发展，兴趣要由努力来培养。

为什么要发展个性呢？为的是要更好地为人民和祖国效劳，发展个性与为人民和祖国效劳是互相结合互相助成的。一面要发挥个人所长，另一面更力求适应社会需要，符合祖国和人民的利益，这样才是健全的个性。鲁迅先生的生平就是最好的典范。以鲁迅先生的才能，研究科学、医术和文学都是适宜的，最后他选定了文学创作和翻译作为终身事业，是因为他看清楚了祖国的需要。在当时中国的历史条件下，他认为医治中国人的麻木的精神比医治他们虚弱的身体更为重要，而医治和鼓舞人民精神的武器莫如文学。他把自己的创作、翻译和研究服从祖国和人民的最高利益，而不只凭自己个人的爱好。这是鲁迅先生之所以伟大的一面。

发展了的个性绝不是偏狭的、畸形的，越是鲜明的个性，越具有深厚广博的根基。所以我们的学习必须是多方面的，生活才可能丰富多彩。科学知识、生产技术固然价值很高，而文学艺术和政治认识也是人生所不可缺。在受普通教育的青年学习固不宜分门过早，即在受高等生产技术教育的青年于课余学习一些专业以外的东西，也只有好处，没有坏处。如果把自己关在一个技术专业的小天地里，此外一无所知，这样的人，只能成为满足于“一孔之见”的专家罢了。荀子批评墨子“蔽于用而不知文”说：“故由用谓之道尽利矣。”意思是说：实利主义者于实用之外不知道还有其他许多文化价值，这样，他们的精神就被禁蔽在实用的小天地里。荀子这句话值得热心学习生产技术的青年们深切体会。

（《中国青年》第 23 期，1956 年 12 月 1 日，有改动）

普通学校语文教学问题

（1960 年 1 月 29 日）

根据中国语文特点，是解决语文教学问题的最重要关键。若认清中国语文特点，则所有教学问题是不难迎刃而解，否则很难中肯。我们目前的毛病是：一面未能分析清楚我们的语文特点何在，又一面受着外来的语法修辞文艺等舶来思想的干扰，就治丝而棼，对本国语文教学问题，始终未摸着门路。今后必须摆脱舶来思想的干扰，正确地寻出中国语文的特点，才是个有效的办法。

我国语文的特点是什么？这是必须郑重研究的大问题。语文研究不是我的专业，不敢妄谈。只从普通教学观点，作常识的考察，提出一些粗浅意见，或可供参考。

（1）汉语是极精练、简明而优美的言语。外国语所有的性别、数量、时间、人身、位置等等繁琐的变化，汉语一概没有，而表达意义却十分清晰。我们不会阴差阳错，指雌为雄，也不会把今天吃饭误为明天吃饭。我们用汉字组成种种语汇，一字一词，也可合几个字为一词，变化无穷，而十分简便。因此汉语的形式与意义内容就形成融合无间。换言之，语法贯彻在意义之中，便无须在形式上起变化。

（2）汉字。读音与书写都有困难，因而形成教学的障碍。但汉字也有优点，容易区别同音语，例如“邮票”绝不会与“油票”混淆。汉语是精练的，而象形字却补救了同音语的弱点。

如果上述两个特点符合汉语的真相则汉语教学有必须做好的三项工作。

第一，语音教学必须力求准确、清晰而声调铿锵。自小学一年级直至高中三年级必不可忽略正音朗诵的工夫。而这番工作正是大多数教师所忽略的。

第二，书写必须端正不误，一目了然。在此基础之上，再求美丽。无论是繁体字或简体字，必须统一通行的字体，不许任意滥造。

第三，形式与内容必须统一无间。遣词造句与思想内容融合为一个整体。把语文形式与思想内容割裂开来进行，在中国语文教学决不通行，遣词造句与构思命意决不能分裂为两事。必须教学生从辞句布局来理解体会文章的思想内容，而又从阐明思想内容来正确地掌握遣词造句的方法，就因为中国语文的形式与内容是不可分割的。

例如：“不破不立，不塞不流，不止不行”这几句成语沿用了千年而还有很强的生命力，就因它词句精练，而含义丰富。教中学生学习这几句成语，就必须把内容与形式统一地进行。“不破”是条件，而“不立”是归结。意思是：若不破掉坏的，便不能建立好的。这里也含有辩证发展的，不断革命的人生观与世界观，就必须勇敢地破除陈腐落伍的东西，而大力支持进步的新生的东西。若撇开思想内容，则这几句成语就难理解。又如：“不畏不惧”“不慌不忙”“不蔓不枝”“不爱钱，不惜死”等句子，形式虽与“不破不立”相同，而意义却两样。“不慌”与“不忙”只是平行列举，而其间没有任何相关，所以必须把内容与形式结合起来，才可理解。

语文课在中、小学都是极重要的工具学科，儿童少年们思维的发展，经验的扩充，思想意识的充实，以及性情的陶熔，都要依靠学好这门工具学科。而目前我们的教师队伍中对语文教学目的的认识还存在着分歧。有人以思想政治教育为主，有人以语文章句教学为主，也有人主张二者并重兼顾，但不知为何结合统一。这类分歧思想亟须澄清。文章是思想内容与章句形式紧密结合的一个整体，不容割裂看待。语文学习是要学生从解释章句而体会其思想内容又从思想内容的深入阐明而更进一步了解词句运用之妙。此理对于中国语文的学习尤属重要，因为中国语文的特点在语法贯彻于意义曲折表达之中，而不多凭借语言形式的变化。换言之，形式与内容之融合无间是中国语文特点之一。毛泽东同志在延安文艺座谈会上告诉我们：“我们的要求则是政治和艺术的统一，内容和形式的统一，革命的政治内容和尽可能完美的艺术形式的统一。”这番教导在今天语文教学上确是一盏指路明灯。语文课无疑是思想政治性很强的文化课，政治当然是统帅、是灵魂，但是无论怎样进步的政治思想，若缺乏正确的优美的语文来运载，则将削弱其感染教育的力量。因此，中、小学语文教学的目的应该是：教学生正确地理解和熟练地运用祖国语文，培养他们的阅读、写作和说话的能力，从而受到思想政治教育，又获得不同程度的阶级斗争知识和劳动生产知识。

《文心雕龙·原道》：“道沿圣以垂文，圣因文而明道，旁通而无滞，日用而不匮。《易》曰：‘鼓天下之动者，存乎辞。’辞之所以能鼓天下者，乃道之文也。”

（《林砺儒文集》，广东教育出版社，1994 年 7 月，有改动）

怎样对待学校考试

(1964 年 10 月 30 日)

第一，考试的目的应该是为下一步教学工作图有所改进。

一切教育工作都是有目的的，考试也不应在例外。考试的目的应该是检查学习的成果，以便下一步改进教学。

知识就是力量，考试要检查学生所学的知识是否化为他们的力量。换言之，要看看学生能否把学到的知识运用来做工作，或者成为进一步学习之所凭借。这样的考试可以验证学习的成败，从而得到今后改进学习的线索。考试若无益于今后的学习，便是毫无意义的游戏，甚至于可能成为一种学校的“苛政”。不宜以考试迫使学生用功。

学生勤学的动机，应该是政治的自觉和读书的趣味，而不应该是为应试。

第二，受考验的是学生，也是教师。

学生要凭考试的结果来改进自己的学习，教师也要根据考试的结果来改进自己的教法。教师若把考试看作对付学生的紧箍咒，便大错特错了。命题考试的时候，教师特别要考虑怎样的题目才可以测量教学的成果，一面是考学生，一面也是考自己。明眼人一看教师的考试命题，往往可以判定此人是不是一位好教师。

会考试的教师，可以激发学生跃跃欲试的心情，而不至于造成紧张恐惧。

第三，考得好，固然成功；考得坏，也有了收获。

考试好比医师检查体格，证明健康，固然可喜；而查出毛病，也是好事。若把考试理解为惩前毖后的工作，则无论成败都是有益的。病人求医，唯恐医师看不出自己的病，因为他晓得查出病源于自己有利。但入学考试，考生受体格检查，却唯恐医师看出自己的病，这是因为有一个利害观念作怪。学校若把考试造成学生患得患失之心，对于智育、德育皆有害而无益。

第四，人生是一个经常受考试的过程。

人生遇事要做，遇问题就要解决，所凭借的只是自己所有的知识才能。人生正是这样活到老、学到老、考到老至死方休的过程，原非可怕。怕考试几乎等于怕生活，从来未闻有人怕生活的，而学校的学生则大多数怕考试，其原因何在，值得深思。跃跃欲试，原是有能者的常情，而学校竟把考试变成学生的畏途，其故安在？为人师者应深自反省。

第五，考试应尽可能模仿生活实际。

考试是教师故意布置一个机会让学生运用他们所学。这是一种生活的演习，演习越逼真越有益，所以考试的方法应尽量设想在生活实践上运用这些知识的情景，而务求其相近似。凡在生活实践上常见者，作为考试的要求就不算过苛，例如九九计算，必须要求学生冲口而出，不假思索，但若强迫背诵对数表，便过苛了。

是否符合学生生活实践上之所必需，这是衡量考试是否适当的标准。所设想的生活实践必须是社会主义的新中国青少年所应有的生活实践，所以这个标准也是有政治性、阶级性的。

依据这个标准，近来各校教师所提出的关于考试的问题，我看不难解决。例如：可否要学生考无准备的试？如果我们晓得临时应付和计定而后行两种情况都是生活实践上所必不可少的，这问题就易解决。应该突然考试呢？还是事前宣布让学生有所准备呢？这要看你所考的是什么。又如考试可否出难题？封卷考试（不许看书）好呢，还是开卷考试好呢？这些问题都要看所考的是否符合生活实践之所必需。这是一个认识问题，而不是形式问题。

第六，学校应通过考试使师生更亲密合作、互相信赖、共同进步，而切忌造成师生间的利害对立。

如能正确地认识考试目的是改进教学，则师生之间有一致的利害、共同的目的，彼此所追求的都是如何使教学的内容更有益于学生身心的发展，考试将成为师生双方都欢迎的有效的考查。若误认考试为教师逼迫学生勤学的手段，则教师将取攻势，学生将操守势，教师将为矛，而学生将为盾。只有在应付“统考”

之时，或在追求毕业生升学率之时，师生才有一致的目的，而共同讲求投机取巧之法，以求幸中。结果吃亏的还是学生，要损害他们的健康，玷污他们的德性，而造成作伪、投机的恶习。专为应付考试的急就篇绝不是有用的知识，他们将成为德育、智育、体育俱受摧残，既无政治觉悟、又无文化的狡狯。

（《林砺儒教育文选》，北京师范大学出版社，1984年3月，有改动）

漫谈普通学校课程、教材

（1971 年 7 月 10 日）

制定课程、编写教材，是一项学术大众化的工作，也是学术教育化的工作。从现代学术提取一些群众参与三大革命实践——阶级斗争、生产斗争、科学实验——之所必需的基本知识，以培养有社会主义觉悟、有文化的普通劳动者，所以叫作学术大众化。这些基本知识又是童年至少年这 10 年期间精神成长之所必需的滋养料，所以又叫作学术教育化。

因此，做好此项工作，必须注意到三个方面：其一，三大革命实践的需要，简称为社会需要，就是革命需要。其二，儿童七八岁至十七八岁学习能力的发展，简称为年龄特征。其三，学术本身的逻辑性及其发展方向。要把这三方面的考虑妥善地结合起来，工作才做得细致。

社会需要、年龄特征和学术都是沿着时代更新而连续发展的，因而课程、教材的调查研究工作不能一劳永逸，而必须不断革命。这是教育研究的中坚，而所涉及的范围甚广，几乎遍及人生的全面。所以我常引用陆放翁诗句："汝果欲学诗，工夫在诗外。"人们若不广泛地与社会接触，向工农学习，而只伏案于斗室之中，便无法做好教育改革工作。

“专家与群众相结合”这条原则在教育改革方面也完全适用。墨守今天尚未成熟的教育学固然是错误，而轻视教育理论的钻研也是失策。与各学科有关的科学研究也同样是十分重要的。教材、教法研究工作之所以艰巨而又重大，其理由就在此。

普通课程里任何一门学科，都和三大革命实践有关联，只有深浅、轻重之别罢了。若机械地把某一学科指定为某一种实践之所需，也会造成严重误解，例如语文、数学的知识在所有革命实践都缺少不得。自然学科的知识，是科学实验和生产斗争所必需，又是破除迷信，树立唯物的世界观、人生观和训练逻辑思维的武器。没有科学头脑，在阶级斗争也会失败。各学科都有彼此的相关性，各科教材的选择安排、教学进程，都要注意到相关学科的相呼应、相推动，相辅、相成，否则会引起一校的教学工作呈现割裂相妨之象。例如：物理与化学，化学与生物，历史与地理、政治，都相关密切。地理与物理、生物也有相关，外语教学和语文教学也不是全不相干的。六年级以上的社会学科和自然学科，实在是由语文课分枝出来的，所以和语文学习都有关系。历史课本、地理课本、政治课本，若编得内容充实而行文又畅达，则大有助于学生阅读能力的提高。数学、物理、化学、生物等课本，若文字写得谨严而明确，亦有助于学生的行文的逻辑性。因此，若说六年级以上各科教师都分担着语文教学的一部分任务，并非夸大。学生学习各科，同时也学会用语文阐明社会的和自然的现象。这样，学生们才能“言之有物”。各科教本就绝不可“言之无文”。

“基础知识”是用途最广的知识，如能灵活运用，其用无穷。普通学校所以要求学生学好基础知识，就因为它可以广泛的应用。懂得基本道理，又知道它的用途，这样才叫作“通晓”。把基础知识与“应用”割裂开来，甚至对立起来，都是误解。近来有人强调另设“应用文”课，好似语文课却是“无用文”了。由于科举遗风还影响我们学校，语文课只求学一些陈词滥调以应付考试，这样的语文就变成马二先生的“选墨”了。50年前，一度时兴美国的“设计教学法”，把教材打碎，编入若干工作设计中，让学生在做中学，其结果学生一无所得。今天还要警惕，勿再蹈覆辙，基础课教学的成败，决定于能否结合实际。而结合实际的教学，没有打碎知识系统的必要。知识的系统也不会妨碍教学与实际结合。只要不把科学知识教成“洋八股”，就会知道它的用途。

一些学科虽很有用，但由于条件未备，就不宜要各校都普遍开设。例如：外语、制图等。此类学科宜暂列为选修科，允许一些学校暂不开设，或虽设科而不要求学生人人必修。当然也要努力争取逐步推广。

普通学校在六年级以上，设一些选修科，是明智的办法。

全国要有统一的课程、统一的教本，但只可占用教学时间百分之六七十，其余时间留给各地方设补充课。

全国统一的教材，每约五年修订一次，以适应时代发展的趋势。此项调查、研究、修订的任务，应分别由各师范大学承担起来。

（《林砺儒文集》，广东教育出版社，1994 年 7 月，有改动）

附　录

林砺儒论著讲话文稿存目

1922 年

男女同学问题之研究 《教育丛刊》第 3 卷第 1 集，1922 年 3 月

今后宗教宜速道德化 《教育丛刊》第 3 卷第 3 集，1922 年 5 月

我的中等教育见解（本篇系本校附属中学主任林砺儒先生就职时之演说）《教育丛刊》第 3 卷第 5 集，1922 年 9 月

1923 年

祝师范大学 《北京师大周刊》，第 203 期，1923 年

环境中心的课程改造 《教育丛刊》第 3 卷第 7 至第 8 集，1923 年 2 月

初级中学公民科课程标准 《教育丛刊》第 3 卷第 7 至第 8 集，1923 年 2 月

北高附中试办三三制初级中学与各国中学修业年限及教授时数之比较 《教育丛刊》第 3 卷第 7 ~ 第 8 集，1923 年 2 月

中国之中等教育 （与程时煃合作）《教育丛刊》第 4 卷第 2 集，1923 年 5 月

1924年

《伦理学要领》　北京师范大学出版社，1924年1月

什么是文化？《北京师大周刊》第245期，1924年

本校附属中学校本届招生之经过　《北京师大周刊》第238期，1924年

1925年

什么是今日中国的民意　《晨报》副刊，1925年2月7日第34期

应如何对待英日？《晨报》副刊，1925年6月20日

请大家平心静气的做两件实际事　《晨报》副刊，1925年6月26日沪案特号6

我对道尔顿的态度　《晨报》副刊，1925年8月7日第1243期

由现行制度看国立学校校长问题　《晨报》副刊（社会），1925年10月13日第2期

教员待遇问题　《晨报》副刊（社会），1925年12月29日第12期

教育之新倾向　（与泽柳合作）《北京师大周刊》1925年第271期

1926年

北京市民为何不作力争教育经费运动呢？《晨报》副刊（社会），1926年1月23日第16期

子弟入学之请托运动　《晨报》副刊（家庭），1926年8月29日第43期

音乐与生活意味之升降　《北京师大周刊》1926年第291期

1930年

附属学校之使命及其与师范本部之联络　（1930年2月28日）《师大教育丛刊》第1卷第1期，1930年4月1日

此中人语　《师大附中校友会会刊》第9期，1930年3月

心眼与慧眼　《师大附中校友会会刊》第10期，1930年3月

现代教育价值论　《师大教育丛刊》第1卷第2期，1930年6月1日

中学校之体育与体育教师　《新体育》1930 年第 1 期

1931 年

教育与耍狗熊　（1930 年 12 月 14 日讲于北平三十三小学）《晨报》，1931 年 1 月 6 日

1934 年

儿童本位的教育　（1933 年 7 月于番禺县教育大会）《南海教育月刊》1934 年第 5 期

教育的混乱之出路　（杜威著，林砺儒译并写译者接语）《勷勤大学师范学院季刊》1934 年第 1 期

德国撒克逊国民学校师资训练之改革　（汉斯·佛尔克尔特著，林砺儒译并写译后，1934 年 2 月 1 日）《勷勤大学师范学院季刊》第 1 卷第 1 期，1934 年

苏联学校教育之变迁——自 1926 至 1933　同上

文化科学的心理学与自然科学的心理学　（译自 Eduard Spranger：*Lebensformen*）　同上

本市实施第一期义务教育计划之用意　《勷勤大学师范学院月刊》第 7 期，1934 年 3 月 25 日

演讲录　《勷勤大学师范学院月刊》第 8 期，1934 年 4 月 25 日

国语比赛之后　（在勷大师院的讲演，1934 年 5 月 28 日）《勷勤大学师范学院月刊》第 10 期，1934 年 6 月 25 日

从批评中学新法令说到未来的改造　（写于湖北省立教育学院，1934 年 10 月 15 日）《教育杂志》第 24 卷第 4 号，1934 年 12 月 10 日

国庆与国难　（国庆日训辞）《勷勤大学师范学院月刊》第 11 期，1934 年 10 月 25 日

信仰与迷信　（1934 年 11 月 12 日在孙中山诞辰纪念会上的讲话）《勷勤大学师范学院月刊》第 12 期，1934 年 11 月 15 日

对于蒋梦麟等建议修正教育制度之商榷　（1934 年 11 月 28 日）《教育杂志》第 25 卷第 1 号，1935 年 1 月 10 日

精神科学的方法：分析的与综合的　（译自 Eduard Spranger：*Lebensformen*）《勷勤大学师范学院季刊》第 1 卷第 2 期，1934 年 11 月 31 日

戴起教育的眼镜读庄子　同上

心眼教育与慧眼教育　《拓荒》第2卷第1期，1934年

1935年

中学课程外语科之评价　（1935年2月24日）《教育杂志》第25卷第4号，1935年4月10日

对于读经的意见　（1935年3月21日）《教育杂志》第25卷第5号，1935年5月15日

戴起教育的眼镜评“尊孔令”　（1935年4月30日）《教育研究》（广州）第59期，1935年4月

谈学习方法　（1935年9月30日在勷勤大学教育学院的讲话）《勷大旬刊》第1卷第5期，1935年10月11日

广东省立勷勤大学校歌（词）《勷勤大学季刊》第1卷第1期，1935年10月

对于中学课程中军事训练的一个建议　（1935年11月20日）《教育杂志》第26卷1号，1936年1月

八年来中国师范教育之研究　（1935年12月25日）《教育研究》第65期，1936年2月

中国师范教育之检讨　（1935年12月30日）《勷勤大学季刊》第1卷第2期，1936年1月

1936年

国难教育平议　（1936年2月25日）《勷勤大学季刊》第1卷第3期

中国教育与国难　（1936年3月12日）《教育杂志》第26卷第5号，1936年5月

专门职业与人格修养　（1936年3月23日在勷大工学院的演讲）《勷大旬刊》第20期，1936年4月

中国师范教育问题　（与马鸿述合作）《教育研究》第70期，1936年10月

1937 年

自由主义是方法原理还是目的原理　（1936 年 12 月 10 日）《中华教育界》第 24 卷第 7 期，1937 年 1 月

自由主义在教育史里的起伏　（1936 年 12 月 24 日在教育研究会的演讲）《勷大旬刊》第 40 期，1937 年 1 月

1938 年

中等以上学校导师制纲要之研究　（与高觉敷等人合作）《教育研究》第 84 期，1938 年 5 月

1939 年

两年来参加抗战工作的经验与教训　（1939 年 6 月 17 日）《国民公论（汉口）》第 2 卷第 2 期

今后教育底量和质　（1939 年 12 月 10 日）　同上

1940 年

今后我国知识分子之命运　（1940 年 3 月 11 日开学日的讲话）《文理月刊》第 2 期，1940 年

四十年来中学教育之彷徨　（1940 年 3 月 17 日）《教育与民众》1940 年第 10 卷第 2 至第 3 期，1940 年

国民教育的战斗性　（1940 年 8 月 27 日）《教育新时代》第 2 卷第 1 期，1940 年 11 月

为学术大众化进一解　（1940 年 11 月 3 日）《教育危言》

民族建国与国民教育　（1940 年 12 月 15 日）《教育危言》

1941 年

读康得耳论中学教育普及之纠纷　（1941 年 1 月 21 日）《教育危言》

产业革命与国民教育　（1941 年 1 月 29 日）《教育新时代》第 2 卷第 3 期，1941 年 3 月

广东省立文理学院校歌（词）　1941 年初更

话别　（8 月 16 日晨 7 时，广东文理学院茶会）《教育危言》

悼张栗原教授　（1941 年 9 月 20 日）《教育新时代》第 3 卷第 7 期，1941 年 10 月

现今师资缺乏是坏现象么？（1941 年 9 月 30 日）《教育新时代》第 3 卷第 7 期，1941 年 10 月

旧事重提的政教分合和学校训育问题　（1941 年 10 月 30 日）《教育新时代》第 3 卷第 8、第 9 期合刊，1941 年 12 月 15 日

诗的试作　（用名“栖梧”，1941 年 11 月 14、18 日）　同上

怎样做中学校长　（1941 年 11 月 17 日）　同上

答檀仁梅论师资慌　（1941 年 12 月 7 日）《教育危言》

抗战以来的广东省立文理学院　《教育杂志》第 31 卷第 1 号，1941 年

1942 年

答和栖梧咏读书岩　（用名“石人”，1941 年 12 月 24 日）《教育新时代》第 3 卷第 10 期，1942 年 1 月

韦白论苏联共产党的正统病　（1941 年 12 月 29 日）　同上

元旦献辞　同上

话说新师范生　（1942 年 2 月 5 日）《教育新时代》第 3 卷第 11 期，1942 年 2 月

致朱甲衍等十二位学生的信　（1942 年 2 月 16 日）

论教育与社会变化　（康得耳著，林砺儒译，1941 年 1 月 27 日）《文化杂志》第 2 卷第 1 号，1942 年 3 月

教育配合政治，还是政治配合教育？　（1942 年 3 月 4 日）《教育新时代》第 3 卷第 12 期，1942 年 4 月

从克利浦斯说到罗素——评教育上爱国主义　（1942 年儿童节）《教育危言》

国民中学与中国教育之出路　（1942 年 4 月 12 日）　同上

循环论与责任感——现今教育界的怨声　（1942 年 5 月 7 日）　同上

精神剃须论——成年人凭什么而指导青年　（1942 年 5 月 20 日）　同上

女权与女祸 （1942 年 5 月 30 日） 同上
国民教育的辅导和被辅导 （1942 年 7 月） 同上
中国民族解放运动与国民教育 （1942 年 11 月 26 日） 同上

1943 年

论中学公民科 （1943 年 2 月 3 日）《教育危言》
历史赋予今日师范教育之使命 （1943 年 4 月 5 日） 同上
五四运动底评价 （1943 年 5 月 4 日） 同上
八·二七路线——纪念三十二年教师节 （1943 年 8 月 14 日） 同上
筹措国民学校基金问题 （1943 年 11 月 13 日） 同上
教育改造与世界改造 （1943 年 12 月 12 日） 同上

1944 年

宪法与教育 （1944 年 2 月 1 日）《教育危言》
一别十年——1944 年 3 月 8 日，写给中山大学教育系同学通讯 同上
儿童爱护与人性改造 （1944 年 3 月 14 日）《广西儿童教育馆开幕特刊》
千呼万唤未出来的德先生和赛先生 （1944 年 3 月 29 日）

1945 年

关于培养师资再说几句老实话 （1945 年 4 月 1 日）《教育危言》
新昌路碑 （1945 年 4 月 5 日）
养士 （1945 年 7 月 26 日）《教育危言》
《双十之友》发刊辞 （为桂林师院四年级同学所办《双十之友》所写，1945 年 10 月 10 日）
所思 （诗一首，1945 年 11 月 7 日）

1946 年

今后中学教育往那里走 （1946 年 2 月 10 日）《教育危言》
教育界真希冀平静无事么 （1946 年 3 月 8 日）《民主星期刊》

漫谈课外活动底指导——参加桂林中等教育座谈会之后 （1946年3月15日）《教育危言》

世界师范教育运动史之战斗性 （1946年3月30日） 同上

写给儿童读物 （1946年4月20日）

从教育史看五四运动 （1946年5月4日）《新教育》周刊

教育自由——尊师重道的一个新解释 （1946年推行师范教育运动周）《教育危言》

《教育危言》序 （1946年6月6日）

教育哲学 上海开明书店，1946年7月

1947年

教育危言 香港文化供应社，1947年3月

现代教育吃亏在哪里？（1947年5月4日）

《教育哲学》序 （张栗原著）（1947年5月20日）

电白县师范学校校歌（词）（1947年8月27日）

评杜威论科学的人道主义 （1947年）

迎一九四八企待新教育 （1947年12月25日）《星光日报》，1948年1月7日

1948年

说《青年训练大纲》的人生观 （1948年2月16日）《星光日报》，1948年3月17日

对于传统思想的几种态度 （1948年4月）《新中华》复刊第6卷第10期，1948年5月

反对美帝扶日 《星光日报》，1948年5月30日

教育能否防止战争及剥削 （1948年6月3日）《江声报》，1948年6月6日

从"教育救国"说到"救救教育" （1948年7月27日）《中华教育界》复刊第2卷第9期，1948年9月

如此中国，如此国民教育 （1948年9月1日）《中华教育界》复刊第2卷第12期，1948年12月

人民教育必须跟人民自动争取生活改造相配合——北京师大校庆暨复大成功纪念而作 （1948年10月25日）《新教育》周刊

中国教育新论 （未完成稿，1948年）

1949年

厦大教育讨论会会歌（词） （1949年3月20日）

国民教育讲授大纲（第三讲） （1949年）

中国近代教育史教育纲要 （1949年）

中华全国教育工作者代表会议筹备会发起人宣言 （1949年6月28日）

谈新教育 《光明日报》，1949年7月23日

《论新民主主义教育》（朱智贤著）序 （1949年8月1日）《光明日报》，1949年8月31日

在社会转型①期中教育的任务是什么？ （1949年8月5日）《新华月报》第1卷第1期，1949年11月

学龄前的教育 （1949年8月17日）

助学制度 （1949年8月18日）

在中国人民政治协商会议第一次全体会议上的发言 （1949年9月27日）《光明日报》，1949年9月28日

谈文化教育政策 《光明日报》，1949年10月2日

从教育的角度看白皮书——在北京师大教育学院白皮书座谈会发言 （1949年11月15日）《新华月报》第1卷第1期，1949年11月

人类劳动与教育 （1949年）

1950年

中等教育的两个问题 （1950年2月25日）《人民教育》第1卷第1期，1950年5月

说“新师大”，讼旧教育 （1950年5月1日）《新师大》第1期，1950年5月1日

① 原稿发表时为“形”。——编者注

1951 年

全国师范学校的基本情况及亟应考虑的问题　（1951 年 4 月 30 日）
中等教育研究教学大纲　（1951 年 9 月）
三次谈武训　《人民教育》第 3 卷第 3 期 1951 年
在北京师范大学 1951 学年度开学典礼的讲话　（1951 年）
读了《湖南农民运动考察报告》　（1951 年 10 月 19 日）《新建设》第 5 卷第 2 期
中等教育会议发言　（1951 年）
中学课程设置　（1951 年）

1952 年

中学教育新论　（1952 年）
在北京师范大学 1952 年度开学典礼的讲话　（1952 年）
师范大学的性质和任务——与北京师大教授们话别　（1952 年 7 月）

1953 年

为经济建设服务，为文化高潮造因　（1953 年 1 月 15 日）《人民教育》1953 年 2 月
了解少年儿童是教育工作的先决条件　（1953 年 11 月 1 日）

1954 年

高等师范教育在国家过渡时期中的地位和作用　《光明日报》，1954 年 7 月 5 日

1955 年

怎样才能教好孩子　《中国青年报》，1955 年 8 月 19 日
和海外华侨青年谈新中国的教师和师范教育　《中国新闻》新 496 期，1955 年 7 月 1 日

1956 年

参观北京市中等学校学生科学技术作品展览会之后 《光明日报》，1956 年 2 月 16 日

关于学习与思考 《中国青年报》，1956 年 9 月 5 日

读荀子 （1956 年 9 月 25 日）

教因材施，材也由教成 《中国青年报》，1956 年 12 月 1 日

1957 年

学制问题——中学教育的二重性 （1957 年 3 月 29 日）

教育方针的论争 （1957 年 4 月 1 日）

关于中学教学计划的修改 （1957 年 7 月 20 日）

今天的教育家 （1957 年 9 月 10 日）

给教师们贺国庆 （1957 年 9 月 25 日）

十月革命给国民教育建立了新纪元——纪念十月革命 40 周年 （1957 年 11 月）

读《学记》随笔 （1957 年）

1958 年

新社会，新方针 《人民教育》1958 年 4 月号

给教师们推荐一段教育的古文 《教师报》1958 年

旅行十天，胜读十年书 《争鸣》1958 年第 10 期

怎样安排普通中学的劳动时间 （1958 年 12 月 2 日）

1959 年

与丰台九中师生谈话要项 （1959 年 4 月 8 日）

学校是推广普通话和拼音字母的重要阵地——在第二次全国普通话教学成绩观摩会工作座谈会的讲话 （1959 年 8 月）《文字改革》，1959 年第 17 期

我国教育的形势和对教师的要求——在北京师院开学典礼讲话 （1959 年 9 月 9 日）

教学怎样与劳动结合 （1959 年）
普通教育发展回顾 （1959 年）

1960 年

普通学校语文教学问题 （1960 年 1 月 29 日）
师资训练问题 （1960 年 2 月 11 日）
答广东师范学院阮镜清 （1960 年 6 月 12 日）
中国教育事业发展的新气象 （中国新闻社约稿，1960 年 8 月 16 日）
答安徽教育学院麦若鹏 （1960 年 9 月 29 日）
师范教育问题随笔 （1960 年 10 月 15 日）《教育研究》1979 年第 1 期
教师该怎样备课？——为二龙路学校分校教师讲 （1960 年 12 月 10 日）

1961 年

中国古代教育史问题随笔 （1961 年 5 月 30 日）
祝北京师大附中六十周年校庆 （1961 年 11 月 2 日）

1962 年

办好师范学校的几个问题 （1962 年 2 月 22 日在广东师范教育会议的讲话）
语文教师是经师，也是人师 《文汇报》1962 年 4 月 12 日 （1964 年 12 月对末段加以修改）
北京师范大学校史拾穗 《文史资料选辑》第 31 辑，1962 年 10 月

1963 年

和中学生谈学习 （1963 年 4 月 8 日）《光明日报》，1963 年 12 月 3 日
给教师们贺劳动节——谈尊师观念的改造 《光明日报》，1963 年 4 月 29 日
漫谈中学教育之改造 （1963 年 5 月 6 日）
座谈师范教育问题 （1963 年 6 月 11 日）
湖北省黄陂城关民办中学来信读后随笔 （1963 年 6 月 25 日）

视察青岛、烟台教育工作后向杨秀峰部长的汇报稿 （1963 年 9 月 11 日）

怎样领导普通教育？（1963 年 9 月 24 日为修改《中小学管理办法草案》而写的提纲）

1964 年

怎样搞好高等师范？（1964 年 1 月 11 日）

漫谈教育改革 （1964 年 1 月 28 日—3 月 8 日）

座谈学制 （1964 年 4 月）

怎样试行推广五年制小学 （1964 年 5 月 10 日）

答麦若鹏（二）（1964 年 9 月 24 日）

怎样对待学校考试 （1964 年 10 月 30 日）

1965 年

一个未曾有人讨论的语文教学问题 （未完稿，1965 年 1 月 27 日）

关于农业中学与耕读小学 （1965 年 2 月 26 日）

答二龙路中学教师冯吉人 （1965 年 5 月 6 日）

给麦若鹏的信 （1965 年 5 月 13 日）

写给季平、皑风两同志 （1965 年 8 月 19 日）

与云南省教育参观团团员谈话 （1965 年 8 月 27 日）

致麦若鹏 （1965 年 9 月 14 日）

在全国中学生田径运动会开幕式上的讲话 《运动会会刊》第 2 期

1966 年

怎样抓活思想？（1966 年 11 月 10 日）

普通教育改革刍议 （1966 年 12 月）

1967 年

中学教育发展史的规律 （1967 年 3 月 3 日）

师生关系 （1967 年 3 月 16 日）

学制改革刍议　(1967年5月16日)
专业教育的原则　(1967年6月5日)

1968年

师范大学的改革问题　(1968年1月7日)
从"教学相长"到"干群关系"　(1968年2月21日)
自觉与无我　(1968年3月1日)
小学教师的文学兴趣——一段往事的回忆　(1968年3月3日)
师范教育的政治性和计划性　(1968年3月18日)
轻视教育的宿疾　(1968年4月25日)
师资培训制度改革问题　(1968年8月15日)
明朝地方教官考绩法　(1968年8月25日)
教师待遇问题　(1968年9月9日)
从教育的角度看知识　(1968年10月27日)

1969年

外国语在普通学校课程中的价值　(1969年3月25日)
教育革命怎样进行　(1969年5月19日)
毛主席的教育思想　(1969年8月15日)

1970年

知识分子与商人　(1970年6月2日)

1971年

两种学风　(1971年3月5日)
文字改革问题　(1971年4月12日)
改造普通学校课程及教材应有的注意点　(1971年5月)
写信给周恩来总理，并附上《教育革命怎样进行》(见本书)等文章(1971年6月18日)

漫谈普通学校课程、教材 （1971 年 7 月 10 日）
力量如何运用？（1971 年 10 月 16 日）
为人民服务的教育 （1971 年 10 月 28 日）

1972 年

语文教学 （1972 年 1 月 18 日）
教育革命的正路 （1972 年 3 月 9 日）
待人应异乎役物 （1972 年 3 月 28 日）
广文先生官独冷 （1972 年 5 月 8 日）
学习与思维 （1972 年 5 月 9 日）
师范大学的任务 （1972 年 6 月 1 日）
创办工农速成中学的回顾 （1972 年 7 月 7 日）
“欺”与“罔”（1972 年 9 月 12 日）

1974 年

答张震欧 （1974 年 1 月 14 日）
儒术 （1974 年 3 月 1 日）
大众教育学（提纲）（1974 年 5 月）

1975 年

人生三宝 （1975 年元旦）

1984 年

林砺儒教育文选 中央教育科学研究所编，北京师范大学出版社，1984 年 3 月

1984 年

林砺儒文集 北京师范大学校史研究编，广东教育出版社，1994 年 7 月

（注：以上凡未有出处者，均为手稿）

林砺儒大事年表

1889 年 7 月 18 日（光绪十五年农历六月二十一日）

生于广东省信宜县。少年在私塾读书。

1905 年（16 岁）

入广东高州高郡中学堂学习，1911 年毕业。

1911 年（22 岁）

公费留学日本，入东京高等师范学校学习。

1918 年（29 岁）

由日本回国。

1919 年（30 岁）

在北京高等师范学校（后改名北京师范大学）任教授。教伦理学和教育课程，直到 1931 年。他深信教育的作用，曾对北京高师的学生讲："教育家要培养进步的人格以适应进步的社会，他们取道甚迂，成功甚缓，然而又坚信其可能。"（见林砺儒著《教育危言》序）五四运动时支持学生运动，以后并帮助学生举办平民夜校、识字班等。

1921 年（32 岁）

参加北京 8 所国立高等学校罢教罢课索薪斗争。

鉴于军阀政府经常欠薪，1925 年在北京《晨报》副刊上发表《教员待遇问题》一文，强调教育工作的重要意义，介绍欧美日本等国教师待遇情况，要求国家对于教师待遇应有法令保障。

1922 年（33 岁）

兼任北京高等师范学校附属中学校主任。在就职讲话中提出中学教育的主张：中学教育是全人格教育，其基本任务是文化教育，是人们需要的普通文化修养的最高水平。随着社会经济的发展，将有更多的人受到中学教育。中学教育是大学专业教育的起点，应加强文化科学基础知识的教学。（见 1922 年 9 月《教育丛刊》第 3 卷第 5 集，《我的中等教育见解》等）

当时正在酝酿中小学学制改为"六三三"制，林砺儒首先在附中进行试验。组织教师制定规章制度、教学计划，编写新教材，边试行边修订，并著文在杂志上介绍经验。

是年，北洋军阀政府的国会提出要制定宪法，林砺儒受德国《魏玛宪法》编列"教育章"的影响，欲为中国教育立法，与北京师大经亨颐等 5 人，起草了宪法"教育章"的意见送去，1925 年加以修改又送去，均未被采纳。

1923 年（34 岁）

发表《环境中心的课程改造》，反对教育脱离实际，认为教育应以生活为

主，培养学生发现问题、解决问题的能力。（见1923年2月《教育丛刊》第3卷第7、第8集）

1924年（35岁）

修订伦理学讲稿，名为《伦理学纲要》，由北京师范大学出版社出版。

1925年（36岁）

五卅惨案发生，对英日帝国主义的侵略暴行非常愤慨，著文建议组织援沪工人协会和抵制英日货同志会，支持上海罢工工人坚持斗争。（见1925年6月26日《晨报》副刊，《请大家平心静气做两件实际事》）

1928年（39岁）

北京师范大学并入北平大学，改称北平大学第一师范学院，任临时院务委员会主席。

1931年（42岁）

九一八事变前后，北平师范大学增设社会系，学生呼吁抗日，国民党教育部决定对师大严加整顿，停止招生一年，并派了新校长。林砺儒被解聘，离开北平师范大学。

应国立中山大学校长许崇清之邀，赴广州，任中山大学教授兼教务长，讲师范教育、教学法等课。

1932年（43岁）

兼广州市立师范学校校长。

1933年（44岁）

参加广东省立勷勤大学筹办工作，学校成立后任教务长兼教育学院院长，并讲课。他常在“纪念周”讲话，要求学生努力学习，用现代文化科学知识改造自己的思想行为；国家正处于内忧外患中，应认真考察形势，判断应付危机的办法。（见 1933 年、1934 年《勷勤大学师范学院月刊》）

1934 年 （45 岁）

发表《从批评中学新法令说到未来的改造》等文章，强调学校的教学工作要适合青少年身心发展的特点，反对中学新法令的规定使学生课业负担过重，不赞成举行中学毕业会考。

1935 年 （46 岁）

国民党提倡尊孔读经。在《教育杂志》编辑部邀请一些学者笔谈读经问题时，林砺儒表示反对，他认为办教育应该民众化、现代化，读经不符合时代的需要。（见《教育杂志》第 25 卷第 5 号，《对于读经的意见》）

1936 年 （47 岁）

在《教育研究》等杂志上发表文章，总结办师范教育的经验。强调提高中小学教育质量，必须提高师资。国家应该明确规定教师的条件、检定办法、进修制度和工资待遇。应该单独设置师范院校来培养提高师资。师范院校要加强政治道德教育，培养学生具有进步的人生观、世界观；加强学识训练，培养学生具有同级学校的专业和文化科学水平，有较渊博的知识；加强教育理论学习和训练，培养学生成为“有为有守”的教育工作者。他提出不能因为教育专业训练而降低专业和文化科学的要求，并且要在各科教学中注意贯彻培养师资的要求。（见 1936 年 10 月《教育研究》第 70 期，《中国师范教育问题》和本书《中国师范教育之检讨》等）

时国事日益危急，社会上提出了各种救国方案。林砺儒针对教育救国的主张，发表《中国教育与国难》等文章，说明国家衰弱的原因在于社会政治经济的腐朽，单靠教育不能救国，要改造教育必须改造社会。教育只能配合政治，并且受生产发展的制约。

1937年（48岁）

勷勤大学改组，教育学院独立为广东省立教育学院，任院长。

抗日战争爆发，积极支持中国共产党在学校的地下组织，组织战时后方服务队，办农民夜校等，宣传抗日救国，亲自任战时后方服务队总队长；1938年寒假组织全院师生下乡进行宣传。

林砺儒在学校提倡思想自由，学术研究自由。聘请进步教授，张栗原、郭大力、尚仲衣、蒋径三、李平心、高觉敷、陈守实等都曾先后在学校讲课。邀请进步人士邹韬奋、钱俊瑞、杨东莼等到校做形势报告。学生可以组织各种社团，开展学术研究和抗日救亡活动。接收被他校开除而且国民党教育部不许转学的进步学生入校学习。

在课程设置方面，增添了公共必修课、新哲学（讲马列主义基本原理、辩证唯物主义等）、经济学、现代经济学说史（讲政治经济学）、国际政治、世界革命史等，宣传革命思想。还购置了进步书刊，供师生阅读。

林砺儒重视政治理论学习。1934—1937年间，托在日本留学的学生阮镜清代为购寄马列主义书籍（据华南师范学院教授阮镜清介绍）。以后，广东教育学院的中共地下组织将党的书报传给他阅读。（见《广东青运史资料》第3期）

1938年（49岁）

国民党对广东教育学院情况日益不满，林砺儒利用两广特殊的政治环境，依靠进步师生，设法应付。

国民党派员到学校寻衅，指责教育学院不应开设新哲学、国际政治等课程。林砺儒乃将校名改为广东文理学院，以保留原有的系科课程和进步教师；将新哲学课改为教育哲学，仍讲辩证唯物主义原理。（见《广东青运史资料》第3期）

1939年（50岁）

国民党教育部规定高等学校设训导处和国民党区分部，林砺儒和进步教师商定由一位教授挂名兼任训导主任和国民党区分部书记，实际上并没有开展活动，使国民党不能直接插手学校工作。（见《广东青运史资料》第3期）

1940 年 （51 岁）

到重庆开会，陈立夫要林砺儒参加国民党，他拒绝了。国民党对他越发不信任。（见《广东青运史资料》第 3 期）

与许崇清合办《教育新时代》半月刊，许任社长，林任副社长兼主编。

1941 年 （52 岁）

广东省政府下令改组广东文理学院，免去林砺儒的职务，激起全校师生的愤慨，成立了挽林委员会，开展挽林斗争，派出教师代表团和学生代表团到广东省政府请愿，坚持两个多月，林砺儒被迫离职。

自 1938—1941 年，学校由广东迁广西梧州、藤县、融县及广东乳源、连县，五易校址。林砺儒与师生共甘苦，在极端艰苦的条件下，完整地保存了图书资料、仪器设备等，较快地恢复正常生活。学校坚持教学工作和科学研究，他坚持讲课。

任广西教育研究所导师。

发表《怎样做中学校长》，指出中学校长的职责是教育青年“改造社会”，反对引导学生为换取功名而学习。

1942 年 （53 岁）

任桂林师范学院教授兼教务长。聘请谭丕模、穆木天、张毕来、欧阳予倩、陈翰笙等进步人士讲课或兼课。

发表《精神剃须论》，强调指导青年，必须了解青年，和他们做真诚的朋友，共同参加社会实践。反对国民党对青年实行部勒控制。《文化杂志》刊登了这篇文章后，被迫停刊。

1943 年 （54 岁）

积极参加抗日民主运动，与中共南方局统战部邵荃麟、张锡昌、狄超白等常来往（据时任中国民主同盟中央常务委员张毕来介绍），在社会上颇有影响（见 1981 年 7 月《大地》第 4 期，张毕来著《江湖中忆涸辙》），甚遭国民党忌恶，特务几次用匿名信恐吓他。

发表《五四运动的评价》(见《教育危言》)、《八·二七路线》等文章。在《八·二七路线》一文中，提出学校要培养“大丈夫”，反对培养“乡愿”，主张学术自由讨论，求真理，明是非。学生要尊师，但对教师的学说、教义可以怀疑批判。

1944年（55岁）

抨击国民党保育儿童工作的虚伪性。

1945年（56岁）

为桂林师范学院学生创办的《双十之友》写发刊词。

1946年（57岁）

参加中国民主同盟，和欧阳予倩负责广西盟支部的文教工作，积极开展和平民主运动。离开桂林去广东后，没有再参加民盟的活动。(据张毕来介绍)

国民党教育部为了进一步控制桂林师范学院，决定将学院迁往南宁，并撤换院长。林砺儒被迫辞职。

编选1939—1946年发表的文章，取名《教育危言》，并整理了《教育哲学》讲义，均由文化供应社出版。

1947年（58岁）

任厦门大学教授，讲西洋教育史、国民教育等课。

积极参加罢教、罢课、罢工斗争，支持学生运动。

1948年（59岁）

发表《教育能否防止战争及剥削》(见1948年6月6日《江声报》)、《如此中国，如此国民教育》(见1948年12月《中华教育界》复刊第2卷第12期）等文章。

1949 年 （60 岁）

离开厦门大学，取道香港到北平。

自 1919—1949 年，林砺儒一直在学校任教，在从事学校行政工作期间也讲课，被称为“服务最有恒心的教育家”。（见 1934 年 4 月《教育杂志》第 24 卷第 4 号，《我们的特约撰述》）

参加中国人民政治协商会议的筹备会议和第一届全体会议，并以中华全国教育工作者代表会议筹备委员名义发言。

当选为政协第一届全国委员会委员。

新中国成立后，任中央人民政府教育部中等教育司司长。

发表《在社会转型期中教育的任务是什么?》一文，提出新中国成立后，教育要加强已经存在的政治条件，又要配合着争取现代化工业的经济条件。要培养大批有身手而又有革命头脑的生产者。对于各级学校，除推行义务教育的小学外，应加以调整整顿。

1950 年 （61 岁）

兼任北京师范大学校长，并讲授中国近代教育史和中等教育研究，至 1952 年。

在北京师范大学创办的《新师大》上发表《说“新师大”，讼旧教育》。

发表《中等教育的两个问题》，指出中国实施中等教育近五十年，有两个问题一直没解决：一个是文化教育与职业教育对立问题；一个是文实分科问题。对立的问题，今后还会存在，但能有计划有步骤地加以克服，从而成为教育发展的一种推动力量。文实分科问题，他认为提高中学生的程度，主要在提高师资，充实教学设备等，与课程是否分科无大关系。在全国体育工作者暑期学习会上讲话，题为《体育改造与体育教师》。

1953 年 （64 岁）

发表《了解少年儿童是教育工作的先决条件》一文，指出要重视研究儿童发展的科学成果。强调必须热爱儿童，才能了解儿童，这是教育工作的先决条件。教育工作者要重视教育科学理论，经常学习。要向苏联学习，但是学习他们的教育方法，必须注意那些方法依据的科学理论，不要只推用一些形式。

1954 年 （65 岁）

当选为第一届全国人民代表大会代表，以后连续被选为第二、第三届全国人民代表大会代表。

在教育部召开的全国中学教育会议上，做了《关于目前全国中学教育的基本情况与今后方针任务的报告》。

1956 年 （67 岁）

在教育部召开的第二次全国民族教育会议上做了《关于民族教育工作的报告》。

1957 年 （68 岁）

在教育部召开的第三次全国教育行政会议上，就 1957—1958 学年度中小学、师范学校教学计划的安排问题做了报告。

11 月 4 日，代表我国政府，与越南民主共和国政府代表阮一康，签订《关于越南在中国设立学校的议定书》。

1958 年 （69 岁）

主持教育部、国家体委、团中央、全国学联在西安联合举办的 1958 年全国大学生田径运动会。

1959 年 （70 岁）

率领中国教育代表团赴越南民主共和国参观访问一个月。回来后亲自起草了《赴越南参观访问的工作报告》。

出席文改会、教育部、团中央联合在上海召开的第二次全国普通话教学成绩观摩会，并在会上做了《学校是推广普通话和拼音字母的重要阵地》的讲话。

1960年 （71岁）

患食道癌，经治疗，痊愈。

1961年 （72岁）

带领工作组到吉林，调查研究师范学校的学制、教学计划等问题，为教育部即将召开的全国师范教育会议作准备。

参加北京师范大学附属中学六十周年校庆，并且在会上讲话。（见《林砺儒教育文选》，《祝北京师大附中青春不老》）

1962年 （73岁）

发表《北京师范大学校史拾穗》《语文教师是经师，也是人师》等文章。

1963年 （74岁）

教育部在上海、天津分别召开中学办学经验座谈会。与刘皑贝副部长主持天津座谈会，邀请北京、天津部分办校历史较长的中学领导干部参加，研究如何进一步办好一批全日制中学。

率领工作组，参加云南省民族教育工作会议，会后对云南、广西的教育工作情况和存在问题进行调查研究。

出席教育部、国家体委、团中央在青岛市联合举办的1963年全国少年田径运动会，并在开幕式上讲话。

在《光明日报》上发表《给教师们贺劳动节——谈尊师观念的改造》一文。至此，林砺儒发表在报刊上的文章共一百多篇。

出席北京师范大学附属女子中学为从事教育工作30年以上的教职员工召开的庆祝会。

1964年 （75岁）

教育部邀请出席共青团第九次全国代表大会的部分回乡参加农业生产的知识

青年座谈，刘季平副部长主持，林砺儒等参加，就教学改革问题征求了意见。

1965 年 （76 岁）

参加在长春举行的全国中学生田径运动会，代表国家体委、团中央和教育部在会上讲话。

1977 年 1 月 19 日 （88 岁）

因病在北京逝世。